教师教育“十二五”规划教材

YUWEN KECHENG YU JIAOXUELUN

语文课程与教学论

主　编◎王玉辉　王雅萍

副主编◎赵宏梅　沈　红

编　委◎盖丽娜　沈　红　王立志
王雅萍　王玉辉　张冬秀
赵宏梅　郑　艳

北京师范大学出版集团
BEIJING NORMAL UNIVERSITY PUBLISHING GROUP
北京师范大学出版社

图书在版编目（CIP）数据

语文课程与教学论/王玉辉等主编. —北京：北京师范大学出版社，2012.1（2023.8 重印）
（教师教育“十二五”规划教材）
ISBN 978-7-303-13038-2

Ⅰ. ①语… Ⅱ. ①王… Ⅲ. ①中学语文课-教学研究-高中
Ⅳ. ①G633.302

中国版本图书馆 CIP 数据核字（2011）第 137709 号

图书意见反馈： gaozhifk@bnupg.com 010-58805079
营销中心电话：010-58802755 58800035
北师大出版社教师教育分社微信公众号 京师教师教育

出版发行：北京师范大学出版社 www.bnupg.com
北京市西城区新街口外大街 12-3 号
邮政编码：100088
印 刷：北京溢漾印刷有限公司
经 销：全国新华书店
开 本：730 mm×980 mm 1/16
印 张：26.5
字 数：478 千字
版 次：2012 年 1 月第 1 版
印 次：2023 年 8 月第 16 次印刷
定 价：46.00 元

策划编辑：郭兴举 责任编辑：胡廷兰
美术编辑：陈 涛 焦 丽 装帧设计：陈 涛 焦 丽
责任校对：陈 民 责任印制：马 洁

序

习近平总书记在全国教育大会上指出，教师是人类灵魂的工程师，是人类文明的传承者，承载着传播知识、传播思想、传播真理，塑造灵魂、塑造生命、塑造新人的时代重任，要坚持把教师队伍建设作为基础工作。新世纪课程改革向高等师范院校教师教育提出了新的挑战，对教师素养提出了新的要求，同时，也为高等师范院校课程改革与发展提供了契机。为迎接和适应这种挑战，高师教师教育应该做出快速反应，跟上国家基础教育课程改革的步伐，及时而稳妥地调整现有的课程内容和体系，寻求课程建设新的生长点。作为以基础教育中最重要学科之一的“语文”为研究对象的学科，语文课程与教学论的专业研究理应率先改革，为基础教育语文课程改革提供实实在在、有参考价值的理论与实践指导。为此，在课程培养目标、课程内容、教学方式方法等方面急需建立起较为科学的训练体系，有力地促进师范生语文教育教学素养的提高，语文教师专业能力的形成与发展。我们编写的《语文课程与教学论》一书即是在这方面做出的探索。

当下的语文课程与教学论教材或论著，不下十几种。在20世纪80年代，高师的此类教材被称作“中学语文教学法”“语文教学方法论”“中学语文教材教法”“语文教育学”“语文教育原理”等。新课程改革以后，改称“语文教学论(概论、引论、通论、新论等)”“新课程语文教学论”等。其研究的内容与范围越来越宽泛，也越来越庞杂，几乎涉及语文与教学法学科本身、教学能力培养、教育实习等所有问题。其名称的变化，反映出语文学科顺应时代发展的需求和对自身发展的不断认识。“语文课程与教学论”一名为学术界与教学界所认同，也反映出这个学科研究的主要领域应在“语文课程”与“语文教学”方面。因此，编写过程中，我们根据新课改的特点与要求，加强了语文课程理论的内容分量，增加了对新课程及课程标准的解读等内容，在横向上适当简要介绍一些国外研究的相关成果，在纵向上借鉴国内外语文教育发展史上的成功经验与失败的教训，以期提升其理论研究的层次，拓宽学习者的研究视野和思考深度。

正因为如此，本着“新颖性”“实用性”“简练性”原则，教材拟定了十一章内容。按照这样的内容体例精心编写，使得本教材力求显现如下特点：

一、体现新课程对语文教育、教学的新要求

新课程背景下为语文教育提供了前所未有的理论和实践视域。本教材充分体现基础教育课程改革纲要的思想和理念，以解读语文课程标准为基本点，对语文课程的性质、目标和理念等进行了描述和阐释。语文教育归根结底是人的教育，语文教育的目标并非单纯使学生具备一定的语文能力，而是能够促进学生语文素养的形成，为其未来的可持续发展奠定基础和提供能量。

如第一、二章中对语文课程理念和语文课程目标特点的诠释，以及语文课程设计思路的解读，都集中体现了这一点。其他章节内容的阐释也都紧扣新课改和《全日制义务教育语文课程标准(实验稿)》《普通高中语文课程标准(实验)》两个语文课程标准进行论述。与此同时，课程改革已由课堂教学改革延伸到课程评价与考试改革，提出了新的评价理念：“语文课程评价的目的不仅是为了考查学生达到学习目标的程度，更是为了检验和改进学生的语文学习和教师的教学。”为体现新课程的评价理念，本教材在“阅读教学”“写作教学”和“口语交际教学”部分设置编写了评价内容，同时注重吸收和借鉴国外课程评价的理论和实践，在认识与把握语文课程评价方面做些有益的尝试。

二、凸显应用实践性

语文课程与教学论是实践性很强的课程，应提倡持久而系统地实践探究。本教材的定位是为职前教学、职后培训，中文本科生和研究生的专业能力培养提供训练教材，为在职教师、教育硕士的继续教育提供培训教材。因此，语文教学理论知识的学习如何转化为教学实践能力，成为本教材研究的重点。故此，每章节某一重要理论的阐述之后，都设有“案例分析”和“实践演练”板块，如“阅读教学”“写作教学”“口语交际教学”“语文综合性学习”以及“语文学法指导”“现代语文教学媒体”部分，都附有大量实例，许多案例均是一线语文教师的亲身教学实践。这一做法旨在使学习者能够在相关理论学习基础上，在实践中明确练习的方向与具体内容；培训变得可操作，理论与实践能够紧密结合，相互促进。

三、观照语文教师的专业发展

新课程对语文教师的素养和专业能力提出了新的挑战。本教材关注这一问题，编写了“语文说课与评课”“现代语文教学媒体”“语文教师的专业发展”等章节。说课与评课问题以往很少纳入人们的研究视野，相关著述中也较少提及。随着时代的发展，对教师素养要求的提升，“说课”已经成为对师范毕业生教学能力考核的必需内容，工作竞聘之首遇问题，也成为衡量在职教师教学水平的重要尺度与手段之一。评课能力作为语文教师必备修养之一，越来越普遍受到教学与研究界的重视。新课程“努力建设开放而有活力的语文课程”的理念，也要求教师对现代媒体有着熟练的技能。促进教师的专业发展是新课程改革的核心任务之一，教师角色的新定位，语文教师专业素养的提升、专业知识的重构、专业能力与情意的发展，以及语文教师的教学研究等问题都提到了前所未有的高度。本教材对上述方面的阐释，体现了研究视野的前瞻性。

四、关注语文学习方式的转变

语文教育的预期目标就是提高学生的语文素养，为其终身学习和发展奠定基础。教材中“语文学法指导”一章就体现了教育理念的更新，编写者力求学生能够在传统的语文学习基础上，获得有利于自己学习方式转变的理论与方法指导，希冀教师能够有所获益，有所转变。其他章节内容也都注意到从学生学习的角度去思考教师的教学问题，这与以往以教师为中心的教学设计思路有所不同。

五、事实材料力求新颖、实用、典型

本教材在编写过程中，研读了国家关于课程改革的纲领性文件及文献资料，参阅了大量近些年来的有关研究成果，在所举例子及“案例分析”中，采用了不少优秀教学设计和教学案例。希望这些能够为学习者提供可资借鉴的典型范例，使其在知识的共享和建构中有所启迪，有所发现。

尽管参编人员进行了认真写作、反复修改，但由于时间和能力所限，还是难免有错误和不足之处，希望读者、同行能够提出宝贵的意见和建议，以便不断改进，为我国语文教师整体质量的提升做出应有的努力。

王玉辉

目　录

第一章 语文课程的性质与目标

【学习导引】

明确语文课程的性质是从事语文教育的出发点。语文课程标准对"工具性与人文性的统一"的定性，统一了人们对语文课程性质的认识，使语文教育界摆脱了长期以来关于语文学科性质的争论。语文课程目标是语文教育实施的基本依据，其纵向以"知识和能力""过程和方法""情感态度和价值观"三个维度明确了语文课程的目标体系；横向以"识字与写字""阅读""写作""口语交际""综合性学习"五个领域表明了语文课程的学习范围。正确理解语文课程的性质，准确把握语文课程的总目标以及阶段目标，才能更好地开展语文教学工作。

第一节 语文课程的性质

语文课程性质反映了语文课程的特点，是对语文课程方向与功能的界定，它是语文课程区别于其他课程的本质属性。有关语文课程性质的认识与界定，不仅决定了语文教育的价值取向，也影响着语文课程的实施。语文课程性质观，是一个必须首要解决的问题。

一、性质问题的历史演变

新中国成立以来，有关语文课程性质的认识经历了数次演变。这些演变不仅受到各时期社会主流思想的影响，也反映出人们对语文教育认识的逐步深化。这些关于语文课程性质的认识都在各时期的语文教育纲领性文件中得以体现。

新中国成立初期，我国并没有颁布真正意义上的教学大纲。关于对语文教学的指导性意见，见存于教材的编写说明中，如1951年人民教育社出版的《初级中学语文课本》，课本的《编辑大意》在一定程度上起到了教学大纲的作用。由于受当时社会历史条件的影响，《编辑大意》虽然提出"语文教学应该包括听、说、读、写四项，不可偏轻偏重"，但更强调"无论哪一门功课，都有完成思想政治教育的任务。这个任务，在语文科更显得重要"。因此，在这个时期语文教育存在明显的"思想政治教育第一"的倾向，语文课程的思想性占主导地位。

为了在全国范围推行汉语、文学分科教学，教育部1956年5月颁布了《初级中学汉语教学大纲(草案)》《初级中学文学教学大纲(草案)》，这是我国第一套完整的语文教学大纲。大纲虽未明确语文课程的性质，但却指出“汉语是对青年一代进行社会主义教育的一种重要的、有力的工具”，“文学反映社会生活，是帮助年青一代认识社会生活的重要手段，是对年青一代进行社会主义教育的有力工具。”这正是对语文课程工具性的强调。

1963年5月，教育部颁布了《全日制中学语文教学大纲(草案)》，首先明确提出：“语文是学好各门知识和从事各种工作的基本工具。”第一次明确了语文的工具性特质。更重要的是，该大纲还对语文教育中“文”与“道”的关系进行了阐述并加以明确，反对“以道为主”“以文为主”“道和文并重”等把“道”“文”割裂开来的观点，倡导“思想内容和语言文字不可分割”，要求教育工作者正确处理“思想政治教育和语文教育的关系”。可以说，该大纲中规定的语文课程性质，不再是单纯的工具性或思想性，而将两者有机地融合，是在确保语文课程工具性的同时，兼顾其思想性。这一时期教学大纲观点内容的变化，反映出一代语文教育工作者对语文教育的思考与认识。1958年分科教学中止之后，全社会开展了有关语文的性质、目的、任务等一系列问题的大讨论，逐渐达成了一些共识，语文工具性与思想性不可分割的观点，才在这次大纲的制定中得以实现。

1978年教育部颁布了《全日制十年制学校中学语文教学大纲(试行草案)》，1986年又进行了较大修订，重新颁布了《全日制中学语文教学大纲》(十二年制)。这一时期的教学大纲对语文学科性质又进行了新的界定：“语文是从事学习和工作的基础工具”，“语文学科对于提高学生的思想道德素质和科学文化素质，培养有理想、有道德、有文化、有纪律的社会主义公民，具有重要的意义”。这不仅明确了语文课程的双重属性，同时将工具性与思想性放在了同等重要的位置。在1990年的《全日制中学语文教学大纲(修订本)》中，关于这一表述，依旧保留。

从20世纪80年代末开始，中国又一次掀起了关于语文教育的大讨论。1987年陈钟梁先生在当年第8期《语文学习》上发表了《是人文主义，还是科学主义》一文，从此引起了教育界关于语文课程“人文主义”与“科学主义”的争论。1997年《北京文学》发表了一系列“忧思中国语文教育”的文章，使得讨论达到高潮。在这次大讨论中，有关语文课程性质的争论始终是焦点之一。教育界对语文课程性质的认识不断发展，从早期的“工具性”“思想性”，丰富为“人文性”“基本性”等。在这一时期，国家也通过教学大纲的形式反映了人们对语文课程的新认识。1996年《全日制普通高级中学语文教学大纲(供试验用)》明确指出：

“语文是最重要的交际工具，也是最重要的文化载体。”2000年《九年义务教育全日制初级中学语文教学大纲(试用修订版)》中指出：“语文是最重要的交际工具，是人类文化的重要组成部分。”这在一定程度上肯定了语文课程的工具特性及其文化内涵。“语文学科是一门基础学科，对于学生学好其他学科、今后工作和继续学习，对于弘扬民族优秀文化和吸收人类的进步文化，提高国民素质，都具有重要意义。”可以说，到这一时期，人们不仅普遍肯定了语文课程的基础地位及其工具特性，同时对于语文课程的人文价值也有了新的认识。

纵观新中国成立以来，语文教学大纲对语文课程性质的表述，我们可以看到，国家法规文件每次对语文课程性质的重新表述，都使语文课程更接近语文教育的实质。尽管语文课程的性质问题越来越受到教育界的广泛关注，但在国家教育纲领性文件中始终没有关于语文课程性质的明确界定，而与语文课程性质有关的表述往往隐含于语文教育的目的或语文教育的任务之中。

二、语文课程性质的正式界定

教育部2001年7月颁布的《全日制义务教育语文课程标准(实验稿)》(以下简称为义务教育课标)，2003年4月颁布的《普通高中语文课程标准(实验)》(以下简称为高中课标)，对语文课程性质进行了全新的界定，这是语文教育领域的一件大事。义务教育课标和高中课标，分别在“课程性质与地位”和“课程性质”部分明确指出：“语文是最重要的交际工具，是人类文化的重要组成部分。工具性与人文性的统一，是语文课程的基本特点”。这是在国家法规文件中第一次对语文课程性质进行的较为清晰、准确的界定。它使语文教育界摆脱了长期以来关于语文学科性质的争论，在一段时期内统一了人们对语文课程性质的认识。

对于语文课程这一性质，巢宗祺先生解释道：“‘工具性’着眼于语文课程培养学生语文运用能力的实用功能和课程的实践性特点；‘人文性’着眼于语文课程对于学生的思想感情的熏陶感染的文化功能和课程所具有的人文学科的特点。”①这是对两个课程标准中语文课程性质的一种精辟解读。

(一)语文课程的工具性

语文课程的工具性源于语言的工具性，这种界定凸现出语文课程的实用价值。

语言是人类社会最重要的交际工具和文化载体。语言作为一种社会现象，

---

① 巢宗祺：《关于语文课程性质与基本理念的对话(一)》，载《语文建设》，2002(7)。

是为了满足人类社会交际需要而产生、存在并不断发展起来的。人类的一切活动，从物质生产活动到精神创作活动，从政治活动到经济活动，都需要运用语言实现交流。人们凭借语言来组织社会生活，维持社会的存在和发展，每个社会成员离开语言都不能正常地生活。而文化在很大程度上也需要语言作为载体进行整理、保存、传播和发展。语言的这种社会交际与文化传播的特性，必然决定了语文学科具有明显的工具性。

语言又是人类思维的工具。人的思维活动总是从接触到语言才发生和发展的。任何言语活动或言语成果都是言语形式和言语内容的统一，这是语言与思维的关系。尽管现代科学研究的结果表明，语言不是思维的唯一工具，在特殊情况下还存在着非语言思维，但仍不可否认，语言毕竟是最重要的思维工具，以语言为工具的思维，总是思维的最主要的形式和最基本的形态。语文课程的这种工具性也是显而易见的。

语文是人类学习和终身发展的基础工具。叶圣陶先生在回顾“语文”学科命名过程时曾解释说：“平常说的话叫口头语言，写到纸面上叫书面语言。语就是口头语言，文就是书面语言。把口头语言和书面语言连在一起说，就叫语文。”①这道出了语文课程与语言之间的密切关系。语文以语言为核心，而以语言为主要教学内容的语文课程，必然承载了人类语言的工具特性。这门课程无论在何时，都必须以培养学生正确、熟练地运用祖国语言文字的能力为重要内容，以教会人们如何使用这个工具准确、流畅地进行社会交际，进行思想交流为主要任务。

义务教育课标明确规定：“语文课程应致力于学生语文素养的形成与发展。语文素养是学生学好其他课程的基础，也是学生全面发展和终身发展的基础。”从学习的角度看，语文是人类学习其他学科的工具。任何学科的课程内容都必须以语言文字的形式呈现出来。因此，叶圣陶先生说：“语文是工具，自然科学方面的天文、地理、生物、数、理、化，社会科学方面的文、史、哲、经，学习、表达和交流都要使用这个工具。”语文课程在基础学科群体中，有着特殊的基础地位。

总之，工具性是语文课程的固有属性，它不仅是语文课程自身客观存在的，也是人在实际生活中主观上需要的。在任何时期，我们都应该正确把握语文课程的工具性这一特点。

(二)语文课程的人文性

人文性源于语言的文化性。语言文字不仅是文化的载体，也是文化的一个

① 叶圣陶：《叶圣陶语文教育论集》，上册，138页，北京，教育科学出版社，1980。

重要组成部分。自人类社会产生以来，人们就利用语言进行思想交流，实现社会交际。语言不仅记录了人类的文明成果，也传播着人类对世界的认识与理解，更传承着一个民族的文化。正如英国语言学家帕默尔所说："语言忠实地反映了一个民族的全部历史、文化，忠实地反映了它的各种游戏和娱乐，各种信仰和偏见。"①在人们凭借语言来认识和阐释世界的过程中，民族的思维方式、价值理念、风俗习惯都会给语言留下深刻的文化印迹。语言绝不仅仅是交际的工具，它也反映着民族文化精神，传承着民族文化活动的精华。而以语言学习为主的语文课程，作为人类文化的重要组成部分，也以各种形式反映语言背后所蕴藏的丰富文化。

人文性源于语文课程人文内涵的丰富性。义务教育课标强调："语文课程丰富的人文内涵对学生精神领域的影响是深广的。"语文课程的这种影响是从对学生精神领域的影响程度和范围来说的。语文教材作为重要的语文课程资源，承载着人文科学和自然科学领域各种门类的知识，可谓包罗万象，如哲学、军事、经济、文化、艺术、民俗、历史、地理等。教材内容的丰富性和广泛性，在影响学生成长的诸多因素中具有独特优势。

语文教育是母语教育，母语是民族文化的载体。母语学习从出生后就开始了，从小学到中学，贯穿于青少年成长的整个时期。整个学习过程，不仅是语文知识和语文能力的获得过程，更是人生中深受优秀传统文化熏陶和影响的发展过程，是情感态度、价值观的形成过程。语文课程在促进人的全面发展方面有其独特的功能作用。从语文课程的内涵上讲，语文课是一种"精神的奠基课"，是人学习的基础，蕴涵着使人道德提升、促进美德生成的因素和力量，使人在获取知识的同时，拓展精神空间。数学课从逻辑方面拓展人的精神世界，历史课从时间维度拓展人的精神世界，地理课从空间维度拓展人的精神世界，而语文课则是通过"语言"根本性奠定人的"精神根基"。因此，在语文教学中，要最大限度地发挥语文课程的人文性优势。

（三）工具性与人文性的统一

两个语文课标均指出语文课程"工具性与人文性的统一，是语文课程的基本特点。"这就确立了"工具性"与"人文性"在语文课程中的同等地位，两者在语文课程中既相互对立，又相互依存，是对立统一的关系，是语文课程主要矛盾的两个方面。工具性是人文性的基础，人文性是对工具性的升华。工具性强调了语文课程作为基础学科的特征，明确了语文本身的工具特性；人文性强调了

① L. R. 帕默尔：《语言学概论》，139页，北京，商务印书馆，1983。

语文所负载的思想内容与文化内涵，明确了语文本身的文化特性与思想特性。语文作为人类创造的一种文化，具有特殊之处：人类创造它的目的还让它负载文化，让它作为文化的载体而使文化得以交流。语文学习不仅仅是把语文作为文化来学习，还要把它作为载体来学习。

工具性与人文性相统一的提出，是对以往语文教育教学中各种偏颇进行反思的结果，是对语文课程性质的全新定位。如前文所述，新中国成立以来我国语文教育一直在性质问题上徘徊与探索。由于受各时期社会环境的影响，语文课程的性质经过思想性、工具性、思想性与工具性并重，到后来的“人文性”“基本性”等一系列认识的更迭。在这一过程中，语文教学出现过诸如重思想轻工具、重工具轻思想等问题。而语文课程标准“工具性与人文性的统一”的提法，正是鉴于以往语文教育中出现的种种问题才提出的。这种认识符合基础教育课程改革的理念，也有益于语文课程的开展。事实上，语文的工具性与人文性的对立统一，正是科学主义与人文主义的对立统一。工具性是科学主义的，它强调了语文本身是工具，同时强调了语文课程的各种外在目的，其中核心目的是培养人的工具理性。人文性不仅强调了人不是一个工具，同时强调了语文课程对于实现人的梦想、价值和追求的意义，其中核心的意义就在于人文主义精神。

【实践演练】

下面是两个时期语文教学大纲关于“语文学科性质”的表述，请从其中各自的特点或从比较的角度，谈谈你的看法。

(1)1992 年《九年义务教育全日制初级中学语文教学大纲》(试用)：

语文是学习和工作的基础工具。语文学科是学习其他各门学科的基础。学好语文，不但对于学好其他学科十分必要，而且对于将来从事工作和继续学习会产生深远的影响。

(2)2000 年《九年义务教育全日制初级中学语文教学大纲》(试用修订版)：

语文是最重要的交际工具，是人类文化的重要组成部分。语文学科是一门基础学科，对于学生学好其他学科、今后工作和继续学习，对于弘扬民族优秀文化和吸收人类的进步文化，提高国民素质，都具有重要意义。

第二节　语文课程的目标

课程目标是学生完成某课程一阶段学习后所应达到的预期状态，是对学生各阶段发展状态与水平的一种描述。课程目标的制定，不仅受到国家或地方政府教育方针与政策的制约与影响，也必须符合学生的身心发展规律以及学科发展的特点。语文课程目标是语文教学实施与评价的基本依据，也是语文教材编写和教师教学的依据。

一、确定语文课程目标的依据

语文课程目标的确定是由多种因素决定的。国家教育目的、社会发展的需要、学生发展的需要、语文课程性质等，都是确定语文课程目标时必须考虑的重要因素。

(一)国家教育目的

国家的教育目的、培养目标、课程目标、教学目标分别指向了教育活动的不同阶段。教育目的是一个国家对教育所要培养人的质量规格的总体设计，反映了国家、社会对教育的总体要求和期望。它明确了把受教育者培养成为什么样的社会角色和具有什么样素质的根本性质问题，语文课程目标理应在其指导下制定。培养目标是教育目的的具体化，必须根据教育目的来制定；而教育目的又要通过各级各类学校的培养目标才能实现。从"目的"的设定到"目标"的确立，是教育由抽象的一般化定向进入具体的可行性定向的过程。课程目标是培养目标的具体体现，是各门课程设置的准则，在课程标准中属于主体部分。语文课程目标是课程目标下的分科目标，是从语文课程的角度，规定了语文课程人才培养的规格和质量要求。

(二)社会发展的需要

语文课程目标的制定是教育目的和培养目标在语文课程与教学活动中的转化，其制定的基本依据是社会政治、经济、文化的发展对人和教育的要求。当今社会呈现出多元、多样与丰富的特点，社会需要高素质劳动者和多样化专门人才。基础教育承担着培养适应国家未来需要的人才的重任，课程目标的制定应选择终身学习必备的和有利于可持续发展的内容，增强与社会发展，科技发展的联系。因此，确立语文课程目标，应当与时俱进，满足社会对人才培养的要求。

（三）学生发展的需要

语文课程目标的制定不仅要符合社会发展的需要，还应该从有利于学生全面发展的需要出发，考虑学生的学段特点、心理特征、知识水平及语文能力等因素。不同学段，学生的心理特征与知识基础不同，教学要求也应有所区别。同时，还要考虑学生的现有水平和期望水平的关系，以利于学生现阶段的学习能力和可持续发展能力的培养。

（四）语文课程性质

如果说社会发展的需要是制定语文课程目标的外在依据，那么语文课程性质则是确立语文课程目标的内在依据。语文课程工具性与人文性相统一的性质特点，决定了语文课程的目标是培养学生理解和运用祖国语言文字的能力，培养爱国主义情感、社会主义道德品质，而这就需要把知识和能力、文化品位和审美情操、人生态度和价值观一起列入课程目标之中。

二、义务教育阶段语文课程目标

（一）总体设计思路

义务教育阶段语文课程目标整体设计思路包括：

1. 课程目标九年一贯整体设计，课程目标系统分为总目标（十条）和阶段目标（四个学段）两部分，体现出语文课程的整体性与阶段性特点。

2. 课程目标依据“知识和能力”“过程和方法”“情感态度和价值观”三个维度设计，三个方面相互渗透，融为一体，各个学段相互联系，螺旋上升，最终全面达成总目标。

3. 阶段目标涉及“识字与写字”“阅读”“写作”“口语交际”“综合性学习”五个板块。

其中三个维度是从纵向明确语文课程的目标体系，这三个方面相互依存，共同以语文素养的整体提高为最终目标。五个板块则从横向入手，表明了语文课程的学习范围，拟从多方面实现学生语文素养的整体推进和协调发展。

根据语文课程的性质及当前我国语文教育的现状，目标的制定既要三维并重，又要特别关注“过程和方法”，其终极意义是要实现“情感态度和价值观”的全面提升。

1. 落实“知识和能力”目标

语文课程的性质是工具性与人文性的统一。语文课程不仅要让学生掌握与祖国语言文字有关的基础知识，也要让学生学会如何正确地运用语言进行社会交际，以此实现语文的工具价值。但在过去一段时间，受教育“科学主义”思潮的影响，一些语文教育工作者过分抬高了“知识和能力”在语文课程中的位置。针对这种现象，义务教育课标在“课程的基本理念”中提出“不宜刻意追求语文知识的系统和完整”，“应该让学生更多地直接接触语文材料，在大量的语文实践中掌握运用语文的规律”。但在学习过程中，“知识和能力”仍处于基础地位。语文知识的获得不仅是学习的结果，而且是进一步学习的基础。能力的形成也必须以知识的获得为前提。因此，语文课程目标的达成，离不开语文知识的丰富与语文能力的提高，在语文课程的实施中必须落实“知识和能力”维度目标。

2. 关注“过程和方法”目标

学习的真正意义不仅仅在于掌握了多少知识，获得了多少结论，因为知识的更迭是不可避免的。任何人的知识与能力，都会不同程度地滞后于时代发展的需要。在这种情况下，最有价值的知识是关于方法的知识。在学习的过程中，要让学生发现知识的规律和特点，掌握学习的方法与技能，这才是让学生真正受益终身的学习。

如果说“知识和能力”维度偏重于对学生语文学习结果的检验，那么“过程和方法”维度则指向学习的过程，将学习看做一种主动体验并个性化运用方法的过程，强调语文教学要摈弃以往过度关注学习结果而忽视学习过程的不良倾向。这个维度的提出警示着语文教育工作者：学生是语文学习的主体，提高学生语文能力的主要途径就是语文实践。语文教育应该关注学生学习的过程和学习策略的选择。在语文课程实施中，衡量学生语文素养高低的重要标准之一就是看学生能否在听、说、读、写的过程中正确而恰当地运用方法。

3. 突出“情感态度和价值观”

这个维度的提出是从语文课程的人文性出发的，是语文教育所具有的思想教育功能与情感陶冶功能的体现。在“全面提高学生的语文素养”这个理念中，课标强调“语文课程应培育学生热爱祖国语文的思想感情”，“还应重视提高学生的品德修养和审美情趣，使他们逐步形成良好的个性和健全的人格”。这个维度的提出，要求语文教学直面课程的情感、态度、价值观要求。这里的“情感”不只是指学习的热情和激情，还包括学生内心的情感体验和丰富感受。这里的“态度”不单纯是对学习的认真负责，更是对生活的积极进取，对科学的务真求实，对人与事的宽容友善。这里的“价值观”不仅强调个人的价值观，更突出个人价值与社会价值的统一，人类价值与自然价值的统一，其追求的是人与社会、自然的和谐统一。在语文课程中，只有树立正面的“情感态度和价值观”，学生的知识与能力才能真正发挥作用，学生的语文素养才能真正实现全面提高。

（二）总目标

义务教育课标在第二部分“课程目标”中规定了语文课程的十条总目标。

1. 在语文学习过程中，培养爱国主义感情、社会主义道德品质，逐步形成积极的人生态度和正确的价值观，提高文化品位和审美情趣。

2. 认识中华文化的丰厚博大，吸收民族文化智慧。关心当代文化生活，尊重多样文化，吸取人类优秀文化的营养。

3. 培植热爱祖国语言文字的情感，养成语文学习的自信心和良好习惯，掌握最基本的语文学习方法。

4. 在发展语言能力的同时，发展思维能力，激发想象力和创造潜能。逐步养成实事求是、崇尚真知的科学态度，初步掌握科学的思想方法。

5. 能主动进行探究性学习，在实践中学习、运用语文。

6. 学会汉语拼音。能说普通话。认识3500个左右常用汉字。能正确工整地书写汉字，并有一定的速度。

7. 具有独立阅读的能力，注重情感体验，有较丰富的积累，形成良好的语感。学会运用多种阅读方法。能初步理解、鉴赏文学作品，受到高尚情操与趣味的熏陶，发展个性，丰富自己的精神世界。能借助工具书阅读浅易文言文。九年课外阅读总量应在400万字以上。

8. 能具体明确、文从字顺地表述自己的意思。能根据日常生活需要，运用常见的表达方式写作。

9. 具有日常口语交际的基本能力，在各种交际活动中，学会倾听、表达与交流，初步学会文明地进行人际沟通和社会交往，发展合作精神。

10. 学会使用常用的语文工具书。初步具备搜集和处理信息的能力。

这十条总目标可从逻辑上分为两大部分：前五条是从宏观的角度对语文素养提出的要求，后五条是从微观的角度对语文能力培养提出的具体要求。语文课程的十条总目标虽各有侧重，但它们却以三维度为中心，相互连接，相互渗透。前五条侧重于“情感态度和价值观”和“过程和方法”两个维度：第一条是关于道德情操、文化品位、审美情趣的要求；第二条是关于对待古今中外不同文化的要求；第三条是关于语文学习的态度和方法等方面的要求；第四条是关于思维品质和科学精神方面的要求；第五条提出语文学习要侧重探究，重在实践。后五条从具体的语文能力培养方面着眼，侧重“知识和能力”维度：第六条是关于汉语拼音、识字与写字能力的要求；第七条是关于阅读能力的要求；第八条是关于写作能力的要求；第九条是关于口语交际能力的要求；第十条是关于使用工具书和搜集处理信息能力的要求。

（三）阶段目标

语文课程的总目标与阶段目标是总与分的关系。总目标为语文课程指明了培养方向，阶段目标则体现出具体性与实用性特点。以“识字与写字”目标为例，语文课程标准分四个学段提出了学习目标。

1. 第一学段(1～2 年级)

(1)喜欢学习汉字，有主动识字的愿望。

(2)认识常用汉字 1600～1800 个，其中 800～1000 个会写。

(3)掌握汉字的基本笔画和常用的偏旁部首，能按笔顺规则用硬笔写字，注意间架结构。初步感受汉字的形体美。

(4)养成正确的写字姿势和良好的写字习惯，书写规范、端正、整洁。

(5)学会汉语拼音。能读准声母、韵母、声调和整体认读音节。能准确地拼读音节，正确书写声母、韵母和音节。认识大写字母，熟记《汉语拼音字母表》。

(6)能借助汉语拼音认读汉字。能用音序和部首检字法查字典，学习独立识字。

2. 第二学段(3～4 年级)

(1)对学习汉字有浓厚的兴趣，养成主动识字的习惯。

(2)累计认识常用汉字 2500 个，其中 2000 个左右会写。

(3)会使用字典、词典，有初步的独立识字能力。

(4)能使用硬笔熟练地书写正楷字，做到规范、端正、整洁。用毛笔临摹正楷字帖。

(5)有条件的地方，可学习使用键盘输入汉字。

3. 第三学段(5～6 年级)

(1)有较强的独立识字能力。累计认识常用汉字 3000 个，其中 2500 个左右会写。

(2)硬笔书写楷书，行款整齐，有一定的速度。

(3)能用毛笔书写楷书，在书写中体会汉字的优美。

4. 第四学段(7～9 年级)

(1)能熟练地使用字典、词典独立识字，会用多种检字方法。累计认识常用汉字3500个，其中3000个左右会写。

(2)在使用硬笔熟练地书写正楷字的基础上，学写规范、通行的行楷字，提高书写的速度。

(3)临摹名家书法，体会书法的审美价值。

(四)目标设置特点

义务教育语文课程的阶段目标设置，有着以下特点。

1. 纵向系统推进

义务教育阶段目标的四个学段与五个板块并非完全独立、毫无关联。阶段目标的设置，一方面遵循了学生心理和语言的发展规律，另一方面适应了不同年龄阶段学生认识水平的差异，还实现了对总目标的具体落实，具有系统推进的特性。以“识字与写字”板块为例，在识字方面，各学段都明确了不同的识字量。从1～2年级要求认识1600～1800个汉字，会写800～1000个汉字，到7～9年级累计认识常用汉字3500个，会写3000个左右。这在“量”上首先保证了逐级上升，逐步提高。同时，识字又分为了“认”与“写”两个部分。考虑学生的身心特点及认知水平，在第一学段识字的重点以“认”为主，第二学段开始才以“写”为重点。这既减轻了学生的学习负担，也可使学生尽早、尽快、尽可能多地认字，以便及早进入阅读阶段。这也使各学段在学习目标上保证了循序渐进。特别是在5～6年级与7～9年级学习目标的衔接上，由“有较强的独立识字能力”到“能熟练地使用字典、词典独立识字”的提升，既避免了以后小学和初中学习目标脱节的问题，同时也保证了九年学习目标的浑然一体，系统推进，彼此衔接。

2. 横向协调统一

义务教育课标在每个学段根据每个板块的特点及学生认知水平提出具体的学习目标。这些学习目标虽以板块作为分隔，但并非孤立，而是保持着横向上的协调统一。以第一学段目标为例，在“识字与写字”板块，强调“喜欢学习汉字，有主动识字的愿望”；在“阅读”板块，重点让学生“喜欢阅读，感受阅读的乐趣”；在“写话”板块，要求学生“对写话有兴趣，写自己想说的话，写想象中的事物，写出自己对周围事物的认识和感想”；在“口语交际”上，希望学生能“简要讲述自己感兴趣的见闻”“对感兴趣的话题发表自己的意见”；在“综合性学习”方面，培养学生的好奇心，让学生“能就感兴趣的内容提出问题”。从这五个板块来看，虽然各板块都侧重各自的角度来提高学生的能力，但它们都共同围绕“学生兴趣的培养”这一中心设置学习目标。这种“兴趣”可以是对祖国语言文字的兴趣，对故事的兴趣，对表达的兴趣等。第一学段的五个板块正是以“兴趣”为中心，相互联系，相互促进。这不仅利于学生各方面能力的提高，也使整个学段的语文课程设置成为一个有机的整体。

三、高中阶段语文课程目标

（一）总体设计思路

与义务教育相比，高中语文课程对学生的要求有了进一步的拓展和延伸。高中阶段语文课程设计思路为：

(1)高中语文课程必须体现时代性、基础性和选择性，既要在义务教育的基础上，使学生的语文素养普遍获得进一步提高，同时也要为具有不同需求的学生提供更大的发展空间。

(2)高中语文课程包括必修课程和选修课程两部分。必修课程分为“语文1～5”五个模块。选修课程设计成五个系列：诗歌与散文、小说与戏剧、新闻与传记、语言文字应用、文化论著研读。

必修课程是指每一位高中生必须学习的部分，选修课程指可供每一位高中生选择学习的部分。必修课程强调基础性和均衡性，其目的是为学生终身发展奠定基础。选修课程强调多样性和选择性，其目的是在保证学生打好共同性基础的前提下，为学生提供多样的可供不同潜能资质学生选择的课程内容，有利于学生全面而有个性的发展。

（二）总目标

通过高中语文必修课程和选修课程的学习，学生应该在以下五个方面获得发展。

积累·整合。能围绕所选择的目标加强语文积累，在积累的过程中，注重梳理。根据自己的特点，扬长补短，逐步形成富有个性的语文学习方式。了解学习方法的多样性，掌握学习语文的基本方法，能根据需要，采用适当的方法解决阅读、交流中的问题。通过对语文知识、能力、学习方法和情感、态度、价值观等方面要素的融汇整合，切实提高语文素养。

感受·鉴赏。阅读优秀作品，品味语言，感受其思想、艺术魅力，发展想像力和审美力。具有良好的现代汉语语感，努力提高对古诗文语言的感受力。在阅读中，体味大自然和人生的多姿多彩，激发珍爱自然、热爱生活的感情；感受艺术和科学中的美，提升审美境界。通过阅读和鉴赏，深化热爱祖国语文的感情，体会中华文化的博大精深、源远流长，陶冶性情，追求高尚情趣，提高道德修养。

思考·领悟。根据自己的学习目标，选读经典名著和其他优秀读物，与文本展开对话。通过阅读和思考，领悟其丰富内涵，探讨人生价值和时代精神，以利于逐步形成自己的思想、行为准则，树立积极向上的人生理想，增强为民族振兴而努力的使命感和社会责任感。养成独立思考、质疑探究的习惯，增强思维的严密性、深刻性和批判性。乐于进行交流和思想碰撞，在相互切磋中，加深领悟，共同提高。

应用·拓展。能在生活和其他学习领域中，正确、熟练、有效地运用祖国语言文字。在语文应用中开阔视野，初步认识自己学习语文的潜能和倾向，根据需要和可能，在自己喜爱的方面有所发展。增强文化意识，重视优秀文化遗产的传承，尊重和理解多元文化，关注当代文化生活，学习对文化现象的剖析，积极参与先进文化的传播和交流。注重跨领域学习，拓展语文学习的范围，通过广泛的实践，提高语文综合应用能力。

发现·创新。注意观察语言、文学和中外文化现象，学习从习以为常的事实和过程中发现问题，培养探究意识和发现问题的敏感性。对未知世界始终怀有强烈的兴趣和激情，敢于探异求新，走进新的学习领域，尝试新的方法，追求思维的创新、表达的创新。学习多角度多层次地阅读，对优秀作品能够常读常新，获得新的体验和发现。学习用历史眼光和现代观念审视古代作品的内容和思想倾向，提出自己的看法。在探究活动中，勇于提出自己的见解，尊重他人的成果，不断提高探究能力，逐步养成严谨、求实的学风。

总目标的五个方面仍然延续了“知识和能力、过程和方法、情感态度和价值观”的三维体系，并继续以提高学生的语文素养为目标追求。

“积累·整合”是从语文学习规律出发，针对高中学生语文学习的需要，明确语文学习是一个由积累到内化的过程。在高中语文学习的过程中，积累不是简单的知识叠加，而是有目标、有系统的知识整合与知识补充；内化则是由学习积累，经内化而存储，以形成良好的语文学习基础。

“感受·鉴赏”则侧重于从感性层面明确高中语文课程在提升学生的审美能力和感受能力方面的作用。高中语文课程重视学生在阅读中的品味、感受体验及语感的形成，在鉴赏中审美能力的提升及个性化阅读能力的增强。

“思考·领悟”是从理性层面指出高中语文课程在学生思维品质培养方面所担负的责任。与义务教育语文课程相比，高中语文课程更侧重于学生个人的思考、探究，更强调学习过程中的思想交流与对话。而高中阶段的阅读、思考、领悟、探讨，不仅仅针对于文本，更需要透过文本，认识自然、认识社会、认识自我。

“应用·拓展”是对学生的语文应用能力提出的更高要求。对于高中学生来讲，语文应用能力不仅是正确使用祖国语言文字的能力，更是认识世界、了解世界的能力，是对不同文化、不同思想的理解能力。拓展语文的应用范围，不只利用日常生活与学习，更要利用不同领域、不同学科之间的沟通，在广泛的应用中，提高学生的语文能力。

“发现·创新”是对学生语文探究与创新能力的更高要求。“发现”强调学生在语文学习中，要发现新问题、寻找新视角、探究新成果，多角度多层次地对作品进行全方位解读。“创新”则要求学生敢于尝试新方法，敢于追求新思想，敢于表达新见解。

(三)必修课程与选修课程的目标及其设置特点

高中语文必修课程目标分为“阅读与鉴赏”和“表达与交流”两个方面。其中“阅读与鉴赏”列出 12 条目标，分别从阅读能力、阅读方法到阅读文本等方面进行了说明。第一次提出要“注重合作学习，养成相互切磋的习惯。乐于与他人交流自己的阅读鉴赏心得，展示自己的读书成果”。同时，对学生阅读鉴赏中的个性培养给予关注，提出“注重个性化的阅读，充分调动自己的生活经验和知识积累，在主动积极的思维和情感活动中，获得独特的感受和体验”。

“表达与交流”列出 9 条目标，分别从表达与交流的基础条件、能力要素以及情感态度方面提出了目标要求。

选修课程分别对“诗歌与散文”等五个系列提出了各自的目标。

总体来看，必修课程目标与选修课程目标都以总目标为基本框架，从课程实施、课程要求到课程的价值追求做了详尽说明，两大目标体系互为依存，相互补充，呈现出如下特点：

1. 反映时代要求，体现学科特点

无论是必修课程还是选修课程，在课程目标的设置上都努力体现当今的教育理念，使高中语文课程满足社会发展的需要，符合时代的要求。如在必修课程目标的“阅读与鉴赏”中指出：要“不断充实精神生活，完善自我人格，提升人生境界，逐步加深对个人与国家、个人与社会、个人与自然关系的思考和认识”“努力探索作品中蕴涵的民族心理和时代精神，了解人类丰富的社会生活和情感世界”“学习从历史发展的角度理解古代作品的内容价值，从中汲取民族智慧；用现代观念审视作品，评价其积极意义与历史局限”。

在选修课程目标中指出：“阅读古今中外优秀的诗歌、散文作品，理解作品的思想内涵，探索作品的丰富意蕴，领悟作品的艺术魅力。用历史眼光和现代观念审视古代诗文的思想内容，并给予恰当的评价。”

高中语文课程是基础教育的重要组成部分，应体现基础教育的特性。高中语文课程，一方面要让学生学会更好地运用语文这个工具，另一方面也要让学生获得参与社会生活所必需的语文素养。

2. 尊重学生个性，鼓励自主选择

语文学习的过程是一种多方对话的过程，无论是阅读与鉴赏，还是表达与交流，都存在着人与人，或人与文本之间的沟通。因此，高中语文课程目标对学生的学习方式、学习内容等方面都给予了自主选择的机会，让学生在自由的空间里，自主选择发展的方向。如提出“发展独立阅读的能力。从整体上把握文本内容，理清思路，概括要点，理解文本所表达的思想、观点和感情”“注重个性化的阅读，充分调动自己的生活经验和知识积累，在主动积极的思维和情感活动中，获得独特的感受和体验”等。

3. 着眼素养提高，实现学科交叉

高中语文课程仍将学生语文素养的提高作为重要目标之一。语文素养是学生综合能力的体现，这其中不仅有听、说、读、写等基础的语文能力，也包括思维能力、审美能力、想象力、感受力等内容。高中语文课程在着眼于语文素养提升的同时，也要注重发挥语文对于其他学科的影响力，实现跨学科的综合发展。“注意在生活和跨学科的学习中学语文、用语文，在学习和运用的过程中提高语言文字应用能力。能综合运用在语文与其他学科中获得的知识、能力和方法，读懂与自己学识程度相当的著作，运用多种方式展开交流和讨论”。

【超级链接】　　叶圣陶关于“语文”学科名称的解释

关于“语文”这个学科名称的由来，现代著名语文教育家、文学家、语言学家叶圣陶在不同的场合做过说明。他在致一位中学教师的信中谈道：“‘语文’一名，始用于一九四九年华北人民政府教科书编审委员会选用中小学课本之时。此前中学称‘国文’，小学称‘国语’，只是乃统而一之。彼时同人之意，以为口头为‘语’，书面为‘文’，文本于语，不可偏指，故合言之。”①

① 叶圣陶：《叶圣陶语文教育论集》，下册，730页，北京，教育科学出版社，1980。

复习思考题

1. 通过对新中国成立后语文课程性质演变过程的了解，选取其中感受较深的部分，谈谈你的认识。

2. 讨论语文课程性质，对语文教学有何实际意义?

3. 两个语文课程标准对语文课程的性质是如何定位的? 在语文教学中，怎样才能做到全面理解和正确把握语文课程性质?

4. 语文课程目标设计的“三个维度”指的是什么? 谈谈对“三个方面，融为一体，注重语文素养的整体提高。各个学段相互联系，螺旋上升，最终全面达成总目标”的理解。

5. 结合具体学段，说明语文课程分目标之间的关系。

第二章 语文课程的理念与价值取向

【学习导引】

语文课程的基本理念是对语文教育的一种理性规范，它对语文教学有着重要的指导作用。应正确理解义务教育课标的四个基本理念，了解其内在要求，以利于语文课程标准的贯彻与执行。语文课程的价值取向影响着教师在教学过程中的心理与行为倾向。语文课程应从“智”“能”“情”三个方面培养学生的语文素养，三个层面的语文课程价值取向对课程实施有着积极的影响。

第一节 语文课程的基本理念

语文课程的基本理念，是对语文教育基本规律的一种阐释，也是对语文教育实施的一种理性规范，具体地说是语文教学总的指导思想。

一、义务教育阶段语文课程基本理念

义务教育阶段语文课程的基本理念包括四个方面：全面提高学生的语文素养；正确把握语文教育的特点；积极倡导自主、合作、探究的学习方式；努力建设开放而有活力的语文课程。这四个理念中，“全面提高学生的语文素养”是其他三个理念的核心；“正确把握语文教育的特点”是实现语文教育目的的前提；“积极倡导自主、合作、探究的学习方式”是实现语文教育目的的策略；“努力建设开放而有活力的语文课程”是实现语文教育目的的保障。

(一)全面提高学生的语文素养

全面提高学生的语文素养，是语文课程的核心理念。20世纪90年代，在基础教育领域大力倡导“素质教育”的背景下，语文学科教育也将提高学生“语文素质”作为一项重要任务。“语文素质”一度成为语文教育的核心词汇。

义务教育语文课标则将“语文素养”放在了语文课程基本理念的首要位置，在第一条“全面提高学生的语文素养”中指出：

九年义务教育阶段的语文课程，必须面向全体学生，使学生获得基本的语文素养。语文课程应培育学生热爱祖国语文的思想感情，指导学生正确地理解

和运用祖国语文，丰富语言的积累，培养语感，发展思维，使他们具有适应实际需要的识字写字能力、阅读能力、写作能力、口语交际能力。语文课程还应重视提高学生的品德修养和审美情趣，使他们逐步形成良好的个性和健全的人格，促进德、智、体、美的和谐发展。

这种由“语文素质”到“语文素养”的转变，实际上是语文课程培养目标质的提升，其目的在于进一步发掘语文教育实用之外的功能。

从词语的构成看，“语文素质”与“语文素养”的语义差别主要是由“质”和“养”两个字造成的。“质”所代表的是一种既成的、已有的状态。当它组合成“素质”一词时，更多的是强调人本身所具有的特质或是经过努力后所达到的一种状态。正是“质”在语义上重现状和结果的特性，使“语文素质”这个概念更强调语文教育与语文学习在学生身上所形成的结果。而这重结果轻过程的思想显然与新课标“过程与方法”课程设计维度不吻合。正是在这种情况下“语文素养”一词应运而生。

从词性的角度看，“养”是一个动词性语素，本身就具有重“过程”的特性。在《现代汉语词典》中，“素养”被解释为“平日的修养”。由此，“语文素养”则是学生在语文方面，经过长期的学习和实践逐渐形成的修养。这种修养主要表现为热爱祖国语文的思想感情，正确理解和运用祖国语言的能力，丰富的语言积累、语感、思维，以及识字写字能力、阅读能力、写作能力、口语交际能力、语文综合性学习能力等多个方面。因此，与“语文素质”相比，“语文素养”的说法更加准确，更注重学生在日常语文学习中达到的某种水平及过程。学生在语文学习过程中，自身的持续、自主发展问题成为人们关注的焦点，也只有在这种理念的指导下，学生才能真正成为学习的主体，课标所倡导的自主、合作、探究学习方式才可能真正得到落实，因此义务教育课标将“全面提高学生的语文素养”作为核心理念，而这也成为当前语文课程的最高目标。

同时，“语文素养”这一概念所涵盖的不仅是学生听、说、读、写这些基本的语文能力，还包含了提高学生的品德修养和审美情趣、良好的个性和健全人格的形成。这一崭新的话题，使语文课程目标的内涵和功能得以充实、拓展和提升，体现了语文课程对人才培养的新目标、高标准。激发学生对自身完善的关注与追求，使学生自身潜藏的自主精神得以充分发掘，这也是新时期语文课程的追求。

(二)正确把握语文教育的特点

正确把握语文教育的特点，是实现语文课程目标的基本条件。义务教育课标对语文教育的特点做出了如下阐述。

语文课程丰富的人文内涵对学生精神领域的影响是深广的，学生对语文材料的反应又往往是多元的。因此，应该重视语文的熏陶感染作用，注意教学内容的价值取向，同时也应尊重学生在学习过程中的独特体验。

语文是实践性很强的课程，应着重培养学生的语文实践能力，而培养这种能力的主要途径也应是语文实践，不宜刻意追求语文知识的系统和完整。语文又是母语教育课程，学习资源和实践机会无处不在，无时不有。因而，应该让学生更多地直接接触语文材料，在大量的语文实践中掌握运用语文的规律。

语文课程还应考虑汉语言文字的特点对识字写字、阅读、写作、口语交际和学生思维发展等方面的影响，在教学中尤其要重视培养良好的语感和整体把握的能力。

根据这样的阐述，语文教育的特点可概括为三个方面：一是凸显人文性；二是增强实践性；三是遵循母语学习规律性。明确语文教育的基本特点，既是实现语文课程目标的条件，也是当前语文课程实施的出发点。

1. 凸显人文性

语文教育的人文内涵是由语文课程具有人文性的特点决定的。人文性说明语文教育不仅是传播人文精神的重要渠道，其自身也蕴藏着大量文化内涵与人文精神。从课程的内容看，语文课程中具有大量具体形象，以及带有个人情感和主观色彩的内容。学生通过学习语文材料，能够接触古圣先贤的思想感情，感受东西方审美的差异，了解不同时代、不同地区、不同民族的文化特色等。而这些内容无不与人的生命活动、精神活动有着天然的联系。这些语文材料既是人类社会的缩影，也是人类社会不可或缺的组成部分。因此，语文教育本身就具有浓厚的人文内涵。

语文教育就是用先贤们健康高尚的心灵影响学生、感染学生，用文质兼美的文学作品去陶冶学生的情操。在语文学习的过程中，学生对语文材料中诸多形象、情感、差异的理解，往往受个人知识背景、生活经验、人生体悟，乃至民族文化思想的影响。正如人们常说的，“有一千个读者就有一千个哈姆雷特”。因此，语文教育要特别尊重学生对语文材料的多元理解，尊重学生的个人感受和独特体验，鼓励学生发表富有个性的见解。

2. 增强实践性

长期以来，人们对语文教育存在着这样的认识误区：认为学生语文能力的形成，要靠系统的语文知识讲授和完整的语文能力训练。于是，语文教育被演化为语言文学等方面的知识和原理与一些可供操练例子或习题的结合，这既违反了语言学习的规律，也忽视了母语教育有基础、有语境、有丰富的资源这一基本事实。从语言学习的规律看，“一切语言通过实践去学比通过规则去学来得容易”。学生绝不是先学会了阅读方法、写作技巧，记住了语法知识和修辞知识之后，再进行听说读写的实践活动的，而是在大量听说读写的语文实践活动中，逐步去领会这些语文知识，掌握这些语文技能。可以说，脱离实践的语文教育是无本之木，无水之源。

从语文学科自身特点来看，作为母语课程，语文学习资源和实践机会无处不在，无时不有。语文教育绝不只是课堂教育一个方面。课内可以在教师的帮助下系统训练，课外的社会实践也是学习语言、提高语文能力的重要渠道。语文具有全社会和全人生的时空特性，语文教育活动不只是学校的课堂活动和校内的课外活动，它广泛地存在于家庭和社会当中。因此，作为母语课程，语文教育要不断开发和利用这些语文教育资源，增强学生在各种场合使用语文、学习语文的意识，使学生凭借丰富的语文资源和大量的语文实践，在学语文、用语文中逐步领悟和习得语文学习的方法和规律，进而提高学生的语文实践能力。

3. 遵循母语学习规律性

语文教育是有关汉语和汉字的教育。把握汉语言文字的特点，对语文教育具有重要的影响。从文字的角度看，汉字作为一种表意文字，将音、形、义完美地结合于一体。汉字在读音上，有四声变化，讲究抑扬顿挫，富有音乐美感；在字形上，平面型的方块体文字，笔画或平行或纵横交错，富有视觉美感。而汉字在偏旁部首的组合中，也蕴藏着丰富的文化信息。从词汇的角度看，词语趋于双音化，构词以复合为主，往往掌握了词根义和构词方式，遇到新词大概就可以理解了。因此，语文课程应考虑遵循汉字、汉语的自身规律性以及语言文字的特点，利用汉字的音韵美，让学生诵读经典诗文，增强学生的文化积淀和文学修养；利用汉字偏旁部首结合规律以及笔画特点，指导学生识字写字；利用汉字音形义结构的特点，让学生了解汉字背后的文化内涵，提高学生对祖国语言文字的热爱。通过合理地利用母语的学习规律，提高语文教学的效率。

同时，汉语是一种非形态语，它没有形态数格的变化，主要靠意义组合与各种语法手法来实现各种语法意义。这一特点要求语文教育，必须重视学生语感的培养。因为良好的语感会使语义组合更加灵活，使语法规则更加简易，使语义传递更加到位，使思想交流更加深入。良好的语感绝非瞬间可以拥有，必须在实践中，通过语法的掌握和文章的阅读感悟逐步培养起来。因此，抓住汉语的特点，加强语感的培养，也是新时期语文教育的重要特点。真正具有人文性精神的语文课程，应唤起学生对于本民族文化的认同感。

(三)积极倡导自主、合作、探究的学习方式

学习方式是学生的学习活动组织形式，也是学生在完成学习任务时基本的行为和认知的取向。学习方式的改革是新课程改革的重要目标。这个理念的提出，是学生发展的需要。其阐述如下。

学生是学习和发展的主体。语文课程必须根据学生身心发展和语文学习的特点，关注学生的个体差异和不同的学习需求，爱护学生的好奇心、求知欲，充分激发学生的主动意识和进取精神，倡导自主、合作、探究的学习方式。教学内容的确定，教学方法的选择，评价方式的设计，都应有助于这种学习方式的形成。

语文综合性学习有利于学生在感兴趣的自主活动中全面提高语文素养，是培养学生主动探究、团结合作、勇于创新精神的重要途径，应该积极提倡。

“倡导自主、合作、探究的学习方式”，作为语文课程的基本理念之一，课标将其贯彻于阶段目标与教学建议中。这既是时代发展的要求，也是学生发展的要求。传统的单一、被动和陈旧的学习方式，往往使学生陷入了机械训练、简单重复、被动应付的学习生活中。这已经成为学生发展道路上的一大障碍。因此，转变学生的学习方式是学生自身发展的需要，也是新时期实现语文教育目标的有效策略。

1. 自主学习

自主学习指：“学习主体有明确的学习目标，对学习内容和学习过程具有自觉的意识和反应的学习方式。”这种学习方式的提出，改变了传统教育中教师作为知识传授者的主导地位，对学生在学习过程中的主动性与独立性给予了充分的肯定，并最大限度地发挥了学生学习的主观能动性。

自主学习是一种主动学习，主动性是现代学习方式的重要特征。建构主义的学习观认为，学习不是简单的知识传递过程，而是知识建构的过程。一方面学习者对新知识的理解，要以原有的知识和经验为基础；另一方面对原有知识和经验的运用，并不只是简单的知识提取和套用，而是学习者对原有知识与经验的调整和改造。所以，学习绝不是学习者被动接受刺激的过程。无论是对已知知识的提取，还是对新旧知识与经验的整合，如果没有学习者自身的主动参与，没有学习者内在的需要，学习活动就无法真正开展。因此，自主学习要以学生内在的学习主动性为基础。

自主学习是一种独立学习，独立性是现代学习方式的核心。它旨在转变传统学习方式中学生对于教师的依赖，让每个学生都有独立学习能力与要求。在

基础教育阶段，学生语文学习的独立性，主要表现为独立发现问题的意识，针对语文学习中的问题寻找解决方法的意识，从多种角度解读文本的意识，敢于发表不同见解并坚持自己意见的意识，敢于对他人的作品与观点进行独立评价的意识。但独立性的形成也是一个渐进的过程，在这个过程中，教师的教逐渐转化为学生独立学习。随着学生独立学习能力与独立学习意识的日益增强，教师的作用将逐渐减少，最终实现学生的基本独立甚至完全独立的学习。

2. 合作学习

合作学习是“学生在学习群体中为了完成共同的任务，有明确的责任分工的互助性学习”。随着当今世界全球化趋势的增强，不同文化、不同思想之间的冲突与融合成为这个时代新的主题。在全球化背景下，人与人之间的互动更为频繁，人们比以往任何时期都更需要相互理解、相互交流，而实现理解与交流的条件，就是人与人、组织与组织之间的合作。因此，在基础教育阶段培养和锻炼学生的合作能力，让学生学会合作，善于合作显得尤为重要。

在语文学习过程中，合作学习的开展要以学生的互动为基础，这种互动不仅有助于提高学习效率，而且有助于合作意识的养成。首先，合作学习的开展要以学生之间的积极互动为前提。学生作为合作学习的主体，必须明确自己在整个学习过程中的位置及与其他学习者的关系。其次，要使学生明确个人责任，这是合作学习顺利开展的基础。在合作学习中，学生个人都必须承担相应的学习任务。整个合作学习的过程必须分工明确，只有这样才能实现真正的合作。之所以强调个人责任，是因为只有当每个小组成员都确立了自己的主人翁地位，在活动中意识到自己和他人的独特性时，合作才会真正出现，合作意识与团队精神才可能真正形成。同时，教会学生有效的社交技能是合作学习开展的手段。教师必须教会学生一些社会交往技能，如：学会彼此认可和相互信任；准确进行交流；彼此接纳和支持；建设性地解决问题。只有这样才能确保高质量的合作。最后，合理的、实际的小组自评是合作学习顺利开展的保障。教师有必要对小组共同活动的开展情况进行评价，以保持小组活动的有效性。可以说，合作学习不只是一种有效的学习方式，它也为促进学生的可持续发展提供了原动力。

3. 探究学习

探究学习是指学生独立地发现问题，并通过各种途径寻求答案，最终获得自主发展的学习方式。探究学习特点主要表现为：

问题性。根据现代教学论的观点，问题是学习产生的根本原因。在探究学习中，问题既是学习的中心，也是学习的出发点。没有问题就无法有效诱发学生的求知欲，学习活动就无法真正成为学生的内在需要。在以问题为中心的语文学习中，学生围绕问题设计研究方案、搜集信息、分析材料、组织证据，然后围绕证据得出结论。学习活动不仅开始于问题，同时，问题也是学习的动力和贯穿学习过程的主线。可以说，发现问题、提出问题、分析问题并解决问题的过程就是探究学习的过程。以问题为中心的探究学习，有利于激发学生语文学习的愿望，也有利于学生形成一种主动探究和解决问题的习惯，这对于学生的可持续发展大有裨益。

体验性。在语文学习过程中，体验性显得尤为重要。因为语文学习往往以各类文学读物为主要材料，学生对语文材料的理解不是单纯靠教师讲解就能实现的，特别是作品中所蕴含的情感、态度与价值观都需要学生亲身体验。探究学习就是让学生去直接阅读文本，通过亲自查阅资料了解作家，通过亲自分析资料感悟作品，通过亲自的分析与研究得出对作品的独特理解。因此，有效地开展探究学习也有助于学生语文素养的提高。

“自主、合作、探究学习”，是一种学习方式，也是一种理念。“自主学习”强调学习的主动、独立、参与性，体现出对学生学习权力的尊重。“合作学习”针对学习的组织形式，是自主学习、探究学习的方式和途径。“探究学习”重在激发、引领并培养学生质疑、探索精神，是自主学习、合作学习和探索学习的目的。

(四)努力建设开放而有活力的语文课程

“努力建设开放而有活力的语文课程”这一理念，是提高学生语文素养的一个保障机制。当前语文课程存在的一些弊端，如语文课程过于强调学科本位，割裂语文与其他学科之间的联系，忽视语文与生活之间的关系，过于强调统一性等，这些都不同程度地使语文课程变得僵化、呆板、缺少活力。因此，为从根本上改变这种状况，课标提供了科学思路。义务教育课标在“前言”中提出：

语文课程应植根于现实，面向世界，面向未来。应拓宽语文学习和运用的领域，注重跨学科的学习和现代科技手段的运用，使学生在不同内容和方法的相互交叉、渗透和整合中开阔视野，提高学习效率，初步获得现代社会所需要的语文实践能力。

语文课程应该是开放而富有创新活力的，应尽可能满足不同地区、不同学校、不同学生的需求，并能够根据社会的需要不断自我调节、更新发展。应当密切关注当代社会信息化的进程，推动语文课程的变革和发展。

建设开放而有活力的语文课程需要从两个方面入手：一是“开放”，要求语文课程不仅是关于语文教材的课程，也不仅仅是学校里的语文课。应加强语文课程的资源意识，加强语文课程与其他学科及社会生活等方面的联系，拓展语文学习的空间，只有这样才能建设真正具有开放性的语文课程。这需要广大语文教育工作者，坚持和树立大语文观，以语文课堂教学为主体，以丰富的语文课外活动及对家庭、社会语文环境的有效利用为两翼，发展“一体两翼”的语文课程模式。

二是“活力”，要求语文课程不断增强自身的适应性。一方面语文课程要适应不同地区、不同学校、不同学生的语文学习需要。要发挥地方、学校的独特优势，开发具有地域性、符合学校特点、满足学生需要的地方课程和校本课程，以弥补以往单一国家课程的不足，也可发挥地方和学校的资源优势，增强语文课程的适应性，增强语文课程的活力。另一方面，语文课程也要适应时代发展的需要。在语文课程中，必须大胆引入现代化的教育技术，开阔学生的视野，加强语文学习与时代、与科技发展之间的联系。

二、高中阶段语文课程基本理念

高中语文课程理念，是在义务教育语文课程理念的基础上，根据新时期高中语文教育的任务和学生的特点提出的。语文课程培养人文素养的功能得到强调；语文能力培养目标得到进一步明确。

（一）全面提高学生的语文素养，充分发挥语文课程的育人功能

高中课标在“课程的基本理念”第一条，延续义务教育课标提出的“全面提高学生的语文素养”的理念，在此基础上，强调了“充分发挥语文课程的育人功能”，指出：

高中语文课程应帮助学生获得较为全面的语文素养，在继续发展和不断提高的过程中有效地发挥作用，以适应未来学习、生活和工作的需要。

高中语文课程必须充分发挥自身的优势，弘扬和培育民族精神，使学生受到优秀文化的熏陶，塑造热爱祖国和中华文明、献身人类进步事业的精神品格，形成健康美好的情感和奋发向上的人生态度；应增进课程内容与学生成长的联系，引导学生积极参与实践活动，学习认识自然、认识社会、认识自我、规划人生，实现本课程在促进人的全面发展方面的价值追求。

语文课程本身具有得天独厚的育人优势，高中课标语文课程培养人文素养的功能得到强调。

从浅层次上讲，语文课程中丰富的语文知识和生动感人的艺术形象，对学生的行为举止、道德情操等都具有潜移默化的熏陶作用。从深层次来讲，不同题材、不同国别、不同风格，具有深邃思想内涵和富有哲理的语文教材，有助

于学生对人文精神的了解和感悟，进而产生对自己人格、人生的认识和思考。在社会迅速转型和高科技发展对人的生活方式、思维方式、道德观念和价值观念产生巨大影响、对人文精神相对忽视的形势下，强调人文精神是十分必要的。高中课标敏锐地抓住了这一问题，给予高度重视，强调语文素养的培养，语文课程的育人功能得以充分加强。

(二)注重语文应用、审美与探究能力的培养，促进学生均衡而有个性地发展

高中课标在“课程的基本理念”的第二条以较大的篇幅指出：

高中语文课程，应注重应用，加强与社会发展、科技进步的联系，加强与其他课程的沟通，以适应现实生活和学生自我发展的需要。要使学生掌握语言交际的规范和基本能力，并通过语文应用养成认真负责、实事求是的科学态度。

审美教育有助于促进人的知、情、意全面发展。文学艺术的鉴赏和创作是重要的审美活动，科学技术的创造发明以及社会生活的许多方面也都贯串着审美追求。未来社会更崇尚对美的发现、追求和创造。语文具有重要的审美教育功能，高中语文课程应关注学生情感的发展，让学生受到美的熏陶，培养自觉的审美意识和高尚的审美情趣，培养审美感知和审美创造的能力。

现代社会要求人们思想敏锐，富有探索精神和创新能力，对自然、社会和人生具有更深刻的思考和认识。高中学生身心发展渐趋成熟，已具有一定的阅读表达能力和知识文化积累，促进他们探究能力的发展应成为高中语文课程的重要任务。应在继续提高学生观察、感受、分析、判断能力的同时，重点关注学生思考问题的深度和广度，使学生增强探究意识和兴趣，学习探究的方法，使语文学习的过程成为积极主动探索未知领域的过程。

与义务教育阶段的语文课程理念相比，高中语文课程更注重对学生应用能力的培养。这种应用能力不仅要满足学生的学习需要，还要让学生能自如地应对社会生活的需要，更进一步还需要培养学生认真负责、实事求是的科学态度。语文课程是提高学生审美能力的重要渠道，高中语文课程对审美能力的培养，不仅是让学生能鉴赏美，更能发现美、创造美，能将审美意识融入社会生活以及科技创造，扩大学生审美能力的应用范围。高中语文课程把学生探究能力的培养放在重要位置，结合高中学生身心发展的特点，在继续提高学生观察、感受、分析、判断能力的同时，重点关注学生探究问题的深度与广度，并在探究中提高学生的思维能力、创新能力。注重语文应用、审美与探究能力的培养，对促进学生均衡而有个性地发展有着重要作用。

（三）遵循共同基础与多样选择相统一的原则，构建开放、有序的语文课程

高中课标还为构建开放、有序的语文课程提出了“遵循共同基础与多样选择相统一的原则”。在“课程的基本理念”的第三条中指出：

高中语文课程应遵循共同基础与多样选择相统一的原则，精选学习内容，变革学习方式，使全体学生都获得必需的语文素养；同时，必须顾及学生在原有基础、自我发展方向和学习需求等方面的差异，激发学生的兴趣和潜能，增强课程的选择性，为每一个学生创设更好的学习条件和更广阔的成长空间，促进学生特长和个性的发展。

高中语文课程应该具有相对稳定的结构，并形成富有弹性的实施机制。学校应在课程标准的指导下，有选择地、创造性地设计和实施课程，帮助教师提高水平、发展特长，开发和利用各方面的课程资源，建立互补互助的资源网络，建设开放、多样、有序的语文课程体系。

高中课标首次提出共同基础与多样选择相统一的原则。共同基础，强调高中语文课程必须面向全体学生的基本要求，使每个学生都能在自己的能力范围内完成相关的课程内容，并实现能力的相应提高。多样选择，要求课程的设置还应为学生个性的发展提供空间，为学生的差异发展提供可能。也正是在这种理念的指导下，高中语文课程内容分为必修与选修两大部分。必修课体现语文课程的基础性与共性，有利于学生语文素养的均衡提高。选修课程突出选择性与个性，能够让学生在语文课程框架内，实现自己最优化的学习和最大的发展。

第二节 语文课程的价值取向

一、语文课程的核心价值取向

课程的价值取向，是指课程价值主体根据一定的认识水平，以一定的客观价值标准为依据，在课程价值实践过程中表现出的心理倾向与行为趋向。在基础教育课程改革中，无论是课程理念的转变，还是课程目标的更新，都是以价值转型为基础的。因此，就语文学科的课程价值进行探讨，可以加深语文教育工作者对于两个课标的认识和理解。

当前语文课程价值取向的核心是“为了每位学生的发展”，这也是本次基础教育课程改革的核心。

随着时代的前进，对中小学生每个阶段的思想道德、知识结构、实践能力、身心健康、创新意识、审美情趣等基本素质都提出了新的要求。语文课程改革和新的课程标准的研制，是根据新的发展要求，从语文课程整体性改革目标出发，全面认识其学科性质，调整学科的价值取向，确定新的目标体系、知识内容、教学方式，将“改革是硬道理”的思想贯穿于制定语文课程标准的始终，真正发挥语文教育对培养和造就21世纪一代新人的重要作用。新课程标准的制定，就是要体现语文教育观念的更新，站在更高的起点，开阔更广的视野，确保语文学科建设真正有新的发展和突破，发挥语文教育在振兴中华民族文化、培养合格公民方面的基本功能，以及达到促进每个学生健康发展的根本目的。

语文课程是具有多功能的课程，语文素质又是人的素质的重要组成部分。义务教育课标在设计思路部分强调：“课程目标根据知识和能力、过程和方法、情感态度和价值观三个维度设计。三个方面相互渗透，融为一体，注重语文素养的整体提高。”因此，语文教育应充分体现国家对中小学生培养目标的要求，在整个学科教育的不同层面上，不得偏离总的目标。

二、语文教育的三个方面价值追求

（一）关于“智”的价值追求

在语文教育“智”的层面上，语文教育必须帮助学生认识社会，认识人生，引导学生陶冶情操、丰富情感、锻炼意志，养成良好的个性、形成健全的人格。《基础教育课程改革纲要》中指出，要“改变课程内容难、繁、偏、旧和过于注重书本知识的现状，加强课程内容与学生生活以及现代社会和科技发展的联系，关注学生的学习兴趣和经验，精选终身学习必备的基础知识和技能”。因此，语文教育“智”的层面的开发，也要紧紧围绕培养学生具有开放、自由、多元文化精神的指导思想，使学生在社会中逐步自主而富有创造性地发展，成为自觉、自治和负责任的公民。

语文教育归根到底就是要以促进学生发展为本，实施面向全体学生的教育，让每个学生都能获得语文教育的平等机会，培养学生正确运用中华民族共同语言进行交际的本领，使之强化尊重祖国语言文字、使其更加完美规范的意识，提高学生使用语言的文明程度，鼓励学生利用各种信息资源，形成选择、判断、理解信息的智慧，以及根据实际交际需要，使用简洁的语言材料传递丰富信息的能力。

语言的潜能是人人具备的。语文教育“智”的层面，包括促进学生智力发展的要素。在语文教育进程中，需自觉地尊重学生富有个性的情感体验和思维方式，鼓励学生说自己想说的话，写自己想写的文章。中小学教育阶段是一个人语言发展的关键时期，语文课要为学生创造丰富而有序的语言环境，以便在课堂教学和课外日常生活的语言环境中，学生能通过亲身参与和体验获得语言能力的发展，促进智力提高。语文教学还要把握学生的心理活动规律，激发学生学习语文的兴趣，避免将学生误导至死记硬背抽象符号和内容的泥潭。总之，在语文教育“智”的层面，必须培养学生的创新意识，发展学生的思维个性、探索与研究意识，逐步形成实事求是、独立判断的智能。

(二)关于“能”的价值追求

在语文教育“能”的层面上，语文学科有着工具性的特征。随着社会的发展，科技的进步，人类文明的提高，语文学科工具性也就被赋予了更多新的内涵。在这一事实的基础上，语文教学无疑要保证学生在义务教育阶段养成良好的语文素养，为学生进一步学习和从事未来的工作奠定坚实的基础。读、写、听、说的训练，就是为这一目的服务的手段。至于训练的内容、方法、评估评价的标准和途径，都要有利于达到语文培养规格的指标。

综合我国语文教育的优秀成果，参照国外母语学科的最新标准，可以归纳出语文教学的“能”，应包括九个方面的内容：

一是为某一特定目的，主动选择阅读材料的能力。

二是从多种文化角度和不同历史背景来阅读作品的能力。

三是阅读过程能提出问题，敢于并善于发表自己看法的能力。

四是从阅读材料中找出问题和解决问题的方法。

五是阅读材料后，可以做出独立判断，分辨可靠信息与非可靠信息，分辨有益材料与有害材料的能力。

六是有分清虚构与真实，写虚构作品大胆想象，写实作品会核清事实与数字的能力。

七是有交谈与通过交谈获取信息，取得支持，保护自己合法权益的能力。

八是有认真听取各种意见，既不屈从也不固执的应变能力。

九是有为自己所写、所说负责的责任感。

学生语文能力的形成与发展是一个复杂的过程，母语的习得从出生开始，先是听说，后是读写。因此，母语教育应以读写为重点，通过书面语言的学习促进口语交际能力的发展。

祖国的语言文字是民族文化的结晶，其中蕴涵着厚重的民族精神、思维方式、伦理道德、心理习惯等诸多内容。祖国语言文字具有整体性、灵活性、形象性、表意的丰富性及模糊性等特征。所以，语文教学要重视识字教学，要重视对文章的诵读和整体感悟，要重视多读多写的传统经验。在认真总结近百年来汉语文教育现代化探索的经验与教训的同时，坚持引进和运用现代教育思想、方法和技术，吸取其他民族母语教育的成功经验，按照汉语文教育规律组织教学，精选语文知识，强化读写听说能力的培养，积极创造条件，使学生养成良好的学习语文的习惯，掌握基本的语文学习方法，切实承担起语文教育在学生能力培养上的重任。

（三）关于“情”的价值追求

语文教育的“情”的层面上，应着力培养学生热爱祖国语言文字和民族文化的思想感情，努力提高学生的道德修养、思想品质和文化品位，充分发挥语文课培养学生健康情感、高尚情操、健全人格的功用。依据业内普遍认同的说法，这里涵盖着爱国主义思想、人格价值观念、人际和谐思想、社会责任观念等内容。新的课程标准坚持这种观点，提倡在符合时代发展的价值取向指导下，利用语文课程自身的优势，力所能及地挖掘学科的教育潜能。语文教育要塑造学生心灵，就不能简单地停留在对文章所写的人、事、物等的表面理解上，而要引导学生由表及里，深入到事物的本质，进行分析、解剖、比较、辨别，在理性认识上达到一定深度。只有知之深透，才能在心灵深处留下永不磨灭的印痕。

语文教育又是人的灵性诱发与培养的有效方式。灵性，是人在对语言文字的敏感性和感悟力方面所具备的潜在素质，与人的想象力、创造力、好奇心、求知欲、幽默感等连成一体。灵性是形成语文能力的重要条件，语文教学当然要重视灵性的启迪。灵性的启迪，必须贯穿语文教育的全部内容和学习过程的始终，要对语文教育诱发学生灵性的特殊功效给予足够的关注。

总之，新课程的基本价值取向是“为了中华民族的复兴，为了每位学生的发展”，语文课程应在促进学生的和谐、全面发展中发挥其独特优势。

【拓展阅读】

1. 钟启泉、崔允漷、张华主编：《基础教育课程改革纲要（试行）》解读，上海，华东师范大学出版社，2001。

2. 巢宗祺、雷实、陆志平主编：《全日制义务教育语文课程标准（实验稿）》解读，武汉，湖北教育出版社，2002。

3. 中华人民共和国教育部：《普通高中课程方案（实验）》，北京，人民教育出版社，2003。

复习思考题

1. 结合你对语文课程标准的理解，谈谈语文课程四个基本理念之间的关系。

2. 试分析“语文素养”这个概念由哪些基本要素构成。

3. 结合教学实际，分析如何转变学生的学习方式。

4. 结合案例，谈谈如何在教学中实现语文课程的价值取向。

第三章 语文教学设计

【学习导引】

语文教学设计是系统的教学设计原理在语文学科中的运用，它在设计的思想、原则、前提等方面与传统的备课有着鲜明的区别，语文教师只有认清这些问题，才能进行有效的语文教学设计，提高语文教学效率。

第一节 语文教学设计概述

一、语文教学设计的内涵

现代教学设计来源于20世纪上半叶的北美和欧洲等地，它的产生可追溯到第二次世界大战的战时培训。随着心理学的发展，美国杜威、桑代克、斯金纳、加涅等教育家、心理学家把行为主义心理学和认知心理学应用于教育教学中，使其成为教学设计的工具。特别是20世纪90年代，认知建构主义理论对教学设计产生很大影响。学习者、教学媒体与教学情境的相互作用成为教学设计关注的焦点，强调教学设计诸要素的整体性、变化性与交互性。

我国于20世纪80年代中后期开始引入教学设计理论并加以研究，有学者认为：现代教学设计，也称系统教学设计，是运用系统方法分析教学问题和确定教学目标，建立解决教学问题的策略方案、试行解决方案、评价结果和对方案进行修正的过程。它以优化教学效果为目的，以学习理论、教学理论和传播学为理论基础。①

语文教学设计是教学设计原理在语文学科中的运用，是指语文教师运用系统方法，按照一定的教学目标和要求，针对具体教学对象，对语文教学的整个程序及其具体环节所做出的行之有效的策划。其目的是优化语文教学效果，以达到预期的语文教学设想。

二、语文教学设计的指导思想

进行语文教学设计，应遵循如下指导思想。

① 乌美娜：《教学设计》，11页，北京，高等教育出版社，1994。

（一）运用系统科学理论，有效整合语文教学诸因素

系统科学理论包括系统论、控制论、信息论，是研究客观世界中的系统、控制、信息问题的综合性横向科学。“三论”之间自成系统又相互依存。其整体原理、有序原理和反馈原理为优化语文教学提供了重要的思维方式与手段。

语文教学是由教学目标、教学内容、教学方法与手段、教学环境等诸多因素构成的系统。有效的教学设计既要依据语文课程标准的要求，又要遵循语文知识内在的规律，还要符合学生语文学习认知规律和心理发展规律等。因此，掌握和运用系统科学的理论，才能在具体教学设计中做到系统控制，选择最佳教学设计方案。即明确每个教学要素在教学进程中的作用，能够为每个要素发挥作用提供时间、条件或机会，保证有效整合各种教学因素，发挥教学系统的整体功能，实现教学过程的最优化控制，最终达到教学目标的优化。

（二）运用教育教学理论，把握住语文教学的特点

教育教学理论包括一般教育教学理论和语文学科教育教学理论，是语文教师设计与实施教学的重要理论基础，是语文教学设计的直接理论来源。新课程对语文教学的重要理论进行了较全面的阐释，语文课程的理念、学科的性质、教学的目标等都对语文教学设计形成一定制约。只有在正确的教育教学理论指导下，才有可能把握住语文教学的特点，设计出较为科学的教学方案。这是语文教学科学化的基本保障。

语文教学的设计，应体现出语文学科教学的最新研究成果，如阅读教学设计，要注重教师、学生与文本之间的对话、互动与生成，体现三维目标的要求；应重视语文的熏陶感染作用，尊重学生在学习过程中的独特体验；应该让学生更多地直接接触语文材料，在大量的语文实践中运用语文的规律；注重对学生语感能力的培养等。教学设计应充分发挥语文教学的育人功能，立足于学生的可持续发展，以有效转变应试教育带来的一些急功近利的教学现状，使语文真正成为学习其他学科知识的基础。

（三）运用学习理论，发挥学生学习的主体性

学习理论是研究和揭示人类学习过程的本质和规律，指导人类学习活动的一门科学，特别在指导学生的学习活动方面具有重要的意义。“一切为了学生的发展”是基础教育课程改革的核心理念。学生是教学活动的主体，发挥学生的主体性，是教学设计的出发点。

运用学习理论进行教学设计要面向全体学生，关注学生的个体差异和不同需求，引领学生在语文学习中发挥自己的积极性与主动性，促进学生更好地获得语文能力的发展。在语文教学目标的设计上，要关注学生的行为表现、情绪体验、过程参与、知识获得以及合作交流等方面；在教学过程的设计中要激发学生的主动意识，保护学生的积极性，组织学生主动学习，尊重学生的个体体验。在教学流程及策略的设计上，要注重学生语文学习投入的态度、深度、广度，动手、动口、动脑、思维活动的强度、有效度等。

三、语文教学设计的原则

语文教学设计应掌握整体性、实效性、可操作性原则。

(一)整体性原则

一是把握教学目标的整体性。任何教学设计都是为总体目标服务的，在语文教学设计中，则要兼顾几个层面的目标：总目标和阶段目标(学年目标和学段目标)；每册教材确定的教学目标；具体教学过程目标，如一个单元、一篇课文、一课时的教学目标。二是形成整体教学思路。要综合课文作者写作思路、教材编辑设计思路、学生语文学习思路，设计出适合学生理解与掌握的总体教学思路。

(二)实效性原则

教学设计追求教学的有效，以优化教学效果为目的。因此，在语文教学内容的设计上要突出重点、突破难点。在教学过程的设计上要抓住教学的中心环节。在教学方式方法的设计上要选择实用的教学形式。在教学手段的设计上要选用恰当的教学媒体等，达到事半功倍的效果。

(三)可操作性原则

体现在教学目标的设计上要可操作、可检测。在教学过程的设计上师生的活动要具体、明确。在教学的测评上要可测量等。

四、语文教学设计的前提

(一)理解语文课标理念

语文课程标准是国家对语文课程的基本规范，是教材编写与教师教学的依据，也是评价教学效果的依据。语文教学设计应在课标指导下进行。教师应研读课标，领会课标的精神与理念。首先，理解语文课程标准的性质和作用，树立成为语文课程的开发者和语文教学的设计者的思想。其次，理解课标提出的几个理念，树立语文教学设计的语文素养观、语文实践观等。在教学目标设计时，增加“搜集和处理信息的能力”“口语交际的基本能力”等内容。在教学过程设计时，注重语言的积累、感悟和运用，安排学生更多地接触文本、进行大量的听说读写的实践活动等。在设计教学内容时，贴近学生的生活实际，积极开发和利用课程资源。

（二）钻研教材内容

语文教材是教师教和学生学的主要凭借。钻研教材，对于教学内容的设计具有十分重要的意义，因为它决定了教什么。对教材的钻研总的要求是客观、务实，不能有太大的随意性。除了常规性的阅读理解，教师还应做到以下几点。

1. 把握教材体系

即统观全套教材，把握总体要求；熟悉整册教材，明确当册的教学重点；研究单元与单元之间的关系及内部组合的特点，把握读写听说的知识点和训练点，做到连点成线。具体做法是：首先，要浏览并通读整个初中或高中阶段的语文教材，了解整套教材的体系、各册教材的重点、单元组合的特点、文体安排的规律、各类课文的特点、语文知识的系统和语文训练的序列，以把握所教一册在整套教材中的地位和作用。其次，熟悉某一学期所教的整册教材的主要教学任务、教学的内容及数量、单元组合的方式、精读课文与略读课文的配合、知识教学与能力训练的比重、重点阅读课文与写作、口语交际、语文综合性学习的联系等。再次，了解教材的前后衔接，如初中与小学高年级、高中的联结，引导小学生稳妥、有效地过渡到中学的学习；为初中生即将升入高中阶段学习打下坚实的基础。

2. 独立钻研教材

在教学设计的过程中，有些教师一味照搬他人的教案，还有些教师花大量的时间去查阅各种资料，搬来各种教参，结果迷失在他人的设计中，理不出头绪。有效的做法是，在自己独立钻研的基础上，针对自己的思考，有目的地寻找和利用相关资料，个性化解读。

特级教师陆继椿对钻研教材有独特的体会：“钻研教材不同于自己平时读书。凡属按读写训练要求确定作为例子的课文，我都努力读熟。不管是讲读课文还是阅读课文，也不管是哪种文体、风格、内容的文章，都不凭个人的兴趣好恶去读，我给自己立了个规矩：拿到课本先通读，编好单元按单元读，下周教的课文本周读，明天上的课文今天读。即使一篇较熟较长的课文，我也要读十遍左右。这样，到上课时就能运用自如了。在反复读课文中，我总围绕这样几个问题思考：文章写了什么内容？思路怎样？好在哪里？最主要的特色是什么？作者为什么这样写？要突出什么作为读写训练的例子？

读写训练如何进行？有没有教学中可能遇到的疑点和难点？怎样引导学生解决？文章有无不足之处？这十大问题，我坚持独立思考，没有心得决不翻教学参考书。”①这对年轻教师有着借鉴意义。

（三）了解学生实际

教学是师生的双边活动过程。有效的教学设计是为学而设计的。以学定教、以学促教是语文教学设计的重要思想。了解学生的状况，可从以下几个方面把握。

(1)了解学生学习新任务的预备状态或先决条件(现有状态，如有没有“进入”的障碍)。

(2)了解学生对目标状态是否有所涉猎、娴熟于心或是一无所知。

(3)了解学生对学习新任务的情感态度(学习愿望、毅力、动机、兴趣、时间精力投入的可能性)。

(4)了解学生对学习新任务的自我监控能力(学习习惯、方法、策略及风格)。

了解学生的方法很多，如课堂观察、批改作业或课后练习，与班主任、其他任课教师交换意见，专项测试、谈话与问卷等。设计语文教学，这三大方面是必不可少的前提条件。

【案例分析】　宁鸿彬执教《皇帝的新装》四个主问题设计

特级教师宁鸿彬老师，在讲《皇帝的新装》一课时，设计了四个主问题：

1. 以“一个……的皇帝”的形式给本文加个副标题。

2. 用一个字概括这个故事的内容。

3. 文中的这个皇帝上当受骗怨谁？

4. 那两个骗子的骗术并不高明，为什么文中的那么多人都上当受骗了呢？他们上当受骗的根本原因是什么？

评析：这四个问题，引导学生用极简练的语言概括了故事情节，认识了文中的众多人物，特别是认识了文中的主要人物——皇帝，还引导学生领会了本文深刻的思想意义。这个精练的教学设计，正是宁鸿彬老师形成完整的教学思路、注重教学整体效应的结果，遵循了教学设计的整体性和实效性原则。

---

① 周庆元：《语文教学设计论》，21页，桂林，广西教育出版社，1996。

【实践演练】

比较《背影》的几种教学设计，分析其教学设计思路有哪些不同，你认为哪个设计更好，为什么？

设计一：徐绍仲

朱自清的《背影》是一篇语言十分朴素自然的散文。他对动词的重复使用(如两次使用“踌躇”)、同义动词(如“嘱咐”“嘱”“嘱托”)、动词同其他动词或助词的联合使用(如“看了看”“须穿过”“须跳下去”“爬上去”)、动词的照应使用(后边的“走过去”同前边的“穿过”，后边的“探身下去”同前边的“跳下去”，后边的“爬上”同前边的“爬上去”)等则是非常具体的说明。通过对这些动词的分析，就可体会父亲真诚朴素的情感。抓住了这些特点来教学，就会大大提高课堂教学的精度，节省许多时间。

设计二：特级教师余映潮

(1)阅读全文，理解全文内容。

(2)切入。通过提问，切入到第六自然段。

(3)突破。从动作描写、外貌描写、动词运用、情感抒发等方面品读第六自然段。

(4)回扣。从对背影的描写回扣课文的首段，体会祸不单行、家境惨淡的特定环境。

(5)顺联。从对背影的描写引出课文的末段，体会父子相爱相怜的真挚感情。

设计三：特级教师陈钟梁

(1)直接导入，然后让学生有足够的时间细读文章。

(2)听写词语，做法是教师读词语的意思，学生写出文中的词语：祸不单行、奔丧、狼藉、赋闲。

(3)让学生认真阅读文章的前三段，把词语连贯起来复述一下刚才阅读的内容，教师可做些复述指导或是补充。

(4)让学生思考一下文章写到“背影”一共有几次，其中详写了哪一次，找出并让学生朗读。

(5)教师朗读这段文字，朗读之前让学生仔细思考：老师可能会故意漏掉哪些词语。故意错漏的词语是：黑布、布、蹒跚地、用两手、两脚、肥胖的、向左。再让学生比较这些词语用上和没用上有何区别。

(6)“我的泪很快下来了”，为什么这样说？联系全文，看看文中一共写到了“我”几次流泪，这都是怎样的眼泪？

(7)文章的外貌描写有什么特别之处？注意文章抓住了什么来尽力描写。

(8)关于文章主题，可以视学情引导学生进行一些主题性的探究。

设计四：程日东

(1)导入：走近经典。今天，我们学习朱自清的散文——《背影》。有人说，这是一支经典的心灵之歌，它不仅是从朱自清的心底唱出，而且也拨动着我们的心弦，引发我们深深的共鸣。它又是一坛酒，随着我们的年龄增长，其味也愈见醇香。现在我们一起来打开这坛酒。

(2)感知：围绕主问题吟读全文。主问题：文中，“父亲”为“我”做了哪些事？

(3)研读：思维跟踪。研读全文，回答下列主问题：在这一次父子相聚和分别的过程中，年迈的“父亲”为“我”做了哪些事呢？

(4)重点：聚焦“背影”。朗读第六自然段，然后用“这是一个……的背影”的句式说话。

(5)深入：背影的“背后”。跳读文章，回答问题：在这“背影的背后”，你们又能看到什么？背景材料介入：略。

(6)延伸：亲情体验。师：此时此刻，同学们肯定也会想到自己的爸爸平时对自己的关心和钟爱，有些自己本来不在意的事情，相信此时也会浮现在眼前，令你思潮翻滚，乃至流泪。今天有一个让大家直接向父亲倾诉的机会，请拿出你们的手机(课前通知带手机)，给你爸爸发一个短信，说一句你最想对他说的话。(在黄磊《背影》的音乐声中，学生发短信)

(7)结课：以情换情。师：同学们，父母之爱，是最熟悉的“陌生”之爱，很多时候我们会熟视无睹，更别说表达这份爱了。朱自清先生抓住了自己难以忘怀的瞬间感受，选取“背影”这一独特视角为刻画重心，又以充盈“泪水”的双眸追寻和审视，构成了父子情感的双向流动，成就了这篇文章独特的艺术运思。

第二节　语文教学目标与重点难点设计

一、语文教学目标设计

语文教学目标的设计是教学设计的起始工作，只有确定准确的教学目标，才能保证后面一系列教学工作的正确与有效。了解语文教学目标的内涵，把握语文教学目标设计的依据与要求，特别是设计出具体可行的课堂教学目标，是语文教学有效设计产生的关键。

(一)语文教学目标的分类

语文教学目标是教学活动的出发点和归宿，是教师选择教学内容与方法的依据，也是评价教学效果的依据，在教学活动中发挥着指向、激励、评价等作用。语文教学目标是学生通过课堂教学所要达到的预期的学习结果。布鲁姆等人把教育目标分为认知、情感和动作技能三个领域，其中认知领域的目标分类在 1956 年公布为由低级到高级的六级，即知识、领会、运用、分析、综合、评价。加涅为了能够使学习层次的原则在教学上应用，提出了五种学习的结果(态度、动作技能、言语信息、智力技能、认知策略)，使教师能够根据学习结果的叙述设计最佳的学习条件。这两种教育目标分类体系，可以作为在不同条件下进行教学设计的依据。

我国义务教育课标规定的语文课程目标，是从知识和能力、过程和方法、情感态度和价值观三个维度设计的，三个方面相互渗透，融为一体，注重了语文素养的整体提高。结合我国语文教学具体情况，可把语文教学目标简要、明晰地分为以下四类。

1. 语文知识

语文知识可概分为两大类：一是语文形式知识，包括语音、汉字、词汇、句子、段落和篇章知识，语法、修辞、文体、文学、文章背景和作家作品知识等。二是语文内容知识，主要指课文内容涉及的社会、自然等知识。这两类知识都是言语信息。

2. 语文能力

关于语文能力的构成，传统教学的提法是听、说、读、写四种能力。近年参照的是《普通高等学校招生全国统一考试大纲》，其中对语文能力的要求是：

高考语文考查识记、理解、分析综合、鉴赏评价、表达应用和探究六种能力，这六种能力表现为六个层级。

A. 识记：指识别和记忆，是最基本的能力层级。

B. 理解：指领会并能作简单的解释，是在识记的基础上高一级的能力层级。

C. 分析综合：指分解剖析和归纳整理，是在识记和理解的基础上进一步提高了能力层级。

D. 鉴赏评价：指对阅读材料的鉴别、赏析和评说，是以识记、理解和分析综合为基础，在阅读方面发展了的能力层级。

E. 表达应用：指对语文知识和能力的运用，是以识记、理解和分析综合为基础，在表达方面发展了的能力层级。

F. 探究：指对某些问题进行探讨，有见解、有发展、有创新，是在识记、理解和分析综合的基础上发展了的能力层级。

3. 语文学习方法

语文学习方法是应用如何思维、记忆的操作性知识对内办事的能力。主要包括一般思维方法、理解和评价文章的策略、阅读认知过程的监控策略、写作策略、口语交际策略等，属于较为高级的智慧技能，需要一定的认知策略。

4. 语文学习中的情感态度和价值观

包括对课文中所写的人、事、物以及所表达观点等的态度(情感)和对课文阅读活动的态度(兴趣)。这是情意方面的目标。

语文学习知识的掌握、语文能力的形成、语文学习方法的运用，以及语文学习中的情感态度和价值观的养成，都贯穿在语文学习的过程中。因此，这个语文教学目标的分类法既符合加涅的学习结果五种分类，也符合义务教育课标的三维度教学目标设计理念要求。

(二)语文教学目标设计的要求

语文教学目标的设计，应该达到准确、具体、适度、简洁的基本要求。

1. 准确

设计目标要对两个要素有准确解读，一是教材的要求是什么？二是学生能否达到教材的要求？目标的准确预设和有效达成十分重要。忌设计的错位和虚设。

2. 具体

设计目标要具体到知识的某一个点、技能的某一个点、能力的某一个点。忌目标设计的大而空。

3. 适度

设计目标要切合教学的实际和学生的需要。一课时的教学目标一般以两到三个教学目标为宜。忌目标设计的多而杂。

4. 简洁

目标的表达要准确、简洁，干净利落，以短句为上。忌啰嗦、杂糅，长句易患语病。

(三)语文教学目标的表述方式

1. 语文教学目标表述的基本要素

其基本要素一般有四个：行为主体、行为动词、行为条件、表现程度。

(1)行为主体。行为主体指的是学习者，即学生。因为判断教学效果的直接依据是学生的心理和行为的变化，而不是教师是否完成任务。因此，语文教学目标表述要从学生的角度出发，行为主体应当是学生，而不是教师。

(2)行为动词。行为动词用以描述学生形成的可观察、可测量的具体行为。设计者在表述行为目标时应尽可能选用意义确定、易于观察的行为动词，尽量少用“懂得”“了解”“理解”等模糊、难以观察的动词。

(3)行为条件。行为条件是指影响学生产生学习结果的特定的限制或范围，主要说明学生在何种情境下完成指定的操作，如“借助工具书”“结合上下文”“看完全文后”“在课堂讨论时”“在了解作品创作背景的基础上”等。

(4)表现程度。表现程度是指学生对目标所达到的最低表现水准，用以评测学习表现或学习结果所达到的程度。如“能完整流畅地背诵《蜀道难》全诗”“完全无误”“一分钟内完成”“每个学生阅读现代文每分钟不少于500字”等。标准的说明可以是定量的或定性的，也可以二者都有。

一个完整的语文教学目标的表述应为：

学生　在通读全文后，　找出　课文中的修辞手法，至少找出三种。
(行为主体)　(行为条件)　(行为动词)　　　　　　(标准)

为了简练，有时教学目标表述可省略行为主体或行为条件。例如：

学习　文中的比喻修辞格。
(行为动词)　(标准)

2. 语文教学目标表述的基本方式

一般情况下，基本方式有两类：结果性目标表示方式、体验性或表现性目标的陈述方式。有些目标从外部行为上可观测，采用结果性目标的表示方式。如：

表 3-2-1 “知识与技能”知识水平结果性目标

知识水平	行为动词
了解水平：包括再认或回忆知识，识别、辨认事实或证据，举出例子，描述对象的基本特征等	辨认，回忆，背诵，选出，举例，复述，列举，描述，识别，再认等
理解水平：包括把握内在逻辑联系，与已有知识建立联系，进行解释、推断、区分、扩展，提供证据，收集、整理信息等	说明，阐明，解释，比较，分类，概述，归纳，概括，判断，区别，提供，把……转换，猜测，预测，估计，推断，检索，收集，整理等
应用水平：包括新的情境中使用抽象的概念、原则，进行总结、推广，建立不同情境下的合理联系等	使用，应用，质疑，辩护，设计，解决，撰写，拟定，检验，计划，总结，推广，证明，评价等

表 3-2-2 “知识与技能”技能水平结果性目标

技能水平	行为动词
模仿水平：包括新的情境中使用抽象的概念、原则，进行总结、推广，建立不同情境下的合理联系等	重复，模拟，模仿，再现，例证，临摹，扩展，缩写等
独立操作水平：包括独立完成操作，进行调整与改进，尝试与已有技能建立联系等	表现，完成，制定，拟定，解决，安装，绘制，测量，尝试，试验等
迁移水平：包括在新的情况下运用已有技能，理解同一技能在不同情境中的适用性等	联系，转换，灵活运用，举一反三，触类旁通等

体验性或表现性目标的陈述方式，描述学生的心理感受，要有学生行为表现。所采用的行为动词往往是体验性、过程性的，这种方式指向无需结果化的或难以结果化的目标，主要应用于过程与方法、情感态度与价值观等领域(表 3-2-3)。

表 3-2-3 体验性目标的学习水平与行为动词

学习水平	行为动词
经历水平：包括独立从事或合作参与相关活动，建立感性认识等	感受，经历，参加，参与，寻找，尝试，讨论，交流，合作，分享，参观，访问，考察，接触，体验等
反应水平：包括在经历基础上表达感受、态度和价值判断，作出相应的反应等	遵守，拒绝，认同，认可，承认，接受，同意，反对，愿意，欣赏，称赞，喜欢，感兴趣，关心，关注，重视，采用，采纳，支持，尊重，爱护，珍惜，蔑视，怀疑，摒弃，抵制，克服，拥护，帮助等

续表

体验水平	行为动词
领悟(内化)水平：包括具有相对稳定的态度，表现出持续的行为，具有个性化的价值观念等	养成，形成，热爱，建立，树立，具有，坚持，保持，追求，确立等

【案例分析】

1.《荷塘月色》的教学目标设计①

(1)知识：了解作家作品，掌握生字新词。

阅读有关参考资料，陈述朱自清简况及其主要作品，其中包括“民主战士”、四一二与《欧游杂记》；会读会解 12 个词语，不少于 10 个。(外在行为样例)

(2)理解：理解景物描写的美感。

在诵读课文的基础上，找出描写优美的语句，至少有重叠词与通感句：陈述其美妙之处，其中应有叠韵美与移觉美。(外在行为样例)

(3)综合：掌握本文的情感脉络。

在朗诵与默诵的基础上，依据课文的自然顺序列出作者抒发的感情，并进行概述；其中应有“‘幻想超脱现实’与‘无法超脱现实’的矛盾心理”。(外在行为样例)

(4)运用：把握情景交融的特点。

在确定文章感情脉络的基础上，选几段文字，其中应有第 4 至第 6 段；陈述笔下之景能够表达心中之情的理由，其中应有“抑郁苦闷，朦胧之间的协调美”。(外在行为样例)

(5)活动：体验与感受景物描写的和谐美。

课后举办一次辩论会，辩论“‘如刚出浴的美人’放在‘月光如流水一般，静静地泻在这一片叶子和花上’之后，是否更好”。可以上台做辩手，也可以在台下做观众。(表现性目标)

① 张悦群：《课堂教学目标应该怎样陈述？——质疑 12 篇课文教学设计中的目标陈述》，载《语文学习》，2002(10)。

评析：此设计中教学目标采用了结果性目标与表现性(体验性)目标来表述。其中结果性目标是从知识、理解、综合、运用几方面进行的分层次表述，与布鲁姆的六级目标分类法较为接近，显得条理清晰，层次分明。“活动”中的体验与感受，属于体验性目标，选用辩论会的形式进行，能够落实。几个“外在行为样例”的表述具有可操作性、可检测性。

2.《雷雨》的教学目标设计①

(1)熟悉戏剧常识，了解《雷雨》的故事情节及人物之间的矛盾纠葛，整体感知作品。

(2)品味选文台词，揣摩特定场合下人物的行为特点，深入认识戏剧冲突，把握剧中人物形象。

(3)点评剧中人物，辨析悲剧的性质及成因，增强对社会、人生的理性认识。

评析：该教学目标的设定，没有按照所谓的“三维目标”分项列举，却包含了三维目标。针对重点学校学生的特点，第一个目标由学生课前完成，为学生规定了一个相对恰当的起点，是能够完成的较低层次知识目标。第二个目标，让学生走进文本，品味台词，这是语文能力目标，是语文课必须完成的基本任务。第三个目标属于情意目标，是在充分研读文本的基础上自然生发出来的，较好地体现了语文的人文性。

二、语文教学重点与难点设计

(一)语文教学重点设计

语文教学重点是指为了达到教学目标而必须着重引导学生理解和掌握的内容，是那些最重要、最基本的、带有规律性的语文知识。

1. 教学重点的确定标准

教材中的教学重点，可依据五个标准确定：

(1)最基本的。即基本性知识，如基本概念、基础知识、基本方法等。

(2)最核心的。即它在知识的整体结构中居于核心的层次或地位，因而能支配或影响知识的其他方面或部分。如一篇课文的主题思想，一句问话的真实含义等。

(3)最主要的。教材内容有主次之分，如主要章节、主要段落、主要问题、

① 卢军良、张玉新：《〈雷雨(节选)〉教学简案及评点》，载《语文教学通讯》，2010(7A)。

主要人物、主要词语等，应作为重点处理。

(4)最有用的。有些内容虽在教材内容体系中不是主要的或基本的，但对学生的心智发展却有着重要作用，也可作为重点来处理。

(5)最关键的。即对实现教学目标起到举足轻重作用的，能牵一发而动全身的那“一发”，要做重点处理。

以上五条标准时有不一致，要具体分析来做出合理的选择。

2. 教学重点的确定要求

教学重点的确定不是主观随意的，而是客观的、符合教学规律和学生认识规律的。它是建立在明确各阶段教学目标、要求，深入钻研教材，切实了解学生学情的基础之上的。因此，在确定课文教学重点时必须做到：

第一，要从单元之间的联系中确定重点。要研究各单元之间在教学重点上的联系，再进一步确定每篇课文在单元中所处的位置，从而明确课文教学重点。例如，全日制义务教育七年级上册《春》这篇课文，论其特点，可考虑的重点有七八个，但本单元读写教学的重点是学习描写景物的方法。因此，本课的教学重点可确定为：①学习正面描写和侧面描写的方法；②学习点面结合的描写方法；③学习比喻、拟人的修辞手法。这些重点的确定既突出本文的特点，又落实了单元教学要点。

第二，要从各课文之间的联系中确定重点。要研究每篇课文内容与相邻课文之间的内在联系，如某一内容是最基本、最主要的，或是解决其他问题的关键，这一内容就是重点。在确定其是否作为重点时，还应考虑“重点内容”在前面课文中是否出现或已经当做重点讲授过。如果是已经讲授过的内容，就要对它重新处理。

第三，要从本课文的内容中确定。主要研究本课文在言语形式上的特点，如在语音、选词、造句、组段、谋篇等方面与相邻课文的不同，选择一两个突出的特点作为教学重点。

第四，要依据学生拥有的知识、技能的水平确定重点。绝大多数学生已经掌握或极易掌握的内容，即使是最基本的、最有用的内容，也不必列入教学重点。当然，这需要教师及时了解学生的情况，并在教学中灵活处理。

(二)语文教学难点设计

语文教学难点是指教材难度大，内容抽象或内容复杂、纷繁，学生生活体验缺乏，无相关知识储备，学生理解困难，理不出头绪，抓不住要点，搞不明白等的内容。

教学难点不同于教学重点。教学重点主要由它在知识结构中的特定地位和作用决定的，教学难点则与学生的认知能力有关。

教材中的一些重点也可能是难点，但并不是所有的重点都是难点，二者不能等同。难点有时可以通过点拨，一次性解决。但因为其难，更多的时候适宜于分散解决。

【案例分析】

1.《老王》的教学重难点设计

教学重点：理清文章脉络，感受作者沉定简洁的语言。

教学难点：感受作者沉定简洁的语言，学习作者和老王的善良人格。

评析：此设计抓住全文线索、语言的特点确定教学重难点，二者各有侧重，又有共同点，设计明确、合理。

2.《雷雨》的教学重难点设计

教学重点：戏剧语言的鉴赏。

教学难点：人物性格的剖析。

评析：本设计的理念值得充分肯定。因为这样的经典话剧作品，到了中学语文课堂，只剩下演出的脚本，教师不是导演，学生也不是演员，如果要求教师像导演那样去给学生说戏，学生像自己表演那样入戏，谈何容易。《雷雨》突出显示了矛盾冲突集中、人物关系复杂等戏剧特点，剧中人物关系错综，性格多变，对戏剧人物性格的剖析和把握，当然是教学的难点。鉴赏这出戏剧的语言，设为教学重点是完全正确的。难点的确定也简洁而明确。

【实践演练】

一、修改下则《苏州园林》的教学目标设计。

1. 学习本文围绕中心、从整体到局部多方面说明事物的方法，在整体上把握全文的基础上，体会文章的结构美。

2. 学习本文准确、简洁、生动的语言，从反复诵读和重点词句赏析中，体会文章的语言美。

3. 运用多种媒介，创设丰富情境，通过调动学生合理互动的想象，引导学生感知园林的画意美。

4. 利用课上所学，对比苏州和我校园林文化资源和网络资源，在生活中体味苏州文化的深厚底蕴和博大内涵。

二、从七年级鲁迅的《风筝》与高中必修一夏衍的《包身工》中任选一篇，设计教学目标。

三、阅读下列材料，分析特级教师宁鸿彬对《从百草园到三味书屋》教学重点的确定与处理。

《从百草园到三味书屋》的设计，采取了指导学习本课重点，即课文的前两段，其余各段从略处理的方法。理由是：

第一段虽然很短，而语言的容量却很大。交代了百草园的位置、大小、得名、变迁、特点等一系列问题，指导学生认真阅读，仔细领会，搞清楚这一段所表达的意思，并且在此基础上模仿这一段的写法，指导学生口头作文——片断练习，写一个记处所的文章的开头。

第二段描绘了百草园夏日的景色。写法极为精妙，有点有面，详略分明；有动有静，抓住了事物的特征；语言准确，采用了多种修辞方法，绘形、绘色、绘声，巧妙地运用了关联词语；描述的顺序变化有致，颇具典范性。进行这一段教学时，不仅指导学生反复诵读，深入领会，而且指导他们学习运用"不必……也不必……，单……就……"这一组比较复杂的关联词作造句练习，还指导学习这一段的写作方法，做口头作文——记叙自己喜爱的一个地方。

第三至第六段是常妈妈讲美女蛇的故事，由学生读一遍，知道这里有人讲有趣的故事就行了。

第七、第八两段，写闰土的父亲教的捕鸟方法及捕鸟乐趣。这两段中准确地使用动词，写出了捕鸟的过程。由于在《人民的勤务员》一文中，雷锋在火车上为旅客服务的那一段，动词的使用很准确，已经作为重点指导过，捕鸟这一段，读一遍课文，安排把那些用得精确的动词挑出来就行了。

第九段以后，记叙了三味书屋的情况，意在与百草园的生活作对比。读一读课文就可以达到对比的目的，无需再作过多的解释。对七年级来说，其中的一些诗句是相当难懂的，又不是教学重点，即使学生不懂这些诗句也不影响前后两部分课文的对比，无需逐字逐句地串讲，只要学生知道在这里读的是些晦涩难懂的诗文就可以了。

提示：这样的设计，从阅读、说话、写作等能力训练着眼，确定了教学目标，选准了训练的内容与方法，突出了训练的重点，摆脱了面面俱到的程式，取舍合理，主次分明，为胸有成竹地组织好课堂教学，设计出了清晰的教学思路。

第三节　语文板书与练习作业设计

一、语文板书设计

(一)语文板书设计的意义与基本要求

板书设计是对黑板版面书写的设想和规划，包括板书和图示两个方面的内容。有经验的语文教师都十分讲究板书图示的设计和使用。语文板书作为辅助课堂教学口语表达的主要手段，其“助手”功能决定了板书设计的意义：能用较快的速度吸引学生的注意力，把学生顺利引入教学的情境；能用精要的书面语言与直观、清晰的形式帮助学生理解与识记；能明晰地教给学生思维的方式，开启学生的智力；能为学生提供词语概括与归纳的最好示范，以实例反映教师炼字炼句的功夫。每一位现代语文教师都应该具有高水平的语文板书图示设计技能。

设计语文板书的基本要求是：

(1)简洁概括。板书的内容必须是课堂教学内容的高度概括和浓缩，通过板书，学生对教学的目的、重难点可一目了然。板书的语言也要简洁明了，言简意赅。

(2)条理清晰。板书内容要揭示课文的内在逻辑联系，揭示作者的思路脉络和教师的教学意图，以层次分明、条理清晰的结构呈现，便于学生理解与识记。

(3)布局合理。板书内容要按一定的层次和顺序组织。板书的主版面、副版面布局合理。构图的上下、左右、大小及色彩搭配等要匀称、协调。

(4)书写优美。板书书写要规范、正确、工整、美观。正确工整的书写、优美的字体和变化的字形，能激发学生的美感，调动学生学习的兴趣，从而达到事半功倍的教学效果。

(二)语文板书设计的常用类型

根据不同的分类标准，语文板书有各种各样的类型。下面对常用的类型加以说明。

1. 根据板书的作用分

根据板书的作用分，有主板书和副板书。

主板书，也叫基本板书、中心板书、要目板书，是体现教学目的与教学内容内在联系的重点、难点、中心和关键的板书，一般保留到课堂教学的结束。副板书，也叫附属板书、辅助板书、注释板书，是对主板书的具体补充或辅助说明，通常根据课堂教学需要和学生反馈随机出现，在教学过程中随时擦去或择要保留。

主副板书位置的安排一般有两种。一种是把黑板分成左、中、右三部分，左右两边是副板书，中间是主板书。另一种是把黑板分成左右两部分，左边为主板书，右边为副板书。主板书应安排在黑板的主要位置，占据大部分的空间。

2. 根据板书表达的内容分

根据板书表达的内容分，主要有词语锤炼式、结构提纲式、故事情节式、人物形象式、说明程序式、综合式板书等。

(1)词语锤炼式，是以体现课文中关键词语为主的板书。这种板书便于学生掌握字词句基础知识和积累精当用词。如《荷塘月色》的板书设计：

荷塘月色

- 月下荷塘
  - 荷叶
    - 多→弥望　田田
    - 高美→亭亭　舞女裙
    - 颜色→点缀　白花
  - 荷叶
    - 姿态　袅娜　开着(盛开)
    - 羞涩　打着朵儿(含苞)
    - 光亮→明珠　星星
  - 荷香：渺茫的歌声
  - 荷波：闪电　霎时　凝碧
  - 流水：脉脉

(2)结构提纲式，是以揭示课文脉络结构为主的板书。这种板书提纲挈领，便于学生从总体上掌握课文的结构特点和脉络层次。如《春》的板书设计：

春　朱自清

- 一、盼春
- 二、绘春
  - 春草图(草报春)
  - 春花图(花争春)
  - 春风图(风唱春)
  - 春雨图(雨润春)
  - 迎春图(人迎春)
- 三、赞春

(3)故事情节式，是以展示小说故事情节为主的板书。这种板书利于学生清楚地了解故事梗概、理解课文内容。如《药》的板书设计：

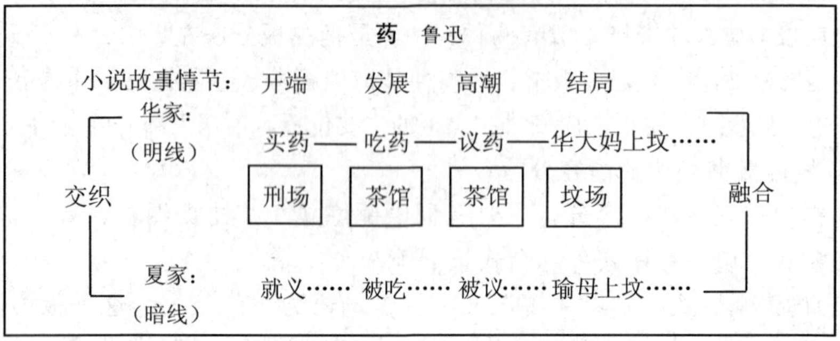

(4)人物形象式，是以展示人物性格特征为主的板书。这种板书能帮助学生掌握人物性格特征，理解作品通过人物所反映的主题思想。如《守财奴》的板书设计：

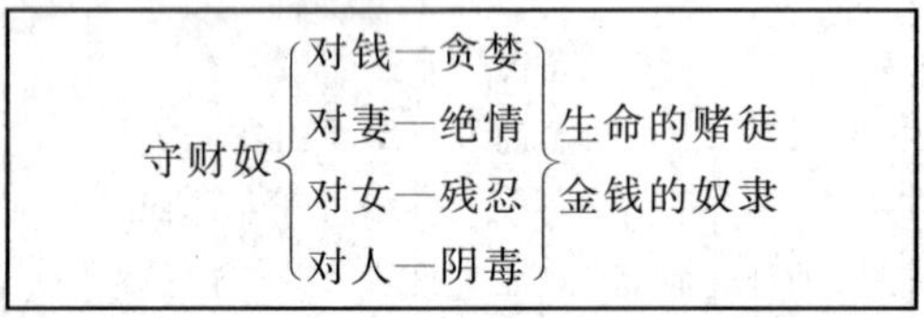

(5)说明程序式，是指体现说明文说明顺序的板书。这种板书便于学生对说明文说明顺序的掌握。如《苏州园林》的板书设计：

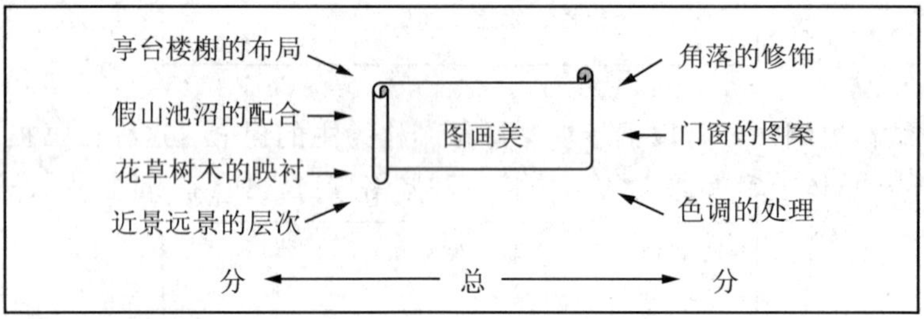

(6)综合式，是指体现课文内容、结构、写法等各方面教学要点的板书。这种板书便于学生全面掌握课文内容。如《药》的板书设计：

结构	情节	场景	线索	
			明线(华家)	暗线(夏家)
第一部分	开端	刑场	老栓买药	夏瑜牺牲
第二部分	发展	茶馆	小栓吃药	鲜血被吃

续表

结构	情节	场景	线　索	
			明线(华家)	暗线(夏家)
第三部分	高潮	茶馆	茶客议药	狱中斗争
第四部分	结局	坟场	老母上坟	老母迷惘

3. 根据板书的形式分

根据板书的形式分，主要有并列式和从属式、演绎式和归纳式、对称式和偏正式、递进式和回环式、对比式和照应式等。①

(1)并列式和从属式。并列式是以条文形式出现的板书，其特点是条文之间呈并列关系，格式整齐，眉目清楚。文章结构形式属并列关系的常用此式。从属式是由总到分逐层展开的板书，特点是能揭示出主从类属关系，结构严谨。

(2)演绎式和归纳式。演绎式是按照教材内容所含的演义推理过程而设计的板书，特点是能显示各部分内容之间的逻辑关系，证明性和说服力强。归纳式板书是由分到总逐步归纳的板书，特点是概括性强。如《为学》的板书设计：

为　学

天下事 [为之——易 / 不为——难]
为　学 [学之——易 / 不学——难]　立志——事在人为
僧之南海 [富者——不至 / 贫者——至焉]

(3)对称式和偏正式。对称式板书是对称地安排版面内容的板书。特点是形式整齐，条理分明，易于记忆。偏正式板书是一侧书写主要内容，另一侧兼顾其他内容的板书，特点是内容全面，但主次分明，重点突出。如语文教师常用的左侧书课文结构提纲，右侧写生字新词的方法，即属此类。

(4)递进式和回环式。递进式是逐层推进、逐步展示课文思想内容的板书。特点是层次清晰，便于把握作者意图。回环式是采用回旋和循环的形式揭示课

① 王雅萍：《现代语文教学技艺导论》，148页，北京，作家出版社，2001。

文内容间关系的板书。特点是化抽象为形象，直观易懂，哲理性强。如《塞翁失马》的板书：

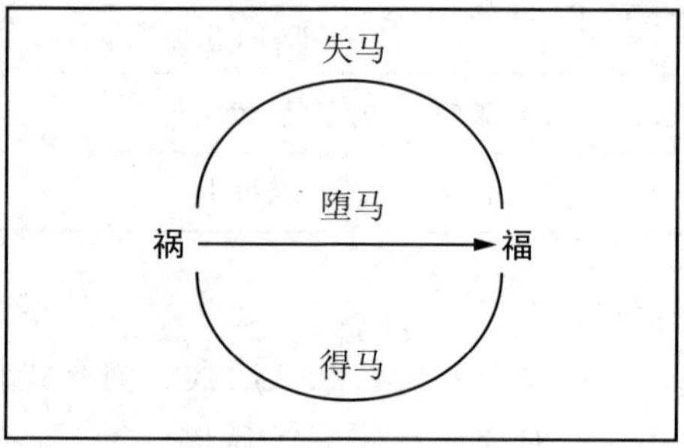

(5)对比式和照应式。对比式板书是以正反对比的形式呈现教材内容的板书。特点是对比强烈，能突出课文中心，加深理解。如《故都的秋》可设计成对比式板书。照应式是以前后照应的形式烘托教材中心的板书。特点是能揭示课文内容的联系，加深学生对思想内容和写作方法的领会。

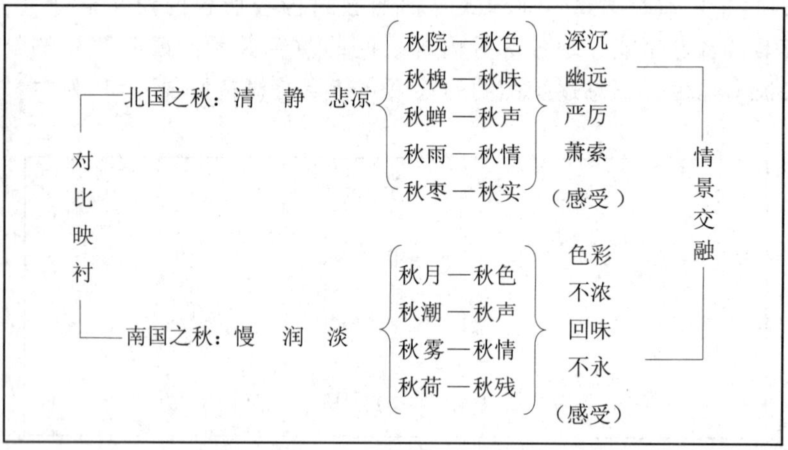

4. 根据板书呈现的手段分

根据板书呈现的手段分，主要有纯文字式、表解式、表格式、图示式等。

纯文字式指只用文字或数字的板书。

表解式是指用文字再辅之以一些符号和几何图形的板书。如《春》的板书设计。

表格式是指用列表格的方式再现教学内容的板书。如《药》的综合式板书设计。

图示式是指除用文字外，综合运用线条(直线、曲线、折线)、符号(标点符号、运算符号)、图形(圆形、三角形、椭圆形)、实物造型等构件设计的板书。如《塞翁失马》回环式板书。

(三)语文板书设计的一般步骤

1. 明目的

根据本单元和本课教学目的及要求，明确板书设计的目的和核心内容。

2. 抓重点

深入理解课文的思想内容和写作特点，结合学生的理解水平，找出最能体现教学目的和教学内容内在联系的重点、关键。

3. 选词语

选择准确、精练，具有概括性和启发性的词语，体现板书重点，扣紧教学目的。词语可从课文中选择，也可以根据课文内容概括出来。

4. 定形式

根据教材、学生和教师自身的特点，考虑用什么样的板书类型和呈现方式反映教学意图，哪种形式最确切。

5. 排次序

统一作者"思路"、教师"教路"和学生"学路"，考虑板书呈现的先后顺序、出现的具体位置和时间。

6. 留余地

要留下计划内板书的机动空间；留出计划外板书的地方。

(四)语文板书设计的方式方法

1. 了解板书图示的构件

板书图示的构件是传达教育信息的载体，是教育媒体的组成部分。语文板书中使用的媒体，有文字、符号、线条、图表、图形、图像、色彩等。设计中，往往多种媒体并用，以发挥媒体各自的优势，弥补其不足。

2. 明确板书构件运用的方式

应根据教学的需要选用各式构件，并将其优化组合。运用方式有七种：①赋形。即用图形、线条、符号等组成揭示含义、显示形象的板书图示。②强调。即利用变化字体、添加线条、打框等手段对有关内容加以强调的方式。③勾连。即用虚实曲直长短不同的线条，勾连起有关内容以显示各自关系的方式。④诠释。即用文字、数字、符号、图形等对有关内容进行注释解析，以点明含义、标出数量、展示形象的方式。⑤抽象。即用各种手段高度概括有关内容，使之成为高度浓缩、内涵丰富的信息载体的方式。⑥启发。即用各种媒体组合成或设置悬念、或激发兴趣、或引发深思、引起争议的、富有启发性的板书图示。⑦综合。即综合运用各种构件及演示手段，使其发挥整体优势的设计方式。

3. 把握语文板书设计的理论与方法

设计板书应依据心理学、逻辑学、美学、文体学、数学等有关理论。特别是心理学方法，在设计板书中起着至关重要的作用，其包括强化感知法、唤起注意法、诱发兴趣法、引导想象法、注重记忆法、激发思维法等。强化感知法要求遵循感知的强度律，板书的文字、图形等不能太小太弱、过大过强，或模糊不清；遵循感知的差异律，要求在措辞、形态、距离等方面突显主要内容和部分；遵循感知的组合律，要求在时空上注意位置、顺序的排列，式样的选择，利用时序组合、空间组合、对象组合、关联组合、事理组合、对比组合、错综组合等方式，将板书组成有意义、有规律的系统；遵循感知的新奇律，要求尽量采用新奇的内容和手法强化学生的感知，如讲究内容上的新奇概括、形式上的新奇编排、出现方式上的新奇呈现等，但要避免与教学内容无关或关系不大的新奇刺激，去除一味追求新奇的形式主义倾向，防止分散学生的感知觉。注重记忆法要求遵循记忆的意向律、记忆的联系律、记忆的干涉律、记忆的强化律、记忆的时间律、记忆的数量律等。

板书设计的逻辑学方法有概念划分法、判断落实法、推理揭示法(演绎法、归纳法、类比法)等。

语文板书图示更强调给人以美感。其美学要求从内容和形式两个方面考虑要有：内容的完善美，语言的精练美，构图的造型美，色彩的清丽美，字体的俊秀美。就图示的造型来说，要讲究形体美观、有立体层次感，或对称，或照应，或开放，或合拢，或回环，或错落等，恰如其分地反映课文的特点和教者的意图，给学生以美的愉悦、美的享受。

二、语文练习作业设计

练习与作业，是语文学习必不可少的内容之一。教师设计练习作业的水平，是学生巩固语文知识，形成语文能力的重要制约因素。设计练习的技艺训练，能够使教师了解其设计的重要意义和原则，掌握设计的方式方法，不断提高练习作业的设计水平，学会以此检查自己的教学效果，提高语文教学的效果与效率，顺利完成教学的目标与任务。

目前语文教学存在着高耗低效的现象，其原因很多，但对学生练习作业的布置与指导不科学是重要原因之一。特别是传统的练习作业观将其视为强化课堂教学的一个途径或工具的思想，导致语文练习作业在很大程度上是机械性的、封闭性的、统一性的、书面性的。为此，提出设计练习作业的基本要求是十分必要的。

(一)语文练习作业设计的基本要求

1. 要有目的性

要明确设计的依据：以语文课标的相关要求为依据，还要紧扣单元目标和课文的教学目标。要明确练习作业的目的：既利于语文知识的巩固、良好学习习惯的养成，又要促进学生智力的发展。

2. 要有科学性

要以语文教材内容为依据，避免主观性和片面性；要以学生实际为基础，具有适应性和可行性；要有计划性，一学期或一个单元要进行哪些练习，应预先计划；要有体系性，应把语文能力和智力发展的内容组成逻辑序列进行训练，把每一单元的练习组成有重点有中心的训练活动，要前后衔接，训练有序。

3. 要有趣味性

练习作业内容有知识性和启发性，满足学生的求知欲，激发内在的学习动机，使学生愿动脑，肯思考，爱回答。练习作业形式有多样性和形象性，题型多样，富于变化，使练习作业丰富多彩，生动活泼，更富吸引力。

4. 要有开放性

依据课标基础等级与发展等级要求，结合教材内容和不同层次学生的水平，练习作业的内容要有开放性，向学生已有知识经验、生活实际拓展，以及增强与社会生活、其他学科知识的联系、渗透；练习作业的形式要有开放性，把书面作业、口头作业与实践活动有机结合起来；练习作业的结果与答案要有开放性，坚持单一标准答案与多元思维的统一；练习作业评价方法的开放性，实行教师与学生、定性与定量相结合的多样化评价。

5. 要有实效性

近几年来，语文练习作业类型繁多，其中有不少是独具特色的。但有的无形增加了学生的课业负担。因此，设计练习作业时，必须实事求是地确定练习作业的难度和分量，讲求实效。

6. 要形式规范

设计的格式要正确规范，符合学生的认知规律和习惯；表述语要简明、确切，不可使学生产生歧义；书写要整洁美观，没有错漏。

(二)语文练习作业设计的类型与方法

根据不同的分类标准，语文练习作业可以分成不同的类型：按内容分，有知识型、阅读型、写作型、听说型等；按形式分，有答问型、填空型、列表型、论述型等；按题量分，有单项型、综合型等；按目的与功用分，有记诵型、积累型、消化型、应用型、评价型等。这里仅对四种练习作业设计的类型做一说明。

从学生掌握语文知识水平的角度划分，将练习设计分为以下四种类型。

1. 积累识记型

这种类型主要是对语文基础知识、作家作品及课文的背诵、记忆性练习。一般有朗读、背读、抄读等形式。背诵应该限于诗词和文章的精彩片段，要尽可能把单纯的背诵变为以加深理解为目的的“背读”。所谓“抄读”，就是边抄边读，它不同于单纯的“抄书”的练习。

2. 理解消化型

这种类型重在对知识的理解和吸收。课文后的大部分思考题、训练题，都是这一类练习。设计这一类练习作业应考虑含有一定的思维训练内容，可以采用读写结合的方式，如对课文做改写、续写、仿写的练习。这种练习可以让学生与文本进行真正地交流与对话，在深入文本中理解课文、消化课文。

3. 应用拓展型

这种类型是把学习过的字、词、句、章等方面的知识迁移到新的情境中的练习。这类练习可以是小型的、分解的，也可以是大型的、综合的。如一位教师教授《滕王阁序》后，针对“闾阎扑地，钟鸣鼎食之家；舸舰弥津，青雀黄龙之舳”一句，设计了这样一道练习题：“有一家中餐馆准备开业，老板还在为取名犯愁。他把餐厅装点得古色古香，希望他的餐厅名称也能与其典雅氛围相配，你可试着帮他斟酌一下吗？”①

4. 评价鉴赏型

这种类型是对课文进行鉴赏和评析的练习。如对文章的选词造句、结构安排、立意等方面的是非、好坏、高低、优劣的比较、判断、鉴别、赏析等。这种练习要考虑一个由小到大、由易到难、由低到高的大体序列，到训练的后期，可要求学生试写简单的评论性的文字，标志着他们的阅读能力已经达到相当的水平。

---

① 吴张泽：语文作业“五型五化”设计例说，载《语文教学通讯》，2010(5A)。

【案例分析】

1.《孔乙己》教学的学生作业评析①

(1)再熟读课文一遍。

(2)根据课堂讨论意见，修改或补充自己对课文的评点批注，养成边读边评点“不动笔墨不读书”的好习惯。

(3)写一篇读后感。副标题“——读《孔乙己》有感”。下列正标题供大家参考选用，提倡同学们自拟标题。

①一个可笑而又可悲的形象。②我在笑声中看到的泪花。③寓控诉于笑声中。④丁举人、范进及其他。⑤是谁把孔乙己的长衫扒下来了。⑥精神的枷锁——从孔乙己的长衫谈起。⑦四个“回”字为什么没有写完。⑧科举考试的两个牺牲品——孔乙己和陈士成。⑨哀其不幸，怒其不争。(若要写④⑧两题，请阅读《范进中举》和鲁迅先生的作品《白光》)

评析：此作业设计要求明确，有层次性，且有一定的难度。在熟读课文基础上，可进一步训练学生“不动笔墨不读书”的阅读习惯。在拓展的阅读中加强了学生的阅读能力与写作能力的培养。作业设计提供了作文参考题及课外阅读参考书目，材料具体。

2.《烛之武退秦师》教学的学生作业评析

高中必修二中《烛之武退秦师》课后练习第一大题，编者的意图在于指导学生熟悉情节，把握人物形象，根本价值取向是考查学生的归纳概括能力。四个小题都是对教材基本内容的梳理，只要能翻译原文，就可以迎刃而解，显然对学生没多大价值。学完课文后，我把这道题做了这样的修改。

(1)如果把《烛之武退秦师》的故事内容用一副对联表述，上联评点烛之武，下联评点郑伯，你会怎么写？

(2)如果你是郑伯，烛之武大寿之日你要送他一块表彰其功绩的匾额，挂在其家中大堂之内，你会怎么写？(要求：四字，用语力求古雅)

评析：文言文中充满思考智慧和优雅情怀的语言形式在现代教学中仍然有可以借鉴之处。题写匾额和对对联是传统文化中常见的语言应用形式，也是文言文教学的重要内容，要想灵活掌握它们，需要语言高度凝练而且极富张力。培养学生语文阅读的概括能力与其异曲同工，所以，这样改造课后练习，既没有抛弃编者的课程要求，又没有忽视学生的能力训练。

① 聂进主编：《欧阳代娜：呼唤“整体改革”》，134页，武汉，湖北教育出版社，2001。

第四节 语文教案设计

语文教案是语文教学设计的书面成果，是教师在授课前准备的教学方案，是课堂教学的主要依据。具有语文教案设计技能，是语文教师的基本功。

一、语文教案设计的类型

根据不同的角度划分，教案的类型也多种多样。

(一)详细教案、简明教案和微型教案

根据繁简程度，可分为详细教案、简明教案和微型教案。

(1)详细教案。详细教案内容周详全面，近乎于讲稿。它对教学内容、教学过程、教学方式方法、师生互动等各方面设计都要求写得十分详细。同时对每一个教学细节，要提出的问题，问题的答案乃至各环节之间衔接的语言，都经过精心设计，详细记录在教案里。详细教案的设计需用较多的时间和精力，但有利于教师驾驭教学。因此，详细教案更适合于职前师范生或刚走向工作岗位、教学经验较少的年轻教师。

(2)简明教案。简明教案简称“简案”，又叫教学提纲。它的文字比较精练，篇幅比较短小，只写出最基本、最重要的内容。比如教学过程只写几个大的步骤，教材分析只写个提纲，板书只写个总体板书等。设计使用这种教案，需要有一定的教学经验，需要有比较从容地把握教学过程的能力，需要对一些教学环节有临场发挥的能力，它只宜于对课文和课堂有较高驾驭能力的教师采用。有时候，老教师备课时还把有关内容随手批注在课本上，配合简案进行教学。应当说，这也是一种简便易行、行之有效的方式。

(3)微型教案。微型教案也称卡片教案。其内容只涉及最基本的教学步骤和简明的板书。微型教案内容简洁，形式醒目，取放自如，便于教师临场发挥。凭借微型教案教学，需要教师有丰富的教学经验和对课文、课堂驾轻就熟的把握能力。

(二)知识型教案、教法型教案和综合型教案

根据内容差异，可分为知识型教案、教法型教案和综合型教案。

(1)知识型教案。这种教案的内容是语文知识的汇集，或是教学参考资料的摘录。包括题解、作者简介、时代背景、生字新词、层次结构、段落大意、逐段分析、全文总括、中心思想、写作特点等。如果是文言文，还有串讲和译

注等内容。详细的甚至写成讲稿。这类教案，资料性、文献性强，是一种静态的教案，有人称之为“资料教案”。其优点是知识相对稳定，便于长期保存，反复使用；缺点是只写“教什么”，没有写出“怎样教”，缺乏教学个性。

(2)教法型教案。这种教案的内容注重教学过程的设计和教学方法的运用。包括简述教学目标、教学过程，确定教学重点、教学难点，设计提问、点拨、解难，注重板书，补充练习和检测题目等。这类教案针对性强，是根据教师和学生的实际情况编写的，具有较强的教学个性，是一种动态的教案。优点是注重“怎样教”，便于施教过程中双边活动的实际操作；缺点是知识性不强。

(3)综合型教案。这是一种知识、教法互补，静态、动态结合的教案。内容上既有一定的资料汇集，又有一定的教法设计，力求“教什么”和“怎样教”有机结合，语文知识共性和教学特点个性有机结合。优秀的语文教师大多采用这类教案。无论是对于新教师，还是对于老教师，这种类型的教案都是值得提倡的。

二、语文教案的结构与内容

语文教案的整体结构一般分为两大部分：课题计划和课时计划。

(一)课题计划

课题计划指教学一个单元或一篇课文的整体计划。一般包括下列内容。

(1)课题：单元或课文、作文的题目。

(2)教学目的：从知识和能力、过程和方法、情感态度和价值观三方面陈述，可分行排列。

(3)课型：一般有两类。一类是在一堂课里同时完成两项或两项以上教学任务的综合型，叫综合课。另一类是在一堂课里主要完成一项教学任务的单一型。单一型课型中，以讲授新教材为主的为新授课，以复习旧知识为主的为复习课，以练习技能技巧(作文、作业)为主的为练习课，以分析作业或讲评作文为主的为作业分析课，以考试考查为主的为检查课等。若属单一型，则要具体标明是哪一种课型。

(4)重点难点：本课题的教学重点和教学难点，分项列出。

(5)教学方法：整个教学过程中主要运用的方法，如讲述法、讨论法、朗读法等。

(6)教具：本课题教学中所需要运用的教具，包括电化教具、多媒体等。

(7)课时安排：本课题教学所需课时数。

(二)课时计划

课时计划指一个课时的教学计划。一般包括下列内容。

(1)课时：本课时是整个课题教学中的第几课时。

(2)教学目标：本课时为实现整个课题教学目标所应达到的具体教学目标。

(3)教学重点难点：本课时教学重点难点。

(4)教学过程：也叫教学进程、教学程序。包括教学要点、教学步骤、教学内容、教学方式。教学要点就是列出教学的几件大事，即概括地揭示本课时的教学主要内容及教学方式，如导入新课；简介作者及背景；处理生字词；朗读课文；讲析课文第一大部分；布置作业。教学步骤与教学内容是教案的主体部分，教师要设计总体的教学思路，围绕这条思路，考虑教学内容实施的具体步骤与环节。教学步骤一般包括：导入、讲解、提问、讨论、总结、布置作业等。同时，要兼顾教师的指导、学生的听说读写思活动、多媒体手段的运用、复习、练习等具体教学环节，并估计各个环节所需的时间。

(5)板书设计：每个课时的板书是“课时板书”，可分散写在教学步骤之中，或另外写在与教学步骤平行的备课稿纸右侧，也可集中写在本课时计划教学过程部分的最后。最后一个课时计划中可写上全课题总的板书，称为“课题板书”。

(6)教学后记：也称教后记、教学小结或教学回顾，是教学设计实施情况的小结。主要为以后的教学提供可以借鉴的资料。有的教师多次写教后记，往往又写为“又记”“再记”。写教后记有利于积累经验，改进教学，是教师专业成长的极好做法。

除此之外，教案中还要注明日期、执教教师、年级、班级等。

课时计划可采用下面格式来显示。

课题：
教学目的：
教学重点： 教学难点：
课型：
教学方法：
课时安排：

续表

<table>
<tr><td>教学过程与内容：
第一课时
一、教学要点：
二、教学内容与步骤：
(一)导入新课
(二)讲读分析
(解题、介绍相关知识、检查预习、巩固自学、理清层次、确定段意、概括中心、总结技巧等)
……
(三)练习作业设计
(四)板书设计
(五)补充资料</td><td>备注
(教法、教具及师生活动等)
×分钟
×分钟</td></tr>
<tr><td colspan="2">教学后记：</td></tr>
</table>

说明：表格中所列教学步骤，只是为了说明的方便而列的一般操作程序。实际编写教案和教学中完全可以增加、省略或调换某些步骤。

需要说明的是，语文教案没有固定的格式，以上介绍的只是它大致的内容结构，并非一成不变。教案设计时，完全可以根据实际情况对其中的一些要素作适当整合与变通。从使用的角度说，教案是教学活动的预设案，教学中应尽量照案施教，发挥教案的作用；同时又可根据变化着的教学实际对方案进行随机调整，既要以它为依据，又不要受它的拘束和束缚。

三、语文教案编写要点

语文教案的编写必须把握如下要点。

1. 目标准确

确立教学目标是为了解决为什么教的问题。要吃透两头(教材和学生)，恰当确定教学目标，表述要简洁明确。

2. 内容充实

教学内容的选择与确定是解决教什么的问题。教学内容要具体化，实实在在，项项落实。

3. 重点突出

每节课重点解决什么问题，要鲜明地提出并加大解决力度。不可面面俱到，样样都抓。

4. 思路清晰

教学思路是解决怎么教的问题。教学内容的先、后、详、略要了然纸上；教学结构的处理、教学程序的安排等，要清晰明了。

5. 衔接自然

每一教学环节之间要衔接自然，环环相扣。特别是要注意过渡语的设计。

6. 方法灵活

教学方法的选择是进一步解决怎么教的问题。在充分发挥教师的主导作用与确立学生的主体地位的基础上，应注意教法与学法的统一，灵活选择教学方法。

7. 留有余地

教案是教学“预设”的结果，备课时充分考虑可能发生的各种情况，并在教案中有所反映。教学的“生成”内容，也应在教案中呈现。教案书写时要在右侧适当空出部分版面，便于施教过程中修改、调整和补充。

【案例分析】

一、特级教师余映潮关于《登高》的几种教学创意分析①

教学创意一：《登高》诗联欣赏

从联意诠释、画面欣赏、字词品味、写景角度分析、表达手法欣赏、表达作用分析、景情关系阐释等不同的角度引导学生实践对于此诗的每一联的欣赏及整体欣赏。

教学创意二：《登高》诗歌联读

即以《登高》品读为主，联读《旅夜书怀》和《登岳阳楼》，以理解杜甫律诗的基本章法以及感受诗人晚年的忧国伤时之情与身世凄凉之感。

教学创意三：《登高》与王维《山居秋暝》比读

在比较阅读中了解与感受两首诗的不同的思想情感境界与不同的表达特点，增加诗歌理解的深度。

将以上的创意铺展成文，便呈现“一课多案”的精彩面貌。

---

① 余映潮：《用“一课多案”来提升阅读教学设计水平》，载《语文教学通讯》，2010(1A)。

评析：余老师对《登高》的品读、联读、比读的教学创意可谓新颖独到，他提倡“一课多案”的教学设计方式，是提升教师教学设计水平的有效方法。

二、特级教师于漪的《春》教案评析

教学目的：

（一）领会文中描写景物委婉细致，用词准确、生动，比喻形象鲜明，学习抓住特征描写景物的方法。

（二）朗读、背诵。

教学时数：两教时。

教学步骤：

（一）复习旧知识，展现春的意境

今天，学习朱自清先生的《春》。一提到春，我们眼前就仿佛展现了阳光明媚，东风荡漾，绿满天下的美丽景色，就会觉得有无限的生机，无穷的力量。古往今来，许多文人用彩笔描绘春天，歌颂春天。

同学们想一想，诗人杜甫在《绝句》中怎样描绘春色的？（同学背诵：“两个黄鹂鸣翠柳，一行白鹭上青天。窗含西岭千秋雪，门泊东吴万里船。”）王安石在《泊船瓜州》中又是怎样描绘的？（同学背诵：“京口瓜州一水间，钟山只隔数重山。春风又绿江南岸，明月何时照我还？”）苏舜钦在《淮中晚泊犊头》的诗中又是怎样写春的呢？（同学背诵：“春阴垂野草青青，时有幽花一树明。晚泊孤舟古祠下，满川风雨看潮生。”）

（二）进行比较，激发兴趣

以上背诵的诗都是绝句，容量有限，是取一个景物或两三个景物来写春的，今天学的散文《春》写的景物可多了，有山、水、草、树、花、鸟、风、雨等。作者是怎样描绘的呢？再说，春就在我们身边，现在我们就欢乐地生活在阳春三月的日子里，文中写的这些景物的姿态、色彩等你注意到没有呢？让我们细读课文，领略大好春光，寻找与作者观察的差距。

（三）学生朗读全文

1. 提出预习中不能解决的问题。

2. 文中以迎接春天写到描绘春天的美丽景色，再写到歌颂春天，读后分段，看看哪几节写什么。

注意正音：巢 cháo　应和 hè　酝酿 yùn niàng　晕 yùn

第 1 节　　迎接春天。（第一段）

第 2 至 7 节　　描绘春天。（第二段）

第 8 至 10 节　歌颂春天。(第三段)

(四)讲读体会

1. 第一段：迎春。

(1)作者以怎样的心情迎接春天的来到？哪个词明确地告诉我们春天还没有来到？

“盼望着，盼望着”。为什么要连用两个呢？这样叠用，更能表达作者向往春天的急切心情。“近”用得十分准确，告诉我们春天还未来到。

(2)轻声读第 1 节，体会四个词尾的作用。两个“着”，两个“了”，给我们以非常柔和、亲切的感觉。

2. 第二段：绘春。

春终于盼来了，大地回春，万象更新。作者满怀喜悦的心情，先用一句话对春回大地作了概括形象的描绘，然后再分别作细致的描绘。

(1)齐读总写的一句话“一切都像刚睡醒的样子，欣欣然张开了眼”。

“一切”说明什么？没有一个例外。“然”，是词尾，表示状态，样子的意思。

(2)朗读第 2 节。总写春回大地后，先分别描绘了哪些景物？怎样描绘的？

山、水、太阳的脸。

朗润：明朗，润泽。“朗润”是怎样一幅情景呢？出示月历上山景彩色照片；再让学生看英语课发的《Look and say》里第 140 幅“hill”这幅画，那个山，就是润泽的样子。

水涨 zhǎng　“朗润”“涨”“红”，非常准确地描绘了春天的山、水、太阳。

背诵第 2 节。

(3)第 3 节写小草，写得很细。从哪些方面写的？哪些词用得特别好？

钻，写生命力。嫩，写质地。绿，写颜色。……满是的，写范围。

软绵绵，写姿态。“钻”，用得非常好，写草的旺盛的生命力，人盼望着春天，草从泥土里钻出来，盼望春天。草好，人欢乐。

朗读、背诵。

(4)第 4 节写什么呢？先写什么？后写什么？再写什么？一派怎样的景象？

树，花，蜜蜂，蝴蝶，野花。　　眨 zhǎ

赶趟儿：争先奔赴目的地的意思。

写花的争春，花的色彩，花的甜味，结的果实。

花下是怎样的情景呢？有一个词用得特别好，哪个词？“闹”“红杏枝头春意闹”的“闹”。

为什么野花会像眼睛，像星星，眨呀眨的？没有明写风，但风寓在其中；没有明写太阳，但太阳寓在其中。比喻用得形象生动。

细笔描绘了一幅繁花似锦，昆虫喧闹，春意盎然的美景，色彩鲜艳，层次分明。

朗读背诵。

(5)第5节写风，写鸟，写牧童的短篇。怎么写的呢？

背诵僧人志南的诗句：“古木阴中系短篷，杖藜扶我过桥东。沾衣欲湿杏花雨，吹面不寒杨柳风。”

写风的“抚摸”，风的芬芳醒郁，鸟的呼朋引伴呼叫朋友，引伙伴，短笛的嘹亮。

鸟的清脆的声音，轻风流水的声音，牧童短笛嘹亮的声音应和着，构成了一首非常动听的春天交响乐，和谐优美，此起彼落。

朗读。

(6)雨中的景色描绘得同样十分动人，先写雨的形态，再写雨中景色。找两个词把雨的形态讲出来。

“细”和“密”。两个比喻形象生动。

接着写雨中屋、雨中树、雨中草、雨中人，怎样写的呢？

朗读第6节，展开想象。

“绿得发亮”“青得逼你的眼”，把树木、小草经春雨淋浴后的鲜艳色彩描绘得十分逼真。“逼”什么意思呢？可以在王安石的《书湖阴先生壁》诗中找一句话来形容。“两山排闼送青来”，两座山好像把门推开，把青送到眼前。灯光给人以温暖的感觉。

雨中景是静的，但静中又有动，笔笔紧扣春天。

(7)第2到6节着重写景，第7节着重写人。寥寥几笔。天上地下，城里乡下，家家户户，老老小小都写到了。

一年之计在于春：“计”，计划。一年中要做的事，一年的计划，在春天要好好地打算打算。工夫：时间。

朗读第7节，体会：寥寥几笔，有景有人，勾出了春光无限好的美景。

(8)小结：

这一部分绘春是全文的重点。细笔描绘，绘声绘色绘态，绘动绘静，语言非常生动。比如说，写草的生命力，用“钻”；写热烈的气氛，用“闹”；写小草的青，用“逼”。细致的描绘来源于什么？细致的观察。观察以后还要怎样呢？表达出来。要仔细读书，积累词语，描绘起来就会形象生动了。

3. 第三段：颂春。

(1)朗读8、9、10节。

(2)在绘春以后，作者满怀喜悦的心情来颂春，用了什么手法呢？

用比喻手法。三个比喻有联系有区别，使春意越来越浓。先喻为娃娃，再喻为小姑娘，最后喻为健壮的青年，从不同角度写春的成长，把春天的生机盎然、千姿百态、青春活力描绘得十分动人。

(五)作业

1. 诵读全文，仔细体会本文用词造句的妙处。体会那些像小河里的水流淌一样的词句是怎样从笔端流淌出来的。

2. 下周去长风公园春游，仔细观察春景，领略大好春光，写一篇《春天的歌》，也可自己命题。

板书设计：

一、迎春　总写　一切

山、水、太阳的脸　　(远)

草：钻、嫩、绿、满、软绵绵

花：开满，红、粉、白，甜味儿(树上、花间、地上)

二、绘春　分写

风：抚摸、酝酿

雨：细、密

人：赶趟儿

三、颂春　生机盎然、千姿百态、青春活力

教学后记：

1. 接七年级下学期班级后，自选了这篇教材作为补充读物。第一次教学生写景的散文，着力于细，让学生体会用词的准确、生动、培养学生想象的能力。

2. 学生十分喜爱，两节课教下来，学生已能背诵。

3. 兼带教“百花争艳”“繁花似锦”“芬芳黎郁”“大地回春”“万象更新”“红杏枝头春意闹”等词句。

4. 比较“买、卖”“胀、涨”。

5. 有些地方过于细碎，要改进。

又记：

第二次教《春》时，吸取了前次教得细碎的教训，重点放在朗读训练上，内容只作了粗线条的分析，学生读得比较流畅，但在写作上反映的效果反不及前次。第一次抓住细笔细绘的特点引导学生仔细品味，学生在习作上明显地进了一步，写景不是大而化之，笼笼统统，而是平时注意细致地观察，下笔具体得多，生动得多。要注意：纠正教学中缺点时，不能把长处也甩掉。

又记：

第三次教《春》时，又作了较大的改动。一是加强了单元教学，把《春》和《济南的冬天》等几篇课文结合起来考虑，除抓住特点，比较异同外，引入课文也重新作了设计。设计是这样的：法国雕刻家罗丹曾这样说，美是到处都有的，对于我们的眼睛不是缺少美，而是缺少发现。我们生活在大自然之中，大自然的美可以说是无处不在。它不同于巧夺天工的工艺美，也不同于绕梁三日的音乐美。然而，它似乎是各种美的组合。尤其是我们祖国壮丽的山河，真是美得令人陶醉，在春、夏、秋、冬不同的季节，不同的地方，展现出不同的美姿。现在我们要学习的就是一组描写四季景物特征的情文并茂的散文。通过反复诵读，咀嚼推敲，来领会它们精彩的写法和表现的情境美。二是加强思维与语言的训练。先给学生做样子，就春草的描绘进行分析，明确写了些什么，从哪些角度描绘的，哪个词用得特别精当，描绘时主要运用哪些方法。然后帮助同学自读课文，有条理地进行分析。学生把理解、口述、朗读结合起来，学习的效果比较好。

评析：于老师的教案就容量说，是单篇课文的教案；就内容说，是兼有知识型、教法型特点的综合型教案；就规模说，则是详案。于老师的教学设计依据课文特点，着重培养学生品味语言能力和写作能力。同时，三则“教后记”体现了于老师善于总结，不断进取，追求完美的精神。这也是值得教师同行学习之处。

【实践演练】

一、请为《雨巷》设计出微型教案和详案各一篇。

二、下面是《散步》的两个教学设计，分析并评价两个教学设计的异同。

郑桂华老师的《散步》教学设计

教学目标：

1. 品味文章语言表达上“举轻若重”的特点。以词语的选用与句式结构两方面为例。

2. 感受文章字里行间的亲情与责任感。

教学重点：品味文章语言“举轻若重”的特点。

教学难点：小组活动时，寻找典型词句，体会“举轻若重”的特点和表达作用。

教学方法：在教师有效的指导下，学生运用自主探究的方法建构新的学习。学习策略有：朗读、圈画、质疑、小组讨论、比较研究与拓展强化。

教学时数：一课时。

教学过程及内容：

（一）激发兴趣，导入学习

1. 回忆生活，引入学习。

出示问题：你们一家人一起散步会发生些什么事情？

请两至三位同学讲述经历，与大家交流。

（新知识的学习是在原有知识建构的基础上进行的，以学生现有的生活积累为学习的前提，引导学生培养自己积累生活、感悟生活的能力，希望给新知的学习构筑起合适的背景，以达到教材与生活、作者与读者情感上的沟通）

2. 朗读课文，整体感知。

出示要求：轻声地朗读课文，熟悉课文的内容。

检查阅读效果：① 散步的人有哪些？②散步的季节呢？③散步的地点在哪里？④散步中发生了什么事情？⑤结果如何？

（问题宜简单，学习起步阶段要尽量让每个学生感受到成功的愉悦。梳理内容的目的是提醒学生初读文章时应该关注的要点有哪些，也是让不同程度的学生拉近距离，为下一步的学习活动提供一个共同的平台）

3. 交流感受，把握作者的感情。

出示问题：读了这篇文章，你从中感受到什么？

请几位同学谈谈个人的感受。肯定个性化的发现。

(这问题比较宽泛，目的是希望学生能注重个体的体验)

进一步研究文本：作者表达的感情是什么？

(回到文本研究，文本本身始终是研究的主要对象，这一个环节也是探究本课语言特点的思维起点)

总结：散步是日常生活既轻松又微不足道的一件事，在作者笔下变得那么重要。作者从中感受到责任的重大，领悟到家庭、社会乃至整个世界的内涵。

(总结可以请学生做)

(二)师生合作，初步发现

1. 朗读第一、二两节，师生共同探讨。

朗读前提出要求：注意，文章中哪些词语或句式很“特别”。

学习第一节：以学生平常习惯的表达方式作为参照进行比较，发现作者选用句式的匠心。

通常习惯的表达有：

我们一家四个人在田野上散步。

我、我的母亲、妻子和儿子在田野上散步。

……

归纳比较结果：文章选用的句式有强调的意味，郑重其事地推出一个一个镜头。

(进一步朗读并感受课文语言，切入到本课主要目标——语言的探究，通过比较发现句式的不同寻常)

学习第二节：自主发现句式比较特殊的句子。推选用得巧的词语。

句子：她现在很听我的话，就像我小时候很听她的话一样。词语：信服。

(学生通过自己的探究，会发现句式与词语的选用上都有一种“举轻若重”的感觉，更深入地把握作者把小事情写得很重，写得意义不凡)

2. 学生归纳本文语言的主要特点。

作者用心选用句式与词语，整篇文章给人一种“举轻若重”的感觉，使一件平常的生活小事显得那么不同寻常。

（归纳的环节非常重要，它把对具体内容的推敲上升到理性的规律性的认识）

（三）小组合作学习，自主探究

1. 小组学习，圈画交流。

出示要求：在前面学生自己阅读、发现的基础上，圈画后面几节文字中比较特殊的句式与词语，进一步探究语言。

（小组活动，全员参与，教师适当帮助有疑问的小组，到一定时候教师要提醒小组及时总结，准备交流。这一阶段也可以将文章分成几部分，分别交给不同的学习小组探讨，这样有利于深入推敲每一部分文字）

2. 班级交流，共享发现。

每个小组派代表把最重要的发现——一个句子、一个词语与全班同学共享。

可能有的句子与词语：

前面也是妈妈和儿子，后面也是妈妈和儿子。

我的母亲老了，……在外面，她总是听我的。

我的母亲虽然高大……就是整个世界。

太迟、总算、熬、分歧、委屈、水波粼粼、慢慢地、稳稳地、仔细。

教师在交流中适当引导。

（分享学生的发现有助于培养学生的信心与兴趣，把学习的乐趣、发现的乐趣还给学生。教学目标的真正达成在于学生自主的发现与交流中）

（四）拓展：强化发现

1. 调用积累，向课外拓展。交流明确。

(1)举轻若重的语言能把小事情写得庄重、意义不凡。由学生联想平时生活或阅读中类似的例子。教师可以适当引导：如“免受鲨鱼之吻”。

(2)有时举轻若重能使得文章轻松幽默，如“扛着一支铅笔”，“学生周末大逃亡”。

(3)分场合与对象，轻重得体，例如北京申奥时何振梁的一席话：“无论你们今天做出什么样的选择，都将创造历史，但是只有一种决定能改变历史。你们今天这个决定将通过运动促进世界和中国的友谊，从而使全人类受益。”

2. 与作者原文比较，推进研究。

文章选进教材时删了三处文字，出示这三句话，讨论编者删改的意图，并且评价删改的效果。

（教学中，讨论编者的删改意图相对于七年级的学生有一定难度，可以先请学生评价删改的效果，再揣摩编者的意图）

（教师根据学习情况决定是学生个体独立思考还是小组讨论交流。教师尽量引导学生发表自己的意见，养成平等审视的意识，作者、编者与我们是同等的，每个人都有自己的理解与发现，都可以充分发表自己的意见，只要合理、能说得通就可以）

3. 总结。

无论是举轻若重还是举重若轻，关键要注意场合，把握分寸，得体是前提，在这个基础上，再追求个性化的表达，形成自己的特色甚至是风格。

（学语文，更应该用语文。用中才会思学，学也才会其乐无穷）

（五）布置作业

假设你是文章中的“我的儿子”，写一写这件事情，感受语言的另一种魔力。

（实践是最好的学习途径，读与写的有机结合会相得益彰，事半功倍）

教学资料：

（一）括号内为原文删去的三句话：

1. 有一些老人挺不住，（在清明将到的时候死去了）但是春天总算来了。

2. 霎时我感到了责任的重大，（就像民族领袖在严重关头时那样）。

3. 我决定委屈儿子了，因为我伴同他的时日还长，（我伴同母亲的时日已短）。

（二）关于作者，可以运用网站搜索引擎进行搜索。

余映潮老师的《散步》教学设计

（一）教学目的：

1. 朗读能力训练。

2. 理解能力训练。

（二）大体安排：

1. 课时：一课时。

2. 课型：自读课。

3. 教学任务：理解课文，记诵文段，学用句式（学法指导：理解一篇，记诵一节，突破一点）。

4. 学生活动：一读，二背，三写。

(三)主导教法：诵读，品析。

(四)教学过程：

1. 学习内容之一：整体理解课文(理解一篇)

(1)导入：今天我们学习一篇表现家庭生活、表现亲情的美文。先请同学们大声地自由朗读课文，然后用一个句子介绍课文中的人物。

(2)学生用不同的语言介绍课中的人物：

我，我的母亲，我的妻子和儿子；老年人，中年人，少年；慈祥的奶奶，孝顺的儿子，天真可爱的孙子。

(3)教师指出：成熟的生命　幼小的生命　衰老的生命

(4)请同学们再读课文，然后用一个句子概括介绍课文的内容。

如：三代人之间深沉的爱；中年人的责任感；亲情、真情、责任感、使命感。

(5)教师完成板书：成熟的生命　爱护幼小的生命　善待衰老的生命　责任……

2. 学习内容之二：品读记诵文段(记诵一节)

(1)导入：刚才我们说课文中写了景，写了情，写了事，写了意。在写事之外，有两段文字十分重要，它们是……

(2)教师指导从不同角度品读下面两段文字：

这南方初春的田野，……这一切都使人想着一样东西——生命。

这样，我们在阳光下，向着那菜花、桑树和鱼塘走去。……好像我背上的同她背上的加起来，就是整个世界。

(3)学生自由背读这两段文字，老师对这两段文字“由实到虚”的结构略作讲析。

3. 学习内容之三：学用文中句式(突破一点)

(1)导入：文章的情感，文章的情意，要靠作者的语言来表达。这篇课文之所以人们觉得它“美”，就在于语言文字中渗透着“情”，在表“情”上，作者注意选用了精美的句式。

(2)讲析：

如比较句式：她现在很听我的话，就像我小时候很听她的话一样。——这句话写母子关系，母亲明理，儿子孝顺，相映成趣。

如反复句式：前面也是妈妈和儿子，后面也是妈妈和儿子。——这句话充满生活情趣，既表现了小家伙的天真、聪颖，又表现了家庭的幸福、温馨。

(3)请同学们重点学习对称句式，如：

母亲要走大路，大路平顺；我的儿子要走小路，小路有意思。

我的母亲老了，他早已习惯听从他强壮的儿子；我的儿子还小，他还习惯听从他高大的父亲。

我的母亲虽然高大，然而很瘦，自然不算重；儿子虽然很胖，毕竟幼小，自然也轻。

上面这些句子的特点有：

第一，每个句子中都有一个分号，将句子分为明显的前后对称的两个部分，显得特别精练、精神，形式美观，是句式中的精品。

第二，这种句式讲究对称。前后两个分句的音节和字数基本相等，不仅有一种格式之美，读起来也传达出一种音乐美。

第三，它们除了用于记叙之外，还可以用于议论，用于写出精辟的警句、格言。

(4)请同学们学用“对称句”，以“亲情”为话题，每人写几个这种形式的句子。

提示：要重点分析教学重难点的确定及其突破的不同。

三、下面是高中课文《拿来主义》的两份教案①，分析并评价两份教案的异同。

教案一

教学目标：

1. 通读全文，理清思路，理解先破后立的写法及其作用。

2. 品味语言，诵读体验，准确把握作者对送去主义的批判。

3. 紧扣文本，角色扮演，理解拿来主义的内涵和比喻论证的作用。

教学重难点：

1. 理解比喻论证的作用。

2. 辨析“送去主义”和“拿来主义”的区别。

教学步骤：

(一)通读，理思路

1. 以对“主义”一词的提问和解说导入，并让学生通读全文，解决生字生词。

① 金晓涛(执教)、陈益林(执教)、蔡伟(点评)：《〈拿来主义〉两人教》，载《语文教学通讯》，2009(4A)。有改动。

2. 提问：通读全文，我们会发现，本文除了写“拿来主义”之外，还提到和它相反的一种“主义”，请找出来，并说明鲁迅先生对这两种“主义”是怎么解释的。（学生搜索信息，画出相关句子）

——送去主义：“什么都是‘送去主义’了。”从“什么都”里可以读出：送去主义者倾尽所有，表面上似乎显得很大度，其实正暴露了他们的贫弱匮乏的现状、妄自尊大的阿Q精神和献媚逢迎的奴才相。拿来主义：“运用脑髓，放出眼光，自己来拿！”三个短语分别表达了对拿来主义者的三个要求：要思考，会辨别，能主动。

3. 提问：本文的标题是“拿来主义”，文章重点论述的是“拿来主义”，那为什么要从“闭关主义”和“送去主义”说起？（学生划分层次，理清结构）

——先说明“送去主义”的危害，在此基础上再阐明“拿来主义”的主张。这是先破后立的写法，采取的是因果论证方法。

（二）诵读，品语言

1. 任务布置：齐读课文第一段至第七段，用一个词概括鲁迅先生对“送去主义”的态度和情感。

——批判。

2. 任务布置：鲁迅先生对“送去主义”的态度和情感并没有用直白的语言表达，你是怎样把蕴藏在字里行间的“批判”准确地读出来的呢？那就是对语言的揣摩和品味。请你从中寻找一处能强烈地表达鲁迅先生情感的语句，通过朗读来体验鲁迅先生的情感。（学生筛选句子，自由品读）

3. 示例品读：以第一个发言的学生为重点，与他展开对话，从而给学生提供一个诵读品味的范例。

4. 学生交流，师生在对话中展开语言品味。如：我在这里不想讨论梅博士演艺和象征主义的关系。（加点词应读出嘲讽的意味。“不想讨论”说明“梅博士演艺和象征主义的关系”其实是值得“讨论”一番的，鲁迅借此是想表达自己对“以催进‘象征主义’”而送梅博士出国的做法的不以为然，巧妙揭示了送去主义的真面目）

（三）表演，悟观点

1. 任务布置：自读第八、第九段，思考鲁迅先生列出了哪几种人对待遗产的态度。（学生筛选相关信息）

——孱头、昏蛋、废物、“拿来主义”者。

2. 任务布置：四人为一小组细读课文并进行讨论，每人选其中一种人进行角色扮演。要求：忠于原文，也可发挥想象，但以体现人物特征为要。（学生进行讨论，准备表演）

3. 小组表演，评选最佳演员。指导学生评选的标准是：能否利用细节表现该角色的特征。如孱头，重点细节是“徘徊”。既要表演出徘徊的外在动作，又要表现出孱头想接受遗产又害怕的矛盾心理。

4. 提问：鲁迅先生以这种特殊的方式来阐述拿来主义的要义，我们则以角色扮演这种特殊的方式来理解鲁迅先生想表达的意思。那么，鲁迅先生到底想说什么？请用一句直白的话来表达。再想一想这种特殊的方式有什么效果。

——对于文化遗产，要沉着、勇猛，有辨别，不自私，采取占有和挑选的态度。文章用了比喻论证的方法，把深刻的主张讲得通俗易懂，鲜明生动。

（四）比较，思意义

布置作业：结合本板块中的另一篇文章《麦当劳中的中国文化表达》，思考鲁迅先生写作《拿来主义》的意义。（金晓涛执教）

教案二

教学目标：

1. 理解“拿来主义”的精神内涵。

2. 领略比喻论证的妙用。

3. 体味杂文的艺术特点。

教学重点：

1. 理解“拿来主义”的精神内涵。

2. 领略比喻论证的妙用。

教学难点：

1.“拿来主义”“闭关主义”“送去主义”“抛来”“抛给”“送来”等概念的辨析。

2.“大宅子”“鱼翅”“鸦片”“烟枪、烟灯”“姨太太”等喻体的本体内涵的正确解读。

教学步骤：

（一）借助网络，激趣导入

打开网络，我们会发现“拿来主义”是个使用频率较高的词语。那么

“拿来主义”这一名词的独家发明人是谁呢？（借助多媒体，展示相关课件资料）

（二）词义辨析，明确取舍

进行查工具书比赛，比比看谁对“主义”的词义判断最快最准。（学生查工具书）

——“主义”有三个义项：①对客观世界、社会生活以及学术问题等所持有的系统的理论和主张。②思想作风。③一定的社会制度；政治经济体系。“拿来主义”中的“主义”取第二个义项的意思。教师请学生取“主义”的第二个义项，仿“拿来主义”造几个词语。如“悲观主义”“独立作业主义”等。

（三）比喻论证，体察妙用

教师引导学生研读课文。（从“所以我们要运用脑髓，放出眼光，自己来拿”到文末）提问：如何对待中外文化遗产，这是一个很大很深的话题。鲁迅先生在文中是如何加以阐述的？（学生合作探究）

——比喻论证的精当使用，使文章呈现出幽默风趣、深入浅出、小中见大、举重若轻的特色。教师利用课后“问题探讨1”中的材料，稍作修改，再拟制几份相关表格（附“教案二”后），引发学生对比喻论证的细微探究。

（四）主体概念，概括提炼

用下定义法，给“拿来主义”下一个确切的定义，以弄清“拿来主义”这一文本主体概念的深刻内涵。（学生合作探究，整合确定）

——“拿来主义”的定义：拿来主义是一种对待中外文化遗产，采取独立勇敢的态度，辨别挑选，科学取舍，取其精华，弃其糟粕，达到古为今用、洋为中用的目的的思想作风。

（五）辨析概念，理清思路

1. 研读全文，辨析“闭关主义”“送去主义”“抛来”“抛给”“送来”等概念。

——闭关主义：明清以来，紧闭国门、拒绝交流借鉴的盲目自大的做法。其危害是“给枪炮打破了大门之后，又碰了一串钉子”。

——送去主义：国民党反动政府缺乏民族自尊，一味媚外求荣的卖国做法。其危害是“亡国灭种，祸延子孙”。

——抛来：施与方不带有坏的动机和目的，接受方有自主选择的权利。

——抛给与送来：施与方有不良的目的和企图，把东西强加给对方，接受方无自主选择的权利。

2. 作者在提出“拿来主义”的观点之前，为什么要先写“闭关主义”和“送去主义”？（学生讨论探究）

——先破后立，破在其中，立亦在其中。驳斥错误做法，正是为了确立正确的观点。

（六）研读全文，体认文体

学生研读全文，从文本中找出有理有据的言语表达例子来体认杂文的文体特征。个人发言与集体讨论相结合。

明确杂文的特点：嬉笑怒骂，皆成文章；深入浅出，活泼生动；幽默风趣，新颖别致；小中见大，尺水兴波。

（七）课后作业，回顾拓展

请学生课外温习“审视传统”“认识和沟通”两个板块中的课文，筛选可以印证“拿来主义”这一著名论断正确性的语句。（陈益林执教）

附：

阅读《拿来主义》的相关部分，依照已知内容，用原文有关词句填写下面表格。

总喻	比照对象	对待文化遗产的方式	作者评价
得了一所大宅子	孱头		
	昏蛋	勃然大怒，放一把火烧光	为了“保存自己的清白”
	废物		
	“拿来主义”者		

仿“拿来主义者”的词语格式，仿照已知内容，填写下面表格。

文章原名	政治名称	根本特征
孱头	逃避主义者	缺乏继承文化遗产的应有勇气
昏蛋		
废物		

认真理解下列喻体的本体意，仿照已知内容，填写下面表格。

喻体	文体	处置办法
大宅子	文化遗产	占有，挑选
鱼翅		
鸦片		
烟枪、烟灯		
姨太太		

提示：仔细分析与评价两份教案在教学设计意图、教学思路方面的异同。

复习思考题

1. 语文教学设计与传统的备课有什么区别和联系？
2. 设计语文教学目标必须遵循哪些基本要求？
3. 语文教学重、难点确定的依据有哪些？如何依据教材确定出教学重点？
4. 板书在语文教学中有怎样的作用？如何设计板书才能有效发挥其作用？
5. 语文教案编写的基本要求是什么？

第四章　阅读教学

【学习导引】

阅读作为人类学习最基本的一项能力，成为基础教育语文课程中的基本内容，亦是研究者重点研究内容之一。阅读教学在语文教学中具有不可替代的地位。随着阅读教学理念的发展变化，阅读教学的目标、内容、程序、方法等均在发展变化。学生阅读能力的构成要素及其评价、教师阅读教学各项基本技能的特点与要求等，也成为目前阅读教学与研究的课题。

第一节　阅读教学的目标、内容与要求

一、阅读教学的目标

阅读作为人类学习活动的一种行为，在世界教育从义务教育向终身教育发展转变的过程中，越来越受到人们的关注。人们有时将阅读看成是学习，阅读水平的高低直接影响着人们的学习、工作和生活质量。正如爱德华·弗赖博士所说："许多学生，甚至是教师，都经常混淆学习和阅读的概念。确实，学习包括了阅读，但是，假如学生在学习时，除了阅读之外，别的什么事也不做，那他就不可能有效地学习。"同时，他还指出，"阅读是一个重要的学习技巧，但它不是，也不应当是学习的全部。"①我们有理由认为，只有当阅读与其他学习活动及方法配合起来的时候，才能更有效地发挥阅读本身的作用。而对阅读教学目标、内容的设定，能够有效地促进人们阅读能力的发展。

不同的阅读教学观念会产生不同的阅读教学目标。从下列国家的阅读教学目标中可以获得有益的借鉴。

（一）我国义务教育阶段的阅读教学目标

2001年颁布的义务教育课标在"总目标"中的第七条，对阅读教学目标做出了如下规定。

---

① Edward B. Fry：《Teaching faster reading：a manual》，Cambridge：Cambridge University Press，1981。

具有独立阅读的能力，注重情感体验，有较丰富的积累，形成良好的语感。学会运用多种阅读方法。能初步理解、鉴赏文学作品，受到高尚情操与趣味的熏陶，发展个性，丰富自己的精神世界。能借助工具书阅读浅易文言文。九年课外阅读总量应在400万字以上。

这个总目标是我国义务教育阶段阅读教学的原则目标、规定性目标，是语文教学必须完成的任务。义务教育课标按照学段分别提出了较为具体的阶段目标，其中对7～9年级(初中阶段)提出了15项阅读教学阶段目标。

1. 能用普通话正确、流利、有感情地朗读。

2. 养成默读习惯，有一定的速度，阅读一般的现代文每分钟不少于500字。

3. 能较熟练地运用略读和浏览的方法，扩大阅读范围，拓展自己的视野。

4. 在通读课文的基础上，理清思路，理解主要内容，体味和推敲重要词句在语言环境中的意义和作用。

5. 对课文的内容和表达有自己的心得，能提出自己的看法和疑问，并能运用合作的方式，共同探讨疑难问题。

6. 在阅读中了解叙述、描写、说明、议论、抒情等表达方式。

7. 能够区分写实作品与虚构作品，了解诗歌、散文、小说、戏剧等文学样式。

8. 欣赏文学作品，能有自己的情感体验，初步领悟作品的内涵，从中获得对自然、社会、人生的有益启示。对作品的思想感情倾向，能联系文化背景作出自己的评价；对作品中感人的情境和形象，能说出自己的体验；品味作品中富于表现力的语言。

9. 阅读科技作品，注意领会作品中所体现的科学精神和科学思想方法。

10. 阅读简单的议论文，区分观点与材料(道理、事实、数据、图表等)，发现观点与材料之间的联系，并通过自己的思考，作出判断。

11. 诵读古代诗词，有意识地在积累、感悟和运用中，提高自己的欣赏品位和审美情趣。

12. 阅读浅易文言文，能借助注释和工具书理解基本内容。背诵优秀诗文80篇。

13. 了解基本的语法知识，用来帮助理解课文中的语言难点；了解常用的修辞方法，体会它们在课文中的表达效果。了解课文涉及的重要作家作品知识和文化常识。

14. 能利用图书馆、网络搜集自己需要的信息和资料。

15. 学会制订自己的阅读计划，广泛阅读各种类型的读物，课外阅读总量不少于260万字，每学年阅读两三部名著。

这个阶段目标制定得较为详细，采用了行为目标来表述，各个具体项目目标有一定的层次性，一线教师可在教学中逐步落实。然而还有不完善之处，如某些目标的实现难有达成度，往往呈现为表现性目标和展开性目标，有的目标与前几个学段有重复等。

(二)我国高中阶段的阅读教学目标

2003年4月中华人民共和国教育部制定并颁布的《普通高中语文课程标准(实验)》(以下简称高中课标)在第二部分“课程目标”中对“感受・鉴赏”目标设定为168个字(含标点)，主要提出了“品味语言”和“语感培养”的目标。要求学生感受优秀作品的思想、艺术魅力，发展想象力和审美力，努力提高对古诗文语言的感受力，还要达到美育、情感教育等情意目标。

在必修课程“阅读与鉴赏”中，规定了如下较为具体的教学目标。

1. 在阅读与鉴赏活动中，不断充实精神生活，完善自我人格，提升人生境界，逐步加深对个人与国家、个人与社会、个人与自然关系的思考和认识。

2. 发展独立阅读的能力。从整体上把握文本内容，理清思路，概括要点，理解文本所表达的思想、观点和感情。善于发现问题、提出问题，对文本能作出自己的分析判断，努力从不同的角度和层面进行阐发、评价和质疑。根据语境揣摩语句含义，运用所学的语文知识，帮助理解结构复杂、含义丰富的语句，体会精彩语句的表现力。

3. 注重个性化的阅读，充分调动自己的生活经验和知识积累，在主动积极的思维和情感活动中，获得独特的感受和体验。学习探究性阅读和创造性阅读，发展想像能力、思辨能力和批判能力。

4. 能阅读论述类、实用类、文学类等多种文本，根据不同的阅读目的，针对不同的阅读材料，灵活运用精读、略读、浏览、速读等阅读方法，提高阅读效率。

5. 能用普通话流畅地朗读，恰当地表达文本的思想感情和自己的阅读感受。

6. 学习鉴赏中外文学作品，具有积极的鉴赏态度，注重审美体验，陶冶性情，涵养心灵。能感受形象，品味语言，领悟作品的丰富内涵，体会其艺术表现力，有自己的情感体验和思考。努力探索作品中蕴涵的民族心理和时代精神，了解人类丰富的社会生活和情感世界。

7. 在阅读鉴赏中，了解诗歌、散文、小说、戏剧等文学体裁的基本特征及主要表现手法。了解作品所涉及的有关背景材料，用于分析和理解作品。

8. 学习中国古代优秀作品，体会其中蕴涵的中华民族精神，为形成一定的传统文化底蕴奠定基础。学习从历史发展的角度理解古代作品的内容价值，从中汲取民族智慧；用现代观念审视作品，评价其积极意义与历史局限。

9. 阅读浅易文言文，能借助注释和工具书，理解词句含义，读懂文章内容。了解并梳理常见的文言实词、文言虚词、文言句式的意义或用法，注重在阅读实践中举一反三。诵读古代诗词和文言文，背诵一定数量的名篇。

10. 具有广泛的阅读兴趣，努力扩大阅读视野。学会正确、自主地选择阅读材料，读好书，读整本书，丰富自己的精神世界，提高文化品位。课外自读文学名著(五部以上)及其他读物，总量不少于150万字。

11. 注重合作学习，养成相互切磋的习惯。乐于与他人交流自己的阅读鉴赏心得，展示自己的读书成果。

12. 学会灵活使用常用语文工具书，能利用多种媒体搜集和处理信息。

在这12个目标中，明确提出了阅读的兴趣、习惯和态度的培养问题，以及利用多种媒体搜集处理信息的问题，这是多年来研究成果的体现。

由于中国初、高中阶段学生阅读目的与要求的不同、阅读水平的差异等因素，两个课标对初中生和高中生阅读教学目标的设定有所不同。但从中可以看出，阅读教学目标不外乎以下三个方面：培育阅读的兴趣与习惯、掌握阅读方法、培养阅读鉴赏能力。

培育阅读的兴趣与习惯。阅读兴趣是一种特殊的意识倾向，是阅读动机产生的重要的主观原因。浓厚的阅读兴趣是读书学习的自觉动力。孔子曾说："知之者不如好之者，好之者不如乐之者。"阅读兴趣，主要指学生对于阅读内容和阅读方法的喜欢程度。而阅读态度主要指向选择读物内容和阅读方法的倾向性程度，以及对文本中所表现的观点的接受与认同程度，阅读习惯则指一贯的阅读行为，它是阅读兴趣和阅读态度的外化。

我国著名教育家叶圣陶指出："语言文字的学习，就理解方面说，是得到一种知识；就运用方面说，是养成一种习惯。这两个方面必须联成一贯，就是说，理解是必要的，但是理解必须能够运用；知识是必要的，但是这种知识必须成为习惯。语言文字的学习出发点在'知'，而终极点在'行'；到能够'行'的地步，才算具有这种生活的能力。"这不仅说明了"知"和"行"间的关系，也指出了"能力"和"习惯"之间的不可分割的联系。他认为，任何能力的养成，"一要得其道，二要经常的历练，历练到成了习惯，才算有了这种能力"。阅读能力的形成离不开良好阅读习惯。语文课程与教学论专家王伟教授曾提出，学习语文必须养成十大习惯：熟读、背诵课文的习惯；阅读优秀课外书的习惯；推敲语言文字的习惯；积累语言材料的习惯；记日记的习惯；规范地书写的习惯；专注地听人说话的习惯；说普通话，说话文明得体的习惯；勤思考、爱质疑的习惯；勤查工具书的习惯。其中能涉及阅读的习惯就有六个。实践证明，阅读习惯确实对阅读能力形成有重要影响。良好的阅读态度和习惯，是阅读的基本保障。正确的阅读态度，对阅读行为将产生指导性或动力性的影响，不良的阅读态度，将使阅读不能正常进行。良好的阅读习惯将使合理的阅读行为自动地进行，不良的阅读习惯将阻碍或影响着阅读的正常进行。

对阅读习惯的考查，不仅应从正面考查学生能否有目的地读，有阅读的问题导向，熟读精思，质疑问难，循序渐进，能否做到眼到、心到、口到、手到，能否积极主动地积累语言，还应该依照阅读的本质和原则，从反面考查学生是否有不良的阅读习惯。

学生掌握了良好的阅读方法，能够更加有效地提高汲取知识的速度与质量，促进个性潜能的发展。有些阅读方法如默读法可以是阅读教学的方法，但不是所有的阅读法都能够作为教学方法使用，阅读教学的方法也不能够反过来全部成为学生阅读的方法。所以，教师在阅读教学中，必须教会学生基本的阅读方法，如比较阅读法、换脑阅读法、存疑多思法、提要钩玄法等。

语文教师还要重视学生阅读中的体验与感悟的生成与发展。因为体验与感悟是学生对于文本内容、作者思想、叙述人目的的介入，是学生自我意识的唤醒与展现，是其与作者、文本、编者、教师进行对话的方式，是其自我发现的成果。义务教育课标要求学生“欣赏文学作品，能有自己的情感体验，初步领悟作品的内涵，从中获得对自然、社会、人生的有益启示”。这就要求语文教师要教给学生发现人、体悟情、感受美、领悟理的方式方法，掌握生成体验和感悟的方法，如通过课文的阅读学习进行文本性体验，通过创设情境把学生带入体现文本内涵的情境中去进行形象性体验，通过设计体验性活动进行参与性体验等。让学生的体验在相互交流与交锋中获得提升，在教师自我体验的指导下使自己的体验得到鼓励与比照，提高其辨识能力。

学生的阅读能力主要由四个方面构成：认知能力、理解能力、分析能力、赏评能力。阅读是学生以了解文字意义为起点和中心的复杂的心智活动过程，培养学生的阅读能力必须加强对四大能力的训练。阅读鉴赏评价能力，是最高层次的目标，学校语文教育必须加强这方面的培养力度。有关这四大因素的内涵，请参阅本章第二节。

总之，上述三方面阅读教学目标兼顾了初、高中学生不同的阅读目的与要求以及阅读水平的差异，使目标具有实践性、基础性和综合性等特性，与写作、口语交际和思维训练紧密相连，是诸多领域教学目标中的重点。

(三)国外阅读教学目标

日本《初中语文教学大纲》第三学年“理解”部分的阅读教学目标为：

1. 要能按照说话和文章的展开，确实抓住内容，按照目的和需要加以概括。

2. 要抓住说话者和文章对事物的看法、想法的特点，考虑在表达上是怎样发挥的。

3. 理解文脉中的词语的有效使用方法，使它有利于自己的语言使用方法。

4. 要抓住文章的主题和要旨，并对这些持有自己的见解。

5. 要理解文章的逻辑结构并展开，抓住作者的观点和展开方法。

6. 阅读文章要考虑人、社会、自然等，要持有条理化的感想。

7. 要注意表达方法和文体特征进行阅读。

8. 要读出文章的特点，加深品味。

9. 要考虑说话人的立场和说话的根据，抓住说话人的真意。

……

日本文部省 1998 年 12 月颁布了中小学《学习指导要领》(相当于我国中小学的教学大纲)，2002 年开始实行，其中初中第一学年的阅读目标是，为培养阅读能力，须注意下列事项：①确切把握文章脉络中的语句意义，并能够理解。②把握切合文章展开的内容，并根据一定的目的和需要加以归纳。③读懂文章的中心部分和附加部分、事实和意见等，正确地把握文章的结构和展开方式，使之有益于内容理解。④探寻文章的展开方式，思考其主题，把握文章宗旨。⑤理解文章所表达的见解和思考方式，扩展自己的见解和思考方法。⑥从各种体裁的文章中，收集必要的信息，学会阅读的方法。上述阅读目标，从对语句的理解、对内容主题的思考到把握文章的结构和思考方式的要求，明确而具体，体现了第一学年基础性的特点。

《美国大百科全书》在“阅读”项下，对普通教育阶段的阅读教学分段目标作了说明，其中“七至十二年级”的目标如下：七至十二年级的中学生应能阅读日报和《读者文摘》一类读物。十二年级学生应能阅读《纽约时报》《新闻周报》《时代》一类报刊。中学生和大专院校学生应该发展相应的高级阅读技巧，如做判断、推结论、评价读物和快速阅读等，并且应不断扩充知识和经验背景以及发达的思考和理解能力。

在 20 世纪 80 年代的美国教育改革运动中，美国的大学考试委员会组织了

1400名大中学校领导和教师、专业组织代表、家长和学生，经过两年多的调查研究，发表了题为《上大学应该做的学术准备：学生应该掌握什么知识和具备什么能力》的报告。这个报告在全国首次提出了大学预备教育应该达到的标准，以求解决中等教育质量的标准问题。为此，报告强调指出：大学学习应具有的知识和技能就是中等教育质量的标准。报告对“英语”学科中的有关阅读项目的规定如下：

[阅读和文学]

△批判的阅读能力，能够对所读材料提出恰当的问题，识别文章的假说和内容，并且能够评价文章的思想。

△分析阅读文学作品的能力，看清形式和内容之间的关系。

△理解阅读各类高质量的、不同体裁和风格的文学作品，以及代表不同文化背景的作品。

△培养探究文学作品的意识和兴趣。

△对文学作品做出积极的和富有想象的反应能力。

美国的高中阅读教学目标较为注重培养学生对作品探究的意识和兴趣，以及评价文章思想的能力这种较高层次阅读能力，与日本和我国较为注重对作品本身内容与形式的分析，较少涉及批判性思维能力培养的做法明显不同。

加拿大BC(不列颠哥伦比亚)省《中学英语教学大纲》的规定是：把阅读作为“一种精神享受的源泉和一种信息的源泉”，强调首先要培养阅读的兴趣，“态度的转变往往必须先于技巧的提高”。关于培养兴趣，则提出了中学阶段的三项基本要求：①喜爱作为一种娱乐消遣活动的阅读。②广泛阅读和熟悉各种读物，例如报纸、杂志、虚构类和非虚构类的书籍。③认识到阅读是一种重要的信息来源。该大纲把阅读能力分解为一系列不同层次和不同侧面的阅读和学习技巧，所提出的学生应掌握的一般阅读和学习技巧有十二项。如：能够从多种来源中查找到资料，如操作手册、百科全书、书目卡片等；会使用适当的技巧来有效地组织信息，例如记笔记、列提纲、摘要点等。这种先重视阅读兴趣养成又不忽视阅读技巧培养的教学目标，能够让教师更加清晰自己在教学中应该注意到的问题，从而有效提高阅读教学的效果与效率。

苏联的教育一贯重视基础理论和基本技能的学习与培养，有许多值得我们借鉴之处，下面介绍《发展学生一般学习技能和技巧大纲》“使用书籍及其他信息来源”部分中关于七年级(相当于我国初中)的要求。从这些要求中可以看出对阅读能力培养的重视。

七年级

Ⅱ使用书籍和其他信息来源

1. 掌握已形成的阅读技巧；根据所提出的任务采用一定速度阅读；从课文中获取所必要的知识；认真注意课文的内容和表达形式。

每分钟阅读速度(出声地)不少于180个词，默读不少于250～270个词。

2. 善于抓住教科书课文中的要点；理解课题的基本概念；弄清课文个别段落的逻辑结构，使用简单的和复杂的提纲以再造复现的水平完成作业(在准备答案和资料提要过程中改组课文)；在完成学习作业时进行局部探索活动；完成确定知识的学科间联系的作业；利用表格、示意图和图表进行知识的系统整理；做课题概括性结论。

3.(关于听的要求，略)。

4. 学习钻研政论性材料，在准备功课、列宁著作讲读会、政治宣传时运用社会政治参考书。在系统的目录和图书索引中找出社会政治书籍；运用书中的下列资料：作者、译者和编者注释、脚注、书末参考材料；书的参考资料部分；按字母的顺序编排的选集著作目录索引和文集的索引卷等。经常阅读供高年级学生阅读的定期出版物。独立拟订个人的阅读计划。

综观以上国家有关阅读教学目标的资料，可以看出：现代阅读观念着眼于信息的获取与整理，而非仅仅是思想情感的领悟，更加关注读者的认知，并非仅作为写作的范例，提炼中心思想的练习材料。这与我国以往的阅读教学要求比较笼统、缺乏明确界定的做法明显不同。这给我们的启示是：

(1)阅读应该与写作活动更加紧密地结合，为写作提供丰富的思想材料。

(2)阅读能力的层次结构应该得到更认真的分析。

(3)阅读训练应做到目标化、可操作。

(4)文献资料的搜集与整理能力，现代信息处理能力的培养与提高，应该是现代语文教学必须给予同等重视的内容。

(5)阅读文本应该超越训练学生概括主题能力的低级限制，成为兼顾训练学生语文能力和思维能力的载体。

二、阅读教学的内容与要求

从义务教育课标和高中课标的阅读教学目标设定可以看出，阅读教学的内容主要应是对文本的整体感悟与理解，并且始终将局部的理解与整体的把握相结合。既不能让学生囫囵吞枣，也不能肢解课文，既要使其获得整体的认识，也要让学生有个人独到的认识。故此，阅读教学中对文本的理解就应该包括以下基本因素：认识文字、了解词句、理解段落、把握篇章。

(1)识字教学，是语文教学的出发点之一。识字是阅读的先导，阅读是识字的继续。目前中学生的识字现状还有许多令人不满意之处，必须想办法改变与中学阶段应该达到的识字目标尚有距离的现状，努力做到：一要增加识字量；二要教给学生汉字构字规律；三要使学生掌握正确的书写规则；四要在结合阅读教学教给学生生字词的同时，设法巩固文字教学的成果；五要注重指导学生学会使用字典、词典等工具书；六要严格书写要求，使学生养成良好的书写习惯。可采用多种识字教学方法，如象形识字法、指事识字法、会意识字法、形声规律识字法、类推辨音法、归类辨义法等。

(2)词句教学，应该是中学阶段学生学习的重点。丰富学生词汇，提高理解与运用词汇的能力，是语言教学的核心任务。句子教学，主要应使学生能够正确地理解句子的含义和结构，具有多种句式的运用能力。教会学生运用比喻、排比、夸张、反复、设问等常见的修辞方式。词语教学的要求是：一要符合科学性原则；二要突出教学的重点，迅速捕捉到几类主要词句，如含义深刻的语句、直接表达主题的语句、结构复杂的语句、富于表现力的语句、使用频率大的语句等；三要以词汇教学为中心，且解释以本文中含义为主；四要和篇章教学相结合。可借鉴如下方法教学：实物观察法；投影、电影再现实物法；精当释词法；举例说明法；标记词语法；分类整理法；练习运用法；趣味记忆法；联想拓展法；强化复现法等。

(3)段落教学，主要包括三个方面内容：一是分层次，即理清文章的条理性，如总分叙述、详略安排、头尾中间的起止等；二是找联络，即找出文章的连贯性，如对比关系、因果关系、并列关系等；三是抓主旨，即确定文章的统一性，如各段落大意、各段落观点与事实的一致等。段落教学的要求是：一要找出段落中能够突出中心的语段；二是抓住内容上有照应作用的关键语段；三能发现写法上集中体现文章特色的语段。可采用如下教学方法：编写提纲法、分段提问法、标记重点法、串珠引线法，即按照线索与结构，重点选析语段，层层展开讲析。

(4)篇章教学，是阅读教学的关键性教学阶段。目的是为了了解作者的写作意图和文本的价值，训练学生把握全局的能力和概括主题的能力，理解文章思想。篇章教学的内容主要有：主题的确立、材料的选用、主题与材料的关系。篇章教学的要求是：一要弄清作者的写作思路；二要发展学生的思维能力，尤其是思辨力；三要理解文章材料的剪裁与取舍；四要学习主题与材料的统一方法。篇章教学的方法，根据文体不同而不同，可以参照本章其他相关内容。

【案例分析】 **存疑多思法——阅读方法的运用**

存疑多思法就是在读书时多用脑思考，处处置疑，多问几个为什么，通过认真的思考，解决阅读中发现的疑问。该法对训练思维能力，加深理解作品的思想艺术有着非常积极的作用。从文章中发现问题可采用以下方法。

1. 发现异常之处，查异质疑

如恩格斯《在马克思墓前的讲话》开头说到马克思的死，为什么不用表示严肃、庄重的“逝世”一词，而是说“当代伟大的思想家停止思想了”“在安乐椅上安静地睡着了”“永远地睡着了”呢？表达了恩格斯的深切悼念，但叙述的口气却又为什么如此平静呢？很值得读者关注。联系到该悼词的思想情感，就会发现答案：作为恩格斯最亲密战友马克思的逝世对恩格斯的打击是极其沉重的，但作者不能把自己的异常悲痛完全带入文中，仅去寄托自己的哀思，更重要的是准确评价马克思的思想和事业，以鼓舞和教育无产阶级阵营中的革命群众，采用讳饰的语言表达方式，能够含蓄而深沉地表达出作者的情感。

2. 揭示矛盾现象，剖析矛盾设疑

阅读鲁迅小说《孔乙己》的结尾句：“我到现在终于没有看见——大约孔乙己的确已经死了。”表示推测的副词“大约”与表示肯定的副词“的确”是一对意思相反的词语，用在一个句子里是否自相矛盾？抓住文中这种矛盾现象穷追不舍，可以从几个方面思考：作者并没有交代孔乙己究竟死没死，但从全文看他一定是死了。掌柜的曾经多次叨念“孔乙己还欠十九个钱呢”，若孔乙己没有死，掌柜怎么会后来不提这十九个钱的事了呢？孔乙己的“品行却比别人都好”，“从不拖欠”，偶有赊账“但不出一月，定然还清”。若孔乙己没有死一定会来还钱的。绝不肯脱下那件又破又脏长衫，又“不会营生”的他，在当时的社会条件下，怎么能够生存下去呢？文中形似矛盾的结尾，非常含蓄地启发读者去想象作品人物的悲惨结局及其社会原因，从而更加深刻地揭示了小说的主题。

3. 寻找细节描写，刨根问底解疑

抓细节容易提出问题，把握住作品的主题与人物性格。如《祝福》中祥林嫂的三次肖像描写，揭示出了主人公的悲苦命运；祥林嫂与“我”的“三问”“三答”，说明了她的走投无路和善良人的爱莫能助；祥林嫂三次痛说阿毛的夭折，表现出主人公境遇的悲惨和无助，以及周围人的冷漠麻木；对祥林嫂称谓的三个结构相似的句子，暗示出祥林嫂被毁灭吞噬的必然命运；鲁四老爷的三次“皱眉”和咒骂，揭示了剥削阶级的自私与凶残；四婶的三次断喝，暴露了封建礼教的虚伪和冷酷；对祝福场面的三次描写，展示出旧中国的社会背景①。充分留意这些细节描写，就能够较为容易地揭示出小说的寓意和重要人物的性格特征。《林黛玉进贾府》中王熙凤初见林黛玉时的一段恭维话语，林黛玉回答贾母与宝玉“念何书”“可曾读书”时的机变言语，对大舅母邢夫人苦留吃饭盛情的推辞言语，在不同语境下的说话细节，能够暴露人物特有的性格与心态。细细品味这些细节，可以大大加深对文本主旨与写作手法的理解。

评析：学生在阅读中，时时思考，处处置疑，抓副词的使用，抓细节的处理，都能够发现文本中的疑问。解决疑问的过程，就是加深理解作品的思想艺术的过程。

【超级链接】 **八种不良阅读习惯**

不良阅读习惯从阅读目的、范围、方法等方面可大致包括八类：

(1)读书无选择。读书漫无目的，逢书就读。以“开卷有益”为由，碰到什么读什么，以为广泛阅读各种门类的书文就可以博学，平日读书零敲碎打，不成系统，表现出极大的随意性。

(2)阅读面过窄。读书范围过于褊狭。只能以一种方式去读所有的书。不懂得读书应分心治之书、目治之书、口治之书、手治之书等，表现出极大的阅读盲目性。以专一为由，平时只读与选定专业有关的书籍。对于专业以外的知识表现得孤陋寡闻，平时谈吐也显得缺乏情趣。

(3)不动笔墨。读书方法上疏懒。初学阅读的人，不明白笔读的好处，未形成笔读的习惯。不知读中或读后，应动笔在读物上圈点勾画、评点批注；或编制图表、索引；或做摘录、抄卡片；或写成提要、札记、心得等不同类型的笔记或解答习题、作业，或是以抄代读。随见随忘，随闻随废，难有积累。

---

① 张凤祥：《反复铺叙作对比，精雕细刻写人物——赏析〈祝福〉中的“三”笔描写》，载《语文教学通讯》，2008(9A)。

(4)不讲卫生。读时动手、动笔不得法，有“脏读”习惯。读书前不洗手，在书上留下污染的印迹；用手指舔着唾液去翻动书页；用手指甲抠着书页翻阅，影响读物的使用寿命；有乱画行为，有碍他人续读；在读物中折角，或把期刊垫坐身下，或卷成圆筒嬉闹，有损于读物的保存；不注意阅读环境、用脑和用眼卫生及阅读姿势等。

(5)浮读空说。阅读行为方式上空泛浮夸。不重视本专业的原始材料，只满足于读介绍、评论或辅导材料。或浮光掠影、浅尝辄止，甚而只看首尾，偶尔评及各书，均不关痛痒。或空话连篇，故弄玄虚。读书为学态度有哗众取宠之意。或寻章摘句，一知半解；或追寻时髦，不辨真伪；或穿凿附会，骄矜炫人。

(6)食而不化。虽苦读、硬读却消化不良，对知识不能简化、深化、系统化、语言化、固化和活化等。分不清读物内容的主次、轻重，分不清现象与本质、形式与内容，不能由此及彼，由表及里、去粗取精。缺乏组织编排知识的能力。

(7)迷信书本。读书态度上，唯书是从。认为书上说的都是真理，不辨真伪与良莠，生吞活剥，以至精华与糟粕共取。没有批判的态度和鉴别的能力，更不能对前人的错误认识补偏救弊，甚而推陈出新。这种人死读书、读死书、读书死。

(8)不重习行。阅读态度不端正。读书虽多，但不解其意，不明白读书为了什么。不重视立德修身，更不善于应用，不能解决实际问题，空读经书。

以上八种不良阅读习惯，在青少年身上均有不同程度的表现，对学生阅读能力的形成和发展起着不小的制约作用，在阅读教学中我们应引起足够的重视。

第二节　阅读能力的构成要素及其评价

一、阅读能力的构成要素

阅读能力到底由哪些因素构成，早在20世纪初就有心理学家桑代克做出了研究，他提出测试应由四因素构成：权衡句中各字、组织各字关系、选择各字含义、决定最后反应。此后，研究日渐深入。比较有代表性的观点主要有以下几种。

（一）英国的阅读理解八因素说

英国著名的“尼尔阅读能力分析测验”把阅读能力的测查分为三个方面：准确性、理解力、速度。英国中小学联合会的研究项目“阅读有效使用”进一步把阅读理解技能划分为八个因素：①词义——孤立的。②词义（上下文）——使用在某一特定上下文中的词义。③字面理解力——只需要字面反应的能力。④简单推断——由一个词组成一个单句所得出的推断。⑤综合推断——由许多词组或句子中获得信息从而得出的推断。⑥隐喻——对一段不能作字面上解释的文字材料的意义理解。⑦重点——捕捉文中关键点的能力。⑧评价——在斟酌了文中的内容且将其与自己已有的知识相对照后，做出评价或得出结论的能力。

（二）A. J. 哈里斯的三种阅读类型分类

哈里斯编制了《三种阅读类型的阅读技能技巧一览表》，把阅读技能技巧划分为三种类型：发展性阅读、功用性阅读、消遣性阅读。发展性阅读包括两项技能：掌握基本的阅读技巧、培养阅读理解能力。功用性阅读包括四项技能：根据需要而检索阅读材料的能力、情报资料的理解能力、选择自己所需材料的能力、对所读材料内容的组织能力。消遣性阅读包括三项技能：激发阅读的兴趣、增进和提高读书兴趣、评价和鉴赏作品的精益求精。

（三）E. C. 肯尼迪的阅读能力分析

肯尼迪在《发展阅读教学法》中把“阅读”定义为：“是个体认知视觉符号的能力。这一能力要求个体把视觉符号与读音、与他过去已经获得的意义和经验联系起来，并且能够对意义做出解释。”他从认知心理出发，把阅读理解划分为三个层面：词语认知、理解、综合，并且结合阅读的智能基础和所需的背景知识，绘制了一幅直观而形象的系统树（图略）。在这个阅读能力系统树中，他将“基础（包括智力能量、语言能力、成熟程度）”作为能力树的根基，将“背景（包括直接经验、间接经验）”作为主树干，将“词语认知（包括识别、联系、保持、再生）”和“理解（包括分辨、复述和解释、保持和再现、组织和表述）”分别作为大树的左右枝叶，与大树枝叶最高层的“综合（包括对观点的反应、把材料和理解结合起来、对观点和概念的实验）”共同构成树冠。肯尼迪研究的贡献在于，显示了阅读理解诸因素之间的内在联系。阅读的核心在于理解。不同类型的阅读，对理解程度的要求是不同的。故此，阅读的分类对于学生阅读学习效果的评价是十分重要的。

(四)我国研究者的有关成果

我国的研究者在这方面也进行过有益的探索。早在20世纪30年代，陈礼江就提出读法四要素：速度、理解、组织、记忆。40年代，艾伟又把默读能力归纳为四个方面：迅速浏览，摄取大意的能力；精心详读，记取细节的能力；综览全章，挈取纲领的能力；玩味原文，推取含义的能力。近年来，我国内地研究者关于阅读能力结构的研究成果也较丰富，主要有：

邝怀熙把阅读能力分解为：认读能力、理解能力、分析吸收能力。张建华认为，构成阅读能力有三个因素：知识因素、思维因素、技能因素。阅读能力的基本功是理解和速度，核心是理解。张鸿苓等人把阅读能力的发展划分为三个阶段：积累性阅读阶段、理解性阅读阶段、评判性阅读阶段。与这几个阶段有关，阅读能力包括四个方面：认读能力、理解能力、鉴赏能力、思维能力。

章熊认为，阅读能力由五个因素构成：①认知能力：基本识字量和词汇量；了解特定语义；推断陌生词语的近似语义；辨析长句；准确地理解图表和其他常用的非文字符号。②筛选能力：理解性筛选、检索性筛选。③阐释能力，把读物的词语转化成自己的语言的解码能力。包括概括、解释、开掘三种方式。④组合能力：综合与归纳能力、调整能力。⑤鉴赏、评价、创造能力，即在阅读理解中对原读物的扩展。

韩雪屏等人认为阅读能力是一个多侧面、多层级的复合结构。它可以划分为五个侧面：①阅读的认知；②阅读的理解；③阅读的记忆；④阅读的速度；⑤阅读的技能。

莫雷认为阅读能力结构包括八个因素：语言解码能力；组织连贯能力；模式辨别能力；筛选贮存能力；概括能力；评价能力；语感能力；阅读迁移能力。

从国内外研究者的论述可以看出，其观点有许多是相同的，不同的是层级划分和分析方法上的差别，有的是概念使用上的差别。阅读速度既与理解程度有关，又综合反映了不同的阅读技能状况。思维则不是阅读能力所独有的，似难以作为阅读能力的因素。

我们认为，阅读能力的构成因素主要应包括四大方面。

(1)认知能力。指对字词句语义的辨析能力，包括选取和识别能力。应正确认识汉字的形、音、义，具备基本的汉字识字量和词汇量，能辨析词语的外延和内涵，能了解语境中的语义及辨析词语间在语义方面的内在联系，能根据上下文推断陌生词语的近似语义，能识别单句和复句，准确理解图表等。

(2)理解能力。指对读物内容的筛选、阐释能力。要能够迅速捕捉住关键性词语和句段，对关键性语言信息具有灵敏的反应能力，达到熟练阅读的水平。既能够正确把握文字材料内容，进行理解性筛选，也能够根据特定的要求从文本中找出所需内容，带着问题读书探究，进行检索性筛选，还要能够把读物中的词语转化成自己的语言，进行"解码"。评价过程中，我们从这种语言的转化中，才能够看出读者理解的正确率与深浅度。如可用如下方式测试：概括全篇主旨、作者观点、各层次中心，或利用一定的知识或经验加以诠说、阐发，或按照自己的理解使隐含信息明示化等。

(3)分析能力。指对文章思想的概括和归纳能力。一般要依据读者自有的知识、经验，把散在文章各处的材料加以归类，按照新的逻辑梳理、合并，或用读者自己的语言加以概括。阅读测试往往使用这样的思维过程设计题目。

(4)赏评能力。指对文章的赏析、评判能力。属于阅读理解的较高层次，是低、高年级的学生都能够具有的能力。赏析可以是对读物的整体，也可只对局部或一个细节进行鉴赏和分析。可以在语境中、想象中赏析文章的语感，也可就文章的内容、主旨、思路、写法等体味文感，更可以赏析文章的情与意，感受文中的思想、观点、气质、节操、情感等。评判能力是对文章的内容和表现方式进行是非与优劣的辨析。在阅读测试中，这往往是较高年级的测试内容。这一层次的阅读测试，因其评分误差难以控制的关系，在大规模考试中还存在待克服的困难。

二、阅读理解的评价指标

尽管对于阅读和阅读过程的解释至今还没有一个可被普遍接受的定义，但对阅读理解进行分析，是阅读理论研究中的重要课题，中外研究者做了大量的探究。

(一)阅读理解的层次水平划分

英国的马德调查了一百六十八位成人与儿童读者发现，这些阅读新手更多地利用背景知识来理解文意。默里和肯尼迪在1988年研究认为被试在阅读时，能力较强的读者在注视的时间和次数之间进行权衡，比能力较差的读者更多的使用大幅度回视法来处理关键词语重复现象。能力较差的读者似乎很难找到所需信息在书面中的位置。尤尔和奥克希尔的研究还发现，理解能力较差的读者区分参考对象的能力较差。后来的研究者最终将研究焦点集中于人的阅读过程中的基本问题上来。卡林·哈里森和台瑞·道兰在文章中说："我们要尽可能避开设计眼球运动、视觉信息分理、动机、记忆力以及注意力这些方面，而代之以集中考察当读者努力理解课文所表述的意义的同时，除了单词辨认之外，在阅读过程中还发生了什么。”

F. B.戴维斯认为阅读技能有五个要素：①把握词义。②就一定的问题，从读物中寻找直接的或间接的答案。③就读物内容进行推论。④识别作者的意图、态度、语气和基调。⑤了解读物的内容结构。赫伯、巴儒特、笛康等学者把阅读技能和理解层次结合起来，提出阅读理解分为三级水平：字面的理解、解释、评价。史密斯则在此三级的基础上增添了“创造性阅读”，使其成为四级结构：字面的理解、解释性理解、评价性阅读、创造性理解。这更好地显示了阅读理解的内部层次关系。

这个观点得到了学术界广泛的认同，我国的一些研究者也持有阅读理解四级水平的观点，韩雪屏、张贵和等认为阅读能力有认知性阅读、理解性阅读、评价性阅读、创造性阅读四个层级。章熊认为，阅读理解有四个层次指标：复述性理解、解释性理解、评价性理解、创造性理解。

美国国际阅读协会1979年出版的《阅读理解的四种语言学水平》一书提出了理解意义的四个不同层面：词语的意义、句子的意义、段落的意义、段落以上单位的意义。美国研究者威廉E. 诺里斯在《教高级阅读：目标、技巧和顺序》一文中进一步提出了阅读理解的五个范围：①认识和理解的速度。②词语认读和理解。③句子结构和理解。④段落结构和理解。⑤完整理解全文。与这四个层面相联系，他提出了阅读速度问题。弗兰西斯·格瑞莱特对“阅读理解练习的类型”做了详细的列举，大致有：①阅读技巧：语感、速度、摘读。②文章目的和作用、文体组织。③理解意义：对读物语言因素和非语言因素(如插图等)的反应。④辅助材料，如作者的背景资料等。这一分类比前述两种分类广泛得多了，包括了语言学、文章学、读者知识与阅读行为方式等多方面。

有的阅读教育专家从教育目标分类的角度，提出读者提取读物中的意义信息有六个层次：知识、理解、应用、分析、综合、评价。这使得人们对潜在的阅读理解过程有了一些具体的认识。里弗提出阅读能力发展的“六阶段说”：指导阅读、熟悉阅读、技巧阅读、独立阅读、扩展阅读、自由阅读。他更加侧重了从学生年龄、知识、智力的发展成熟总过程来探讨个体阅读理解力的发展与提高。

上述中外研究成果的描述，旨在使读者从中吸取能够为我所用的东西。我们从以上研究成果可以看出：对阅读能力的因素构成，人们的研究越来越细致，提出的关于阅读能力层次愈加具体。尽管有如六级阅读能力发展的说法，但人们更加趋向于史密斯的简洁而清晰的四级划分法。不同研究者使用的概念可能有所不同，但大多以四分法为依据。这四级阅读理解层次的具体内涵是：

(1)字面的理解。即对文章的词、句、内容、观点的最初的、最直接的理解。

(2)解释性理解。包含以下不同的思维技能：从阅读的字里行间获得另外的信息、进行概括、论证原因的结果、预测结果、做出比较、了解动机、发现其中关系。

(3)评价性阅读。对读物的性质、价值、精确性和真实性等方面做出个人的判断和评价。

(4)创造性理解。产生出超越于读物之外的新思想，获得另外的见解，发现某问题的答案或者真正解决一个问题。

这四个阅读理解的层次水平，就是语文阅读教学过程中对学生阅读层级高低优劣判断的依据。

(二)阅读理解的评价指标

无论研究者们的有关研究是多么丰富和难以理解，我们可以认为，阅读理解的主要评价指标有两个：阅读速度和理解力。

人们阅读的目的不只是为了休闲，往往要追求最佳阅读效率。发展快速阅读是其根本途径，速度是效率之本。速读，就是提高单位时间内阅读的量和质。一方面，阅读时让文字信息尽可能多地进入读者的视幅，另一方面，使读者在看到的瞬间就能理解和记忆。速读既包括视觉的快速扫描，也包括大脑的快速理解、快速想象和快速记忆。

快速阅读的效率公式是：$E=R\times C$。即：快速阅读效率等于阅读速度与阅读理解率的乘积。

据此，阅读速度和阅读理解率要适当保持平衡。理解率为70%～80%，说明阅读速度适中；理解率高于90%，意味阅读速度过慢，应适当加快；理解率低于70%，表示阅读速度过快，应适当放慢。片面追求阅读速度，不管实际理解和记忆程度，或者只照顾理解的深度和记忆的牢度，而放慢阅读速度，都不能称其为快速阅读。

要提高语文学习的效率，必须掌握速读的技巧。讲究阅读时效，一要把计算阅读时间的单位化小，二要提高单位阅读时间的效益。

那么，到底该怎样衡量学生的阅读效率是否达到了该年级应有的标准呢？一般是先看读速，再看理解力。具体评价指标与方式可参见本节“四、阅读学习评价方法”中有关内容。

三、国外阅读评价方式

除了读速和理解率的标准，还应该掌握阅读评价的方式。综观国内外几个经济较发达国家的阅读评价状况，有如下可资借鉴之处。

(一)德国的阅读测验文章测验法

德国的阅读评价方式主要是默读。进行定期的阅读检查和阅读测验，一般是利用下面的评价性问题检查其阅读成果：①所读文章的核心问题是什么？②文章作者持何种态度？③文章作者怎样论证自己的观点？④读者同意作者论证的哪几点？⑤读者反对作者的哪些论证？⑥读者为什么反对这些观点？⑦文章作者还谈到了哪些次要问题？⑧文章作者对这些问题的态度如何？⑨读者对这些问题抱什么态度？

一般采用分数衡量学生的阅读成绩，优秀为230～250分，良好为200～225分，及格为170～195分。具体做法是：教师根据学生的实际水平，选择好适当的阅读测验文章，在印好的文章下部加上生字注释，形成试卷的一部分。上课时，分发测试文章，教师在黑板上写阅读的时间是几分几秒。学生阅读完就交还文章，记下阅读所用的时间，并从老师那儿拿到一份试题，其优点是学生没有抄袭的可能。用阅读测验文章来测试，学生所用的阅读时间不同，从老师那儿拿到的试题也不同。

(二)奥地利的阅读水平测验和“阅读者证件”

奥地利设计了一种衡量学生阅读成绩的分数制，研制了检测中学各年级学生阅读水平的表格。“理解含义”的测验用选择答案的方式进行。每个问题下面有四种供选择的答案。测验题目都与理解故事发展具有重要性的事实及情节要素有关。正确回答一道题得十分。这种阅读测验每年在三次以上，且每次测验前进行若干次模拟测验。

奥地利还在“芝加哥科学调查联合会阅读研究会”的推动下，研制并发放了“阅读者证件”，目的在于引导学生观察自己在一年内阅读水平的提高及阅读能力的进步情况，记录学生阅读过的材料和所需要的时间。证件主体内容分为数目、时间、作者姓名、书名、页数、喜欢程度(1～5)等几项。其中，喜欢程度1为最喜欢，2为喜欢，3为还喜欢，4为不喜欢，5为最不喜欢。证件封底用于“书籍介绍”，还有五页供学生记录自己已经读过的书名，另有一页供记录阅读测验成绩用。阅读者证件能够帮助教师了解某个学生的阅读水平，特别是其阅读兴趣提高的情况，使其成为按学生阅读兴趣因材施教的依据，按其阅读能力分组的基础。

(三)加拿大的多样化阅读评价方式

加拿大的阅读评价主要采用学生自我评价、问卷调查、教师非正式评价、正式的阅读单项测试与综合性测试四种类型与方式。问卷调查活动不定期进行，主要进行阅读经验和阅读态度与习惯的调查。一些学校还要求学生定期交给教师自己坚持做的课外阅读记录，包括书名、作者、阅读的方式、评价和主要收获。教师非正式评价，主要是对学生平时阅读、课堂讨论和作业中的表现所做的观察、了解或者非正式的个别测试，每学期和学年写出关于学生阅读经验、技巧和阅读态度的书面评语。阅读行为记录表可以对析词、识词、阅读习惯、课堂朗读(表现与错读、添漏读比例)、朗读技巧、理解技巧、与阅读有关的行为(如阅读态度、自信心、语言熟练性、表达方式的独创性、词汇幅度、概念储存、句式变化等)及其他方面进行评价。正式的阅读单项测试与综合性测试，一般采用设计好的标准化测试题。

(四)美国的计时法

美国是世界阅读研究尤其是当代速读研究的中心。从第二次世界大战之后就开始了速读的研究。伍德的直视速读法，可望提高阅读速率每分钟五千到一万个单词。1963 年谢尔创造的强化阅读法，可使阅读速率增加到四至八倍。施道弗博士创立了“速读加理解”的快速学习法，编著了一套适合于各种不同行业读者的速读教材，使受训者阅读速度提高了一倍。研究者总结出速读训练的许多方法，其中主要是发展默读技巧、意群视读法、直读法和计时阅读法等。用计时法评价阅读情况，是利用计时卡、记分表等工具进行。还可以运用闪示卡片、速读训练器、方阵排列的读物等辅助器械与材料。对阅读理解率及读速的研究成果将在下文详细介绍。

四、阅读学习评价方法

科学研究常常是从分类开始的，对阅读行为进行分门别类的研究，有利于全面把握阅读及其学习评价活动。古今中外人们对阅读做过各种各样的分类，显示出人们对阅读性质、任务、作用等各不相同的理解。

美国对阅读活动的分类研究较为丰富，对阅读效果的评价离不开这些阅读类型的研究。根据划分标准的不同，分类方法有所不同。按照阅读目的分类，主要有搜寻和浏览，学习和研究，欣赏和评价，创造性阅读，消遣性阅读。按照阅读方式分类，可细分为是否出声的朗读和默读，工具使用情况的笔写、抄读、列图表、编提纲，眼动状况的通读和变式样读。按照阅读程序分类，主要有预读，复读。按照阅读的程度分类，有精读和泛读。按照读者的思维状态分类，有被动式阅读，主动式阅读(包括问题性阅读、预测性阅读)。按照阅读速度分类，有慢读，快读，常速读。

我国研究者张会恩、伍先芳等人认为，按照阅读对象划分，可从语体角度分为白话文和文言文阅读，从读物的体裁角度分为文章阅读和文学阅读，从读物的内容角度，可分为哲学、社会科学的阅读和自然科学的阅读。按照阅读目的分类，可分为学习性阅读(包括积累性阅读、理解性阅读、发展性阅读)、欣赏性阅读(包括审美性阅读、消遣性阅读、娱乐性阅读)、研究性阅读(包括评价性阅读、专题性阅读、校勘性阅读、考证性阅读)、创造性阅读。按照阅读方式分类，可分为朗读与默读、精读与略读、全读与跳读、慢读与快读、个体读与群体读等。按照阅读素质分类，可从年龄层次分为幼儿阅读、青少年阅读与成人阅读，从阅读需要分为基础阅读、职业阅读、专家阅读等。

可以说，人们对阅读行为及其类型的划分五花八门，篇幅所限在此不再赘述。对如此复杂的阅读学习活动的质量做出科学评价是一件非常难的事情，只能择其要者而研究之。默读是现代社会生活中一般人最常用的和最主要的阅读方式。本处所讨论的亦为默读的学习评价。

从不同的角度划分，阅读学习评价也可分为不同的方式。我国古代就曾有视读、诵读的传统。我国教育部 2001 年 7 月颁布的义务教育课标在“评价建议”中提及的阅读方式仅有朗读、默读、诵读之分，有精读、略读、浏览之别。从评价目标看，可分为读速评价，阅读理解力评价，读速及理解力评价；从评价的手段看，可分为默读评价，朗读、听读与默读评价；从试卷命题的方式看，有完形填充评价，答题评价。下面仅做简要介绍。

(一)读速评价

阅读评价有“读速评价”和“理解评价”的区别。衡量学生阅读能力的一个重要指标是读速。“读速评价”着眼于阅读速度，对理解深度不作要求。测试读速的方法较为简单，一般有两种方法：一是限定时间，计算不同学生在同一时间内的不同读速；二是以一段文字为单位，分别计算不同学生读完所用的时间，确定每个学生每分钟的读速。采用“消字法”是一种较有效的测算读速的方法。做法是在测试材料中根据难易适当的原则加一些多余的字，让被试者边默读边划去，根据划去的字测算读速，考查学生对读物的理解情况。

阅读速度的调查研究是阅读学研究的重要课题，各教育发达国家都极为重视并投入大量人力物力进行专门研究，制定相应的标准。美国确定了全国统一的阅读速度标准，在充分理解(理解率 90%)的前提下，每分钟阅读的单词量

(w. p. m.)如表 4-2-1 所示。

表 4-2-1 美国的一般阅读速度标准

文化程度	每分钟的单词量(w. p. m.)
初年级	80～158
中年级	175～204
高年级	214～250
大学生	250～280
高级专家	340～620

苏联对中小学各年级学生的阅读速度标准做了规定，如表 4-2-2 所示。

表 4-2-2 前苏联各年级阅读速度标准

年级	朗读速度(每分钟)	默读速度(每分钟)
一	30 ～50 个词	
二	65 ～75 个词	80 ～100 个词
三	80 ～90 个词	100～130 个词
四	95 ～120 个词	130～170 个词
五	125～150 个词	170～210 个词
六	150～180 个词	210～250 个词
七	180 个词以上	250～270 个词
八	180 个词以上	270～290 个词
九	180 个词以上	290～310 个词
十	180 个词以上	310～330 个词

20 世纪 30 年代，我国就有学者龚启昌等从事这方面的研究，杭州大学教育系对小学生读速进行过调查。近年来，又有上海市开展的规模较大的调查。下面提供"中国儿童阅读量表课题组"对小学毕业生的有效阅读速度常模以供借鉴。

表 4-2-3 "中国儿童阅读量表课题组"小学毕业生有效默读速度常模

年级	二下	三	四	五	六
有效率(字/分)	150 左右	210 左右	250 左右	300 左右	350 左右

我国上海市中学语文教学质量评定研究组曾做调查显示，其不同类型学校初中三年级学生的阅读速度测验数据如表 4-2-4 所示。

表 4-2-4　中国不同类型学校初中三年级学生的阅读速度

学校类型	阅读速度(字/分)		答题错误率(%)		有效读速
	平均值	标准差	平均值	标准差	
重点中学	409.10	71.57	10.64	5.96	365.57
普通完中	406.80	81.59	16.52	8.83	339.60
初级中学	370.80	75.74	19.80	9.67	297.38
平均值	393.50		16.46		328.73

有效读速计算法：$\text{平均值(字/分)}\times\frac{(100-\text{平均错误率})}{100}$

我国汉字阅读的快速标准也呈不同档次：据鲁宝元实验，每分钟 300 字。据吕缜毅测定，中速每分钟 400 字，高速每分钟 1200 字以上。台湾王盂石速读中心培训结业者，一般能达到每分钟 2500 字。这说明提高阅读时效是阅读时间增值之本。

以上提供的这些数据可以看出，我国中小学生的阅读速度标准明显大于美国和苏联的一般读速标准。这种现象，反映了汉字的特点以及我国语文教学的特殊性。

【案例分析】　　艾天喜速读测验 B 型

中国的研究者艾天喜研制出 A、B 两种类型的默读速度测验。下面介绍 B 型样卷供参考。该测试的做法是：迅速阅读短文，将正确答案用“○”圈出，记下所用时间。

【1】但每当我翻见相簿中的儿时站在桥上，双手拿着裤管的神情，或稍大后，对着石狮大吐长舌的影像，还是忍不住想笑。如今当我的学生说出“纪”与“记”的不同用法，或小外甥数出蚊子几只脚时，我还是会乐得拍手大声叫好。儿时对着大吐长舌的是：

1. 石象　　2. 石狮　　3. 石像

【2】九月晚秋的一个午后，天上的彩云朵朵，气候异常沉闷。收音机的插播中，不断报道着：“强烈台风已经在恒春登陆，低洼地区的住民随时注意暴雨，最好能事先迁往高处。”

吃过晚饭后，果然阵风阵雨，天色黝暗，看来这次台风来势很凶。强烈台风在何处登陆：

1. 恒春　　　　　　　　2. 高雄

【3】过去英国经济发生了大萧条，全靠在北海开发的原油和天然气才得免于破产，可见海底资源是人类日后所能依赖的唯一生路。然而，因为海域油田的开发所需资金比陆地超出至为庞大，常需先调查其蕴藏量及经济价值后，才能确定开发与否。海域油田的开发资金比陆地：

1. 超出至为庞大　　　　2. 差不多　　　　3. 显然地小

【4】近年来，躲在象牙塔里吟风弄月的作品，已经少见，这自是可喜的现象。但矫枉过正的结果，有的人开始作偏颇的主张，只描写某些特定的人物和事情，门户各立，而旗帜分明，就文学而言，这是值得忧虑的问题。把描写的对象，限于农村、渔港、工厂和古代某些贵族文学的“遗世独立”，恐怕同样都是犯了偏颇的毛病。我个人以为社会是一个大的组合，我们都是其中的一分子，谁都有推进它的责任。对文学而言值得忧虑的是：

1. 描写的对象限于农村　2. 门户各立旗帜分明

3. 推进社会的责任很大

【5】据晋代周处“风土记”记载，知晋代已有角黍——又名筒粽的食品，原系端午节吃了进补的，可是后来却牵扯到春秋时代楚国大夫屈原的身上，认为屈原是历史上一位悲剧的忠臣，人们包粽子是为了供养他。原先是锅里煮的饭直接倒入河里，给投江自尽的屈原英魂吃，但后来因恐被鱼吃了，才加粽叶把饭包起来。这种到了端午节，家家户户包粽子以拜祖先的习俗，自宋以后成为恒例。包粽子拜祖先的习俗是：

1. 自唐以后成为恒例　　2. 自元以后成为恒例

3. 自宋以后成为恒例

【6】诗人所谓的“春信”，实际就是宇宙天地的生生之道。必须超越一切形象的局限，作亲切的体会，才可以发现宇宙间的生命虽然是个别的，彼此却息息相关，脉脉相通的。万物同体里滋生仁爱之心。这是儒家的生命哲学。诗人所谓“春信”是：

1. 宇宙天地的生生之道　2. 儒家的生命哲学

3. 万物滋生的仁爱之心

【7】(略)。

【8】植物油正式成为食物，应是18世纪以后的事情，由于电气的发

现，植物油用于照明已经落伍，而全转为食用，并已扩展至医药和工业方面，给人类的生活带来更多的贡献。食用植物油是在：

1.18 世纪以后　　2.19 世纪以后　　3.17 世纪以后

测验结束

附　正确答案

阅读材料序号	1	2	3	4	5	6	7	8
正确答案序号	2	1	1	2	3	1	1	1

评析：艾氏对阅读速度的评价有两种方法，一种是把被试者的成绩分为 10 个等次，按“10 阶段评价表”评定，另一种是顺位评定，即该被试者在百人顺位中处于第几位。其评价方式方法较为简洁，易于操作，有借鉴价值。下面是艾式的“10 阶段评价表”和“顺位表”以供参考。

艾氏 10 阶段评价表

评价	速读测验 B 型	人　数
10	4 分 49 秒以内	1～10
9	4 分 50 秒～5 分 20 秒	11～20
8	5 分 21 秒～5 分 48 秒	21～30
7	5 分 49 秒～6 分 06 秒	31～40
6	6 分 07 秒～6 分 32 秒	41～50
5	6 分 33 秒～6 分 58 秒	51～60
4	6 分 59 秒～7 分 22 秒	61～70
3	7 分 23 秒～7 分 49 秒	71～80
2	7 分 50 秒～8 分 37 秒	81～90
1	8 分 38 秒以上	91～100

艾氏顺位表

顺位	时间	顺位	时间
1	3 分 43 秒以下	4	4 分 13 秒～4 分 17 秒
2	3 分 44 秒～4 分 02 秒	5	4 分 18 秒～4 分 25 秒
3	4 分 03 秒～4 分 12 秒	6	4 分 26 秒～4 分 29 秒

续表

顺位	时间	顺位	时间
7	4 分 30 秒～4 分 35 秒	41	6 分 07 秒～6 分 08 秒
8	4 分 36 秒～4 分 44 秒	42	6 分 09 秒
9	4 分 45 秒	43	6 分 10 秒～6 分 15 秒
10	4 分 46 秒～4 分 49 秒	44	6 分 16 秒
11	4 分 50 秒～4 分 52 秒	45	6 分 17 秒～6 分 18 秒
12	4 分 53 秒～4 分 55 秒	46	6 分 19 秒
13	4 分 56 秒～4 分 59 秒	47	6 分 20 秒～6 分 22 秒
14	5 分 ～5 分 04 秒	48	6 分 23 秒～6 分 25 秒
15	5 分 05 秒	49	6 分 26 秒～6 分 29 秒
16	5 分 06 秒～5 分 09 秒	50	6 分 30 秒～6 分 32 秒
17	5 分 10 秒～5 分 12 秒	51	6 分 33 秒～6 分 35 秒
18	5 分 13 秒～5 分 15 秒	52	6 分 36 秒～6 分 37 秒
19	5 分 16 秒～5 分 19 秒	53	6 分 38 秒～6 分 39 秒
20	5 分 20 秒	54	6 分 40 秒～6 分 42 秒
21	5 分 21 秒～5 分 24 秒	55	6 分 43 秒～6 分 45 秒
22	5 分 25 秒	56	6 分 46 秒～6 分 49 秒
23	5 分 26 秒～5 分 29 秒	57	6 分 50 秒～6 分 54 秒
24	5 分 30 秒～5 分 35 秒	58	6 分 55 秒
25	5 分 36 秒	59	6 分 56 秒
26	5 分 37 秒～5 分 38 秒	60	6 分 57 秒～6 分 58 秒
27	5 分 39 秒	61	6 分 59 秒
28	5 分 40 秒～5 分 45 秒	62	7 分
29	5 分 46 秒	63	7 分 01 秒～7 分 04 秒
30	5 分 47 秒～5 分 48 秒	64	7 分 05 秒
31	5 分 49 秒	65	7 分 06 秒～7 分 09 秒
32	5 分 50 秒～5 分 52 秒	66	7 分 10 秒～7 分 12 秒
33	5 分 53 秒～5 分 55 秒	67	7 分 13 秒～7 分 15 秒
34	5 分 56 秒	68	7 分 16 秒～7 分 17 秒
35	5 分 57 秒	69	7 分 18 秒～7 分 19 秒
36	5 分 58 秒	70	7 分 20 秒～7 分 22 秒
37	5 分 59 秒	71	7 分 23 秒～7 分 25 秒
38	6 分～6 分 02 秒	72	7 分 26 秒～7 分 27 秒
39	6 分 03 秒～6 分 05 秒	73	7 分 28 秒～7 分 29 秒
40	6 分 06 秒	74	7 分 30 秒～7 分 32 秒

续表

顺位	时间	顺位	时间
75	7 分 33 秒～7 分 35 秒	88	8 分 16 秒～8 分 19 秒
76	7 分 36 秒～7 分 39 秒	89	8 分 20 秒～8 分 29 秒
77	7 分 40 秒～7 分 42 秒	90	8 分 30 秒～8 分 37 秒
78	7 分 43 秒～7 分 45 秒	91	8 分 38 秒～8 分 42 秒
79	7 分 46 秒～7 分 47 秒	92	8 分 43 秒～8 分 47 秒
80	7 分 48 秒～7 分 49 秒	93	8 分 48 秒～8 分 57 秒
81	7 分 50 秒～7 分 52 秒	94	8 分 58 秒～9 分 02 秒
82	7 分 53 秒～7 分 55 秒	95	9 分 03 秒～9 分 19 秒
83	7 分 56 秒～7 分 59 秒	96	9 分 20 秒～9 分 27 秒
84	8 分～8 分 02 秒	97	9 分 28 秒～9 分 46 秒
85	8 分 03 秒～8 分 07 秒	98	9 分 47 秒～12 分 12 秒
86	8 分 08 秒～8 分 12 秒	99	10 分 13 秒～10 分 55 秒
87	8 分 13 秒～8 分 15 秒	100	10 分 56 秒以上

(二)阅读理解力评价

侧重测定学生的阅读理解能力，是一种较难处理的评价内容。应设定较为科学的理解率指标，测试题应有一定的难度。一般对阅读理解力的检测都控制在“复述性理解”水平，对较高年级学生也可以有适当的“解释性理解”题目。从日本、韩国 1984 年起使用的“理解率标准表”(表 4-2-5)，可以看出阅读理解力评价的大致内容。

表 4-2-5　理解率标准表

理解率	要　求
0.1～0.3	能写出与文章内在联系无关的片言只语
0.4～0.5	能就某部分写出大致内容
0.6～0.7	尽管有的部分漏得干干净净，但大部分能大体写出来，能概要地写出整体内容
0.8～0.9	漏掉很少，能按原文正确、具体地写出内容发展过程
1	几乎能和背出来一样地写出原文

美国把阅读方式和理解程度因素考虑在内，制定了阅读速度及理解率标准是：正常读速时，理解率90%，每分钟的单词量为200～300(w. p. m.)；加速阅读时，理解率70%，每分钟的单词量为300～500(w. p. m.)；筛选式阅读时，理解率50%，每分钟的单词量为800～1600(w. p. m.)。

我国汉字不是拼音文字，阅读速度的状况又是怎样的呢？在20世纪30年代，龚启昌曾对小学生进行过默读速度调查，结果表明：小学生每分钟平均读速标准三年级为214字，四年级为270字，五年级为286字，六年级为400字。

1985年上海市中学语文教学质量评定研究组所做的调查也显示，初中学生的平均读速为每分钟370.80字，答题错误率为19.80%，重点中学学生的平均读速为每分钟409.10字，答题错误率为10.64%。我国这些理解率的测算基本上都是在复述的水平上进行的。

沈德立主持的教育部"九五"课题"中小学生阅读过程的眼动实验研究"表明，当大学生以正常速度阅读时，其知觉广度为2.75个字，经速读训练为3.56个字左右。其在天津市6所中小学进行了一学期的阅读实验训练，每周两次，每次训练20分钟。一学期后，大多数学生的阅读成绩都有所提高，其中学生阅读速度普遍提高了一倍以上。《学生汉语阅读过程的眼动研究》一书展示了这方面的研究成果。

王学贤在2001年对"全脑速读记忆法"培训班做了前后两次测试研究，结果表明各年龄组的读速和理解率如表4-2-6所示①。

表4-2-6　王学贤的阅读速度理解率

类别	人数(位)	平均用时(初/末)(秒)	平均读速(初/末)(字/分钟)	平均理解率(初/末)(%)
总体	42	164.9/3.09	300/1876	61.2/55.1
小学组	8	163.8/36.9	299/1535	55.6/42.5
初中组	22	166.4/26.4	293/2164	55.1/50.5
高中组	6	171.7/31.7	281/1796	75.9/65
大学组	2	140/25.5	354/2214	55.6/60
社会组	4	182.5/34	272/1670	63.9/57.5

① 龚炼：《80年代以来汉语速读教学述评》，载《中国语文课程网》，2007-12-18，http://chinese.cersp.com/sJsys/zZyfz/200712/6048.html。

在阅读理解率的计算中，速度与理解的深度处于矛盾状态，阅读速度要求高，则理解深度必然下降，若要求阅读有一定的深度，又难以要求很高的阅读速度。因此，把握住二者的辩证关系，制定出阅读速度与理解要求相对平衡的准则是较难且非常重要的。

(三)读速及理解力评价

即把阅读速度与阅读理解力结合起来评价。在这种评价中，读速要求和理解难度的要求，一般要根据学生年级的不同、阅读速度和理解力的程度、测试材料以及评价的目的来决定。如果没有理解率指标，则速度检测将没有意义，而且难以判断被试者是否认真地阅读了；但如果理解的检测处理不当，就会影响读速，所得结果就不是纯粹的速度。因此，人们一般都追求阅读速度与理解率的最佳组合，即讲求阅读效率。根据美国阅读研究专家G.R.施道弗提出的公式即可测算出阅读效率：$E=R\times C$。

E：阅读效率(Reading Efficiency)。

R：阅读速度(Reading Rate)。阅读速度R等于阅读总字数(或单词数)除以分钟数：$R=G/T$，即每分钟所读单词数。一般以分钟为单位。

C：理解率(Comprehension)。理解率C是指阅读测试的通过率或得分率：$C=$答对题数/总题数，或$C=$所得分/总分。

阅读的字数和时间是较易测量的，理解率却很难把握。阅读测试题目的难易度不同，读者理解程度的深浅差异也很大，据此测算出来的结果亦可能呈现出高低差异。确定较为客观的理解率标准成为各个国家非常重视的事情。爱德华·弗赖博士拟订的读速分类表可以作为参考。

表4-2-7　爱德华·弗赖博士的读速分类表

速度	阅读目的和范围	较差读者	优秀读者
慢速	适用于学习和研究难度较大的材料和较高理解率	90～125(w. p. m.) 80%～90%(com)	200～300(w. p. m.) 80%～90%(com)
常速	适用于阅读日常报纸和较容易的教科书	150～180(w. p. m.) 70%(com)	250～500(w. p. m.) 70%(com)
快速	适用于广泛浏览 有意降低理解率	不会浏览	800+ w. p. m. 50%(com)

注：w. p. m. 为每分钟所读单词数，com为理解率。

(四)朗读、听读与默读评价

美国得克萨斯州科技大学的费伊·L·布姆帕思指出："阅读实质上是一种语言联系过程，是初步的听和说。"朗读则是从书面文字形式到口头言语形式的转换，是从记录下来的讲话中理解意义的一种替代方法。朗读和听读都是以有声语言为载体的，默读则以无声的文字符号做载体，在评价材料的使用上有明显的区别。然而，被试用嘴出声读及用耳听别人读出声音来的作品，这种听说测试与用眼睛读别人写出来的作品有着相通之处，耳听与眼读都是接受，是输入信息，口头朗读与默读使用的同是别人的作品。作为评价阅读理解的手段，朗读、听读、默读这几者可以结合起来。"非正式阅读测查表"(简称IRI)就是这样的评价类型。其具体做法是各年级选出一组文本，每组两篇，一篇用来朗读，一篇用来默读。两篇文本的内容要尽可能有直接联系，难度要求也一样。设计五至七道基本上是字面理解和语义推断的理解测验题，学生朗读后答题。根据朗读和答题成绩，把学生的阅读水平分为三个等次：独立性阅读水平，朗读正确率和理解率均为90%；教学性阅读水平，朗读正确率为90%，理解率为75%；受挫性阅读水平，朗读正确率为25%，理解率不到50%。

在这种测试中，学生可以不受本年级的限制，在达到某年级的第二等次"教学性水平"后，还可用高一年级的材料进行测试，直至"受挫性水平"为止。这时再由教师把材料读给学生听，学生听完后回答理解测验题。若学生听读后的理解率超过75%，仍可用更高年级的材料进行听读测试。这种听读测试称为"智能性阅读水平"，是阅读水平的第四级指标，以理解率75%为合格，可显示被测者的潜在阅读能力。作为阅读能力的量具，该种测试的问题在于测试材料及试题的难度是否标准化。

(五)完形填充评价

完形填充评价也叫完形测试，是美国心理学家泰勒首创的一种阅读测试方法。其试卷的编制特点在于删词的随机性。一般用两种方法删词：每隔几个词删去一词；只删名词、动词或形容词等实词。前者难度低，学生可以不假思索地猜到大部分结构性词语，后者难度较大，涉及读物的实质性内容，需要认真推导。可根据不同的测试目的与对象选用删词方式。成绩的测定以填对率为依据，填对率在40%以下属于受挫性水平，40%～60%之间属于教学性水平，大于60%为独立性水平。研究证明，该种方法较为可靠。我国20世纪80年代以来进行了母语完形测试的实验研究，柯孔标曾编制了以《松鼠》为测试材料的完形测试试卷。目前，许多语种的考试都采用此法，我国出国人员的"英语水平测试”(EPT)和世界性的考试中完形测验题占阅读理解的20%。近年中国的汉语水平考试(HSK)也采用了此种测试形式。

(六)答题评价

答题评价是默读理解测试的主要形式，其命题的方式很多，如根据选择判断、文段结构划分、填空、解释、文白翻译、比较异同、问答、分析论述、简答、提炼概括等。可根据不同的测试目的、测试材料、试题难度灵活调整命题方式。

【案例分析】　　德国的答题评价例子

测试方法：阅读后将文章交回，领取试题，然后作答。请阅读下面的文章。

从海水中提取淡水，这是我们时代最重要的工艺技术问题之一。如果能成功地研究出经济上可行的海水淡化工艺方法，亚洲及北非沿海地区农业和社会情况，就会发生根本变化。即使在已经得到开发的北美东部文明地区，淡水匮乏现在也成为引人注目的问题。1961年在雅典举行了第一次“海水淡化科学讨论会”。在这次会上，提出62种方法。然而，这些方法不是技术上尚未真正成熟，就是经济上昂贵不可行。一般说来，1立方米淡水的价格应该相当于一个西马克。不久前，德国有人研制一种方法提供人们讨论。这种方法是将海水冰化，再把冰化过程中析出的淡水分离出来，这种方法的出发点是冷却液态盐时所析出的冰，而不是“冰盐的混合物”。冷却时，盐溶液就浓缩并在冷却过程中集中到一起。在该工艺技艺实施时，把预冷处理过的海水抽到装有二氧化碳的冷冻滚筒里。这里面的二氧化碳，是在28个标准大气压下被液化的，温度为−10℃。传送蜗杆把结成的冰铲走，盐液自己流走。这时汽化的二氧化碳被净化，并在压缩式冰箱里液化又得到再次利用。

然而要把盐液与淡水分离开来，还是有困难的。用压缩法把冰与盐液分离的若干试验表明：在压缩时，盐液被压缩成实块包在冰当中，包括在冰中的盐液无法用淡水清洗法将其分离出来。用离心分离法可能会奏效，但是采用这种方法所获得的淡水价格一定会相当昂贵。要是能成功地利用获得的盐，那么，用这种方法获得的淡水成本便会大大下降，已经进行过首批大有希望的试验。

请回答以下问题：

1. 以下三个标题中哪个与文章的内容最一致？

　a. 为日益增加的人口获得更多的生存空间。

b. 从海水中提取淡水。

c. 水在经济上的新道路。

2. 本文称之为我们时代最重要的工艺技术问题之一的是__________。

3. 假如能成功地经济地解决这个问题，那么，a. ________ b. ________，这些地方的农业和社会状况将会发生根本变化。

4. 在__________这个已经得到开发的文明地区，淡水的匮乏现在也成为引人注目的问题。

5. 在雅典举行的关于这个问题的科学讨论会上，人们一共提出及讨论过的方法有________种。

6. 这些方法的不足之处是 a. ________ b. ________。

7. 人们力争做到使淡化水的价格大约为每 1 立方米________个西马克。

8. 在冷却盐溶液时出现________ a. 冰、盐液混合物；b. 冰与盐液无法分离。

9. 德国有人提出供讨论的方法是基于以下思想的 a. ________，b. ________。

10. 现在来谈谈技术问题：预冷处理过的海水被抽入一个 a. ________里，这里面装着 b. ________，这是在 c. ________个标准大气压下被液化的，温度为 d. ________℃的二氧化碳。传送蜗杆把结成的冰 e. ________，f. ________自己流走。这时 g. ________二氧化碳被净化，并在 h. ________又得到 i. ________。

11. 主要困难和问题在于________。

12. 哪种分离法更有效：a. 铲走；b. 压缩；c. 离心分离法。

[附]正确答案及评分标准：

1. b. 2. 从海水中经济地提取淡水 3. a. 亚洲沿海地区；b. 北非沿海地区 4. 北美洲东部 5. 62 6. a. 技术上不成熟；b. 经济上太昂贵 7. 1 8. 6 9. a. 海水淡化；b. 分离淡水 10. a. 冷冻滚筒；b. 二氧化碳；c. 28；d. －10；e. 铲走；f. 盐液；g. 汽化的；h. 压缩式冰箱里液化；i. 再次利用 11. 把盐液与淡水分离开 12. c

完全正确地回答了这些题，就得 250 分。回答得不完全正确，则酌情打分。

250～230 分为优秀；225～200 分为良好；195～170 分为及格。

评析：该测试卷侧重于对读物内容的直接理解，考查考生通过阅读获取信息的能力，与我国的许多试题着眼于作者写作思路和写作方法的设计有所不同。

第三节　阅读教学基本程序与方式方法

一、阅读教学程序的意义

教学程序，也称教学过程、教学阶段或教学流程。这些不同的概念都含有教学的进程、经过、推进的意思。它反映教学发展的各个阶段彼此间有规律的交替。教学过程由教学目的、内容、步骤、形式、方法等因素构成，是从提出目标、接受目标到实现目标这样一个反映师生相互作用的发展过程。

阅读教学程序，就是在语文阅读课教学中反映师生教学的进程及教学因素间相互作用的情况的活动过程。阅读教学程序安排，是语文教师独立地安排阅读教学领域教学过程的能力。掌握阅读教学程序安排的能力，能够使语文教师逐步形成成功设计不同类型的课堂教学程序的基本能力，初步掌握优化阅读教学程序设计的艺术。

二、阅读教学程序的基本理论

(一)阅读教学程序的类别

阅读教学程序，即语文教学过程。从纵向的教学时间看，有：语文课的整个教学过程(最低年级到最高年级)；一个学段的教学过程；一个学年或一个学期的教学过程；一个单元的教学过程；一篇课文的教学过程；一个课时的教学过程。从横向的教学空间看，有：课堂阅读教学程序、课外阅读教学程序。从教学的内容看，有阅读教学过程、作文教学过程、口语交际教学过程、语文综合性学习教学过程、识字写字教学过程等。

由于不同层次与角度的语文教学本身内在结构的复杂性，决定了它们之间的教学过程的差异性。在中小学语文教学中，除了语文基础知识教学大体上可以和阅读教学合并外，实际上存在着识字写字教学过程、阅读教学、作文教学、口语交际教学四种平行发展的教学过程。又由于历史的原因，对口语交际教学一向重视不够，以致口语交际教学至今缺少比较定型的教学过程设计，理性认识还不足。而对读写教学过程的设计和认识早已走向了多元化，中外教学界都形成了一些教学过程模式。

(二)中外语文阅读教学程序的模式

1. 我国阅读教学程序的模式

我国古代就重视阅读理论的研究。南宋的朱熹第一个正面系统地研究了读书方法，其学生将他的读书方法概括为循序渐进、熟读精思、虚心涵泳、切己体察、著紧用力、居敬持志等六条，称为“朱子读书法”。其中的“循序渐进”一条就体现了阅读的过程或阅读教学的过程。

我国“五四”运动以后，在继承传统特别是吸收外来教育思想中，形成了一些较为成型的教学程序。主要有：

(1)黎锦熙的三段六步教式。三段：理解、练习、发展。每一段又分为两步，依次是：理解(预习、整理)—练习(比较、应用)—发展(创作、活用)。其可贵之处是“整理”一步，包括学生问疑，教师试问，学生发表等内容；“应用”则是注意读本课文的表演和实质的谈辩；“创作和活用”提出了语言技术、读书能力和研究兴味的养成，都体现出对学生积极主动精神的发扬。其思想正为目前课程改革所提倡，至今仍有可借鉴处。

(2)朱自清的四步教段。即报告预习结果—分述段、篇大意—研究篇中情思与文笔—口试或笔试。其明显的特点是：读说写并重、文中内容与形式探究兼顾、注重启发诱导。报告预习的结果，是用联合全班、共同作业、分组预习参考的方法，课上分别报告；分述时，采用分段朗读、逐段考查难字成语、详细述说段篇大意的方式，随考随述；研究篇中情思与文笔，是师生共研，必使每一学生均有发言机会，或两次讨论中均发言一次，且注意督促那些不愿发言者，以使学生注意所读文字，练习表现和批评的能力；口问难字和大意、成语等宜于短篇，笔试测验则宜于长篇。该模式尤其切合教学对话的理念，值得深究。

(3)中华国语学会的三步教段。即细读—查考—报告。该模式注重动笔读划、笔写报告或口述研究内容。

20 世纪 70 年代以来，陆续形成了各具特点的阅读教学程序设计方案。如：

(1)北京三十一中学的“读—划—批—写”方案。“批”是指把段意和心得写在课文旁边做批注，“写”是在阅读、画出重点词语、批注的基础上，写出读书笔记或分析文章。它对培养学生的自学能力有价值。

(2)上海育才中学的“读读—议议—讲讲—练练”方案。“议议”是学生就疑难讨论、切磋和琢磨，教师重点听一两个组的讨论，及时进行启发和必要的讲解。读是基础，议是关键，练是手段，讲贯穿始终。该模式利于学生思辨能力培养。

(3)上海钱梦龙的"自读—教读—练习—复读"四段导读法。"自读"以培养学生独立阅读能力为目的，体现以学生为主体的思想，是有目的、有计划地读，分为五个步骤：认读感知(可带练使用工具书、朗读、扫读法)；辨体析题(辨别文体，解析标题。可带练扫读法)；定向问答(一般依次发问"文章写了什么""怎样写的""为什么这样写"。可带练符号助读、随手批注、精读法)；深思质疑(指导学生以探究的态度细读深思，提出疑问，再细读深思，解决疑问。可带练随手批注、跳读法)；复述整理(回忆概述文章要点，口头或书面梳理读中的点滴体会。可带练背读、抄读法)。"教读"是教会学生自读，与学生自读同步，可先教后读，或先读后教，或边教边读，体现教师的主导作用，以鼓励学生主动学习。这是导读法的重点，注重三个方面：①激发学生阅读兴趣。可以在训练前提出适度目标，使之练有方向感，切实达标感；善用各种刺激手段(打分、恰如其分的赞扬等)及时积极评价；坚持打"相对分""进步分"，使学生都能有获得理想成绩的自信心；组织竞赛、辩论、作业陈列，适当引入竞争机制；建立和谐的师生关系，创造令人愉快的信息氛围。②阅读方法指导。适当讲授阅读方法知识，密切结合学生阅读实践，相机指点，令其开窍。③帮助学生克服阅读中的困难。重视学生的自己习得，帮助而不是代替学生克服阅读困难，教师非讲不可时也要边讲边启发学生思考，把学生置于学习主体地位，可采用讨论法和点拨法这个常规武器。"练习"是指口头或书面的作业，有记诵为主、消化知识为主、应用知识为主的练习和评价性作业多种类型。主要都应该安排在课内完成，都要加强方法的指导。"复读"是把若干篇课文按一个中心组成复读单元，指导学生读、思、议、练，是训练跳读能力的最佳时机。有知识归类、比较异同、发现规律等类型。导读法旨在探究从"教"铺向"不教"的桥梁。

(4)武汉洪镇涛的"感受语言，触发语感—品味语言，领悟语感—实践语言，习得语感—积累语言，积淀语感"以"学习语言"为核心的模式。注重语感能力培养，感受—品味—实践—积累的语感形成途径，也符合学生学习的接受心理，有助于"变讲堂为学堂""变研究语言为学习语言"教育思想的落实。

(5)辽宁魏书生的"定向—自学—讨论—答疑—自测—自结"六步教学法。既有信息的给定，也有信息的反馈，符合教育控制论的信息反馈原理。在培养学生自学能力、自控能力方面有独到功用。

(6)辽宁欧阳黛娜的"预习—质疑—点拨、答疑—课后综合练习"自学式四步教学模式。这是培养学生自学能力的教学模式，旨在建立起一个重在整体把握的教学训练体系，以发挥汉文字结构的优势，体现母语教学的特色，收事半功倍之效。与分科教材《阅读》每文前的目的要求、预习提纲、自学提纲，每课后的自学参考，每册后附有的供学生课外自读的优秀诗文30多篇相配套，是分科教学的有益尝试。

(7)江西潘凤湘的"默读课文—翻查字典—小小组朗读—个人写分析草稿—小小组讨论—教师析文—再写课文分析—写读书笔记和背诵课文"八步教读法。该模式彻底突破了以文章学知识为基本框架，以典范文章为教学内容，以文章赏析为基本方法的传统阅读教学模式，它在知识体系上，以文章学知识为基础确定阅读训练的任务，初中阶段全部任务分为6类12项：分析记叙文练习、分析文学作品练习、分析说明文练习、分析议论文练习、读一本书练习、编一本书练习。再将分析记叙文练习分为七项：查阅工具书练习、概括课文大意练习、分析各部分要点练习、归纳中心思想练习、分析写作方法练习、全面分析记叙文练习、专题分析记叙文练习。它以认知规律为依据确定阅读训练的程序，文体训练顺序是先记叙文，再文学作品和说明文，后议论文；单篇文章训练是从结构入手钻研课文；先单项练习，后综合练习；从形式到内容，再到形式。各项练习间呈阶梯关系，依次练习，不宜颠倒。训练序列较严密，成效显著。

现代阅读教学程序，通常指一篇课文的教学过程。在我国，目前对阅读教学过程模式的研究最多，而对听、说、写的教学过程模式的研究相对薄弱。总体来说，阅读教学过程模式有如下说法。

(1)分为预习、讲读、复习和练习三个阶段。

(2)分为预习性阅读阶段，理解性讲、读、议阶段，巩固性练习和应用阶段。

(3)分为预习(感知阶段)—分析(理解阶段)—练习(运用阶段)—复习(巩固阶段)。

(4)分为精读(预习、教读、练习)和略读(自读、研讨)两个指导过程。

(5)分为预习、讲读、练习三个阶段。

(6)分为预习、讲读课文、练习与布置作业。

(7)"综合性读文教学过程试行方案"分为三个阶段：导入—通读(自学辅导，以自学为主)，展开—精读(师生共同活动，突破重点、难点)，整理—达读(学以致用，练习为主)。

(8)分为自读、教读、复习、运用四个阶段。

(9)分为讲读(预习、讲读、归纳、运用)和阅读(自读、教读、练习)两个教学阶段。

(10)分为自读、教读、练习三个步骤。

(11)分为四个阶段：感知性的认读阶段、理解性的阅读阶段、评判性鉴赏阶段、巩固性练习阶段。

(12)单篇课文的教学过程分为自学、教读、练习几个阶段。

以上的十几种阅读教学过程模式，大同小异。说明我国语文教学理论界的认识是基本一致的。

我国现代语文阅读教学的常规模式是："预习—讲读—练习—复习"。

(1)预习阶段，教师指导预习，学生掌握文章概貌。它是对知识的感知阶段，是阅读教学的准备阶段。

(2)讲读阶段，师生深入揣摩和研讨课文，了解课文的精微。这是阅读教学的中心环节，是预习的继续和深入，是复习的准备阶段。它是对知识的理解和评价阶段。

(3)练习阶段，教师指导学生把讲读阶段学到的语文知识应用于语文实践，转化为语文能力。这是阅读教学的关键，是对知识的应用。

(4)复习阶段，学生进一步理解和消化知识，促进新旧知识的联系和内化，温故而知新。这是阅读教学的巩固和深化阶段。

2. 国外阅读教学程序的模式

自19世纪末以来，在一些国家里就不断地设计出关于阅读教学的程序方案，并对我国产生了不同程度的影响。概括地说，有：

(1)赫尔巴特的四个阶段。德国的心理学家和教育家赫尔巴特，第一个明确地提出完整的教学程序的理论和方案，做出了教学过程要经过四个阶段的结论，即明了—联想—系统—方法。

(2)莱因的五段教学。德国的莱因，把赫氏的一般公式具体运用到语文教学上，并改为五段程式：预备—提示—比较—概括—应用。对我国的教学程序的产生有着广泛而深刻的影响。

(3)美国莫礼生单元教学法。曾在20年代盛行于美国的一种教学程序。分为五步：试探—提示—自学—组织—复讲。

(4)苏联文学教学程序。分为三个阶段：起始—介绍作家和作品的时代背景，解释生字难词；阅读和分析—朗读作品，分析人物及情节发展过程；结束—概括主题思想，总结写作特点。它对我国的语文教学产生过深刻的影响。

(5)日本的芦田教式。也叫七段教学。通读全文—师生谈话—精读课文—解释板书—思考再读—写、抄板书—深读全文。

三、阅读教学程序安排的要点

(一)把握阅读教学程序的特点

要进行阅读教学程序的设计，首先必须清楚阅读教学程序的特点。中外语文教育界已有众多的阅读教学程序模式产生，它们各自的特点是什么，优缺点何在，以现代语文教育观去衡量，哪些是有价值保存的，哪些是必须摒弃的，都应心中了然。

阅读教学程序的本质特征，是教师根据语文教学目的、要求，以及学生身心发展的特点，引导学生有目的、有计划地学习语文知识，培养语文能力，开发智力，陶冶情操，完善人格的过程。

从系统科学的观点看，阅读教学程序是由教师、学生、教学内容、教学手段等要素构成的动态系统。其中的任何一个要素都必不可少。从教学主体的角度看，它是一个师生双边活动的过程。从认识论的角度看，它是一个特殊的认识过程，教学活动有目的性、教学实践有间接性。从语文学科特点看，它是一个专业特点显著的教学过程，工具性和思想性不可忽视，文学性和社会性，语言训练和思维训练，等等，都应摆正各自的地位，处理好相互之间的关系。从信息论的角度看，它是语文教学信息的传输与转换的过程。从施教者的角度看，它是促使语文教师自我提高的过程。语文教师只有把握住阅读教学程序的本质，才能正确处理各方面的关系，安排好不同课型的教学程序。

(二)掌握优化阅读教学程序设计的原则和方法

苏联教育理论家巴班斯基在《教学过程最优化》一书中，提出了教学过程最优化的标准是："教学过程最优化的第一个标准，是每个学生按照所提出的任务，于该时期内在教养、教育和发展三个方面，获得最高可能的水平(当然，不能低于及格水平)。第二个标准是学生和教师遵守卫生学和相应指示所规定的课堂教学和家庭作业的时间定额。教学最优化还可能有另一条标准，例如花费最少必需的教学经费标准，等等。"

这里提出了三个标准：教学效果的标准、教学时间的标准、教学经费的标准。概括地说，就是要求用最少的教学时间，花最少的教学经费，取得最好的教学效果。

语文教学怎样优化教学过程呢？其优化的原则和方法是：

(1)强化"优化"意识。要把优化阅读教学程序的思想根植在教师的头脑中，使其在日常教学工作中，自觉地进行优化安排。

(2)明确“优化”的标准。“最优化”实际上是一个相对模糊的概念。抽象地说，最优化的标准是花最少的教学时间，取得最好的教学效果，这是基本的要求。但对不同的班级、不同的教学内容、不同的学生个体来说，这个指标要有弹性，能上下浮动，不能搞“一刀切”“齐步走”。只要全班同学都在符合规定的教学时间里，量力而行，尽力而为，“获得最高可能的水平”，那么，这种教学程序也就实现了优化。具体地说，阅读教学程序的优化，要在三个方面下工夫：优化教学要求、优化教学内容、优化教学方法。

(3)活化“优化”结构。阅读教学程序的优化，关键在于课堂教学结构的优化。一堂课里，教学要求(目的、任务)、教学内容(教材)和教学方法都得到了优化，课堂教学的结构就比较容易优化了。要灵活自如地采用优化的课堂教学结构。要将优化了的教学要求、内容、方法，按照此时此地、本班本课的实际，恰如其分地进行排列组合。即安排几个环节，多少步骤，其环节和步骤的序列谁先谁后，教学时间的长短，每个教学环节和步骤各自采用何种方法，等等。这些安排都是颇有讲究的。语文教师在实际教学中，应因地制宜地设计出课堂教学的程序。无论是移植，还是独创，都要灵活掌握。

四、阅读教学方法的特性及其选用原则要求

(一)阅读教学方法的特性

阅读教学方法具有如下特性。

(1)依存性。任何教学方法都依存于教学目的、学科性质、课程内容、教师的专长和学生的生理心理特征等。一切教学方法的运用都要考虑这些因素。

(2)多样性。教学方法是多种多样的，阅读教学方法更是丰富多样。不同场合可以采取不同方法，同一场合也可以采取多种方法，教学方法应因文、因人、因时、因地而异。

(3)统一性。所有的教学方法构成一个系统，任何一个教学方法都是总系统中的一部分。为发挥整体作用，教学方法可交错运用，相互配合，彼此补充，相辅相成。

(4)局限性。每一种教学方法都不是完美无缺的，有所长亦有所短。在不同的条件下，教学方法的长处能得到发挥或短处能受到抑制，关键是要创造条件，取长避短，汰劣留良。

(5)变化性。教学方法是动态的方法系统。成型的教学方法时时有变式产生，有的已经或正在消亡，有的则正在新兴和改造之中。每一种新的教学方法，或是对已有方法的否定，或是对已有方法的补充。

(6)艺术性。语文教学是一门艺术性很强的活动，是一种特殊形式的审美创造活动。考美纽斯在《大教学论》中指出：教学是“把一切事物交给一切人类的全部艺术”。阅读教学内容的科学性和丰富性，教学方法的多样性和创造性，审美教育的情感性和魅力性等，决定了阅读教学方法具有艺术性。

(二)阅读教学方法选用原则要求

选用阅读教学方法，应该遵循如下原则。

(1)科学性。科学性是指教学方法的选择要合乎教学实际的需要。要在正确的教学目的指导下，根据语文学科的特性及具体教学内容，充分考虑教师的专长、学生的生理心理特点等恰当地选择教法。

(2)实用性。阅读教学方法有种种，随着教学改革的逐渐深入，新兴教法的产生，新教师会面对各种别具特色的教法。选用哪些教法才是好的？我们说，不存在一种在任何场合都适用的方法，更不存在在任何情况下都是最好的方法。我们应本着实用的原则，去选择那些适合本文本人本时本地需要的教法。切忌追求教学方法的新、奇，哗众取宠，摆花架子。

(3)艺术性。语文教学艺术是语文教师所追求的目标。阅读教学方法是体现教学艺术的窗口之一。选择和运用教学方法应力求科学和实用基础上的高层次水平的发挥。即想方设法使教学具有独到的创造性，真挚浓烈的情感性，左右逢源的灵活性，牵人情思的魅力性。要处理好五种关系：知识、能力和智力的关系，要为培养能力而教；讲授和训练的关系，要“教是为了达到不需要教”；教师和学生的关系，要主导、主体密切配合；苦学和乐学的关系，要注重乐学；语文教学和美育的关系，要用“美”吸引学生。

选用阅读教学方法，必须明确其一般要求：首先，应分清教学方法的类别；其次，能根据教学的需要加以筛选；再次，能综合运用多种教学方法，取长避短；最后，最重要的是能把握科学的教学方法的实质。在此仅择其要而述之。

(1)分清类别。教学方法至今尚无统一的分类标准。巴班斯基将其分为三类：第一类，从认识论原理，提出组织认识活动的方法；第二类，从辩证法原理，提出刺激学习认识活动的方法；第三类，从控制论原理，提出检查学习认识活动效果的方法。语文教学方法理应受到教学论教学方法共性的制约。我们认为，从教师的哲学观上分，有启发式和注入式两类。启发式确认学生是能动的、发展的、变化的学习主体，教学旨在培养学生的分析问题和解决问题的能力，要充分调动学生学习的主动性、自觉性和创造性。注入式则把学生看成是一成不变的僵化的、静止的“瓶子”，强行灌装死知识。从师生双方活动分，有讲授法和发现法两类。讲授法是我国传统的语文教学方法，它以教师的叙述和说明为主，至今仍被广泛采用。它以教师为中心，易使学生处于被动状态。发现法的特质在于学生参与求知过程，领悟知识的形成和发展，主动获取知识。从教学信息传递方式分，有语言法、直观法、练习法等。语言法如讲述法、讨论法、朗读法、默读法、广播录音等。直观法如图片、影视、观察法、实地参观等。练习法如摘抄、编提纲、做笔记等。

(2)筛选确定。为适合教学的需要，要对各种教学方法进行筛选，以选择出在当时的教学情境下最为恰当的教学方法。选择教学方法的依据是：语文教学的目的、学科的性质、课程的内容、教师的专长、学生的生理心理特征五个方面。在不同领域的教学过程中，这五个方面影响教学的因素的不同，决定教师要采取多种多样的教法。一般地说，在阅读教学中，传统的教学方法有朗读、默读、串讲、评点、谈话、讲述法等，近现代的阅读教学方法有精读、略读、讲析、讲解、提问、讨论、辩论、练习、观察、研究、欣赏、电化教学法等。

(3)取长避短。每一种教学方法都有相依相生的矛盾的两个方面：长处与短处，积极作用与消极作用。我们应采取取长避短，汰劣留良的态度，采此法之长避他法之短，最大限度地发挥教学方法的长处，淘汰那些不经济又无效，或经济而少效，或有效而不经济的教学方法，使教学方法的选用最优化。

(4)把握实质。从方法论来说，重要的不在于分清教学方法的类别，而在于能把握住这些教学方法的精神实质。较为科学的教学方法的实质，就是体现学生的主动性和自觉性，使他们积极思维，发挥创造精神。这就要求我们坚决摒弃过去和现在都在起支配作用的注入式的教学方法，大力提倡富于启发性的讲授、提问、讨论、研究、观察、视听等教学方法，改变以死记硬背和过量练习为特征的教学方法观为以教师指导学生自动自觉学习为特征的教学方法观。选择和运用教学方法均应充分体现这个精神实质。

五、阅读教学基本方式方法

阅读教学的方式有很多，其基本方式有讲读分析、问答研究、练习讨论等。具体教学方法包括讲述法、讲解法、串讲法、朗读法、默读法、评析法、评点法、问答法、研究法、讨论法、欣赏法、现代媒体教学法等。

正确选用教学方法，具有十分重要的意义。教学方法是构成教学的重要因素，是实现教学目标的手段，完成教学任务的途径。在教学过程中，它对教学目标和内容有着重要的制约作用。方法得当，可以取得事半功倍的教学效果；方法不当，则达不到教学上的预期效果，事倍而功半。语文教师具有阅读教学方法选用技艺，能够明确教学方法在语文教学中举足轻重的作用；了解教学方法所具有的多种特性；能充分考虑到语文学科的性质、教学目的、教学内容、教学过程、教师的专长以及学生的生理心理特征等因素；较为科学地选择和运用阅读教学方法，从而更有效地提高语文教学的效果和效率。

在近现代，随着研究者成果的增多，阅读教学的方法越来越丰富，许多新方法正在兴起或改造，有的正在消亡。阅读教学的基本方法有如下几个。

(一)讲述法

讲述法，是以教师的叙述和说明方式来讲授知识的方法。其特点是：以“述”为主，以“传道、授业”为目的，以口耳为媒介，向学生传授新知识；能够保持新知识的系统性和深刻性；能够以较少时间传授较多知识，保证教学时间的经济有效；能够面对大多数学生，适应班级整体授课；利于记笔记训练，增长学生的文字表达能力；能为学生提供知识的理解和口语表达的示范。不足是：易使学生处于被动状态；无法照顾个别差异；不利说读训练。它是一种长处多而突出，古老而仍被广泛采用的方法。它适用于下列场合：导入和收束，介绍作者和时代背景，补充相关材料，描摹情境气氛，叙述课文内容，分析结构和形象，阐发中心思想，总结写作特点等。

运用讲述法，要求做到五个方面：①把握住基本点。不要使学生处于被动接受状态；不以教师输出信息的多少而以学生信息的有效输入为判断讲述效果的标准。②讲述的内容要少而精，做到紧扣教学目的，突出重点，化解难点，难易适度，多少适量。③讲述的结构要前后连贯，紧凑自然，重心突出，不横生枝节。④讲述的方法要避免“满堂灌”，教师的“一言堂”，应将学生的学法与教师的讲述结合起来；注意与其他教学方法适当配合，以取长避短。⑤讲述的语言要准确、清晰、精要、条理；有启发性和感染力；有节奏感，语调高低适度，语速快慢适宜，既不让学生等待，也不让学生追随不及；要会用表情、手势、体态等姿态语来增强讲述的效果。

(二)讲解法

讲解法，是以教师的解说和诠释方式来讲授知识的方法。其特点是：以“解”为主，以“解惑”为目的，向学生释义析疑，解说难点，指点关键；能够寥寥数语就解释清楚学生的疑难问题，省时省力；能一语破的，保证知识的准确性与深刻性。它适用于下列场合：解释字义词义，讲解难词难句，解说知识概念，解析史实典故，诠释名物典章制度，解答困惑疑难等。

运用讲解法，要求做到：①讲解的内容，要准确无误，没有知识性错误。②讲解的语言，要精确恰切，讲在“点子”上，解在需要处；解说中肯，实事求是。③讲解的方法，要灵活多样，应与其他教学方法相配合，如采用举例、比较、模拟、列表、提问等方法，以增强学生的理解力。

(三)串讲法

串讲法，是以教师讲解字词句，串通文意为主的一种传统语文教学方法。特点是：符合古汉语的特点，易于字词句落实，句意的贯通。但是把学生置于被动接受的地位，妨碍了学生积极性的发挥，不利于培养能力，发展智力。它主要适用于文言文教学。其步骤是读—讲—串，即先读句(段)，再讲句(段)，最后贯通文意。“讲”为讲解，“串”为贯串、连接，以疏通语句文意。

运用串讲法，要求做到：①注意次序。应先讲实词，再讲虚词和句式；字词句的讲解要和思想内容的讲解结合，“文道统一”。②突出重点和难点。不能逐字逐句都讲，平均用力，应讲在学生需要处，讲在点子上。③改变观念。传统串讲法“是语文教学中注入式的典型，是一个最保守、最封闭的领域”。① 往往单由教师主讲。应改变为以指导学生读、想、讲、口译、笔译等自主学习为特征的双边活动。以培养学生的独立思考、解决问题的语文能力。

(四)朗读法

朗读法，是化无声的书面语言为有声的口头语言的传统教学方法，也是一种阅读方法。特点是：以声音来增强原作的力量，对作品的艺术进行再创造；视听觉转换，沟通书面语和口头语言，使说和写联结；多种器官协同活动，眼、耳、口、脑并用；增强语感，能让学生感受到文章的气势和韵味；再现情境，唤起想象，加深对课文内容及艺术特点的理解；巩固记忆，加深对课文的印象。它适用于文学作品和短小文章的教学。

运用朗读法，要求做到四点：①掌握朗读的一般要求。即要在读音、停顿、速度、语调四方面，达到四个层次的要求：正确、理解、流利、表情。②把握不同文体的特点。文体不同朗读的要求就有不同。如散文遣词造句较灵活，句法多变，要求读得真实、质朴，接近日常生活语言；韵文更加讲究韵律和节奏美，朗读就要更富有感情和节奏。③学会各种朗读教学的方式。要熟练掌握教师范读、领读和学生的单读、齐读、跟读、轮读、对读、指名读、分角色读等教学的方法技巧。④明确教师指导的要点：一定着眼点。要将指导的着眼点放在提高学生对课文的领会力和朗读能力上。二抓全过程。要在读前交给学生朗读要领；朗读中细心倾听，随时纠正发音和语调方面的毛病；朗读后及时

① 朱绍禹：《中学语文教学法》，143页，北京，高等教育出版社，1988。

评价，包括教师评价和学生的评价，并以鼓励与肯定为主，避免单纯找错的评价倾向。三选好时机。要根据教学的实际需要，有计划有目的地朗读，找准最佳时机。

（五）评析法

评析法，是以评价和分析的方式来讲授知识的方法。特点是：侧重于教学内容的理论评价；主要采用判断、推理、分析、归纳、综合、演绎等方法；能使学生更深入地理解课文内容和特色；利于学生认识能力、判断能力和抽象思维能力的发展。适用于剖析课文的内容和结构，评价其思想价值，讲评学生的练习作业（包括作文）等场合。

运用评析法，要求做到：①端正评析态度。要以中小学语文教师交给学生评判方法为目的，不能像大学专家学者那样过深过宽的考据、引证，借此显示自己学问的渊博。②把握评析范围。要围绕教学目的和重点难点，紧扣评价对象的实际，进行有的放矢的评析，不空谈。③掌握评析技巧。评析的态度应诚恳；语言要精当、实在，切中肯綮，要言不烦；要有理有据，实事求是；应让学生参与评析。

（六）评点法

评点法，是品评指点文章的思想内容和写作特色的方法，也是传统的教学方法。特点是：能对文章的疑难处或精妙处做画龙点睛式的评价；能引导学生细心体会和重点推敲；能使对内容和写法的评价简明扼要。适用于初中浅显易懂、高中篇幅较长的文言文，以及白话文中的阅读课文。评点的范围包括：对文章的选材立意、布局谋篇、遣词造句进行品评、赏析和说明，对文章的关键处或精妙处做书面上的圈点、口头语言上的点拨和指点。评点的步骤是：读—点—评。可边读边点，到一定的层次，段落加评。

运用评点法，要求做到：①注意评点范围。要准确把握文体的特点，选准文章的疑难和精妙处。②掌握评点的侧重点。要侧重写法特色，兼及思想内容。③把握评点技巧。要评得中肯，点得准确，一语破的，鞭辟入里；应引导学生自评自点；寻求与其他教学方法的配合。

（七）问答法

问答法，也称提问法，是一种以师生间对话的形式进行教学的方法。其特点是：以唤起注意、活跃思维为目的，以提问为手段，以口耳为媒介，激发学生的学习积极主动性；能够建立师生间的双向信息通路，利于反馈信息的畅通无阻；利于教师随时发现问题，及时解决问题；不利于知识的系统传授，不能保持知识的完整性。它适用于除培养技艺和习惯的教学环节之外的所有场合。

运用问答法，要求掌握五个基本点：①掌握问题设计的内容要求。设计的问题要有一定的价值和意义，使学生思想上受益，实践上有用。问题内容本身有科学性，无知识性错误，紧扣教学目的、教学重点和难点。以思考性问题为主，记忆性问题为辅。②掌握问题设计的形式要求。问题表述语要简明清晰，不使学生产生歧义；问题要大小适当，多少适量，难易适度，适应大多数学生的接受水平和认识能力；问题之间要有系统性，先后有序，联结贯通。③把握问题提出的要领。要面向全体设问；因人指名回答；把握时机；善设疑难；以口问为主，笔问为辅。④掌握问题思考指导的技巧。教师要极力创设良好的问答环境，消除学生的紧张心理；要始终保持和善谦逊的态度，不以提问作为惩罚手段；正确对待意料之外的回答，不妄加评论，压抑指责。⑤具有答问技巧。答问的语言要简洁明了，切中肯綮，有回味余地；态度应亲切大度；及时评价学生的回答；满足学生的求知心理和成就心理；以鼓励学生的发言为主；教给学生正确答案。

问答法的运用，一般应采用如下三个步骤。

(1)学会设计问题。问题的设计可以从内容和形式两方面去考虑。内容上，有 8 个设计点：教学目的、教学重点和难点、教学的切入点(突破口)、新旧知识的连接点、知识向能力转化的关键处、概念易混淆处、教学内容的总结处、学生知识与能力的最近发展区。形式上，有 5 种设计方式：①总分式，即以一个总的问题为中心，下分若干小问题；②层推式，即设计一系列前后联系、层层推进、环环相接的问题；③比较式，即提出相连或相反的事物或观点，使之比较、辨别，如近义词的选用、文章题材体裁的比较、语言风格和表现手法的比较、修辞感情色彩的比较、人物性格前后比较等；④启发式，课堂上的所有提问都应有启发性，这里特指在阐明事例事理的基础上，能让学生产生回忆、联想、想象的思考性问题；⑤归结式，即在完成一项教学内容之前，为帮助学生归纳总结所学内容，使知识系统化而提出的问题。

(2)学会提出问题。问题的提出方式和方法多种多样。

从提问的角度看，可分为：①直问与曲问。直问是直来直去、开门见山地问。曲问也叫迂回问，是拐弯式提问，问在此意在彼，曲径通幽，学生多动脑筋才能做答。②顺问与逆问。顺问是直接问“为什么”，逆问是从相反的方向提问。③单问与套问。单问是单个问题的提问。套问是连锁性提问，也就是紧扣教学内容的重点和难点，依次提出若干个有内在联系的问题提问。④独问与对问。独问是只有老师提问学生。对问是师生之间互相提问，对问对答，互问互答。对问利于培养学生敢于向老师、教材质疑的独立思考、开拓创新精神。

⑤正问与反问。正问是从正面提问，利用人们的顺向思维提出问题。反问是正话反问，从反面提出假设，利用矛盾激趣，刺激学生的逆向思维的问法。

从提问的方式方法上，还可分为：①对比问。两部分内容对比着提问。②因果推论式提问。题目的答案是“果”或者是“因”。③无疑处生疑式提问。从表面上看似平凡没有疑点，教师做深入剖析引出问题的问法。④挖言外之意的提问。揭示语言的潜台词、弦外之音的问法。

从提问目的上，又可分为：①检查提问。以检查学习效果为目的的提问。②搭桥提问。问此为了引出彼，引发对更重要问题的探讨的问法。③造情提问。为了激发学生的情感，创造与课文情境相一致的氛围的问法。④因材施教提问。较难的问题提问优等生，较易的问题提问差生，不难不易的问题提问中等生的问法。⑤追根溯源提问。为揭示原由和内在规律而问。⑥投石激浪提问。提问的题目，能激起全班学生思维的浪花的提问。⑦画龙点睛式提问。抓住施教内容的要害进行提问。

从问题与问题之间的关系上，可分为：①众星捧月式提问。问题众多，小题像星星一样使提问的大题目(明月)更加鲜明深入。②连环扣式提问。提出的几个问题环环紧扣的问法。

从处理教材的角度，可分为：①抓纲提要问。抓住教材的纲要提问。②倒嚼甘蔗问。从课文结尾处开始向前一部分一部分内容的提问。③中间开花问。从课文中间的内容开始提问。

(3)学会总结问题。及时评价和总结学生的答问，利于学生形成正确的认识，使所学知识系统化，也有助于学生的思维能力和表达能力的发展。可以从内容和形式两方面总结学生的答问。内容上，要订正不正确的答问，补充不完整的答问，归纳零散的答问，深化肤浅的答问。形式上，既要教师总结，又要让学生互评互结；既要有抽象的评价，又要有具体的评价；既要有及时的总结，又要有有意延迟的总结。此外，教师还应自评问答技艺的优劣高下，及时总结经验教训。

(八)研究法

研究法，是以学生自学为主，培养精读能力、钻研习惯和独立思考能力，教师发挥指导作用的教学方法。其特点是：学生独立活动机会增加；能使学生的思维处于活跃状态；能把思考引向深入；利于克服学生的粗心大意、不求甚解的阅读习惯；利于读写结合；能培养学生的独立思考和独立工作能力；不利于口头语言的训练和基础差、自学能力弱的学生学习。它适用于课内自读和课外自读课文的教学指导。

运用研究法，要求做到：①要充分发挥教师的主导作用。研究前，应明确研究的意义和目的，提出具体要求；研究中，要当好组织者和引导者，防止自学变自流；研究后，要检查、总结。②教给学生研究的步骤和方法。即给予学生“学法”指导，从培养自学能力的高度，指出具体的研究步骤和方法。如应先熟读课文再研究，边读边思边笔记，学会利用工具书和参考资料等。③提供研究的材料。包括教师的讲义、思考提纲、思考题、年表、图表等文字或声像资料。④寻求多种教学方法的配合。根据学生和课文的实际，研究前对课文大意、作品背景、作家生平及思想的介绍，可由学生讲解；研究后的总结评价也可由师生共同承担；阅读的研究可以和写作赏析文章结合起来。

研究法教学的一般程序是：讲解—研究—总结。研究法的使用，可按以下步骤进行。

(1)指定研究的内容。在正式研究之前，学生可能对要研究什么感到困惑。因为课文的内容包罗万象，欲研究探讨的内容不可能涉猎全部。教师应根据教学目的指定明确的研究任务，包括字词句等各种语文知识、课文的主题和大意、文章的结构特点、写作特点、表现手法等。并应讲解课文的大意，提供相关的研究资料。指定的研究内容可以以作业提纲的形式印发给学生。

(2)调控研究的过程。教师应对研究的整个过程加以控制，主要从三方面着手：①指导研究的方法。如怎样解决生字词，怎样利用注释，怎样阅读课文，怎样概括文章的中心和大意，怎样把握文章的结构，怎样认识作者的写作动机和文章主题的关系，怎样分析表现手法，怎样归纳写作特点，怎样写读后感，等等。②指导研究中的疑难。应对学生在研究中遇到的问题，进行个别指导；带有共性的疑难问题，可以做集体指导。③把握研究的时间。应严格执行教学计划中规定的本次研究活动的时间，不可随意拖后或草草结束。

(3)检查研究的效果。对学生的研究结果，教师要进行检查。要求及时纠正学生研究中内容方面的错误及研究方法上的不当，补充不全面的观点，对研究态度不严肃的，要予以批评教育。最后，还应对研究情况做全面总结，以使学生清楚自己在各方面的收获和不足。

(九)讨论法

讨论法，是教师指导学生变独立阅读为集体阅读的教学方法。其特点是：以学生间的对话为主，师生间对话等为辅；能促使学生间展开讨论，培养其敢于争辩和评判的学习风气；能培养学生民主平等、相互尊重的态度，形成主动积极、生动活泼的学习氛围；利于培养学生的口头表达能力；能弥补学生独立阅读的不足，集思广益，加深理解；能有效克服学生被动听讲的弊端；不利于双基训练；容易使教学内容顾点失面；花费时间较多。它适用于对课文内容和形式等方面的集体讨论，如文章题材的价值和意义、作者的写作动机、文章的主题及要点、作者写作意图与主题的关系、给读者的感受；课文的结构特点、段落的连接和划分、体裁的选取、语言技巧等。

运用讨论法，要求做到：①把握住讨论的主题。要选择那些有教育意义、实践价值的论题，并保证整个讨论始终沿着这个主题进行。②抓好讨论前的指导和学生自学。个人自学是集体讨论的基础，要为学生指出讨论的目的和具体要求，提供必要的阅读资料，介绍讨论的方法。督促和检查学生的讨论准备情况。③正确对待意见分歧。对始料未及的意见，一时难以解决的分歧，要因势利导，做启发性、提示性的引导，不轻易否定，不强求一致，也不能任其自流。要能够及时将讨论引回正题。④控制好火候和时间。应善于在学生讨论达到高峰且初步有了正确想法的当口结束讨论，巧妙作结，使讨论不愠不火，达到预期目的。讨论时间可以是整节课，也可以是二十分钟或者几分钟。⑤与其他教学方法适当配合。应与所有教学方法一样，寻求多种方法的联结，以取长避短，发挥其最大效应。

运用讨论法教学，应注意以下三个方面问题。

(1)学会设计讨论的题目。论题的设计，主要从两个方面考虑。①内容上，可按如下范围和方法设计：本文的题材有什么价值意义，课文的主题是什么，作者的写作意图和文章的主题是什么关系，作者的写作动机和时代背景是怎样的关系，课文的内容要点是什么，学习本课的主要感受是什么，等等。②形式上，可提出的论题有：课文的体裁属哪种，课文的结构方式怎样，课文的段落划分及其相互联结情况怎样，文章的表现手法和写作特点是什么，本文的语言特色和运用技巧如何，等等。可以是大题目，也可以是小题目。这都要依据问题的地位、范围和学生的实际情况而定。

(2)能够切实指导讨论，发挥教师的引导作用。主要从四个方面着手：①讨论主题指导。首先要引导学生正确理解讨论的主题，以使讨论始终沿着正确轨道前进，不出现偏题跑题现象。②参考资料指导。要根据学生的实际需要，介绍和补充与讨论相关的资料，以使讨论有深度和广度。③发言指导。应让学生作好讨论前的发言准备，拟出发言提纲，以使自己的基本观点和理由明确而充分。④讨论形式及组织指导。要确定讨论的人数构成、主持人、发言程序与时间、反驳的方式与时机等。

(3)学会总结讨论的结果。一般性要求是：由教师总结；紧扣讨论中心总结；明确每个论题的正确答案；具体分析纠正学生的不正确认识；充分肯定讨论中的优点，如讨论态度、思维方法、语言表达、认识能力等。当学生出现语言表述不清楚的情况时，能够帮助其理清思路。

除上述基本教学方法外，还有一些值得借鉴的阅读教学方法，如语感教学法、情感教学法、点拨教学法、情境教学法、导读教学法等。

总体上说，高质量的讲读分析，能充分发挥教师的主导作用，面对班级全体学生，短时、高效地传授知识，培养能力，能确保课堂施教内容的准确性、明晰性和针对性，使学生对知识的掌握、课文的理解优质而低耗；能开阔思路，提高审美修养，完善人格。在还有不少人的“学习方法是令人震惊的落后”的情况下，有着特别重要的作用。问答研讨技艺，能够促进课堂教学信息的反馈与交流，利于教师及时调控教学的内容与进度；能够培养民主平等、相互尊重的态度，形成生动活泼的课堂教学气氛；能够有效地克服教师“一言堂”的注入式倾向，摆正学生的主体地位，树立并贯彻科学的教育观念；能使学生拥有更多的动脑思考、独立钻研、发展智力的锻炼机会；能更加切实有效的锻炼学生的口头表达能力。

【案例分析】

一、教学朱自清的《背影》，要求学生理解围绕中心事件详略得当的写法。根据教学目的，有位老师提出了如下问题：

1. 本文记叙的主要事件是什么？

2. “背影”在文中出现了几次？各有什么作用？

3. 写人一般正面刻画外貌，本文为什么要写背影？

4. 本文中是什么激起你的感情波澜？

评析：这几个问题，揭示了教学目的，能把学生的注意力很快吸引到学习的重点和难点上来。语言少而精，问到了“点子”上。

二、教鲁迅的小说《祝福》，为了弄清楚祥林嫂的性格特征，有位老师提出了下面几个问题：

1. 祥林嫂为什么要逃到鲁镇帮工？试工后鲁四老爷为什么愿意留用她？

2. 祥林嫂被“卖”给贺老六时，为什么要拼命反抗？夫死子亡后她的处境怎样？

3. 祥林嫂再度到鲁家帮工，鲁四老爷对她的态度又怎样？

4. 祥林嫂为什么要用她多年的工钱去捐门槛？

5. 祥林嫂被鲁家赶出后，临死前为什么对“灵魂有无”表示怀疑？

评析：本例用的是“众星捧月”式提问。它以一个大问题为中心，提出许多小问题，能让学生从不同角度去思考。教师的问题设计是从教学内容的全局考虑的，以大领小；学生答问的时候是从小到大。小问题解决了，大问题也就不言自明了。

三、教学曹雪芹的《林黛玉进贾府》(《红楼梦》节选)，分析林黛玉的肖像描写，有位教师先让学生从课文中找出有关林黛玉肖像的三处文字，然后发问：

师：这三处文字从描写的角度看，有什么特点？

生：(边读边议)这三处文字描写角度各不相同，第一处是“众人”，第二处是“王熙凤”，第三处是“贾宝玉”，角度变换，层层加深。

师：这三处描写次序安排上有些什么讲究？

生：(品读课文)时间有先后，更重要的是：由浅入深，由形及神，一步步使形象变得具体、鲜明起来。

师：请再留意第一处的描写：“众人”打量林黛玉时，作者用“不俗”这个词儿，“不俗”是什么含义？

生：(研读课文，一生抢答)就是气质好！

师：好，还有什么意见吗？

生：贾府众人的眼界高，看人挑剔，她们对林黛玉的第一印象是“不俗”，就是“最高分了”。

生：林黛玉不仅长得美，而且气质、风度超群出众。

评析：此例运用的是对比式提问法。“没有比较就没有鉴别。”通过对比，学生有所发现，有所收获，能提高认识和鉴别事物的能力，养成分析的习惯。利于突出教学的重点，攻破教学难点。

【实践演练】

一、先请熟悉下面的材料，然后指出其优缺点有哪些。

有位教师组织学生进行“我最喜爱的名人名言”口语训练，同学们发言踊跃，神采飞扬。但有个男同学出人意料地说了一句：“我最喜爱的名人名言是××的一句话：一切名言都是善良的谎言。”刚刚发过言的同学如冷水浇头，不知所措，于是课堂气氛就冷了下来。在这个节骨眼上，有了下面的一番对话：

师：（非常有礼貌地对那位学生说）请你再重复一下你的发言，好吗？

生：（非常坦然）一切名言都是善良的谎言。

师：（语气委婉的）那么，您这条名言是不是善良的谎言呢？

生：不是！（他脱口而出，维持自己的观点）

师：如果你引用的名言不是谎言，那就证明并非“一切名言都是谎言”。

生：我引用的也是善良的谎言。（那位男学生情急改口）

师：谎言不管怎么善良，都不能取信于人。你却相信了你引用的名言，所以“一切名言都是谎言”这句话是站不住脚的。

师：（老师刚才的话音刚落，教室里就响起了掌声。鼓掌声平息后，老师又对那位同学说）你今天虽犯了错误，但你独树一帜，另辟蹊径，这种求异思维的倾向还是令人佩服的。你不失为失败的英雄。（老师说到这里，教室里又响起了热烈的鼓掌声）

提示：按照讲读分析技能训练的要求，逐项衡量。

二、为人教版八年级上册陶渊明的《桃花源记》设计两课时的讲读分析计划。

提示：首先在教师指导下，以小组为单位，确定本篇课文的教学目标。然后在个人认真备课的基础上，设计出讲读分析的施教方案。接着组内相互交流评价。最后自己修正，在试讲实践中不断总结、提高，力求达到讲读分析技能的各项要求。

三、“问题逻辑”是研究问题的应用思维科学，正确运用问题逻辑理论，提问就有准确性了。按这种理论的要求，提出问题的类型主要有判断型（有选择式和填充式两种，要求对“是什么”作出判断，侧重培养认识、分辨能力）、说明型（要求对“怎么、怎样、怎么样、如何”等作出说明，侧重培养有条理的思考能力）、论证型（要求回答“为什么”，侧重培养分析、抽象的思维能力）三种，包容三种类型的问题叫包容型问题。请运用上面的理论，分析如下示例，谈谈它们各属于哪一种类型。

1.《皇帝的新装》中老大臣等官吏为什么不说真话？

2. 别里科夫在生活和思想方面都有哪些“套子”？他为什么要把自己装在“套子”里？

3.《最后一课》中小弗朗士上课前后心情、态度有什么变化？什么原因使他发生了这么大的变化？

4.《济南的冬天》一课中老舍先生描写济南冬天的山水，是怎样展开联想的？用了哪些修辞手法？为什么这样写？

提示：先认真阅读上述几篇课文；再对照提供的理论，一一鉴别。

四、在课堂施教过程中，为了启发学生思考，教师的提问类型，可以从认知水平上分为六类。请研究下面的一览表，联系实际谈谈自己的看法。

提问类别	目标要求	常用的提问关键词	类别评价
记忆水平提问	训练学生的记忆力和表达能力，主要是要求学生回忆，检查是否记住了学习的内容，如概念、意义、事实等	谁 什么是 哪里 何时	最低层次提问
理解水平提问	帮助学生理解学习内容。要求学生用自己的话叙述学习内容，比较内容的异同，能把所学内容，从一种形式转换成另一种形式	怎样理解 有何依据 为什么 怎么样 何以见得	中等层次提问
应用水平提问	帮助学生主要通过迁移，运用所学知识解决实际问题，要求学生分类或选择，以确定正确答案	运用 分类 选择 举例	较高层次提问
分析水平提问	帮助学生把握学习内容的整体结构、内容要素及要素之间的关系，要求学生分析资料，进行推论，确定原因	为什么 什么因素 证明 分析	
综合水平提问	帮助学生学会综合，要求把学习内容用一种新的或有创造性的方式组合起来，形成一种新的关系，以解决应该解决的问题	综合 归纳 小结 重新组织等	高层次提问
评价水平提问	帮助学生按一定的标准评判所学内容的价值，要求学生对一些概念或者方法等进行判断选择、发表见解，作出评价	判断 评价 你对……有什么看法	

提示：以人教版九年级上册莫泊桑《我的叔叔于勒》为例，按照上述提问水平的分类，分别设计出不同层次的问题来。再比较这些问题有何差别。

五、比较下列示例中同一个问题的两种问法的异同，说说哪一种提问方法好，为什么？

教学《祝福》一课，问法一："祥林嫂认为自己傻，这告诉了我们什么？作者这样写能否揭示课文的主题？"问法二："祥林嫂为什么认为自己傻？为什么阿毛被狼吃了，祥林嫂就变傻了？阿毛不被狼吃掉，她会不会变傻？她的命运会不会好些？"

提示：前者问法笼统，学生不好回答；问法二暗示了祥林嫂只看见自然界有狼吃小孩，却没有想到比狼更凶狠的封建制度。这就能引导学生思考、就把问题化难为易了。

第四节　阅读教学基本技能

课堂活动是由多因素、多系列、多层次构成的师生双边活动的动态系统。增强这个系统的有效性，需要教者具有多方面的施教基本技能，包括导入新课、讲解分析、教学对话、收束课程等技能。教师应明确各种技能训练的意义、目标，掌握其训练的内容和程序，能在实践中较为熟练地操作，以卓有成效地提高阅读课的施教能力，提高语文课堂教学质量。

一、导入新课技能

(一)导入新课的意义

导入新课，也叫课堂导语、导言或开讲，是教师在讲授新课之前有目的、有计划，并用一定的方法所设计的简练、概括的教学语言。

导语实际上是教师新课教学内容上的"突破口"。出色的新课导入，是课堂教学全过程最自然、最恰当、最精彩的开端，犹如评弹中的开篇、戏剧中的序幕。它能完成课堂教学任务的定调、指向；集中学生的注意力，引发学生的兴趣；启迪学生的思维，诱发其思考，使学生很快进入新课学习的最佳心理状态；能够画龙点睛，突出重点；能够承上启下，架桥过渡。著名美国教育家布鲁纳提出的教学原则的第一项就是"动机原则"，即激发兴趣、强化求知欲、调动积极性，让学生自觉自愿地学习。美国的另一位著名教育家布卢姆则认为，学习动机对学习目标的“达成度”有25%的保证作用。在我国，人们也常说“万事开头难”，但“好的开端是成功的一半”。

教师具有良好的导入新课技艺，就能把课堂导语讲得既科学又艺术，使课堂教学有一个良好的氛围和理想的境界；能掌握一把开启学生智慧的金钥匙，使学生对语文更爱学、乐学；能使“开讲”牵引整个教学过程，收到先声夺人、一举成功的奇效。有经验的语文教师无不重视导入新课的艺术。

(二)导入新课的基本要求

1. 求精，要有概括性

导语不是教学的主要内容，因而设计要紧扣重点，切入正题要快。语言要精当、简洁、确切，不能庞杂、烦琐、冗长。那种复习前次概念时拖时较长，交代时代背景随意发挥、没完没了的做法，都是不足取的。

2. 求疑，要有启发性

导语的设计要根据教学目的的需要、教学重点及难点的设置来考虑，而不能偏向、跑题。指导语要给学生留有思考的余地，有启发性、可接受性，既不让学生觉得高不可攀，又不觉索然无味或不言自明。

3. 求巧，要有趣味性

哪怕是几句话的导语也要尽可能设置得巧妙些，富于感染力。要利用各种设计方式方法来唤起学生的求知欲。语言尽可能生动活泼、形式多样、新颖别致。但绝不能故弄玄虚，哗众取宠，为追求导语的完美新颖而脱离文章思想内容之外。

4. 求准，要有严密性

导语不能含糊其辞，模棱两可。导语的内容和表达形式都应准确无误，不使学生产生歧义和误解，以使学生的思维顺势进入新课的正确轨道。

(三)导入新课的方法

导入新课的方法，从形式上看，主要是讲、读、议、练、看。或讲述、或讲解、或讲析，以“讲”导入；或教师范读、或学生默读、或朗读背诵，以“读”导入；或设疑、或提问，以“议”导入；或作小型练习，以“练”导入；或观察图画、图表或实物，以“看”导入。

从内容上看，主要是知、能、智、情、趣。或以旧带新、或温故知新、或审题释义、或寻章摘句、或交代文章主旨和写作特点、或介绍文学常识等，导之以“知”。或朗读、或复述、或正音、或辨字、或分析等，从训练入手，导之以“能”。或通过提问、质疑、讲述、描摹、比较探索等，引起联想，激发想象，启迪思维，导之以“智”。或创设情境、或渲染气氛，激发学生情感，导之以“情”。或打比方、或讲故事、或设悬念，撩拨学生兴趣，导之以“趣”。导语的设计方法千变万化，下面举例介绍几种值得借鉴的方法。

1. 设悬念法

设悬念法即设置问题，令学生思考，激起思维的波澜，造成“欲知又止，悬而未结”的情境，然后开始新课的讲授。比如教学《失街亭》，可先讲诸葛亮聪慧过人，运筹帷幄之中，决胜于千里之外，几乎无往而不胜。现代人甚至把诸葛亮奉为智慧的象征。接着教师突然提出问题：“为什么在街亭之战中，他因为任用马谡而反招失败？（造成一个悬念）。下面就到课文中寻找答案，看谁找得又快又准。”这样的疑问便以巨大的力量驱使学生急于阅读课文。

2. 讲故事法

讲故事法即依据学生喜欢听故事、爱看寓言等心理特点，结合感染力强的课文，以讲故事的方法导入。比如教学《威尼斯商人》一课，教师可先概括介绍与课文有关的主要故事情节：“安东尼奥为帮助他的朋友巴萨尼奥向鲍西亚求婚，借了犹太富商高利贷者夏洛克的三千块钱。夏洛克因与安东尼奥有宿怨，迫使安东尼奥订了一个借约：如果不能在规定的日期和地点还钱，就要在负债人的胸前割下一磅肉。巴萨尼奥在安东尼奥的帮助下，求婚顺利地成功了。可是，安东尼奥因为商船触礁而破产，不能按期还钱。后来，安东尼奥愿出两倍、三倍甚至十倍的钱偿还夏洛克，但夏洛克不要这钱，坚持要安东尼奥胸前的一磅肉。（讲到这里，教师以十分担忧的声调说）请同学们想一想，善良、正直、乐于助人的安东尼奥的生命将会怎样呢？（略为沉吟）请同学们打开课本，读一读《威尼斯商人》吧！”这样的导入能很快集中学生的注意力，引导他们顺势进入特定的情境中去。

3. 新旧联系法

新旧联系法即利用前后几册教材之间内容相近，或写法相似的课文间的联系，或者一个单元各篇课文之间的联系，由旧课导入新课。比如教学新课契诃夫的《变色龙》，可以先逆向引导学生重温《范进中举》，回忆胡屠户的人物特点，学生自己就能够将沙俄时代的警官与中国明清时期的胡屠户做有趣的比较。通过二者的比较，两个人物的形象特点就更加鲜明，更为凸现，学生所受的感染就越深。再如教学巴尔扎克的《守财奴》，可先介绍东方的吝啬鬼——《儒林外史》中的严监生，然后教师发问：“那么，西方的吝啬鬼又是什么样的呢？”学生已对旧“鬼”有了较深的印象，又引发了结识新“鬼”的兴趣。

4. 练习法

练习法即以练开讲，讲练结合的方法。它能迅速调动学生的思维积极性，把教学活动引入正题。如教学《小石潭记》，可一上课就挂出小黑板，让学生做一组填空题：如(　)其(　)，如(　)其(　)，如(　)其(　)。学生填充完前两个空儿，正绞尽脑汁填第三个空儿时，教师指出“如历其境”一词，并顺势导入新课：“今天我们就学习一篇使读者如历其境的好文章——《小石潭记》。作者柳宗元以优美的语言，具体生动地描绘了小石潭的所见所感，使人如历其境，心之向往。下面就请柳宗元为我们做向导，一起观赏小石潭的风光。”

5. 背景介绍法

背景介绍法最适合小说教学。一些作品的生活内容距今年代久远，学生既无直接感受，又无太多的了解，如果就课文讲课文，教学效果会打折扣。此法能促进知识间的沟通和能力的迁移。如教学《小二黑结婚》，可在正式讲读前介绍作者的材料来源，重点是事件的结局：生活中的“小二黑”最后并没有能和小芹结成美满姻缘，而是惨遭封建势力迫害，被活活打死。然后启发学生：“为什么作者要改变事件的悲剧结局而写成大团圆呢?”让学生带着问题进一步学习课文。经过讨论得出如下结论：这么写的目的是鼓励青年人去跟愚昧、落后、迷信的封建习惯和恶霸势力做斗争。

6. 引用法

引用法引用名诗、名句、名言等，可激起学生的感情波澜，引起联想，创造课堂气氛。如教学《指南录后序》，可先板书文天祥的著名诗句：“人生自古谁无死，留取丹心照汗青”。然后开讲：“古人云‘诗言志’，这两句诗就抒发了文天祥的爱国之志、浩然之气、不屈不挠的斗争精神。今天我们就来学习他的《指南录后序》，进一步体会文天祥的高尚人格。”

7. 移植法

移植法即把与学习内容密切相关的知识适当移入语文课堂，植于起始语中的方法。可把文学知识、社会自然科学知识、民俗知识等，从与文章的内容和表达形式必然相关的角度，精选植入。如教学《背影》移植民俗知识的开讲：“《背影》是朱自清的代表作，表现的主题是较易理解的父子之间相爱相怜的真情。但作者写父亲爱儿子，为何单单选取了蒲口车站送别的‘买橘’这一场景?原来，散文把父子之情表现得淋漓尽致，正是借扬州特定的‘买橘’这一习俗。扬州人把‘走运’也说成‘走局’，因‘局’与‘橘’同音，所以给亲戚朋友送礼时，橘子是必不可少的。送橘子就是希望‘走局’(走运)。至今扬州人仍有一到农历初一老人都要给孩子吃橘子的习俗。其中自然富含希望孩子能‘走运’的用意。

朱自清的父亲在失业赋闲、老母病死的惨淡境遇中，把所有的希望都寄托在儿子身上，临别时亲自去买橘，正是希望儿子'走局'，将来有好运气。父爱子还有比这更深切的么？下面我们就来看看朱自清是怎样描写这一动人场景的。"

【案例分析】

一、教学夏衍的《包身工》，有位教师这样导入新课。

同学们，上节课，我们一起看到了奥斯维辛集中营那人类历史上最黑暗、最悲惨的一幕，那是个人间地狱，杀人工厂。今天咱们要讲一个70多年前的真实故事，故事的发生地也被称为人间地狱，在那里，大家可以看到这人能坏到什么程度，心能黑到什么程度，被欺负的人能惨到什么程度。在中国上海的一些工厂里，有着这样一些中国女工，她们没有基本的人权，过着猪狗不如的生活，对于工作她们根本没有做或不做的自由，她们有一个共同的名字叫：包身工。(板书)包身工是怎么一回事？话还得从头说起。(介绍时代背景，略)

评析：本例由上一篇课文的学习引入，从同是人间地狱这一共性入手，把学生较快地带入了中国近代历史上最残酷、最野蛮的剥削制度存在期这一特定情景，顺利地引出了课题《包身工》，并牵出了小说的背景知识介绍环节，导入新课快，教学环节衔接流畅。

二、教学蒲松龄的《狼》，有位教师一上课就在黑板上端端正正的写上了两行字。

"写鬼写妖高人一等，刺贪刺虐入骨三分。"学生看后，不知其所以然。老师接着开讲：这两行字是郭沫若先生为蒲松龄纪念馆里的"聊斋堂"写的对联。"写鬼写妖"是《聊斋志异》的题材内容，借狐鬼故事来达到"刺贪刺虐"的目的；"高人一等"，是评价蒲松龄在文学上的杰出贡献；"入骨三分"，则高度概括了他创作的特色和卓越成就。今天，我们将要学习他的名篇《狼》，看看这个评价是否恰当？希望同学们学后能谈出自己的看法。

评析：评论文章的价值，主要突出名家名篇之"名"，吸引学生慕"名"而学。本例由评论文章的价值开讲，能引发学生的兴趣，让学生带着仰慕的心情来学习课文。

【实践演练】

一、下面几则导语属于什么类型？其导入效果怎样？试做评析。这些导语设计的原理和依据是什么？

(一)教学《记念刘和珍君》的导入语：

同学们，我们曾到鲁迅先生的《故乡》，结识了闰土和杨二嫂，也看过先生的《社戏》，领略到平桥村纯朴的风情，还到过先生小时候的"百草园和三味书屋"，欣赏了百草园的妩媚，并聆听了寿镜吾老先生的读书声，今天，我再带领大家去结识先生的几位学生，请打开课文《纪念刘和珍君》。

(二)钱梦龙老师教《中国石拱桥》。

在讲新课前出示赵州桥挂图，让学生说明大拱与小拱的位置关系，并按照学生所说一一画图，结果无一像挂图所示。在学生"心有所思，口不能言"的情况下，让他们打开课本，看看书上是怎么说的。

(三)钱梦龙老师教《词义》一课，是这样导入的：

师：今天，我先给大家讲一个故事。我国维吾尔族有个聪明的传奇式的老头，你们知道他叫什么吗？

生：阿凡提。

师：对，阿凡提。有一个时期，阿凡提当了理发匠。有个大阿訇(伊斯兰教主持教仪讲经典的人)经常到阿凡提那儿去理发，却从来不付钱。阿凡提对此很恼火，就想整他一下。有一天大阿訇又来理发了，阿凡提先给他剃光了头，在刮脸的时候问他："你眉毛要不要?"大阿訇说："当然要！那还用问?"阿凡提就刷刷两刀把他的眉毛剃了下来。"你要眉毛，给你!"大阿訇气得说不出一句话，自己是说"要眉毛"嘛。阿凡提又问："你胡子要不要?"大阿訇有漂亮的大胡子，于是忙说："胡子？不要！不要！胡子我不要!"刷刷，又是两刀，阿凡提把他的胡子也剃掉了。那个大阿訇站起来，对着镜子一照：头光溜溜的，像个鸡蛋似的。(师生大笑)这一下，大阿訇暴跳如雷，气势汹汹的责问阿凡提："你怎么把我的眉毛、胡子都剃光了?"阿凡提从容回答："我是遵照您老人家的吩咐来做的呀!"这时，那个大阿訇就无话可说了。

听了这个故事，你们说说，阿凡提究竟玩了个什么花样，让那个大阿訇上当了？

生：阿凡提在"要"这个词的词义上玩了花样。

师：阿凡提开头问“眉毛要不要”的“要”是什么意思啊？

生：是“给”的意思。

师：好！就是“给”。你要嘛，我就剃下来给你！后来那个“胡子”要不要的“要”又是什么意思？

生：是“留”。

师：对，“留”的意思。可是那个大阿訇是怎么领会的？他认为还是“给”他胡子，所以连忙说：“不要胡子。”于是就上当了。你们看，这个“要”字在这里有两种意思，可以这样理解，也可以那样理解。阿凡提就是利用“要”这个词的不同的含义，使大阿訇上了当。这个故事告诉我们，掌握一个词的词义和注意它的使用范围很重要。（板书：词义、范围）

提示：对照导入新课的内容和形式考虑其方法所属的类别，按照设计的基本要求权衡其是否科学，按照教学论和教学心理学的相关理论考虑其设计原理和依据。最后写出书面评价文字。

二、有位实习生教学《拿来主义》，设计了下面的导语，你觉得他的设计怎么样？试做评析和修正。

同学们，随着我国改革开放步伐的加快，国外先进的科学技术、娱乐生活方式等和外国的文化遗产一起大量涌入国门。正如打开窗户，进来的不都是新鲜空气一样，苍蝇、蚊子、有害气体也都随之而来。对待这些东西，我们应该采取怎样的态度才是正确的呢？是一概接受，还是全盘否定？是任其自然观望，还是慎加分析有选择地采用呢？现在，我们就来学习鲁迅的文章《拿来主义》，从中找找答案。

三、请为人教版八年级上册余秋雨的《信客》设计出三种不同的新课导入语，并说明导入的方式、设计意图，比较其效果有什么不同。

提示：依据导语设计的要求与方法，考虑本课的特点，设计出导语初稿，然后模拟试讲，自评，修改，最后互评，共同提高。

二、讲解分析技能

（一）讲解分析的意义

讲解分析，是以教师的解释、解说和诠释方式来讲授知识解疑释难。讲解技能，是语文教师重要的教学基本功，是使用频率较高的课堂施教技能。

苏霍姆林斯基曾经强调：“教师的言语——是一种什么也代替不了的影响

学生心灵的工具。”高质量的讲解分析，能充分发挥教师的主导作用，面对班级全体学生，短时、高效地传授知识，培养能力，能确保课堂施教内容的准确性、明晰性和针对性，使学生对知识的掌握、课文的理解优质而低耗；能开阔思路，提高审美修养，完善人格；能使语文教师增强课堂施教的功底，提高课堂教学的效果与效率，保证教学任务的顺利完成。

(二)讲解分析的特点及运用场合

讲解分析的特点是：

(1)以“解”为主，以“解惑”为目的，向学生释义析疑，解说难点，指点关键。

(2)能够寥寥数语就解释清楚学生的疑难问题，省时省力。

(3)能一语破的，保证知识的准确性与深刻性。

讲解分析适用于下列场合：解释字词的音、形、义，辨析用法，讲解难词难句，解说知识概念，解析史实典故，诠释名物典章制度，解答困惑疑难等。

(三)讲解分析的基本要求

1. 讲解的问题，要抓住关键

要讲在“点子”上，解在需要处，要找准最佳时机。教学的重点难点问题，如文章中能深化主题的“言外见意”处，《背影》独特的写作视角等，可能是多数学生的理解难点，就应该由教师适当讲解。

2. 讲解的内容，要透彻深刻

教师要精通教材，三言两语的讲解就能鞭辟入里，使学生得到知识的满足，思想上的启迪。讲解切不可敷衍了事，浅尝辄止。

3. 讲解的语言，要精确恰当

讲解应首先没有知识性错误，解说中肯，实事求是。语言要清晰易懂，简明扼要，选出该问题的那“唯一”最恰当的语句来解释。介绍作家作品新知识时，不可散漫无序。

4. 讲解的方法，要灵活多样

可与其他教学方法相配合，如采用朗读、举例、比较、模拟、列表、提问等方法，以增强语言的形象感、趣味化，使学生不觉枯燥。

5. 讲解要有可接受性

要能够适合学生的特点，难易适度，语调、快慢适宜。

【案例分析】

一位教师在讲解分析《荷塘月色》中描写荷香一段时的课堂实录：

师：写荷香的时候，开始写动态。“微风过处送来缕缕清香。”这微风是一阵阵吹来的，所以写那味香的时候用了“一缕缕”。一缕缕就是一丝一丝的。作者写到这里为了让我们更好地感受到它，又用了一个比喻，说它像远处高楼上渺茫的歌声。远处传来的歌声可能受到这样那样的阻挡，当传到我们耳朵里的时候是怎样的？

生：断断续续的。

师：所以用了一个远处高楼上渺茫的歌声比喻一丝一丝的香味，就把香味的时隐时现、时断时续、悠扬渺茫写了出来。这个比喻很特殊，他是用什么比喻什么呢？

生：用听觉比喻味觉。

师：实际上就是把两种感官沟通了。这是一种特殊的比喻，有些语言学家把它叫做通感。

评析：这段讲解述语言精练、准确、清新，组织严密。与所讲授的散文一样，给人以美感，洋溢着一股清香。

【实践演练】

一、下面几段教师的讲解具有怎样的特点？试从讲解的内容和语言等方面评析。

(1)作者先写了春草。写春草从地里长出来用“钻”，又以“偷偷”修饰。“钻”表明小草破土而出的劲头，“偷偷”写出小草在春的催发下，不声不响地长出来。这些描写显示了春草不可压抑的生命力。“嫩嫩的”说春草柔软纤嫩，“绿绿的”指春草青葱嫩绿。“一大片一大片满是的”表明春草分布之广，绿满大地。从春草的情态、色泽、长势显示出春天的蓬勃生机。再由春草的可爱，写儿童在草地上欢快活动的情景。抓住写动作的词语，坐、躺、滚、踢、跑、捉；体会整齐流畅的短语短句，“打两个滚，踢几脚球，赛几趟跑，捉几回迷藏”，口语化，活泼、自然。这样细笔描绘，具体形象，使人有亲目所睹、亲身经历之感。

(2)“孔乙己是站着喝酒而穿长衫的唯一的人”，点明了他是一个下层小知识分子的特殊身份。孔乙己"身材很高大"，说明他有劳动的能力，却养成了好喝懒做的习惯；"青白脸色"说明他生活不好，过着半饥半饱的日子；"皱纹间时常加些伤痕"说明他受人欺凌，地位十分低下；"花白胡子"表示他生活了大半辈子了，是一位老年人；长衫"又脏又破，似乎十多年没有补，也没有洗"说明他借长衫以炫耀读书人的身份，长衫是支撑他活下去的精神寄托。这一切都说明，"万般皆下品，唯有读书高"的封建教育已经深深地毒害了孔乙己的灵魂。

(3)这里，作者抓住春天的特征，运用三个贴切的比喻，表达作者赞美春天的思想感情。把春天比做刚落地的娃娃，这是写春天的"新"，新得可爱。正因为春天新，所以人们对它寄予无限希望。说"春天像小姑娘。花枝招展的"，这是写春天的美，美得俏丽；她"笑着"是说春天充满欢乐，人们也跟着她欢乐；她"走着"，是说春光易逝，因此要珍惜美好的春光，不要白白消磨掉。说"春天像健壮的青年，有铁一般的胳膊和腰脚"，这是说，春天充满了力量。是什么力量呢？是创造力。冬天大雪飘飘，封冻了土地，遮盖了平原。草枯了，花谢了，蝶走了，蜂飞了，现在春天来了，东风一吹，冰雪融化，小草钻出来了。鲜花怒放了，蜂来了，蝶来了，孩子们笑了，人们也开始了春耕劳动。可以说，这春天的世界是和冬天完全不同的一个新世界。看，春天是多么富有创造力啊！

二、从《口技》的教学实录①看，教师是怎样讲解的？你认为其最突出的优点是什么？

师：今天，先给大家放一段录音。听的时候，请同学们思考：第一，你所听的这段录音，属于哪一种艺术形式？第二，你们听到哪些声音？这些声音引起了你哪些想象和联想？听完之后，请同学们回答这两个问题，对第二个问题请你尽可能讲得具体、形象。

师放一段口技的录音，并配有音乐。开始音乐较强，然后渐弱。这时风声、雨声、雷声、枪声、婴儿的呱呱啼哭声……陆续传来，在众声齐发的高潮时，还有一段朗诵：茫茫宇宙，大千世界，孕育着多少美妙而奇特的声音……然而你可曾想到，你所听到的这些奇妙的声音，竟是出自一个人的口中？……

学生们专注地听完录音后，对第一个问题，很快做出正确判断。对第

① 王世堪主编：《中学语文教学法》，229页，北京，高等教育出版社，1995。

二个问题的回答，虽然没有错误，但不够具体、形象。

师：今天我们要学习的课文就是《口技》，是作者对一次口技表演的具体、形象、生动的描述。学习的时候，可以把我们刚才的回答与课文做比较，看看我们的差距在什么地方，这对我们提高写作水平是非常有好处的。

三、分别为《荷塘月色》"荷塘上的月色"和"月色下的荷塘"部分设计出讲解语言，与同组实习生讨论、试讲，看看还有哪些需修改之处。修改后再讲再议，直到自认为完美。

提示：首先在教师指导下，以小组为单位，熟悉课文。然后在个人认真备课的基础上，设计出讲解计划。接着组内相互交流评价、试讲。最后自己修正，在实践中不断地总结、提高，力求达到讲解技能的各项要求。

三、教学对话技能

(一)教学对话的意义及其心理机制

对话，原指两人或多人之间的谈话，国际上两方或多方之间的接触或谈判。目前，对话已超出了原有的语言学范围，如在政治、经济、学术等领域，"对话"已成为人们沟通的一种有效策略，追求的一种状态，从而成为一种渗透于人类一切行为的意识或哲学。

教学中的对话，是在新课程背景下出现的相对于传统教学的独白式而言的师生间信息传递与反馈的手段与方式，目前学术界还没有一个公认的定义。正如克林伯格所说，"在所有的教学中，都进行着最广泛意义的'对话'。……不管哪一种教学方式占支配地位，这种相互作用的对话都是优秀教师的一种本质性标识。"①课堂上的教学对话，是师生间借助语言进行的思维的相互转向，是对话主体心灵上的相互回应，也是人与文本、人与人、人与自我的理解和反思。

义务教育课标指出："阅读教学是学生、教师、文本之间对话的过程。阅读是学生的个性化行为，不应以教师的分析来代替学生的阅读实践。"这主要是倡导让学生自己去"倾听"，维护读者(学生)在语文教学中的"言说"权。以往的

---

① 钟启泉、崔允漷、张华：《〈基础教育课程改革纲要(试行)〉解读》，210页，上海，华东师范大学出版社，2001。

阅读教学，学生的主要任务是“听记”教师(教参)的分析和“思考与练习”的答案，或是在教师的引导下，复述那些分析和答案，以至对分析和答案有所理解、体会。语文课标则要扭转这种重复、模仿他人(教材编者、教参、教师)的阅读教学状况，要求语文教学摆脱以知识为本位，以教师为中心的传统思维，提倡把教学看成是师生分享彼此的观念和人生体验的过程，是学生在平等与合作的平台上用自己的眼睛观察世界，用自己的方式建构知识的过程。专家们指出，教学对话是民主、平等的教学，是互动交往的教学，是创造的生成的教学，是向生活和生命开放的教学，是以人为目的的教学。教师掌握教学对话的技巧，具有重要的意义。

教学中的对话，一般要经历激活、维持与实现三个阶段。

对话意识的激活阶段。这是教学对话得以进行的第一阶段。学生对话意识的产生与激活依赖三个方面：一是学生的“似本能”与动机，包括学生有否交往、理解和尊重的需要，以及更高层面的动机因素，如表达的欲望、交流的需求、疑难的求解和兴趣的关注等。二是言语符号刺激的有效呈现。教师呈现的言语符号要与学生的“似本能”或动机的某几项内容相契合，才有可能激活其对话意识，实现符号系统的再生与创造。教师设计的对话主题与意向，要在了解学生需求状况的前提下进行，要承认并充分利用学生的本能冲动。三是非智力因素方面的人格特质。神经质的学生，有着忧郁、紧张、烦恼、情绪化、不安全、不准确等心理，课堂上很难产生对话意识，即使有些微对话意识也难以激活。教师应对其给予更多的关注，设法引发其对话意识，参与对话的动机。

对话情境的维持阶段。对话意识是种内隐的心理现象，一旦产生，或稍纵即逝，或伴随情境的维持而转化为外显的对话行为。教师的期望和学生的自我效能感是影响其存在的决定因素。教师若能以期待的眼神、亲切的表情或鼓励的言辞对学生在对话中求得成长和发展予以希望与期待，充分肯定学生参与对话的能力，则能够让学生增强自信，跃跃欲试，伺机参与对话。学生相信自己具有清晰地阐述观点和表达意愿的能力，通过对话能解决自己的疑惑，加深理解，则具有自我效能感。二者共同作用，就能使学生积极主动地理解对话内容，实施对话。

对话机制的实现阶段。对话主体(学生)接纳的新信息，与认知经验相匹配，重组后的新信息经由效应器传输出来，接受该信息的另一对话主体(师或生)以同样的方式将反馈信息和整合后的新信息传送给第一对话主体或其他主体，如此反复运行，凭借该机制教学对话得以进行。对话的延续还需要对话主体认知和情感的参与。随着对话主题与内容的渐趋明朗，学生对其理解越深刻，则加工信息的速度越快，对话流程也越通畅；教师的反馈信息若包括激励机制，学生在对话中的成功体验就更强烈，对话得以持久运作。①

(二)教学对话的基本要求

1. 要建立新型师生关系

这是教学对话的前提。真正的对话总是保持一种伙伴关系或合作关系，意味着对人真诚的倾听、尊重和宽容。以往以教师为主体或以学生为主体，以及教师为主导、学生为主体的教育理论，都将师生放在不平等的地位，教师、学生、知识都是一个个独立、封闭的个体。教学对话主张任何参与者都非个体而为客体，要建立起教师和学生双适应、双发展，交互性与平等性的教学关系，使师生共同承担对话主体的职责，由此避免单项传递式教学在课堂中的泛滥。

参与者都应当有自己的观念，且应不遗余力地阐发这些观念。任何教育者绝不能简单地预设问题的结论。对话不是用个人的博学去动摇他人，而是作为一种理解他人和达到交互性的令人满意的立场的方式。应尽量地避免过多的权力和监督，参与者要能够自由地讨论任何主题而不被嘲笑或蔑视。教学对话绝不是内心的独白，而是一种相互的言说和倾听，是一种人际发生的过程。对话的本质不是用一种观点反对另一种观点，将一种观点强加于另一种观点之上，也不是将真理从一位知识专家传播到一位被动的接收者身上，而是旨在改善师生对共享探究的理解。

2. 要创设对话教学氛围

这是教学对话的环境条件。对话教学需要在支持、信任和肯定他人的氛围中进行。支持是教学中的一种彼此协调互动的氛围。参与者不需要通过竞争、反驳或扭曲意义进入对话，也无需讨论式的思想碰撞，只要感兴趣，所有学生都可以参与对话。信任是教学对话关系得以存在的基础。对话教学要求交互性的存在，而保证交互性得以实现的关键则是信任。信任使对话成为平等关系，彼此得以开放与回应。离开了信任，教学对话就无可避免地退化成为家长式的操纵。肯定他人是交互性对话关系达成的重要保证，其行动包括：个人真实地将自身呈现给他人；认可他人的潜能、愿望、思想或感受；能够区别他人的真实和非真实，并准备去抵抗在他人中存在的非真实的趋势。教师要意识到并珍视学生的独一无二性，对学生的价值与潜能要有深深的敬意，要有一种发现学生能成为什么并坚持使之潜能得以完成的意志力，以避免用任何其他的假设使对话落入“我—他”关系。

---

① 朱德全、王梅：《对话教学的模式与策略探析》，82页，载《高等教育研究》，2003(3)。

3. 要凸现对话问题的焦点

这是教学对话的关键。教学对话以问题为起点，以问题表征和问题探讨为指向，以对话形式解决问题是教学对话的核心特征。师生围绕问题对话，使问题衍生为知识表征或新的问题，问题成为师生关系的中介和对话的桥梁。对话的话题无论是一对矛盾、一种现象，还是一个问题，都应是关键性的、有探讨价值的，或者是能够引发全局的。能凸现对话问题的焦点，问题才能够真正融汇到教学中并产生导向作用，提高对话效率。

有价值的对话问题必须具备两个条件：一是问题本身能激活学生的内在动机，即问题略高于学生接受阈限，具有挑战性，使之产生认知冲突或疑惑，能达到激趣引思的效果。二是问题的初始状态与目标状态间的缺失能够弥补，且弥补的内容是发散的，弥补的结果是使学生认知结构出现量变或质变。教学对话运作的轴心是“问题”。能够避免大而虚、单调平淡、缺乏启发性的问题，才能凸现问题焦点。

随着阅读和对话的不断深入，学生的感悟会越来越多，理解和认识会更深刻，教师可采用“纵向深入”和“横向延伸”法拓展话题，实行开放式的教学对话。

4. 要把握教学对话策略

这是教学对话的重点。第一，引导学生树立对话的意识。不要过多的探讨教师首先提问的策略和艺术，而应更多的思考如何激发学生的问题意识。欧美课堂提问主体经历的漫长演变过程启示我们：应持有“没有问题的学生不是好学生”的观念，“学生首先提问优于教师首先提问”的观念。学生首先提问可以摆脱教师首先提问所带来的束缚，使问题更加符合学生的实际。要让学生明白，对话不仅是发言，也包括倾听，倾听才是关键。对话既是两个主体间的应答，也是多个主体间的交锋。既是人与人之间的言说、交流、心灵的回应，也是人和世界万物的相互应答。既是语言形式的，也是非语言形式的。既是听觉的，也是视觉和所有其他感觉的。既是知识的，也是精神的。①

第二，把握基本的对话规则。这是对话得以进行的不可或缺的条件。真对话本身就是一种约束，一种规则。它要求对话者之间能够相互尊重、共同致力于主题的探讨。不遵守这种自我约束的规则就是对对话的一种挑战，就容易造成假对话的出现，对话的有效性与深度就会出现问题。比如，为了各自利益而

① 张理智：《构建思想交流和心灵沟通的课堂——从独白到对话：课堂教学形态的变迁》，载《中小学教育》，2005(2)。

保留自己的部分意见，对话的深度可能就会受到影响。

第三，有效对话离不开知识的支持。语文知识的学习可以加深对母语的认识，对汉语语音、文字、词汇、语法、修辞等运用规律的了解。开发学生的智力，培养学生的能力，一般是在学习和运用知识的过程中实现的。离开了语言文字知识为基础，读写听说知识作指导，学生对语言运用规律的感悟就会浪费许多时日，观察力等思维能力的发展就会受到制约。对话水平的高低能够显现出参与者思维的连贯性、深刻性等。从这个意义上说，教学对话不是削弱知识，而是要加强相关知识的学习，只要不过分追求知识的系统性，就能够有效提高对话的质量。

第四，有意识地与对话参与者共享阅读成果。个体的现实生活经验，总不免单调，而文本及对话参与者能够呈现丰富而复杂的人性，通过对话，参与者分享彼此的观念，检验他们的知识和理解，实现着对现实人生有限经验的突破和超越。对话所提供的替代性满足，经验共享，让对话者诗意地栖居了自己的心灵。经验的唤醒与更新、交流与共享，实际上是教学对话中个体生命介入的重要标志。有意识地分享对话参与者的经验、阅读成果等，是教学对话的重要策略。

第五，注意态势语言的使用。身势语(体态语或行为语)，具有传授信息、表达指示、交流、诱发情感、控制调节教学进程和组织管理课堂功能。在对话中，教师要伴随教学言语的表达灵活恰当地使用面部表情、眼神、手势、肢体语等，鼓励学生积极参与对话，对学生的发言适时表示肯定、赞同、应允、敬意、满意、理解、支持、惊奇、自豪、友善、热情、亲切、诚挚等，以缩短有声语言对课堂时间的占用，创设出更为和谐热烈的对话氛围，有效地组织课堂对话，增加教学的生动性和表现力。

5. 要力避教学中的对话误区

这是教学对话有效性的保证。对话着意于在不同意见和见解之间建立一种互生关系。对话的理念和精神使师生在对话中精神相遇、心灵沟通，在思维同步、认知共振、情感共鸣中实现思想的升华。教学中的假对话却削弱了教学对话应有的作用，应力避以下几种教学对话误区。

(1)貌似启发的独白式对话

教师早有预定答案，学生对内容的理解和问题的解答异化为对教师和教参的理解。表面上看是教师循循善诱，以“点拨”的形式与学生问答，实质上是教师掌控着话语权，最终要求学生接受教师心中的唯一正确的“标准”答案，这种独白式的对话，不是真正的对话。

(2)游离或偏离主题的对话

游离或偏离主题的对话是指对话的主题与教学目标相背离或有一定距离，或在对话过程中不知不觉地偏离了主题。

(3)不具实质内容的对话

即无效对话，在一些粗浅的常识上绕来绕去，徒具问答的对话形式，实质上根本不用对话学生自己也能很容易的弄懂问题。

(4)掩盖真实意图的对话

有时学生或在教师权威压力下，不敢、不愿表达自己的真实意图，或为讨好教师或为使自己获益而掩盖真实意图。教师为了树威信而掩盖真实意图，或为了鼓励学生而掩盖自己的真实意图。① 如教师本来回答不上学生的问题却鼓励学生间对话。

(5)思维互不转向的对话

表面上对话双方有来有往，争论激烈，实际上双方坚持自己的立场，只想说服对方，让对方认同，而不去试图理解对方，对话在两条逻辑线上展开，根本没有思维的相互转向，心灵上的相互回应。辩论最后变成了双方交替进行的自言自语，对自家观点的坚守与捍卫。

(三)教学对话的表征方式

1. 言语型对话

主要是人与人之间的交际性对话。是师生基于个人体验，与文本对话而进行的合作性、建设性的意义生成过程，包括师生对话和生生对话。

(1)师生对话

师生对话是指师生之间蕴含着教育性的相互倾听和言说。它消解了传统师生关系中的二元对立，“教师与学生的关系不再是以知识为中介的主体对客体的单向灌输关系，取而代之的是一种‘我—你’的对话关系”②。通过对话，“教师的学生”及“学生的教师”等字眼不复存在，随之出现的是“教师学生”及“学生教师”。教师不再仅仅是授业者，在与学生的对话中，教师本身也得益；学生在受教育的同时反过来也在教育教师，他们合作起来共同成长。

师生对话是师生在对话中的精神相遇和共享世界的过程。德国文化教育学

① 刘徽、李冲锋：《警惕语文教学中的“假对话”》，载《教学月刊》(中学版)，2004(6)。

② 张增田、靳玉乐：《马丁·布伯的对话哲学及其对现代教育的启示》，载《高等教育研究》，2004(2)，24～28页。

家斯普朗格说，“教育绝非单纯的文化传递。教育之为教育，正在它是一个人格心灵的‘唤醒’，这是教育的核心所在。”①教育的最终目的不是传授已有的东西，而是把人的创造力量诱导出来，将生命感、价值感“唤醒”。在对话中，师生作为独立的精神主体在相互尊重和信任的前提下，共同步入教学领域，并在其中相互理解、平等交流。在两者精神相遇的境域里，教学的意义悄然产生。师生作为独立的自我，在精神相遇和理解中，相互沟通人类知识、思想、智慧、经验等文化成果而获得新知，共同提高，相互理解和感受同一种精神体验，共同摄取双方创造的经验和智慧，不断提升着各自生命的意义和价值，进行着文化、责任、精神、价值方面的共享。

答问式是教学中师生对话的常见形式。典型的答问式师生对话如西方苏格拉底式对话和我国古代的孔子式对话。其原始层面上的明显特征是以教师为中心，教师只是设计符合疑问句语法结构的问题，而少考虑学生的认知需要，学生始终处于被动地位，由教师牵引的对话束缚抑制了学生的思维发展。

真正的师生对话不仅表现为提问和回答，更是交流与探讨、言说与倾听、欣赏与评价。不能仅停留在表面的一问一答式的语言交流，心灵或精神的沟通才是师生对话的根本，要避免师生表面上交流而实际上未实现沟通的尴尬。

(2)生生对话

生生对话是一种曾长期作为师生对话的补充形式而被边缘化的学生之间的讨论与交流，往往表现为生生之间的合作探究，是教学活动成功的不可或缺的因素。学习者之间在知识背景、经验和各种非智力因素等方面存在着差异，认知方式和精神方式的多元化，经验和知识等的差异性本身就是丰富的课程资源，学习者之间的交往和活动也是教学系统中极具潜力的宝贵的人力资源。通过对话，学习者对自己的思维过程及其结果进行再认识，对各种观念进行再改造，并能超越自己的认识，修正自己的观念，重构自己的知识系统。

生生对话以小组合作为主要互动形式，给每个人提供了发表自己观点和看法、倾听他人意见的机会。在相互间交流、讨论和切磋中，思维碰撞，智慧在不时迸发的灵感火花中得以提升。同时，又体验着愉快，学会欣赏与发现他人、理解与尊重他人，学会与他人分享成果，与人沟通和合作。生生对话的形式主要有：讨论式、问答式、辩论式。必须防止生生对话流于形式，它必须贯穿着对话的理念和精神，注重各种观点之间的交锋和共生。

---

① 邹进：《现代德国文化教育学》，73页，太原，山西教育出版社，1992。

2. 理解型对话

主要是人与文本之间的对话，是阅读者在积极地调动自己已有的知识和经验的基础上，体验、感悟、理解文本，并再造文本和创造文本的过程，是人已有的知识框架和文本知识的耦合、磨合与对接。包括师本对话和生本对话。

(1)师本对话

师本对话指教师对文本的理解。教师的家庭环境、受教育经验、专业知识与技能、教育观念及文化背景，对文本的大致意见、印象、假设等构成了他的成见。教师以其"成见"为前提与文本对话，就会出现两个不同的视界：教师的视界和文本的视界。教师无法摆脱成见，也不可能以自己的成见去任意曲解作为课程内容的文本。只有当这两个视界融合在一起，产生意义，才会出现真正的理解(视野的融合)。此时，文本的意义世界已不再是其原有的世界。教师与文本在各自视阈的基础上通过积极的对话不断形成新意义、新思想。师本对话具有开放性和建设性。

(2)生本对话

生本对话指学生对文本的阅读与理解。学生在用自己已有的经验、知识和情感去体验和建构文本意义世界的过程中，把握了知识和文本的意义，享受着教育，不断走向丰富和完善。文本与学生之间也不再是教训与被教训、灌输与被灌输的关系，而是一种对话，一种感受、理解、欣赏与体验。这种平等的、对话式的、双方都以一种积极态度参与的双向交流关系，马丁·布伯称之为"我—你"关系。在这种关系中，学生与文本相互走进，视界融合，精神相遇。这是一种无声的交流，精神的对话，是心灵的碰撞和灵魂的回答。

师生对语文课程内容的理解，离不开与文本的对话。文本，是以话语为表征的一种语义交往形式，具有物质形态和意识形态特征。阅读教学的文本类型主要有四种：课文文本(由编者整理和读解过的文本)；作品文本(未经诠释的作者原创作品文本)；互文本(与作品文本有直接或间接关联的其他文本)；超文本(非线性的、交互的、跳跃的电子超文本)。阅读教学就是要与这四种文本对话，以期达到对文本思想内容和艺术形式方面的理解。

与课文文本对话，指师生在熟知或理解教学目标后，以主体身份独立自主地与文本展开对话。传统的教学对话模式是对话的话题与方式由教材编者或教师预设，结论早有定论。虽能快捷有效地传递前人知识成果，但其对话在封闭圈内运行，追求统一性与共同性，周而复始，重复着固定不变的结论，消解了师生阅读的个性和创造性。阅读应是个体与文本对话、交流和融合的过程。与课文文本对话，旨在理解编者设定的教学内容，完成教学的基础目标。

与作品文本对话，是指阅读未经改动或删节的课文全文，暂时搁置教材设定的话题，以个人的视界向文本提问，获得属于自己的个体体验。具有特定对话语境的原文作品，随着时空流转，特定的语境变成普遍的语境，其内涵远超出原初意义。我们与之对话的文本，其实是文本的“语言在说话而不是作者”，处于不同时代、不同社会语境中的读者，均可在阅读中获得自己所企盼的东西。与作品文本对话，旨在培养学生独立自主的阅读能力，体验个体创造的快乐。

与互文本对话，是把单文本置于多文本的关系网络中以在一定程度上消除阅读分歧。阅读任何文本，都会与其他文本发生互指性关系，并影响文本的意义诠释。法国文论家克里斯蒂娃说：“任何文本都位于若干文本的交汇点，它是这些文本的阐释、集中、浓缩、转移和深化。”①互相交叉影响的古今中外各种文本，构成庞大文本体系，师生间的认知结构、经验和性格爱好不同，对文本的提问与回答也必然出现分歧，阅读成了名副其实的多文本对话。阅读由单一文本转向多文本，在碰撞式的交流中既坚持我见又吸纳对方的合理思想，同(异)中求异(同)，阅读能力才能得以提高。阅读中的一篇带多篇，教材按文体或内容组成单元，也包含互文本对读之意。与互文本对话，旨在相互交流心得，举一反三，将所学知识应用于生活。

与超文本对话，以电子为媒体，不局限于课堂和有限的线性文本，不再是一行一页阅读，而是整体直观把握，自由选择切入点，自由联想、跳读，进行非线性的立体性对话。要求读者关注文本的共同性，使本来无关的文本，具有相互联系。它打破了自律、封闭和确定的阅读程序与内容，颠倒、插穿、中断、嫁接无所不可；消解了规范、禁令和权力监控，否定了作者、编者的权威性，遂顺个人的阅读意愿，可自由剪接、粘贴，并把自己的文本嵌入其中，在对话同时，参与文本的写作。但其弊端明显，垃圾文本空耗时间，多而全的资料库易造成信息迷航，沉醉于网络影响健康。与超文本对话，旨在走出课堂，为未来发展奠定基础。宜在高年级进行，并加强课外指导。

3. 反思型对话

反思型对话是师生的自我对话，是对自我的反思性理解，对自身经验、历史、思想等进行的回味和合理性追问，对外在世界的认识探究。反思就是以自我存在为对象，对自己的知识、经验、行为以及由此产生的结果进行审视和分

① ［法］让-伊夫·塔迪埃：《20世纪的文学批评》，史忠义译，天津，百花文艺出版社，1998。

析。反思是自我对话的基础和途径。个体内心的矛盾或困惑往往能促使他去思考、感悟和探究，现在与过去的“我”、现实与理想的“我”对话，使个体以自己先前的知识吸收和改造着与他人、文本的对话，使自我不断获得充实和发展。

对话是一个动态的过程，其结果是师生思想与行为的转变，即对话交往观念与能力的形成，对差异的深层次认同和对世界理解的加强。通过反思，追问自身与他人言行的合理性，反省所听到的、读到的以及看到的一切，斟酌自己的经验和问题的真实性，找到对话何以进行与失败的根源。它更加强调在彼此的交融中完成教学任务。因此，师生的反思成为确定教学目的、手段、模式等合理性的重要途径之一。

教师的自我对话一般包括如下内容：我是否尊重了学生，我是否很好地阐释了课程内容，我的教法是否与学生的学法适应。学生的自我对话主要包括：我真正理解了课程内容吗，我的观点表达清楚了吗，我和别人的看法为什么不同，我的想法有哪些需要修正，等等。师生正是在不断的自我反思中不断走向完善。

【案例分析】

一、《我与地坛》课堂教学对话

随着年龄的增长和阅历的丰富，我对生命和教育的理解日益深刻，《我与地坛》这篇课文，在我心中的重量也越来越沉了。肃然走进教室，播放贝多芬的《命运》，在黑板上写下“生命的重量”几个大字，营造了对生命思考的氛围，走上了对生命思考的征程。随着“地坛与史铁生的关系”的讨论进入尾声，又一次的遗憾从心中升起，似乎离自己的愿望还相差甚远。这时，一个学生突然提出了一个问题：“老师，如果是别的遭遇不幸的人来到这里，会不会也像史铁生一样得到如此的启示，重新坚强起来呢？”

我的心头一震：我备课时怎么没有想到这个问题呢？刹那间，我感到这个问题是一个很有思考价值的问题，于是开始了我们新的思考之旅。

师：是啊！别的与史铁生有类似遭遇的人如果也来到地坛，会不会有史铁生同样的感悟呢？我可从来没有思考过这个问题，请大家思考一下，帮他也算帮我解决一下这个问题吧。

（学生都静静地思考，两分钟后，问题的答案陆续出现了）

生1：应当会有同样的感悟，因为地坛外在荒芜的环境下潜藏着生机，仍然会使来者得到启发，使他对生命充满了希望。

师：嗯，只要地坛的生机仍在，就有可能对来者产生启迪作用。

（我虽然赞成，但心里却希望有人起来反对）

生2：我认为不一定有同样的感悟。如果这个人，只注意了外在的荒芜，缺少一种对地坛内在生机的观察，那么，他要么把地坛当成"同是天涯沦落人"，常常到这里来躲避现实，寻找安慰，要么更因草木而生悲，甚至轻生。

师：哦？地坛还是那个地坛，草木还是那个草木，对人的作用却大不一样？可能吗？

（我又故意反问，进一步引起争论）

生3：地坛石门落日，映照每一个坎坷；落寞时间，雨燕高歌；冬天雪地上孩子的脚印，启迪联想；苍黑的古柏，静默自然；暴雨下的气味，让人联想；秋风早霜，弥漫熨帖而微苦的味道。这些都是永恒的。所有来到地坛的人，都会感受到。

师：是啊，这些确实是永恒的。不过，换一个人是不是一定能感受得到呢？

（我先对他进行肯定，再反问，启发反对方思考、反击）

生4：不一定能感受得到。同样是秋，欧阳修的《秋声赋》中是肃杀悲凉，而毛泽东的《沁园春·长沙》中是"万类霜天竞自由"。同样是春，有许多赞美春天的作品，也有许多写春愁的作品，因人而异。

生5：大自然的声音不是所有的人都能听懂的，大自然的内涵不是所有的人都能感悟到的。

生6：每个人的气质、倾向也是不同的。我敢说，史铁生天生有一种不甘失败、不愿轻生的禀赋，他内心一直都有强烈的生的渴望。地坛的生机和永恒，是他鼓起勇气，勇敢生存的外在因素。他骨子里就是一个坚强的人。

（大家鼓掌）

师：思考得深入。好！看来人本身还是最重要的因素啊。还有什么要说的？

（我进一步启发大家深入思考这个问题）

生7：史铁生是一个喜欢从自然界吸取积极精神的人，他吸取了地坛的充满生机的一面，不像有的人喜欢从外界吸收消极的东西。

师：是啊。从自然、社会吸取积极精神的人，他就比较乐观，对未来充满信心，能够战胜目前的困难。正像玫瑰，有人看到花的美丽，而有的人只看到花下面的刺。

（我强化了一下这位同学的观点）

生 8：史铁生有作家的素质，他对自然环境的观察比较敏锐。

生 9：痛苦的煎熬，培养了史铁生忧郁的个性，而这又能使他对自然界进行深刻的思考。痛苦的人更善于思考。

生 10：他长期来地坛，又长时间地待在那里，看啊，想啊，哪能看不到地坛潜藏的生机呢？

生 11：我一连几小时专心致志地想关于死的事，也以同样的耐心和方式想过我为什么要出生。这样想了好几年……

我在黑板上写下了“我思故我在”几个大字，说道：“感谢自然的恩赐，感谢深刻的思考。我美丽，因为我思想！”下课铃响了，我又播放起《命运》，让学生带着对生命的思考离开教室。

我相信，对生命的珍惜来源于对生命的深刻思考：一切智慧都来源于对事物的深刻思考！

评析：学生提出的问题“如果是别的遭遇不幸的人来到这里，会不会也像史铁生一样得到如此的启示，重新坚强起来呢”，涉及如何评定作者史铁生，这毕竟还是关于文本解读的问题，是由作者而文本的问题，也就是我国传统解读中的人格风格的问题。作者中心的解读理论十分强调人格即风格，强调人格与风格的高度统一。可是在文学发展史上有许多人格与风格相矛盾的例子。于是，课堂上要充分假设不同的人(作者)在面对相同的景物时可能产生的文本创作冲动。这个问题其实已经超越了文本，已经“越轨”了。因为学生已经开始“我注六经”，根据自己的假设“另起炉灶”了。如果缺少手段，可能要偏离语文课堂的任务了。但是，老师和学生们充分了解作者的特殊身份与不幸遭遇，这就为文本的解读寻找到了可贵的内部证据。在假设别人是否也会如史铁生时，实际上是在做试错检验，目的在于证明史铁生《我与地坛》最独特的文本内涵。因此，在貌似“越轨”的表象下完成的是对文本意义的“回归”。(张玉新评)①

二、钱梦龙的《最后一课》教学对话②

经过将近两节课的阅读、思考、讨论，学生对都德的《最后一课》已经留下了很深的印象，他们的表情告诉我，韩麦尔先生一番感人肺腑的话和

---

① 吕秀芬：《我思故我在》，载《中学语文教学》，2005(6)。有删改。

② 钱梦龙：《导读的艺术》，83～85 页，北京，人民教育出版社，1995。

小弗朗士痛悔的心情，都在他们的心中激起了共鸣。该学习的知识都学习了，该训练的技能也都训练了，这时教师唯一可做的工作，似乎只是宣布下课。

然而离下课还有几分钟。

“交谈”需要一种平缓的教学节奏，这正是“交谈”的最好时机。于是我提出了一个“话题”：“我跟小说里的韩麦尔先生一样，都是教本国语文的，你们猜猜看，我读了小说以后会有怎样的感想?”

同学们纷纷猜测，虽然猜测的内容各不相同，但都言之成理。最后我肯定了一位同学的猜测跟我的感想完全吻合，他说：“我想您会为自己的工作而感到自豪，因为您教的是我们祖国的语言，它也像法国的语言一样——最明白，最准确。”我接着告诉学生：我们祖国的语言是世界上最富于表现力的语言之一，我国古代浩如烟海的哲学、军事、科学、文学著作，都是用祖国的语言文字记录下来的；外国无论哪一个伟大作家的作品，无论它表达的思想多么深邃，感情多么微妙，都可以用中文准确地翻译出来。我们祖国的语言又最简洁明了，联合国用五种文字印成的各类文本，其中中文文本都是最薄的。根据国内外学者的研究，学习汉字最有利于儿童智力的发展；汉字又最便于编码输入电脑，因此汉字将是信息时代最有发展前途的一种文字。我所教的就是这样一种了不起的语言文字，理所当然是引以为豪的。

我从学生发亮的眼睛中观察到，我的强烈的自豪感也使他们真正动了情。

随后，我请同学也谈谈自己的感想，跟老师交流。“我们要像醒悟后的小弗朗士一样，珍惜现在的学习权利，努力学好祖国的语言文字。”这是同学们共同的心声。于是我再顺势一点：韩麦尔先生说“亡了国当了奴隶的人民只要牢牢记住他们的语言，就好像拿着一把打开监狱大门的钥匙”，今天的我们完全不存在亡国当奴隶的问题，拿了这把钥匙又有什么用呢?

“打开知识宝库的大门!”

“这是一把金钥匙!”

孩子们几乎齐声地叫起来。

课，在余韵悠悠中结束了，但学生仍然沉浸在这种“平等的交谈”所造成的愉快的氛围中。

评析：正如钱老师所说，教学中的交谈，是师生间交流思想、沟通情感的一种重要手段。它跟通常说的“谈话法”形似而神异。谈话中的师生双方实际上是不平等的，教师往往以一种居高临下的态度对待谈话对手，谈话可能很热烈，成功的谈话也确能激活学生的思维，引导他们获得教师预期的结论，但却很难消除学生对教师的距离感，而这必将妨碍学生真正投入到教学过程中来。交谈最明显的标志是教师平等的态度，“交”就是指师生思想感情的交流，交流的双方是完全平等的。教学中要回答的问题，可由教师提出，也可由学生提出；问题提出后，教师除了启发学生思考外，也可以谈谈自己的认识和体会，并允许学生发表不同甚至反对的意见。只有当学生与教师间建立了朋友般值得信赖的精神联系，他们才会成为教学工作的热情支持者与合作者。教师的困难在于不仅要更新自己的“学生观”，把学生真正看成具有主观能动性和认知潜能的学习“主体”，而且又不能让自己“淹没”在平等交谈中而忘记了“主导”的责任。

【实践演练】

一、下面是教学朱自清《背影》的两个教学设计①②，请比较同一教学内容采用不同的对话方法有什么区别？

设计一：有序穿插，凸显感悟

我将本课的教学创意确定为“有序穿插，凸显感悟”，以“感悟”为主线。在课堂伊始，穿插课外美文，激发学生亲近文本。在阅读过程中，穿插学生对自己生活的回忆和感悟，引导学生走近文本。在品读关键词句时，穿插教师的讲析，和学生一道感受经典文章那耐人寻味的蕴藉之美。

(一)读课外文章，悟课内情感

1. 学生默读[美]邦拜克《父亲的爱》一文(略)，说说课文中的父亲哪些举动表达出了他对“我”的爱。

2. 要求学生思考：中外父亲表达爱的方式是否一样？朱自清是否和邦拜克一样也是一个后来才察觉到父亲的爱的粗心的孩子？由此过渡到《背影》的学习。

---

① 梁吴芬：《爱，在回望中渐渐美丽——〈背影〉教学创意》，载《中学语文教学》，2005(9)。有删改。

② 葛江海：《让一棵茂盛的树挺立在你的心田——〈背影〉教学设计》，载《中学语文教学》，2005(9)。有删改。

3. 学生默读课文，找出文中父亲关爱“我”的种种言行(父亲放心不下亲自送我上车，帮我拣座……不顾身体笨拙为我买橘子等)，引导学生懂得父亲所做的这些平平常常的琐碎小事，都是他爱“我”的表现。

(二)为课文补白，为自己补“课”

1. 两年前，父亲送“我”时，“我”的心理活动是：①其实我那年已二十岁，北京已来往过两三次，是没有什么要紧的了；②总觉他说话不大漂亮；③我心里暗笑他的迂，他们只认得钱，托他们只是白托。

2. 两年之后，“我”仍是这样想的吗？请仔细揣摩，补写“我”的心理活动。引导学生在活动中感悟：以前“我”是一个生活优裕不谙生计的少爷，而两年艰苦生活的磨炼，已经把“我”变成一个初尝生活酸辛、懂得分担家庭责任、能够理解父亲难处的成年人了。懂得了生活，就懂得了爱，所以尽管只隔了两年时间，但“我”已经完全能够读懂父亲那深埋在寻常举动中的深厚父爱了。而且，人总是在回首时才懂得爱的真谛，懂得生活的美好。

(三)在回望中感悟，在讲述中成长

1. 回忆往事。回头望望，也许在火辣辣的巴掌里藏着妈妈的爱，也许对自己的负气离家痛悔不已，也许对儿时的傻事忍俊不禁……经过岁月的沉淀，许许多多以前未曾感受到的人间真情、生活的美丽全都到了眼前。鲁迅先生笔下“那夜的社戏”为何那般好看？“那夜的豆”为何那般好吃？因为长大之后回想起来，才发现戏里有纯真的友情，有淳朴的乡情，有江南水乡的山野味道，有做小偷的惊险之趣……调和了这么多滋味的戏当然好看，豆当然好吃了。回过头去望望，有哪些当时擦肩而过的往事现在看来变得分外美丽？

2. 学生讲述自己的故事。

(四)以品读提升能力，用朗读传达深情

1. 教师讲析：父亲在失业、丧母、家破、年事渐高的人生窘境中，在他生命中不寻常的岁月里，却给予我一如既往的爱和关怀，因此，那些平常的举动便具有不平常的意义。父亲的爱，透过岁月的风尘，越来越清晰；父亲的爱，在回望中越来越美丽。

2. 师生共同品评文章中那些平淡朴素却耐人寻味的词语，提高自己的欣赏能力。

3. 带着对文章感情的深刻理解，选择自己喜欢的段落朗读，读出对父亲的一片深情。

设计二：树型阅读

一篇文章就像一棵树，深沉的主题或情感，像树的根；起伏或流畅的行文，像树的干；优美或洗练的语言，像树的枝叶。于是，我尝试引导学生像认识一棵树一样来学习阅读一篇文章，教学生一种读书的方法——树型阅读。下面是我用“板块式思路”教《背影》的教学设计。

预习要求：找朱自清同时代的作家的作品看看，感受一下他们文章的调子。

导入：先请人画一棵树。然后对学生说：“一篇文章就像一棵树……我们今天来学习一种读书的方法——树型阅读。”

第一个教学板块：朗读，识全貌——说感受

1. 自由朗读全文。要求：想想你的眼前是一棵什么样的“树”。

2. 学生说话。说自己对这篇文章的感受。

第二个教学板块：品读，看枝叶——说理解

1. 进行合作式学习。“同学们自己任选一段，和同桌交换一下意见，说说你的看法，你的理解，你的疑点。如果你认为这一段好，好在哪儿；不好，你的同桌有同感吗？都认为不好，向全班提出来，我们来把它删去。”

2. 老师教给方法。如果说一棵树上有片叶子，有束花枝特吸引你的眼球。那么，在一篇文章中它就是那美丽的一个词，美丽的一句话。同学们自由发言，然后老师引导：

它们像一片片美丽的叶子：题目“背影”，其他词语“聪明”“蹒跚”“慢慢探身”“向上缩”“向左微倾”“扑扑身上的泥土，心里很轻松似的”。

它们是一束束美丽的花枝：一处写家境——祸不单行；两处写穿着——买橘时，看信时；三处写心情——①唉，我现在想想，那时真是太聪明了！②怕他看见，也怕别人看见；③唉！我不知何时再能与他相见！四次写背影；四次写流泪；五次写语言。

3. 学生再次进行合作式学习：任意评价“一片叶子”，尽情描述“一束花枝”。先和同学交流，互相切磋，然后举手发言。

生 1：“聪明”其实不聪明，这个词表现出对自己的嘲讽和指责。

生 2：“蹒跚”“慢慢探身”“向上缩”“向左微倾”表现出父亲为我买橘子时的困难。

生 3：“心里很轻松似的”是作者的揣摩，表现出作者对父亲的理解和体贴。

生 4：祸不单行的家境为全文笼上一层低沉的雾。

生 5：两次清晰地写背影表现出作者对父亲为自己买橘子印象之深。背影已经成了父亲形象在我心目中的定格。

生 6：三次穿插写自己的心情，使文章显得有张有弛，情景交融，真实可感。

第三个教学板块：赏读，析深根——说感悟

第一层次：再读课文，说说这样的文章能打动人心吗?

启发一：结合内容来探究。导问：如果父亲是一个有钱的壮汉，你会感动吗?

启发二：结合年代来探究。导问：同学们看 61 页的注释①，作者生于 1898 年，文中写自己当时二十几岁，当时中国正是 20 世纪 20 年代，那时的知识分子的普遍心境是怎样的?

引导学生认识：

——文章能打动人心。因为父亲是站在我们身边的一棵挺拔的树，为我们遮阳挡雨，父爱和母爱一样，是天下最美的情感。而这篇文章就是写一个父亲对儿子深沉的爱。

——20 年代的知识分子当时受革命低潮的影响，有很多作家在他们的文章中都表现出一种淡淡的愁绪，所以这篇文章全文都笼罩在一层低沉的愁雾中也是可以理解的。

——离别的时候人最伤感，加上作者当时家境不好，父亲的心情也一定不好。如今分别时，他却如此细心地照料“我”，更让“我”感到父亲的可亲可爱。全文笼罩在一层浓浓的感情氛围中。

第二层次：继续导问：同学们，你们说我们以后可以怎样读，可以怎样写作?

生 1：在读文章时要结合文章的写作背景来读，来理解。

生 2：在写作时要写得细，写得真，才感人。

生 3：在写人时要写出特定的情境。

生 4：在写人时要写出特定的动作。

第四个教学板块：仿写，种棵树——写我爱的人

想想在生活中遇到过哪些让自己感动的人，遇到过哪些让自己感动的细节，然后简单交代背景之后，写出这个感动你的人和事。

这个环节既让学生从课堂走向生活，联系生活，感受人生，也让学生进一步体悟“根深才能叶茂”，写文章要扎根生活、用情生活才能写好的道理。

二、下面是一些实习生设计的教学对话方式，你认为合适吗？如有不足，该如何修正？

1. 教学《桥之美》，鼓励学生查阅各种桥的图片，并根据自己的想象，画出芦苇丛中的石桥、山区的风雨桥、四川等地的铁索桥和竹索桥，课上交流。要求说明各自搜集、画出的桥美在哪里。

2. 教学《就英法联军远征中国给巴特勒上尉的信》一文，让学生阅读课外书籍，上网搜集资料，如故宫、圆明园、巴特农神庙、埃及的金字塔、罗马的斗兽场等，开一次“神奇伟大的古代建筑”介绍交流会。

提示：参照教学对话的基本要求来衡量其优劣得失再做修正。比如要考查学生对课文本身又了解多少？对《废墟》《桥之美》《长城》传达的人文关怀又触摸了多少？对作者传达精神的方式又了解多少？一句话，学生对教材提供的文本学得了多少？

三、比较下面的对话设计①，思考每组中的哪一项更符合教学对话的理念要求，为什么？

1.(1)贾母称凤姐“凤辣子”，运用了什么手法？

(2)有人说王熙凤“明是一把火，暗是一把刀”。(“恨凤姐，骂凤姐，不见凤姐想凤姐”)。贾母称她“凤辣子”，只三个字便形神毕肖，入木三分。你能体会出好在什么地方吗？

2.(1)“抢夺梳妆匣”运用了什么手法，刻画了人物怎样的性格？

(2)“老头身子一纵，扑向梳妆匣”——为什么其他地方称葛朗台、箍桶匠，这个地方称老头？

“好似一头老虎扑上一个睡着的婴儿”——七十六岁老头为什么好似老虎能纵能扑？

“什么东西？”他拿着宝匣向窗前走去——没看清什么东西为什么就抢夺；

“嗷，是真金！金子！”他连声叫嚷——为什么称镶着金饰的匣子为金子？

“查理把这个给你换了美丽的金洋，是不是？”——金洋为什么是美丽的？

---

① 郑晓龙：《“问”的问题》，载《中学语文教学》，2005(8)。

“这交易划得来”——他为什么把爱情说成交易?

提示: 从问题的取向是否明确，思考的角度是否具体，要求是否明确，提问的语气等是否生动有鼓动性，能否引起学生的充分注意和思考，调动其情绪和欲望等方面考虑。

四、认真设计朱自清《春》的教学对话方案。请同学评论其优缺点。

提示: 先明确教学重点和难点，学生的认识基础，再根据教学的重点内容设计对话方案。

四、收束技能

(一)收束课程的意义与基本要求

收束课程，也叫结束课程、课堂教学结尾或课堂教学小结。它是课堂施教过程中必不可少的一个环节。收束课程技能，是语文教师课堂教学基本功之一。

一堂课的结尾如何，能衡量出一个语文教师教学设计水平的高低，测定出教者教学艺术细胞的多少，掂量出教师课堂教学基本功的强弱，并且能直接影响学生的学习兴趣、思维习惯和学习效果。据研究，教师在课堂上及时帮助学生总结课程内容，及时的回忆、巩固，要比下课 6 小时以后的记忆效率高出 4 倍。

收束课程，有利于学生对所学知识的消化，促进知识向能力的转化；利于学生把握学习重点；利于及时简化知识，促使学习内容的系统化；利于学生理清学习思路，使所学内容了然于心，强化记忆；收束时进行的必要检测，还可以获得教学反馈信息，有助于对今后教学活动进行有效的调控，增强课堂教学的整体效果。

收束课程的基本要求是：

(1)紧扣重点，不枝不蔓。应在课程结束之前，再次“篇末点题”，明确本课学习的重点，帮助学生理清学习思路，把教学内容系统化、条理化。

(2)强调能力，尤重素质。要从语文学科特点出发，运用收束技艺体现和完成培养语文能力的教学目标，尤其是应加强对学生的智力、审美、品德等整体素质的培养。

(3)语言精练，干净利落。收束课程的语言应是整堂课教学内容的高度提纯，不能是对主要内容的简单重复，切忌拖泥带水、以相同语句的多次重复为提醒学生注意的做法。

(4)方式简便，方法灵活。简便而灵活的收束为上，故弄玄虚、烦琐花哨的收束为下。应使课程的结尾既给人以深刻印象，又实实在在，简短有力。

(5)按时下课，保证时间。要有时间观念，既不过早结束课程，也不拖堂。那种没完没了的总结归纳是令人厌弃的。

(二)收束课程的方法

收束课程的方法，从内容上看主要有五个方面：知、能、智、情、趣。“知”，是指对所学知识进行归纳、整理，使教学内容系统化的收束方法。如提示重点，指出联系，分析辨别，总结要领等。“能”，是通过读写结合等方式对教学进行小结，以全方位地培养学生的语文能力的收束方法。如回讲复述，朗读背诵，写读后感等。“智”，是指通过回忆、背诵、提问、想象、联想等心智活动，来培养学生的观察力、记忆力、想象能力等所采用的收束方法。“情”，是指对课堂施教的内容，再做一番情感的渲染，使学生感到回味无穷，受到教育的收束方法。如味读课文，背诵精彩段落，讨论课文的艺术特色，分析人物形象的塑造，谈自己的理想、信念等。“趣”，是指讲一点与教学内容有关的、能给学生以启迪或愉悦的逸闻趣事，强化学生学习的兴趣。

收束课程，从形式上看主要是讲、读、议、练、测。“讲”是讲述、讲析，可由教师主讲，也可启发学生讲来结课。“读”，主要是以学生学后有表情朗读课文，或教师范读的结课方式。“议”是通过提问、设疑等让学生进一步议论，以求更深入理解的结课方式。“练”是通过练习巩固知识，促进知识向能力迁移的结课方式。“测”，是通过检测来了解学习情况收束课程的方法。收束的方法可以根据教学的具体情况灵活设计。下面具体介绍几种结课的方法。

1. 画龙点睛法

画龙点睛法即在学生认真研读了课文内容、对某些问题做深入思考之后，于结尾处加以点化的方法。它能引导学生进入高一层的思想境界，体悟深邃的哲理，使学生产生耳目一新、茅塞顿开的美感；能突出教学的重点，开掘教学的深度。如《听潮》的课尾，教师以冷静的语调指出：“这优美、传神的画面，栩栩如生，使读者如临其境。然而，这些全是作者的听觉感受。作者之所以写听潮而不是写观潮，将听觉幻化成直观的画面，不仅体现出他的艺术匠心，而且有他的深刻用意。海潮的涨落，其实正是他心潮的起伏啊!”寥寥数语，画龙点睛，使学生浅层次的理解升华到对作者内心世界、寄予到海潮画面中的深刻的思想和情感内涵的挖掘，与作者的感情产生了强烈的共鸣。

2. 尾首回应法

尾首回应法即如文章讲究首尾呼应，以显构思之妙，文路畅达一样，在教学的结尾，用一段与开讲内容或形式相呼应的收束方式结课。此法能使课堂教学结构完整严密，教学目的的落实情况清晰；利于学生思维的一贯性和完整性习惯的养成。

3. 比较拓展法

比较拓展法即在新课讲授接近尾声时，联系学过的课文，从内容和形式两个方面求同索异的方法。以比较结课，能接通新旧课文知识间的信息联系，加大课堂信息量；能增强某一方面认识的强度，拓展思维的空间；利于学生比较、判断能力的发展。如教学《变色龙》，收尾时与以前学过的《范进中举》联系，让学生将沙俄时代的警官与中国明清时期的胡屠户进行有趣的对比。了解不同国度、不同时期、不同社会、不同人物的不同心态和表现，体会不同作者的不同描写手法和风格。

4. 归纳总结法

归纳总结法即将前面的具体分析进行高度抽象概括，把学生的感性认识上升到理性认识的结课方法。人们认识事物一般有演绎和归纳两种方式。学生学习语文多采用归纳的方法。以归纳的方式结课，符合学生的认知心理，有助于培养其思维的条理性；有助于对课文认识的升华，增强认识的系统化、深刻化；能帮助学生理清教学思路，明确学习的重点；能让学生及时查缺补漏，补写课堂笔记。这是一种语文课堂教学最常用的收束方法。运用此法应注意：不能认为归纳总结是教师的特权，应将教师归纳与学生的归纳总结有机地结合。让学生在发现中归纳，在归纳中发现，才能获得真实的感受，认识水平才能不断提高。

5. 借题发挥法

借题发挥法即利用某些课文的特点，在结课阶段对学生不失时机地进行道德情操教育的方法。语文课本中大多为文质兼美之文，其中不乏对学生进行思想品德、人生观、价值观、生活态度、理想追求等方面教育的好教材。运用得法，能落实“文道统一”的教育原则，既教书又育人；能触动学生的心灵，使他们将读文与写文、做人自觉结合起来。如《孟子二章》中“生于忧患，死于安乐”所阐述的人才要经过艰苦磨炼的道理，可在收束时联系实际发挥主题的教育作用，或让学生当堂谈感受，或让学生课后写读后感，读写结合，说做统一。

6. 巧妙牵引法

巧妙牵引法即借助结课阶段学生尚存的疑虑、激发出的学习热情、深入探讨的兴趣等，将课内学习巧妙牵引到课外以至于社会的收束方法。此法能将学校、家庭、社会三个方面的语文学习有机结合起来，形成大语文教育的整体格局；能最大限度地调动学生的学习积极性；能扩展语文学习的范围和深度。如教学《威尼斯商人》，经师生讨论对作品的主题有了基本统一的认识后，教师总结夏洛克这个人物形象时认为他是个吝啬鬼，应该受到惩罚，而有的学生却认为他有情可原，不应该受到惩罚，师生间又有了分歧……这时，下课在即……教师不必急于强行统一认识，可要求同学们课下继续细读作品，将自己的看法及其理由写在作业本上，下节课继续讨论。以疑虑牵引学生的阅读兴趣，使其主动读文，逐步养成探究的思维习惯，严谨踏实的学风。

【案例分析】　人教版语文必修一《小狗包弟》的结束语

人要靠超越来建筑自己的高度，而在所有的超越中，做了错事之后让自己的灵魂"示众"是最困难的一种，也最让人肃然起敬。《小狗包弟》是有着丰富营养的精神食粮，阅读它，我们完成了一次精神上的洗礼，一次灵魂上的荡涤，一次人格上的净化。①

评析：该结束语在对"美与丑""真与伪""兽性与人性"几方面的交流探究之后，水到渠成地做了如上收束，能够使学生更加深刻地体悟到巴金无法释怀的悔恨，崇高的自责反思精神，并再次荡涤自己的心灵，做人格的进一步升华。教师较好地把握了语文的工具性与人文性关系，画龙点睛地突出了教学的重点。

【实践演练】

一、仔细品味《拿来主义》的结束语，评析其结课的方式有什么特点？设计的思路是什么？

师：好。这一篇文章，就它的见解来说，在今天对我们仍然是有现实意义的。对中外文化遗产，必须是吸取其精华，剔除其糟粕。鲁迅先生所论证的"拿来主义"的主张，跟马克思、列宁和毛泽东所讲的对待文化遗产的历史唯物主义观点，是吻合的、一致的，至今我们还在用。

---

① 董一非、姜迎旭：《〈小狗包弟〉教学简案》，载《语文教学通讯》，2009(10A)。

课后把最后一段背出来。想一想看，运用鲁迅先生这篇文章中的观点，对待我们自己课外阅读的古代文学作品、外国文学作品，要怎么样？“要运用”——

师、生(集体)：“——脑髓，放出眼光，自己来拿！”(下课铃响)

师：对。要运用脑髓，要放出眼光，要自己来拿。以后有机会，我们再具体分析分析怎样来“拿”。

提示：从结课的方式、现实意义、学生的实际运用等方面考虑。

二、请阅读《魏书生语文教育改革探索》(辽宁人民出版社1986年版)、观看魏书生老师的课堂教学录像，谈谈“自测”“自结”这两个教学步骤，在课堂教学全过程中的地位和作用。

提示：语文特级教师魏书生在20世纪80年代初创设了“定向—自学—讨论—答疑—自测—自结”的阅读教学模式。“自测”“自结”是其中的最后两步。自测，根据“定向”的要求，学生自己测试自己。有自己出题，相互出题，教师出题多种方式。题量控制在10分钟以内，当堂答题，当堂评分。自结，是在下课前几分钟让学生自己自结本课的收获、在每一个环节的满意程度，在各类学生中选一两名讲讲。

三、阅读都德的短篇小说《最后一课》，品味下面的课程收束方式，写出自己的感想。

师：屋顶上鸽子咕咕地低声叫着，我心里想：“他们该不会强迫这些鸽子也用德国话唱歌吧！”请问，这一句话有什么深刻含义？

(学生纷纷举手，一位平时像小弗朗士一样调皮的男孩站起来)

生：这是对德国侵略者的控诉和讽刺，因为柏林已经来了命令，阿尔萨斯和洛林的学校明天开始只许教德语。可是阿尔萨斯和洛林是法国的土地。

师：(热情地表扬了这位同学)对！你讲得太好了！

(教师觉得学生已经很好地理解了课文的主题，再总结全文、概括中心思想，已经没有必要。于是，老师深情地朗诵起课文来)

忽然教堂的钟声敲了十二下。祈祷的钟声也响了。窗外又传来普鲁士兵的号声——他们已经收操了。韩麦尔先生站起来，脸色苍白，我觉得他从来没有那么高大。

“我的朋友啊”，他说，“我——我——”但是他哽住了，他说不下去了。

(沉默。老师哽住了，读不下去了。教室里一片寂静。老师仿佛就是韩麦尔先生，进入了角色，拿起一支红粉笔，转身朝向黑板，使出全身力量，奋笔疾书：法兰西万岁!)

正在这时，下课铃响了。同学们深情地注视着老师，老师做了个手势，于是班长喊："起立!"同学们"唰"地站了起来，向老师表示了前所未有的敬意……

提示：先阅读课文，体会文章结尾的作用。再根据前面所介绍的收束课程的理论来评价。

四、有不少老师上阅读课布置下面的思考题作为课程的收束，你对此有何看法?

(1)这堂课哪些地方你懂了？还有哪些地方你不懂?

(2)你认为这堂课的优缺点是什么？理由何在?

(3)老师运用这种方法上课，你有什么意见?

(4)你认为应该怎样改进课堂教学?

提示：按照收束课程的要求，参照其途径和方法理论的介绍来衡量其优劣得失。

五、请你为《变色龙》《荷塘月色》的教学，设计几个不同形式的课程收束语，并说明收束课程的方式、设计意图，比较不同收束方法的效果。

提示：先认真研究教材，明确教学的重点和难点，分配好课时，再根据每课时讲授的重点内容设计分课时收束语。

六、请为《拿来主义》这篇课文分别设计两种导入语和收束语。

七、评析《包身工》一课的结构特点。

八、串讲《劝学》一课。要求以学生为主，教师做好直译指导。

九、为《苏州园林》这篇课文设计一系列问题。要求问题之间前后有序，联结贯通，大小适当，多少适量，难易适度，有一定的价值和意义。

复习思考题

1. 你如何理解阅读教学的目标与内容？你认为什么样的阅读教学内容是学生最需要的？为什么?

2. 培育学生良好的阅读兴趣与习惯有什么意义？作为语文教师该怎样做?

3. 学生阅读的基本方法有哪些？其中哪些又是目前学校教育中最应该重视培养的?

4. 阅读能力究竟由哪些因素构成？哪些能力因素是目前大多数中学生所欠缺的？

5. 你是怎样看阅读理解的评价指标的？参阅国外的阅读学习评价方式方法，你认为我国目前应该如何评价中学生的默读，才能够促进学生阅读能力的发展？

6. 阅读教学程序设计的原则和方法应该如何优化？

7. 讲述法、讲解法、串讲法、朗读法、评析法、评点法、问答法、研究法、讨论法的特点和运用要点分别是什么？选用经济而有效的阅读教学方法，应该遵循哪些原则？应达到怎样的要求？

8. 导入新课与收束课程的基本要求及常用方式方法各有哪些？

9. 课堂讲读分析技能包括哪些常见方式？它们都适用于哪些场合？每一种讲读分析技能的特点及运用要求有哪些？

10. 问答研讨技能的各自特点和使用要求是什么？每一种技能训练的具体步骤是什么？

第五章　写作教学

【学习导引】

学生的写作能力历来是衡量学生语文素养的重要尺度。写作教学是语文教学的重要组成部分。正确地认识写作教学的目标及写作能力的构成，便于正确地开展写作教学。掌握写作教学的体系、过程及写作训练方法，利于教师有效地开展写作教学工作。

第一节　写作教学的理念与目标

写作是学生运用语言文字进行表达和交流的活动。学生的写作能力集中地反映了学生的思想认识、生活经验、语文知识与技能的掌握与运用状况，历来成为衡量学生语文素养的重要尺度。

一、写作教学的理念

教育理念是主体对未来教育发展或教育面貌的一种理想期望，是主体对教育的“应然状态”的判定及认可，注重价值判断。① 写作教学理念对于写作教学具有引导定向意义。

（一）写作与做人紧密结合

义务教育课标指出：“写作是运用语言文字进行表达和交流的重要方式，是认识世界、认识自我、进行创造性表述的过程。”这个表述明确地指出：写作不仅仅是主体表达和交流的重要方式，而且是主体生命活动的过程。主体的生命活动表现为把写作过程视作涵养道德情操、提升文化品位、形成健全人格的过程。可见，写作活动，与人的知、情、意、行紧密相连。这种观念超越了传统写作的“修身”“立诚”“实用”等写作价值的认识，把写作的意义和功能提升到一个新的高度。

从写作的价值判断上看，写作教学除了要发挥写作的表达和交际的功能，增强认识和实用功能外，还应促进写作主体在情感、态度、价值观和深层文化

① 刘淼：《当代语文教育学》，44页，北京，高等教育出版社，2005。

积淀上整体地塑造自我。这就要求写作教学应肩负工具性与人文性相统一的双重教育功能，使学生在学习写作的同时学会做人。

（二）促进学生个性化写作

义务教育课标在第四学段写作教学目标中提出："写作要感情真挚，力求表达自己对自然、社会、人生的独特感受和真切体验"，"捕捉事物的特征，力求有创意地表达。"高中课标在课程目标的必修课程"表达与交流"中提出："力求有个性、有创意的表达，根据个人特长和兴趣自主写作"。两个课标都强调了写作的个性价值，体现了写作教学理念一个重大变化：在写作教学中促进学生的个性发展。以往的写作教学产生了两种取向：一种是写作教学的根本任务是掌握一整套写作的知识体系，注重外在化的、规范化的写作技巧，而忽视和弱化自身对生活的一种感悟、反思，学生常常出现写作的"雷同"，体裁雷同、思想雷同、表现手法雷同等。另一种是代言式的写作。这种写作脱离了学生本身的生活，"代圣人立言"，在写作中常常表现为思想空洞，说大话、空话、言不由衷。个性化写作理念提倡自主写作、自由表达、创造性表达，引导学生表达自己的真情实感，求真、求实地进行写作，这样所表达出来的才有可能是独特的、个性化的感受和体验，才不会出现雷同的作文和代言式的作文。

（三）树立读者意识

写作不仅是学生表达思想感情的途径，也是人们运用语言文字进行交流沟通的重要方式。随着社会的发展，写作的交际性理念越来越得到重视。美国、日本一些国家普遍重视写作对象即读者意识的培养，以期更好地实现写作的交际和交流的作用。如美国学者将写作分为三种类型：第一类是日常生活情况的写作，如公文、信件、便条、通知等。第二类是自我限制的写作。作者在开始这类写作之前，已经知道要写的内容，写作的主要任务是根据读者对象和写作目的有效地组织以呈现其观点和材料。第三类就是需要深刻思考的写作，作者在开始这类写作时，不能准确地知道文章要写成什么样子，观点要怎样发展，作者通过写作活动本身去探索和发展写作的内容和形式。这三类写作中，第一类相当于应用文的写作，满足写作的实用和交流功能。第二类是基本的学术能力的训练。这种写作重视写作的目的和读者意识。第三类写作是培养学生思考力、探索精神的写作，力求实现写作的外在交流价值和内在自我塑造的价值。从中我们可以发现，美国强调写作目的和读者意识在写作能力发展中的重要作用。

义务教育课标指出应在"写作时考虑不同的目的和对象"。选择文章的主题、材料、内容、语气等就要有读者意识。写作的目的和读者对象对学生的写作活动起到了一定的制约作用，读者的反馈对写作者也起到一定的激励作用。因此，该理念利于充分发挥写作的交流作用，也能纠正学生写作只为考试的功利性倾向。

二、写作教学的目标

写作教学的目标是教师指导学生写作的依据，也是衡量学生写作能力的标准。写作教学目标如何定位，关系到写作教学的方向。写作教学的目标包括总目标和阶段性目标。

（一）写作教学的总目标

义务教育阶段写作教学的总目标是：能具体明确、文从字顺地表述自己的意思。能根据日常生活需要，运用常见的表达方式写作。

高中写作教学总体目标的规定主要体现在"表达与交流"中，其具体内容如下。

1. 学会多角度地观察生活，丰富生活经历和情感体验，对自然、社会和人生有自己的感受和思考。

2. 能考虑不同的目的要求，以负责的态度陈述自己的看法，表达真情实感，培育科学理性精神。

3. 书面表达要观点明确，内容充实，感情真实健康；思路清晰连贯，能围绕中心选取材料，合理安排结构。在表达实践中发展形象思维和逻辑思维，发展创造性思维。

4. 力求有个性、有创意的表达，根据个人特长和兴趣自主写作。在生活和学习中多方面地积累素材，多想多写，做到有感而发。

5. 进一步提高记叙、说明、描写、议论、抒情等基本表达能力，并努力学习综合运用多种表达方式。能调动自己的语言积累，推敲、锤炼语言，表达力求准确、鲜明、生动。

6. 能独立修改自己的文章，结合所学语文知识，多写多改，养成切磋交流的习惯。乐于相互展示和评价写作成果。45 分钟能写 600 字左右的文章。课外练笔不少于 2 万字。

上述写作教学目标是从"表达与交流"的角度提出的，它将口头表达与书面表达融合在一起进行表述。为了保持高中课标相关部分的完整性，摘录时仍保留原文表述内容与方式。高中课标在"评价建议"中，对必修课程"表达与交流的评价"提出了如下评价建议："应关注学生的写作态度和写作水平。论述类文本写作的评价，应考察能否恰当地表达自己的观点，并能用可靠的材料支撑观点。实用类文本写作的评价，应考察学生能否根据此类文本中常用文体的特点和要求，完成常见实用文的写作。”这使得语文教师的指导有了较为具体的依据。

(二)写作教学的阶段目标

义务教育课标在第二部分“课程目标”中规定的写作阶段目标为：

1. 第一学段：(1～2 年级)写话

(1)对写话有兴趣，写自己想说的话，写想象中的事物，写出自己对周围事物的认识和感想。

(2)在写话中乐于运用阅读和生活中学到的词语。

(3)根据表达的需要，学习使用逗号、句号、问号、感叹号。

2. 第二学段：(3～4 年级)习作

(1)留心周围事物，乐于书面表达，增强习作的自信心。

(2)能不拘形式地写下见闻、感受和想象，注意表现自己觉得新奇有趣的或印象最深、最受感动的内容。

(3)愿意将自己的习作读给人听，与他人分享习作的快乐。

(4)能用简短的书信便条进行书面交际。

(5)尝试在习作中运用自己平时积累的语言材料，特别是有新鲜感的词句。

(6)根据表达的需要，使用冒号、引号。

(7)学习修改习作中有明显错误的词句。

(8)课内习作每学年 16 次左右。

3. 第三学段(5～6 年级)习作

(1)懂得写作是为了自我表达和与人交流。

(2)养成留心观察周围事物的习惯，有意识地丰富自己的见闻，珍视个人的独特感受，积累习作素材。

(3)能写简单的记实作文和想象作文，内容具体，感情真实。能根据习作内容表达的需要，分段表述。

(4)学写读书笔记和常见应用文。

(5)能根据表达需要，使用常用的标点符号。

(6)修改自己的习作，并主动与他人交换修改，做到语句通顺，行款正确，书写规范、整洁。

(7)课内习作每学年 16 次左右。40 分钟能完成不少于 400 字的习作。

4. 第四学段(7～9年级)写作

(1)写作时考虑不同的目的和对象。

(2)写作要感情真挚，力求表达自己对自然、社会、人生的独特感受和真切体验。

(3)多角度地观察生活，发现生活的丰富多彩，捕捉事物的特征，力求有创意地表达。

(4)根据表达的中心，选择恰当的表达方式。合理安排内容的先后和详略，条理清楚地表达自己的意思。运用联想和想象，丰富表达的内容。

(5)写记叙文，做到内容具体；写简单的说明文，做到明白清楚；写简单的议论文，努力做到有理有据；根据生活需要，写日常应用文。

(6)能从文章中提取主要信息，进行缩写；能根据文章的内在联系和自己的合理想象，进行扩写、续写；能变换文章的文体或表达方式等，进行改写。

(7)有独立完成写作的意识，注重写作过程中搜集素材、构思立意、列纲起草、修改加工等环节。

(8)养成修改自己作文的习惯，修改时能借助语感和语法修辞常识，做到文从字顺。能与他人交流写作心得，互相评改作文，以分享感受，沟通见解。

(9)能正确使用常用的标点符号。

(10)作文每学年一般不少于14次，其他练笔不少于1万字。45分钟能完成不少于500字的习作。

写作教学的阶段性目标是写作教学总目标的具体化，它是根据学生的生理、心理阶段性特点及写作教学的规律，明确了某一阶段写作教学所要开展的具体目标。各个学段的写作教学目标是相互联系、螺旋上升，是“知识和能力”“过程和方法”“情感态度和价值观”三维目标的统一体。

第二节　写作能力的构成要素及其评价

能力是一个心理学上的概念，指人顺利完成某种活动的心理特征。任何一种单一的能力都不足以使某种活动顺利地进行，都需要多种能力的有机组合。写作能力是一种综合性能力，是一项高层次的思维活动，也是一种复杂的言语表达活动。①

① 蔡伟:《语文课程与教学研究》，204页，杭州，浙江大学出版社，2008。

一、写作能力的构成要素

(一)写作能力的层次性

尽管所有语文教师在学生写作能力的培养上都付出过分外的代价，然而学生写作能力的效果却不尽如人意。这是因为，学生写作能力的获得比阅读能力的获得难。① 因而，写作能力由什么构成，其构成要素间的层次问题就成为研究者关心的课题了。

在我国，人们对这个问题的研究观点不尽相同。不少研究者与朱绍禹先生持有同样看法：写作能力可分为语言表达力和逻辑思考力两个互相联结的方面，二者互为表里。语言表达力是写作教学力图实现的基本目标。学生通过语言表达自己的思想感情，以语言为手段使自己的感知具体化。写作就是把思想脉络理清楚并使之连贯起来，以表达一个完整而集中的思想。由于语言和思考密切相关，写作能力同时关联这两个方面。语言和思考的双重目标可表述为：①观察和感受事物的能力；②搜集和整理题材的能力；③选择和确定主题的能力；④构思和组织结构的能力；⑤区别和选用表达方式的能力；⑥选择和运用文体的能力；⑦遣词造句的能力；⑧按规范文字书写的能力；⑨使用标点符号的能力；⑩推敲修改的能力；⑪在限定的时间内作文的能力。

有研究者认为，写作能力大致分为观察思维能力、文体的运用能力、文字表达能力以及处理好作者和读者主客观两方面关系的能力等几个方面。颜禾认为，写作能力是综合性的，包括：①观察积累能力；②思维能力。如中心思想的确定、材料的取舍、结构的安排等，最集中地表现在对审题、立意、布局谋篇方面；③联想力和想象力；④运用表达方法能力；⑤语言表达能力(写得清楚明白，合乎语言文字和语法规范；生动感人。语感)；⑥修改能力(修改态度和质量)。② 林惠贞提出，中学生的写作能力主要包括：审题力、立意力、搜集材料、选材、谋篇布局、修改文章能力。③ 傅炳熙认为，写作能力是成功地写作所必需的心理特征，包含观察、思维、联想和想象、创造、表达、书写能力等基本要素。袁修钧认为，写作能力可分为：文字表达能力，观察思考能力。④ 章熊认为，写作能力的层次主要包括：确定中心，组织文章的结构，材

① 朱绍禹主编：《语文课程与教学论》，122 页，长春，东北师范大学出版社，2005。
② 王世堪主编：《中学语文教学法》，2 版，214 页，北京，高等教育出版社，2005。
③ 阎立钦主编：《语文教育学引论》，211 页，北京，高等教育出版社，1996。
④ 陈菊先主编：《语文教育学》，292 页，武汉，华中师范大学出版社，1994。

料的典型化，语言的表述能力。

综合我国学者对写作能力构成的研究，大致有以下几种说法：①一般能力说；②特殊能力说；③基础能力与特殊能力综合说；④写作能力心理构成说。

从以上研究者们的论述可以发现，写作能力是一种具有比较稳定的个性心理特征的特殊能力，有一定的层次性，呈现动态结构。笔者认为，研究者们提出的多种构成因素，无外乎包含以下几个层次。

(1)写作心理能力层次。这是写作能力的基础，包括观察力、想象与联想力、记忆力、思维能力等。

(2)写作基本能力层次。这是写作的根本能力，包括辨识能力(审题、确定主题)、构筑能力(选材组材、布局谋篇)、言语操作能力(遣词造句、选用表达方式、确定文体、修改文章、规范书写等)三大方面的能力。其中言语操作能力是写作能力的核心。

(3)写作创造能力层次。这是写作能力的较高层次，包括写作内容与形式方面的独创性、审美性。涉及学生认识的深度与广度，以及审美趣味的高低。

这三个层次之间的写作能力并不是孤立存在的，在实际写作过程中，往往是某一层次能力与其他层次的能力呈现交融关系，彼此关联着发挥着作用。因为语言是思想的直接现实，语言表达力与逻辑思考力是互为表里的，写作就是把内在的思想逻辑用外在的书面语言连贯起来。尤其是写作的心理能力与基本能力之间可以相互影响和制约，如观察力能够影响对文题的正确审视，想象与联想力能够影响文章主题的选择与确定，布局谋篇的能力能够反映写作者思维的专注性与流畅性等。而学生思想认识的深刻与否和审美趣味的高低又在一定程度上影响着作文语言表达的技巧。因此，写作能力层次越高，评价的主观程度也越高，信度就越低，写作能力评价应该力求照顾到写作能力的各个层次及其不同方面，以使评价尽可能客观。

(二)写作能力评价构成要素

综观我国一些学者对写作能力构成要素的分析，其大多认为，写作能力由以下要素构成：①观察和分析能力(包括与之相关的搜集和积累材料能力)；②审题能力；③立意能力；④选材和组织材料能力；⑤语言表达能力；⑥修改能力。

从学习评价的角度看，上述要素中，一般研究者认为观察和分析能力属于心理能力范畴，往往要通过写作者的立意、构思和语言表达能力体现出来，若作为写作能力评价的因素在作文中独立测定，显得有些困难，但在智力测验中却可以较为容易地测出。所以，把这两项列为首要的写作能力构成要素似不合适。修改能力也不是写作学习评价要测评的内容范围，考试中基本无法测定其修改能力。因而，笔者提出写作评价的基本因素如表 5-2-1 所示。

表 5-2-1 写作能力评价的基本因素表

	评价子项	评价内容
内容	审题	切合题意，不跑题
	立意	中心突出，有创意
	选材	材料典型、真实、充实
语言	规范	用词恰当，语句流畅
	连贯	语言运用连贯
	得体	表达方式运用合理得体
	生动	修辞方法使用准确生动
其他	结构	条理清晰，分段恰当，过渡自然，详略得当
	标题	标题合乎要求，新颖独特
	标点	标点使用正确
	文面	无错别字，卷面整洁

美国的《作家的选择：教师作文评价指导》一书列出了如下作文评价标准：①作者的观点是否自始至终集中；②有没有详尽的叙述，能否用清晰、恰当的语言传递信息；③材料对观点的支持是否强有力；④学生对文章的组织能力。

从该评价标准可以看出，美国作文评价的因素主要是主题、叙述、语言、材料、结构五个方面。以上所列的只是作文评价总的准则，对于不同的文体，评价标准里有更具体的细则。这种分文体制定标准的做法是较为严谨的，能充分反映出学生驾驭不同文体的能力，较全面地评价学生的作文，起到实际的评分指导规范作用。另外，“学生在作文中传达了多少信息”“作者在观点和信息之间建立起怎样的联系”“这些观点和信息是怎样得到拓展的”这样的问题也是评价的标准。①

在写作前，教师应该让学生了解作文评价的主要因素，掌握作文的评价标准。在作文过程中，学生要时时意识到作文的评价标准以便随时调整自己的写作策略。作文写成后，学生也可以根据作文的评价标准进行自我评价。因为教师和学生使用的写作评价标准是同一个，所以学生对教师的评价就会有更多的认同感，而不会感到意外。

① 蒋旭霞：《中美作文教学比较摭谈》，载《中学语文教学参考》，2007(8)。

二、写作能力的评价

正如义务教育课标所指出的，“写作能力是语文素养的综合体现”，学生的写作能力高低可以表明他的语文学习水平。写作能力的目标是最难实现的，对学生写作能力的评价难度也较大。

(一)写作能力评价内容

写作能力评价的基本因素有三个方面：内容、语言、其他。其中“内容”包括审题、立意、选材，“语言”包括规范、连贯、得体、生动，“其他”包括结构、标题、标点、文面共十一项。在这十一项评价因素中，最重要的评价内容无外乎审题、内容、语言、结构水平的评价四个问题，下面分别论述。

1. 审题水平的评价

学生写作与写作评价的第一关都是审题。学生正确地理解题意，就等于获得了作文成功的入场券；评阅者把好作文的审题关就等于把住了文章成功与否的优选关。若学生的作文审题失误，造成作文跑题，则内容再好也无意义，一般会直接打入不及格档。一位研究作文的专家告诫说：“审题，是作文的‘先期工程’，它好比医生的望闻问切。无此，就不能确诊并开好处方。同样，审题如不准确，便会出现‘下笔千言，离题万里’的现象。”有的学生布局谋篇能力不可谓不强，文字功夫不可谓不深，可作文却常常失手。其主要原因之一就是审题水平的问题。

造成审题偏误，往往与下述因素有关：态度上，不肯在审题上花工夫，对文题缺乏细心审慎的态度。方法上，不能快速、准确地捕捉文题中的关键词语，或忽略文题中的限制、修饰性词语，或紧张疏忽，误解文体，粗枝大叶，不明要求。如将作文题“我在实践中懂得了这个道理”误写成“我懂得的道理”，将“我的母校”误写成“我的母亲”，等等。尤其在考场上这样的失误屡屡发生。评阅时若认为“不切题”，就只能给其不及格甚至更低的分数。因审题的失误中存在着一定的偶然因素，考生的某次失误，并不一定表明他每次作文都会出现类似的失误，根据一次作文来全面否定学生的写作水平是不合情理的，所以评阅者不能不审慎对待学生作文的“审题”问题。

评价学生的作文，应该在审题上做好三个方面的工作：了解平时作文与考试作文的区别；明确学生审题时的思维特点及其难点；掌握审题水平的评价方法。

要想把住作文审题第一关，评阅者必须掌握审题水平的评价方法，需要做到以下几点。

(1)判明作文是否宿构。防止“宿构”，是作文考试命题要关注的问题。

在评阅作文时，判断作文是否宿构也很重要，但正确判断某作文是否宿构却不容易。有时，能够看出某篇作文虽然语言水平较高，但全文没有一处和题目挂钩，文不对题，可以判断宿构的可能性较大，但也只能判断为“可能”。具体判断方法是：①把握住宿构文的性质，做出正确判断。宿构作文一般包括：背诵别人的文章来应考的作文；揣测出题的多种可能性，准备好若干篇习作或文段，以备临场应用的自写文。②进行分门别类处理。对于拿别人的文章来应考的，纯属抄袭，应该从严处理这种作弊现象。如果文不对题而又语言拙劣，可以判断并非宿构文。若同时出现几篇文章的内容、结构、语言等都相同或相似的，则可判断为宿构。

对于临场自写文，应做如下考虑：在现阶段，应考者在语文教师的指导下进行作文构思、材料等方面的准备，不可避免。猜题、押题实不可取。移花接木者，要区别对待：若材料宽泛，缺乏针对性和典型性，形成学生八股文，可在内容水平的评价中给予适当处理；若属善于灵活应变，对原材料加以改造，使之适应题目需要的作文，则可以认为考生具有相当的语言水平，有着善于迁移的学习能力，因改造的原始材料无从识别，也无法追查，可正常给分；若为生搬硬套，不符题意，则按规定扣分；若进行生硬联系，虽有部分相关，但与题目要求不完全吻合，则适当给分。其中，最后这两种情况，均有跑题现象，应该重点留意。

(2)把握审题误差的等次。一般来说，审题误差有两种表现形式：文不对题和偏离题意。在作文评价时，应注意区别。

文不对题，是指文章与作文题目毫不相干。一般表现为话题不断转移，且话题间缺乏逻辑联系。但难以判断文章是宿构，可根据规定判此文为文不对题。凡文不对题者，其文章的内容、语言和结构水准已失去意义，若作文的部分内容跑出题目之外，则可在“内容”水平的评价方面考虑扣分的多少。审题一般不作为一个独立项目来考察，往往是“内容”评定的一个组成部分。因为“审题”作为作文“内容”的一个评价子项目，可有效防止因判定审题误差而全面否定学生作文水平的现象发生。我们将审题单独论述，只是为了强调它的重要性而已。

偏离题意，是指作文的内容与题目或多或少有些联系，但联系不紧密。可把全文有一半以上与题目无关者称“严重偏离题意”，把不足一半的视严重程度分别称为“偏离题意”和“部分偏离题意”。

2. 内容水平评价

内容是作文评价最重要的因素。一般包括立意评价和选材评价两个方面。

(1)立意评价。一般要考查学生的作文有无中心以及中心思想表现的深度，近年来对中心的创意评价也越来越受到重视。

一看有无中心。主要评价两项内容：作文有无中心；中心的明确程度。

二看中心表现的深度。中心明确的作文，在立意上也有着高下优劣之别。文章观点正确，是基本要求，而能有独到见解，入木三分，则是高层次的要求。懂得透过事物现象看本质，克服认识表面化、肤浅化的毛病，这标志着学生心理的成熟。

凡在下述三个方面中有一个方面表现突出者，属于“立意深刻”，作文的内容可以评为优等：①不是就事论事，而是抽象概括。②不是泛泛而谈，而是针对现实。③不是内容贫乏，而是想象联想丰富。

三看中心的创意。要能从多个角度发现生活的丰富多彩，力求有创意地表达。

表 5-2-2　作文内容水平评价指标一览表

评价项目	评价指标		评价内容
立意评价	有无中心	作文有无中心	作文有中心
		中心的明确程度	中心是否明确，中心是否突出
	中心表现的深度	透过现象看本质	不就事论事，不泛泛而谈，内容不贫乏
	中心的创意	有独特人生感悟	能多角度观察生活，提出与别人不同的感悟
		不落俗套	能语随情出，写想象中事，灵活运用多种思维方式
选材评价	选材的恰当性	材料与中心一致	材料最能表现主题，且为详写。能略写或舍弃与主题关系不大的材料。不罗列事例、架空议论
	用材的技巧性	材料典型、新颖	材料有代表性、有特点，能够吸引住别人的眼球
		材料有现实感	能从现实生活中选择和提炼材料，不随便捏造
	材料数量的确切性	材料充实	材料不是以多取胜，当用则用，当减则减，所用材料最有说服力

总之，对作文内容的评定是作文学习评价的难点。“内容”是“审题”“立意”“选材”三方面因素的综合判断。三者之间相互作用与影响，有时在文中呈交叉状态，如某学生作文审题出现偏误但中心却很突出，或立意高远而材料一般化，或材料非常典型而新颖却中心不突出，不一而足。在评分中综合诸多因素

给出等次，确有相当的难度。在实际操作中，一般的做法是：按照先“审题”、再“立意”、后“选材”的先后顺序通盘考虑“内容”等次。在审题没有偏误的情况下，再去考查中心的有无及是否明确的问题，在前两个方面都没有太大问题的情况下，最后衡量材料的选择与使用质量。

(2)选材评价。主要是衡量三项指标：选材的恰当性；用材的技巧性；材料数量的确切性。

材料的典型、真实、充实问题，是选材的重要评价因素。以上三方面的选材评价标准，凡是学生作文有一个方面突出而其他方面没有明显失误的，都可以评定为“材料丰富”，作文的内容就可以评为优等。

3. 语言水平评价

语言水平的评价，是作文评定的另一个难点问题。应主要把握三个方面：中小学生的语言发展特点；语言评定的等级划分；语言水平评价的方法。

学生作文语言水平评价，应抓住五个要点：

(1)作文语言的规范程度。评价语言规范度应把握三个要素：行文规范，用语规范，书写规范。

(2)作文语言表达的技能层次。主要是看文章语句是否连贯，表达方式是否得体。

(3)语言传递的信息量大小。人们在交际中追求以最少的词语去传递最大的信息，言简意赅即为好作文的一种境界。文中多余的话，既没有传递新的信息，使人厌烦，还会起反作用。实践证明，凡是含蓄、隽永、感人的话语，其信息量必定是很大的。

(4)作文语言的难度水平。主要考查学生是否善于使用多种修辞方法。如一般的学生使用比喻、夸张的较多，有的则能够运用排比、对偶等修辞手段，使文章文采飞扬。有的虽无华丽的辞藻，却能以白描铺叙见长，显示出非同一般的语言功底。这样的作文，语言运用的水平可以评为优等。

(5)作文语言风格的成熟度。需要注意的是，评价者在阅卷中要警惕风格偏爱。文章各有所长，质朴、谨严、华美、含蓄、幽默、泼辣……不同的语言风格各有其表达功能，不应厚此薄彼。很多教师偏爱华美篇章，以个人喜好评价作文，这种倾向十分有害。根据语文课程的培养目标和学生未来的发展需要，以及学生心理发展的一般规律和特点，应大力倡导质朴、谨严的文风。因质朴的文字，其特点往往不显著，阅卷时不容易使读者产生较强的心理效应，常常被语感不强或阅卷匆忙的教师所忽视，故不能得到正确合理的评价，评阅者必须引起高度重视。

4. 结构水平评价

对学生作文结构水平的评价，主要应注意以下方面。

(1)学生的作文结构特点：文章结构能力往往呈螺旋上升的状态，是随年级的提高而发展的。

(2)学生的结构技能层次：主要是考查分段是否恰当、条理是否清晰、过渡是否自然、结构是否紧凑。

(3)把握作文结构的评分等次：要突出段落的划分、结构的条理、段落的过渡衔接和安排上的疏密紧凑等细节因素。

(二)写作能力评价方式

评价学生的作文学习情况，主要方法有：常模参照和标准参照作文评分法、作文等级评定法和作文分数评定法、作文综合评分和分解评分法三大类。

1. 常模参照和标准参照作文评分法

这是从测量的性质划分的作文评价方法。常模参照评分，是一种相对评定。可事先建立作文评分常模，按正态分布概率确定各等级的百分比；把作文按最佳到最差的顺序排列；根据既有的常模评定成绩。一般采用“标准九”和“五等分”的正态成绩分布方法。“标准九”是把学生作文成绩划分为九个等级，各级的百分比为：第一级和第九级分别占总人数的 4%，第二级和第八级分别占 7%，第三级和第七级分别占 12%，第四级和第六级分别占 17%，第五级占 20%。“五等分”的比例为：第一等和第五等分别占 7%，第二等和第四等分别占 24%，第三等占 38%。常模参照作文评分着眼于学生在群体中的位置，测量的客观性较强，但它不能反映学生在多大程度上达到了规定的目标，一般不适合大规模考试。

标准参照评分，是一种绝对评定，即把学生作文与规定的评分标准相对照，从而评定学生作文的成绩。我国的作文考试，特别是大规模考试，大都采用此法。其优点是能够及时反馈信息，调控教学活动，利于评价与教学过程的统一，实现教学目标，但并不能根据学生的得分直接反映其在群体中的相对水平。

这两种方法各有利弊，可采用以下方式扬长避短：一是先按标准评分，再依照成绩高低排序，最后采用概率法划出五个或九个等级。二是在标准评分的基础上，利用标准差将分数加以转换为 Z 分数或 T 分数。三是采用百分位数法。

2. 作文等级评定法和作文分数评定法

这是从作文成绩的评定形式上划分的评定法。等级评定法又叫做等次法，可采用三分法、五分法、九分法三种常用等级。一般取奇数划分等级，形成正态成绩分布。

三分法，是把学生作文分成“上”“中”“下”三个等次，这个惯用模式的不足是每一档的幅度太大，难以反映学生间的个体差异。

五分法有不同的习惯概念，例如“优、良、中、较差、差”，“超、优、中、可、劣”，“很好、好、普通、很差、极差”等。其差别在于“及格线”的把握。一般以 60 分为及格分数线。

九分法也叫九堆法，是在“三分法”基础上，先进行“上、中、下”三等划分，再在每一档次中做第二次“上、中、下”划分，成为“上上、上中、上下、中上、中中、中下、下上、下中、下下”九个档次。因人们对等次的区分能力大致在 3～7 级之间，超过 7 级往往难以辨别。而九分法经过两次分档，评分的准确度较高，但不能适应大规模考试。

等级评定法的最大优点是简便易行，但单纯的等级评定无法显示出学生之间的差异，特别是群体差异。如两所学校之间同是“中”等的学生作文水平可能差别很大，不同群体之间等次内涵不同，彼此之间无法进行比较。为了弥补这一缺陷，一般在等次划分中规定有标准参照因素。如我国“高考作文评分通用量表”就是根据这样的思想做出的评定规定。

作文分数评定法，是采用分数形式评定作文的方法。通常采用给分或减分的办法。在我国，一般习惯采用百分制编制语文试卷，作文往往所占分值最高，如高考作文约为 60 分，20 世纪 90 年代初逐步实行“分项分等评分”，以解决评分过于精确带来的弊端。

3. 作文综合评分和分解评分法

这是从作文评定的方法上划分的。综合评分又称整体印象评分，是阅卷者通观全文，根据总体印象评定成绩的方法。优点是能注意到作文的整体效果，一次给出成绩，手续简便。不足是此法往往失于粗略，随意性很大。应认真编制参照量表，保证集体评分，以弥补其不足。分解评分也称为分项评分，是根据作文基本因素逐项评定作文成绩的方法。其优点是分别规定评价的项目和要求，比综合评分细致，能够在一定程度上抑制评分偏差的出现，利于大规模考试的监控。不足是对学生作文的突出之处或不足难以做出整体判断。

因上述两种评价方法的突出缺点，研究者们一直在争论它们的取舍问题，并为各取所长，寻求这两种方法的最佳配合途径。

【案例分析】

一、下面是我国高考作文等级评分量表，请分析判断其特点。

作文等级评分量表(2010年)

		一等 (20～16分)	二等 (15～11分)	三等 (10～6分)	四等 (5～0分)
基础等级	内容 20分	符合题意 中心突出 内容充实 思想健康 感情真挚	符合题意 中心明确 内容较充实 思想健康 感情真实	基本符合题意 中心基本明确 内容单薄 思想基本健康 感情基本真实	偏离题意 中心不明确 内容不当 思想不健康 感情虚假
	表达 20分	符合文体要求 结构严谨 语言流畅 字迹工整	符合文体要求 结构完整 语言通顺 字迹清楚	基本符合文体要求 结构基本完整 语言基本通顺 字迹基本清楚	不符合文体要求 结构混乱 语言不通顺语病多 字迹潦草难辨
发展等级	特征 20分	深刻 丰富 有文采 有创意	较深刻 较丰富 较有文采 较有创意	略显深刻 略显丰富 略有文采 略有创意	个别语句有深意 个别例子较好 个别语句较精彩 个别地方有新意

说明：

1. 基础等级评分，“题意”项主要看选择角度是否符合材料内容及含意涉及的范围。选择角度符合材料内容及含意范围的属于“符合题意”。与材料内容及含意范围沾边的套作，在第三等级以下评分(“发展等级”不给分)。

2. 发展等级评分，不求全面，可依据“特征”4项16点中若干突出点按等评分。

(1)深刻：①透过现象深入本质　②揭示事物内在的因果关系　③观点具有启发作用。

(2)丰富：④材料丰富　⑤论据充足　⑥形象丰满　⑦意境深远。

(3)有文采：⑧用词贴切　⑨句式灵活　⑩善于运用修辞手法　⑪文句有表现力。

(4)有创意：⑫见解新颖　⑬材料新鲜　⑭构思新巧　⑮推理想象有独到之处　⑯有个性特征。

3. 缺标题扣2分；不足字数，每少50个字扣1分；每1个错别字扣1分，重复的不计；标点错误多的，酌情扣分。

4. 套作、文体不明的适当扣分。抄袭的，“基础等级”在第四等之内评分，“发展等级”不给分。

评析：这个量表，采用的是等级评定法。在等次划分中规定有标准参照因素，既适用于分项评分，也适用于综合评分。但在使用中，还要根据试题的情况编制操作量表项目、等次划分，指导语等都可根据试题特点进行调整。

二、下面是我国多年大规模考试中使用的作文评分量表。

我国作文评分量表

项目内容	A项：内容	B项：语言	C项：篇章	评分细则
一类卷（45～50分）	中心突出，见解深刻，切合题意	行文流畅，语言准确	结构谨严，层次明晰，层次间内在联系紧密	以47分为基准分，适当浮动：①具备B项和另一项条件，而其余一项达到二类卷标准的，获得基准分；②具备上述三项条件的，酌情加分(其中B项突出的，获得满分)；③具备上述一项条件，而另两项只达到二类卷标准的，酌情减分
二类卷（35～44分）	中心明确，内容充实，符合题意	文从字顺，语言基本准确	结构完整，层次分明	以40分为基准分，适当浮动：①具备B项和另一项条件，而其余一项达到三类卷标准的，获得基准分；②具备上述三项条件的，酌情加分(其中B项比较好的，获得本类卷最高分)；③具备上述一项条件，而另两项只达到三类卷标准的，酌情减分

续表

项目内容	A项：内容	B项：语言	C项：篇章	评分细则
三类卷 (25～34分)	中心基本明确，内容比较充实，基本符合题意	语言通顺，有个别病句	结构完整，层次清楚	以30分为基准分，适当浮动：①基本具备上述三项条件的，获得基准分；②其中B项比较好一些的，酌情加分；③另有某些缺点的，酌情减分
四类卷 (15～24分)	中心不明确，内容空泛，不符合题意	语言不通顺，病句较多	结构不完整，层次不清	以20分为基准分，适当浮动：①凡属上述情况之一者，评为四类卷，获得基准分；②另两项稍好一些的，酌情加分；③另两项稍差一些的，酌情减分
五类卷 (15分以下)	文不对题，内容贫乏	文理不通	结构、层次混乱	以10分为基准分，适当浮动：①凡属上述情况之一者，评为五类卷，获得基准分；②其他两项尚可的，酌情加分；③兼有上述两项以上情况，酌情减分

评析：该量表在内容、语言、篇章三个方面规定了五类文的评分细则，对评阅者把握住作文的档次有一定的帮助，但其不足恰恰是较为繁琐，评分者较难给分。

三、下面是一篇高考作文《量力而行，才能阔步坦途》，读者可以从中体会作者构思和行文的特点。

大筐小筐的水果就堆放在那里，只要你能搬走任何一筐，它就是属于你的。年轻的托尼首先盯住大筐，却没能搬动，转而选择了小筐，结果获得了餐桌上免费的水果。一则小小的生活故事，看似寻常得微不足道，却意蕴丰富，给我们揭示了若干深刻的生活哲理，如凡事当量力而行，舍与得互为因果，选准目标才能赢，等等。其中，使我感受最深的，还是“量力而行”的启示。

凡事当量力而行，关键在于对自己“力”的准确衡量。这个“力”不仅仅是指力气，更主要的是指能力——能够做好某件事情所具有的主观条件，如知识、经验甚至是天赋等。蔡振华是位世界乒乓球冠军，有着丰富的世界大赛经验，有着对国球训练的深刻理解，他因此告别德国，回国肩负起国球队总教头的重任。这就是所谓的“量力而行”。

量力而行，这是人生的一种大智慧。根据确实具有的主观能力，去确定人生、事业、工作的目标，才能减少曲折甚至失败的困扰，逐步走向成功。姚明这位小巨人，上天赐予他以2.24米高大魁梧的凛凛一躯与超乎常人的天才球感，凭着对篮球事业的酷爱，从儿时起逐渐积累的丰富的训练经验与比赛经验，才勇敢地跨过大洋，杀入NBA赛场。这种量力而行的事业选择，使他走向成功。如果李宁、王义夫、刘国梁等也选择更让全球瞩目的NBA赛场，那就滑天下之大稽了。一个人、一个集体、一个民族，在选择自己的发展目标时，都应该讲求量力而行的原则。否则，将会使自己面临更多的障碍，付出更多的代价，甚至惨遭失败的命运。这是有惨痛的教训的。1958年“大跃进”的狂热高烧，使一个国家恨不得“一口吃成个大胖子”，一夜之间跑步进入共产主义；全民大炼钢铁，漫山遍野筑高炉，老幼妇孺一齐上阵；粮食亩产几千斤、上万斤甚至几万斤，大办食堂，敞开肚皮尽情吃。结果呢？惨痛的失败，惨痛的教训，请到历史史册上去查阅吧！

大到民族的发展史，小到个人的成长史，甚至人生一件不大的事情的解决，都在告诫我们：无论大事小情，都应该认真权衡主观条件是否真正具备，而后再付诸行动，才能在前进的道路上不断顺利前进，迎来成功的满园硕果飘香原野。

评析：这是一篇议论类文章，以“量力而行，才能阔步坦途”为题，表明基本观点，显示判断中的逻辑关系，简洁有力，符合题意。按照议论类文章“提出问题—分析问题—解决问题”安排篇章结构，依次分析阐述“什么是量力而行”“为什么要量力而行”“怎样量力而行”，环环紧扣，层层深入，逻辑结构严谨。所举具体材料具有典型性，足以证明基本观点。美中不足的是，体育领域的事例尽管典型而新鲜，但终究不如只保留其一而再将审视的目光转向其他领域为佳。采用对比法，就“为什么”展开议论说理，先正后反，先个人后国家，简明扼要。语言朴实、流畅。

【实践演练】

1. 将案例分析中的两个量表进行分析比较，在把握住其各自特点的基础上，随机拿出十本学生作文，进行实际作文批改，体会作文评分标准的制定难度，并积累自己作文评分的经验。

2. 试用九分法(九堆法)评价学生的作文。

第三节 写作教学的原则与要求

一、写作教学的原则

写作教学应遵循一定的教学原则，才能保证教学的质量，提高教学的效率。目前教学与研究界普遍认同的写作教学原则有很多，其中比较常用的有：写作与阅读相结合原则、写作与生活联结原则、先模仿后创造原则、多写多改原则。

(一)写作与阅读相结合原则

语文教学中读与写的关系紧密，既相对独立又相互依赖。系统论理论告诉我们，在一个系统中不仅要发挥各部分的功能，更要注意发挥各部分间的相互联系而形成新的功能①。阅读与写作，都是语文教学系统的重要组成部分，各有其特点，既有相对独立性，又相互依存、相互促进。

从吸收和表达的角度来看，读是语言文字的吸收能力，通过积极的思维活动在语言文字中寻找有价值的信息，这是读的目的。写是表达能力，也是通过积极的思维活动用语言文字反映出对客观事物认识、对思想情感的抒发，实现写的目标。在实际运用中，读和写都是以文字篇章的形式出现的，这些便是两者结合的物质基础。读的理解与吸收是写作表达的基础和条件，有着开阔视野、增长知识、提高认识的作用；反过来，写作表达又对阅读起着内化和促进作用，写作就是运用在阅读过程中所获得的各种知识来表达自己思想的过程。写作的过程可以巩固和发展阅读成果，并促使知识转化为技能，进而形成能力。

从心理学的研究来看，阅读与写作的心理过程有相似之处。阅读中由文字

---

① 李景阳：《语文教学论》，144页，西安，陕西师范大学出版社，2007年。

到思想，由形式到内容，由部分到整体的阅读过程，与写作中由现实生活、客观事物向主体观念和感情的转化过程相似，两者都是获得“认识”，只不过阅读活动中的“认识”多以间接的方式去了解客观事物，写作活动中的“认识”是采用观察、实践活动方式获得直接的认识。此外，阅读过程中从思想到文字，从内容到形式，从整体到局部的读思结合过程，与写作中将习作者已获得的认识与情感具体而有条理地转化为书面语言的过程，也有相近之处，二者均着意把“认识”表达出来。其区别在于，阅读只需用心体会，领略作者的思想，而作文则要求在自己独立地考虑表达方式以后实际动笔，运用语言文字把认识传输给其他读者。

基于这种关系，在语文教学中贯彻写作与阅读相结合的原则，是整体提高学生语文能力的有效途径。

贯彻阅读与写作相结合的原则，可以采用如下方式。

1. 利用课堂阅读教学的资源，读中学写

阅读是写作的前提。在阅读过程中，学生以语文教材为范本，可在读中学写。教师要使学生懂得范文是怎样选择材料、组织材料，怎样确定中心，怎样准确选择词语，写出通顺的句子，怎样炼段成文的，文本各自然段前后有怎样的内在联系，即让学生从阅读中获取自己写作的各种知识。实践证明，文质兼美的范文，能够为学生提供多方面的示范，教师引导学生在阅读范文过程中，有意识地学习其独特的写作技巧，能够促进写作教学效率的提高。

2. 利用课外阅读资源，多读善写

写前有了初步的设想后，就要有目标地去阅读、收集资料，如文本的、网络的阅读资源为阅读提供了硕大的空间，学生可从阅读中找寻写作的依据。如叶老所讲：“阅读方法不仅是机械地解释字义，记诵文句，研究文法修辞的法则，最紧要的还在多比较，多归纳，多揣摩，多体会，一字一语都不轻轻放过，务必发现他的特性。唯有这样阅读，才能够发掘文章的蕴蓄，没有一点含糊。也唯有这样阅读，才能够养成用字造语的好习惯，下笔不至有误失。”①

(二)写作与生活联结原则

写作与生活的关系极为密切。写作离不开生活，家庭生活、个人生活、集体生活、社会生活，为学生作文提供了丰富的写作素材与情感体验。从这个角度上来讲，写作教学与生活相结合是写作本身的内在要求。写作与生活联结，就是指导学生观察生活，感悟生活。

写作与生活的联结，关系到学生能否从生活中观察到、收集到写作素材，

---

① 叶圣陶：《叶圣陶语文教育论集》，上册，59页，北京，教育科学出版社，1980。

也关系到学生能否写出求真、求实的作文。如果脱离了与生活的联结，求真、求实的作文就无从谈起，自主表达、创造性表达、个性化表达同样也无法实现。只有让学生学会描述、解释自己看到的事物，才能教会学生写作。因此，写作与生活联结原则是作文教学重要原则之一，在低年级写作训练中尤为重要。

贯彻写作与生活联结原则，应注重如下问题。

1. 写作主题或话题要贴近学生的生活

生活是写作练习的源头活水，教师要尽可能地了解学生的生活状况，从中选取学生熟悉的话题进行写作训练，使学生有事可记，有物可状，有理可说。如可以让学生写学校学习生活感受，家庭生活体验，社会生活见闻，自然景物观赏活动，游艺活动(野游、元旦晚会、文艺表演、看电影、看电视、看剧、听音乐会、各种展览、运动会等），劳动课，实验活动，理想与愿望等。还要注意写作题目不要过宽或过窄，以防题目不切合实际而令学生不好下笔。

2. 引导学生学会观察生活与记录生活

观察是运用外部感觉器官直接感知客观事物的一种实践活动。学生只有借助观察才能获得客观事物的表象，记忆才有可能保存，思维才能深入，想象才会展开。引导学生观察生活，首先，要教会学生观察的方法，如定点观察、定向观察、移步换景观察、不同角度观察、动态观察、静态观察、对比观察、全方位观察等，以帮助学生获得多种多样的事物表象，丰富学生的感知。其次，要引导学生在观察生活的基础上，及时记录生活，学写观察笔记、札记、随笔等。人的记忆力是有限的，获得的丰富生活表象，如果不及时加以整理和记忆，很快就会被遗忘或变得熟视无睹，因此，学写观察笔记是十分必要的。写观察笔记是对生活表象的一种记忆，也是对观察事物一种选择和思考，能够为学生日后的写作提供丰富的写作素材。

(三)先模仿后创造原则

“模仿”学习是一类基本的学习方法。① 学生写作往往是从模仿开始的，初学写作的学生离不开模仿。模仿是创造的基础，没有模仿就没有创造。创造性必须以一定的范型为基础，是对已有范型的概括和新的组合。学生作文从“仿”到“作”，经由囿于规矩到打破规矩的过程，易于较快提高学生的写作能力。因此，先模仿后创造是写作教学必须遵循的原则。

贯彻先模仿后创造的原则，应做到以下两点。

---

① 李景阳：《语文教学论》，140 页，西安，陕西师范大学出版社，2007。

1. 教师要注重范文在写作中的重要作用

范文能把文章的选材组材、布局谋篇、遣词造句、表达方式等各种写作技巧直观地呈现在学生面前，具有较强的示范性，能够直观地告诉学生应该怎么写。范文也能够帮助学生在作文时扩充知识，开拓思路，丰富想象，教师要充分发挥范文的作用。学生模仿范文大都是从形式模仿入手，如结构、开头、结尾，甚至用词、句式等，要引导学生的模仿在形似的基础上达到神似的地步，这样才能真正理解范文。

2. 应适时引导学生创造性写作

必须认识到，模仿范文不是目的，创造能力的培养才是教学所追求的最高境界。学生作文不能停留在模仿阶段，应适时引导学生从模仿进入创造，逐步脱离范文的束缚，形成自己的写作风格。

(四)多写多改原则

多写多改是我国传统写作的重要原则之一。古人对此有多种论述。清代唐彪在《读书写作谱》中说："谚云：读十篇不如做一篇。盖常做则机关熟，题虽甚难，为之亦易；不常做，则理路生，题虽甚易，为之则难。"写作能力的发展来自学生的写作实践，需要一定写作量来保证。因此，在写作教学中要求学生多写多练。熟能生巧，多写能够加快构思、写作的速度，逐渐完善写作的技能。修改是对文章再认识、再研究的过程。通过完善立意、增删材料、调整结构、锤炼语言等方面的修改，作者自己的主观认识与所要反映的客观事物、所要揭示的客观规律会更加贴近，更加协调。

多写多改的写作教学原则对学生语文能力的形成与发展有着重要的促进作用。多写、勤写能发展思维能力，有利于养成思考和分析问题的习惯，也能不断提高运用语言文字的能力。修改能在促进学生语言表达能力的发展以及培养学生认真严肃的写作态度方面，有着不可替代的作用。

贯彻多写多改的原则时，应做到以下两点。

1. 充分地认识多写的含义

多写，不一定都是郑重其事地写作文，平时日常生活中写日记、写读书笔记等都是练笔。教师可以参照语文课程标准，通过一些具体的做法来保证这一原则的实现。如第二、三学段规定学生课内习作每学年 16 次左右，第四学段每学年一般不少于 14 次，并要求其他练笔不少于 1 万字。

2. 尽早养成学生自觉修改文章的习惯

教师要教育学生应该主动修改自己的习作，不能一蹴而就，草草写完交上就完事。正如课标所要求的那样，应"养成修改自己作文的习惯，修改时能借助语感和语法修辞常识，做到文从字顺。能与他人交流写作心得，互相评改作文，以分享感受，沟通见解”。要有强烈的自我审阅意识，做事追求完美的品格。一旦写出草稿，就要逐字逐句地润色加工，直到找不出明显的毛病为止。

二、写作教学的要求

指导学生写作除了要遵循写作教学的基本理念，以利于达成教学目标外，还要特别做到：激发学生的写作兴趣，使之想写；培养学生良好的写作习惯，使之善写；提供更多练习写作的机会，使之常写。

(一)激发学生的写作兴趣

兴趣是一个人心理行为中最积极、最主动、最活跃、最不稳定的因素，对一个人语文学习有着重要的作用。当学生对写作产生兴趣时，就会产生强烈的表达欲望，使大脑处于最活跃状态，思维更加深刻，想象更加活跃，并且能抑制疲劳，产生愉快情绪。强烈的兴趣也能促进良好写作动机的产生。

兴趣本身有发生、发展的过程，就兴趣的品质而言，又可分为初级水平的兴趣、高级水平的兴趣。具有初级水平写作兴趣的学生，往往只停留在直观兴趣上，或停留在教师新的教学方法上，这样的兴趣带有直观性、不稳定性，难以有效地把写作作为自己主要的兴趣和爱好。高级水平兴趣的深度与稳定度高，由此引发的写作动机强，学习活动积极自觉，终身不变，能够为学生的终身发展奠定坚实的学习基础。

正是兴趣的这些特征，要求教师在写作教学中做到：首先，重视写作兴趣的全程培养，并且将其培养作为一项重要的教学工作。其次，注重高品质的写作兴趣培养，增强学生写作兴趣的稳定性。再次，注重从低水平的兴趣向高水平的兴趣转化。在众多能够激发学生写作兴趣的要素中，有外在的要素和内在的要素。外在的要素来自于学生个体之外，为教师创设的写作情境等。内在的要素通常是指发自学生内心，不以功利为目的自主表达。所以，要通过多种途径和方式，激发学生的写作兴趣，促使学生将低水平的写作兴趣向高水平的写作兴趣转化，并逐渐转化为稳定的写作动机。

(二)培养良好的写作习惯

写作习惯，就是在写作能力获得过程中养成的写作行为方式。良好的写作习惯，是在扎实的文字训练中养成，反映在写作实践中的一种恒常行为。

良好的写作习惯综合地体现在作文前、作文中和作文后三个阶段之中，包括：勤于阅读与观察，主动整理和积累阅读与观察的结果，规范书写，编拟写作提纲，反复修改等习惯。良好的写作习惯，往往因学生个体的不同而有着不同的表现，为此，教师必须注重学生的个体差异，使其逐步改变自己的不良习惯，养成良好的写作习惯，这是写作教学中的一项重要工作。

良好写作习惯的养成必须建立良好的开端，进行科学的历练。教师要重视方法指导，并且使自己的指导工作能够持之以恒。

(三)提供更多练习写作的机会

练习写作的机会，比起教师课堂上传授写作知识要重要得多。毕竟写作是应用性非常强的一项学习活动。学生在获得了教师写作知识指导后，能够拥有紧随其后的众多的练习写作机会，将能够给予学生最实际的帮助。因为反复练习，不断改进，是任何技能形成必需的过程。

学生练习写作的机会有很多，教师可以在课堂阅读教学中进行，如学生记听课笔记，写读后感，同学间交流笔记和读后感，相互学习。也可以要求学生课后写观察日记、读书笔记、随笔等，养成经常写作的习惯，形成自主练写的态度。教师采取经常性检查和随机抽查相结合的方式，帮助学生在写作练习中不断提高写作水平。教师在各个领域的教学过程中，应该时时想到写，时时布置写的作业。零散的小写作练习，虽然看似微不足道，却能够逐渐增加写作积累，潜移默化地培养出学生习惯于写作的态度与学习方式，若能够持之以恒，必能令学生受益终身。

【案例分析】 **初中学生的作文原稿与修改稿**

下面是一个初中学生的作文原稿与修改稿。①

原稿：浮标动了，一上一下地，猛地一上，我的心一下提到了喉咙眼上，一起钓竿，啊，一条大鱼摇头摆尾地在挣扎，我赶快把这第一次钓的鱼从钩上取下来，放在篮子里。

修改稿：我耐心地垂钓着，湖里的水，天上的云，地上的草好像都固定住了，湖边一片寂静。啊，浮标动了，一上一下地颤动，忽然猛地一上，我的心一下提到了喉咙眼上，手便本能地一抬，起钓了，“哗啦!”一条闪着银光的游鱼破水而出，使劲摆着尾巴，带上的水珠儿“嗒嗒”地掉入

① 韩雪屏、王松泉、王相文：《语文教学技能训练》，74页，北京，高等教育出版社，1999。

湖里。我把钓竿慢慢地收起来，到面前了，才小心地把鱼从钩上取下来，放在篮子里。水、云、小草似乎才清醒起来，好像都在羡慕和称赞。湖水激起波浪，云儿飘动着、跳着优美的舞蹈，草儿摇着头、唱着歌儿，都为我钓上了第一条鱼而高兴哩。

评析：开展写作教学要充分地贯彻写作教学的基本原则。这个案例说明了修改是写作过程中的重要环节，具有不可替代的作用。这个作文片段经过修改，变得具体生动，增强了可读性和感染力。可见，多改能使作文本身更为完美，修过的过程也促进了学生作文知识与能力的提升。

【实践演练】

一、下面是两个观察提纲的范例，读过之后，体会作文与生活相结合的原则，并仿照该案例自己设计两则观察景物和场面的提纲。

范例一：雄狮——一个泥塑工艺品

观察的内容：

1. 整体：雄狮横卧在岩石上。

2. 狮子的头部，突出毛发。

3. 长短、形状、前腿、后腿、尾巴。

4. 岩石。

5. 工艺品的精美，点出雄狮的威严。

范例二：落叶的观察提纲

1. 哪些树的叶子还茂盛？哪些树的叶子已经稀疏了？还没落的叶子是留在树梢上，还是留在低处的树枝上？

2. 秋天的树叶有几种颜色？举例说明。

3. 晴天和雨天看树叶有什么不同？

4. 在刮风的天气和无风的天气，树叶各是怎样落到地面上的？

5. 你最喜欢哪种树叶？为什么？

二、找出以前自己写过的作文，反复修改，直至成为作文评分标准规定的一类文。将原稿与修改稿加以对比，感受修改作文的痛苦与快乐，带着切身体会指导学生的作文修改。

第四节　写作教学的过程、类型与方式

一、写作教学的过程

写作教学的过程不同于写作过程，它是教师指导和学生写作的合作过程，即对写作教学目标的实施过程。我国传统的写作教学过程一般包括命题、指导、批改、讲评四个环节。命题是学生写作的开端，有了命题才能进入写作。指导是命题的继续和发展，是命题内容和要求的具体化，又为后续的批改和讲评奠定了基础。批改是对教师写作指导和学生写作实践的检查，又是讲评的依据和准备。讲评是对本次写作的客观总结，又是本次写作训练的升华和提高，又能为下次写作进行必要的指导。这个写作教学的过程包含了教师在写作教学工作中的定向、执行、反馈环节，在整个过程中，批改和讲评这一环节得到了重视。

写作教学过程，一般指一次作文的过程。可区分为三个阶段：写作前指导、写作中指导、写作后指导。

（一）写作前指导

写作前的指导应该解决学生写什么的问题，即确立写作的主题或话题，激发学生写作动机，指导学生收集积累材料，指导学生组织材料进行构思。

写作前指导这个教学环节，可从两个方面进行：一是课堂学习的指导，侧重写作知识的介绍和讲授；二是课前学习指导，通过观察、阅读、收集资料或与综合性学习活动相结合，完成写作前的指导。如人教版语文教材七年级下，第一单元综合性学习的主题是“成长的烦恼”，写作指导在语文综合性学习活动的过程中适时地进行，能收到较好的效果。

写作前指导不论是在课内进行还是在课外进行，都要解决学生的写作动机和写作兴趣、资料的收集、主题的确立等问题。

（二）写作中指导

写作中的指导是指教师指导学生在前一阶段准备的基础上，把资料的收集准备、写作知识的准备等转化为书面语言的过程。即实现写作物—意—文的过程。指导内容包括：遣词造句、结构为文、布局谋篇、文体的选择、写作技巧的运用等。在写作指导的过程中，教师要注意学生写作中存在的各种问题，针对主要的问题，开展不同内容的指导。

在此教学环节中，学生还要在教师的指导下完成自我修改的任务。多改是写作教学的原则之一，多改对提高写作质量有着重要的作用，不仅能够匡正学生的思维，规范习惯和表达，而且能够培养学生严肃认真的写作态度。

修改的主要内容包括：

(1)针对主题的修改。涉及主题的正确、深刻与否。

(2)针对材料的修改。涉及材料的价值、材料的典型性与否。

(3)针对结构的修改。涉及结构层次的清晰与否。

(4)针对文章形式的修改。涉及用词正确与否，修辞正确与否，文字、标点、格式正确与否。

修改的主要步骤和方法是：

(1)通读全文，修改其中的错别字，不恰当的词语，不通顺的句子，运用不当的标点符号。

(2)再读全文，根据主旨判断选材是否恰当，剪裁是否恰当，组织材料是否合理，详略处理是否合理。

(3)细读全文，看开头是否独具匠心，文中过渡是否自然，文题是否新颖，主题是否突出，结尾是否与文题、开头文中照应，是否升华主题，是否耐人寻味。语言表达是否有个性特色等。

(三)写作后指导

写作后指导，主要是对学生的成文给予批阅和评价。它既可以发挥诊断性作用，又可发挥指导性作用。通过写作后的指导，教师能够发现学生整体和个体写作存在的问题，通过评语和讲评的方法，对其各种问题进行指导。该环节中重要的工作就是作文批改和讲评。

1. 作文批改

写作批改是以学生的写作为基础，对学生的写作能力、思想认识和写作的态度等进行评价和改正的过程，包括“批”和“改”两个方面。“批”是对学生写作进行评点，指出优缺点，分析原因，指出修改方向，主要是考查文章内容和结构方面的问题。正如叶圣陶所说：“所谓批，无非向学生谈几句提示的话，引导他们去思考，该怎样想才对，该怎样写才好。”“改”是修改学生的习作，主要是修改学生习作中的字、词、句、标点符号等问题。

在批改的过程中，常常用到评分、评语和批改符号。

(1)评分。如何评分的问题除了在本章第二节介绍之外，这里简要介绍一种“两分制打分法”。两分制打分法就是给一篇习作打两个分数。一个是习作总水平分，用5级计分法；一个是单项成绩分，如书写格式、分段、错别字、标点符号运用等，用百分制。这种两分制的打分方法，适用于写作能力培养的过程中，学生写作成绩尽管提高慢，但其中的某一项成绩却很高的情况，有利于调动学生的写作积极性。

(2)评语。评语是在学生写作能力形成过程中，教师所使用的一种评价方式。

①评语类型。

从给出的时间看，可分为：即时型、间隔型。即时型又称面批，即学生上交习作时，教师当面予以批改，写出评语。间隔型是指学生上交习作后，教师间隔一段时间(短时间隔为一两天，长时间隔为一周以上)写出评语。

从所写的位置(空间)看，可分为：眉批型、夹批型、段批型、尾批型四种。眉批又称旁批。旧时写作竖着写，教师将批语写在写作上方空白处，相当于面部眉毛的位置，故称眉批；现在写作横着写，教师将批语写在习作右侧的空白处，故称旁批。夹批是指写在习作上下行之间的批语。段批是指写在段与段之间的批语。尾批，又称总批或总评，它是写在学生习作后面的一段评语，是对写作进行总的评价。

从教师对学生习作的态度看，评语可分为：肯定型、否定型、辩证型。肯定型又可称为鼓励型等，即教师以赞美鼓励的语言，对学生的作文进行部分或全面的肯定，而不加任何商榷性、否定性的成分，目的在于帮助学生获得成功写作的体验，增强学生的写作信心，激发其写作的欲望。否定型又称批评型，即教师对学生的习作不加任何肯定的话语，只对文章中出现的典型问题进行批评指正，目的在于能使学生快速了解写作中存在的问题，避免再出差错。辩证型又称抑扬型等，即对学生习作的优劣均予点评。一般先扬后抑，肯定多于否定。

从对学生习作评价的对象看，作文评语可以分为：点深型、全面型、点面结合型。点深型是指教师抓住学生习作中的某一点，进行深入剖析。全面型是指教师对学生习作从内容、结构、主题、语言等各方面进行评价。点面结合型是指教师在全面考虑学生习作的基础上，以某一点为重点撰写的评语，这种点面结合的评语既看到了学生习作的一般性长处或不足，又抓住了个性化优点或缺点。

②评语内容。

评语不仅要对学生的习作内容、结构、语言、文面四大项目进行评价，还要对学生的写作参与程度进行评价，甚至还包含对学生后续写作进行引导。具体来说包括：文章是否符合命题要求；文章是否符合文体要求；卷面是否清洁工整；文章结构是否完整；文句是否通顺；书写是否规范；标点符号的使用是否正确；字词的使用是否正确等。

利用评语这种工具对学生的写作进行评价时，评语要实事求是，恰如其分；批语要抓住重点，有针对性；批语要注重情感，有鼓励性。

(3)批改的方式。从批改的方式上可分为：教师批改、师生同批、生生互改、家长和社会批改。

教师批改。写作批改中通常采用的是教师批改，教师对写作能力评价标准的掌握往往是一致的，对学生写作能力的评价相对客观。但缺点在于教师负担过重，学生对批改和评价的结果的关注度不够，很多学生只关注分数、评语，学生写作能力中的修改能力无法实现。因此，应该开展多种形式的批改方式，来实现对学生写作后的指导。

师生同批。教师和学生共同为一篇作文进行批改，批和改同时进行，其目的在于通过师生同批同改发现作文存在的共性问题，使学生学会修改。

生生互改。生生互改有两人对批、小组互批两种形式。两人对批，先由教师提出评价的重点和评价的具体指标，明确是针对内容进行评价还是对语言表达形式来评价，然后由学生两两一组进行互评，打分并写出评语。生生批改真正目的是通过学生之间的交流，看到各自的不足，进而进行自我评价。小组互批是教师可以指定三到五人为一个小组，任选一篇习作进行批改和评价，然后交流。

家长和社会批改。学生的习作一个学期应该让家长浏览一次，并让家长提出综合性的意见或针对某次习作做具体的评改。社会批改和评价是操作起来比较困难的一种评价形式。学生的习作可以在报纸或杂志上接受社会力量的评价反馈，是对学生写作动机的强有力的激励。

学生作为评价的主体时，教师必须发挥主导作用。包括确定批改和评价重点、确定批改和评价标准，否则就会流于形式。学生作为批改主体，其主要目的是让学生在相互批改的过程中，互相取长补短，提高评价和修改能力，促进学生写作能力的养成。

写作批改是写作后指导的重要内容，无论批改的主体是谁，写作批改都要针对本次习作出现的问题，紧扣本次写作训练的目标，或进行重点批改，或进行详细批改，但都要讲求实效。应多批少改，鼓励学生的好胜心和上进心，以免伤害学生的自信心和自尊心。

2. 作文讲评

作文讲评的主要方式有：综合讲评、典型讲评、专题讲评、对比讲评。

(1)综合讲评。综合讲评是写作讲评的基本方式，即教师根据写作训练的目标，对学生的写作进行全面的概括分析，肯定优点，指出缺点。综合讲评要注意一般与重点的关系，讲评的过程中注重详略得当。

(2)典型讲评。从整个班级的写作中选出不同等级的具有代表性的写作，进行深入分析，用典型指导一般。典型讲评的过程中，注重发挥学生的主体作用，由学生对自己的写作进行评价，最后教师总结。

(3)专题讲评。教师根据写作训练的目标，结合批改的具体情况，围绕一两个问题进行重点讲评，以点带面，促进学生写作能力的整体提高。

(4)对比讲评。根据作文评价的标准，从学生的整体习作中找出不同等级的作文，在相互对比中，总结写作的经验。对比讲评有如下几种：同一篇作文原稿和修改稿进行对比讲评；同题、同材、同结构习作的优劣对比讲评；同一题目、写法各异的习作对比讲评。

写作讲评的过程中要注意保护学生写作的积极性，尤其是要保护写作能力较弱学生的积极性。作文讲评不仅要发挥评价的鉴别功能，还要发挥评价的导向作用。讲评不应局限于文章本身，还要针对学生的写作态度、写作习惯等方面进行评价。

二、写作训练的类型与方式

在长期的教学实践中，教师们总结了多种多样的写作训练类型和方法。从不同的角度可以划分为不同的训练方式。从语言表达的运用形式看，可分为口头作文和书面作文；从命题的方式看，可分为命题作文和非命题作文；从训练的重点看，可分为片断作文和整篇作文；从教学的方式看，可分为课内作文和课外作文、写实作文和想象作文、各类文体作文训练等。

(一)命题作文

命题作文，又称标题作文，就是将预先设计拟定的题目直接提供给写作者，让其依据对题目的理解进行写作，题目本身对思想内容和表现形式等方面已经做了限制，是中国传统的写作训练与考试的命题形式，如“尝试”(1994 年全国卷)，“肩膀”(2006 年辽宁卷)，“仰望星空和脚踏实地”(2010 年北京卷)，都是典型的命题作文。

1. 命题作文训练的作用

利于教师落实写作教学目标，避免学生的写作偏向某一方面；利于学生短时间内集中朝向一个目标思考，节省时间；利于师生间批改和相互评价；利于巩固与发展阅读教学的成果，读写的密切配合。但是，在写作教学实践中，教师的命题极易出现脱离学生的思想水平与生活实际的情况，出现学生“为作文而作文”，胡编硬凑的现象，影响学生写作的兴趣及写作能力的养成。另外，命题作文因题目固定，造成了题材、体裁等相对固定，学生因个性水平和能力水平的差异无法将自己的真正愿望表达出来，在某种程度上，束缚了学生的写作。因此，写作训练中要注意扬长避短，发挥命题作文训练的优势。

2. 命题作文训练的类型

命题作文可分为：观点型命题作文、论题型命题作文、寓意型命题作文、关系型命题作文。

观点型命题作文。命题就是文章要表达的观点。如《今年花胜去年红》。

论题型命题作文。命题提供的是一个论题，并不是一个具体的观点，具体的观点需要作者自我分析来确定。如《说“安”》。

寓意型命题作文。命题本身的词语采用的是比喻、象征的手法，既有表面的意义，又有深层的隐含意义。如《路》。

关系型命题作文。命题采用的词语或短语，这些词语之间存在一定的逻辑关系。如《树木·森林·气候》。

3. 命题作文训练的要求

对教师而言，教师可以结合阅读、国内外形势与未来的发展等来命题，利用多种手法进行命题作文训练。但命题本身要与学生的生活贴近，符合学生的身心特点，使学生有话可说。

命题作文训练中要注重审题的训练。从命题的字面词语入手，找出关键词，分析词语间的关系和词语的隐含意义，之后确定文章的立意、构思。

（二）话题作文

话题作文，就是围绕一个规定的话题进行写作。它是只提供作文对象、作文范围或作文缘由，不指定作文标题、不限定作文样式的一种写作训练方式。一般由材料、提示语、话题和要求四部分组成，要求自定立意、自选文体、自拟标题进行写作。

话题作文与命题作文的区别是：虽然都有“题”，但命题作文的“题”是标题，所有学生都共用这个标题；而话题作文的“题”是话题，学生可以用话题作为自己作文的标题，也可以在话题的范围内另拟标题。命题作文指定了作文题目以后，考生就没有选择，在同一个题目下，主题和内容大致相同；话题作文却为考生留出了较大的确立主题与内容思考的空间。

话题作文与材料作文在形式上是相同的，都有“材料”，但对待材料的“态度”不完全一样。材料作文是根据材料写作，即所写作文的主题、内容，甚至文体都必须与材料的内容和形式一致；话题作文却不必如此，所写内容与话题相关即可。

1. 话题作文训练的作用

(1)话题作文扩大了学生话语选择和文体选择范围。话题作文只提供了作文范围，要求所写内容与话题相关即可，作文的题目、题材、文体都可由学生自定，学生言说的自主权空前地扩大了。

(2)话题作文降低了审题难度。作文提供了话题和提示语，已经为学生提炼出作文的核心意思，学生在短时间内便可以集中精力，构思作文内容和流畅地表达。

(3)话题作文“三自”的要求：自定立意、自选文体、自拟标题，加大了表达的自主性，有利于学生“有个性、有创意的表达”。

2. 话题作文训练的类型

话题作文的类型有：命题型话题作文；象征比喻型话题作文；思辨型话题作文；组合型话题作文。

(1)命题型话题作文。明确给出了作文题目，但立意自定，文体自选、体裁不限，是宽泛意义上的话题作文。如，2005 年的北京卷“说‘安’”，试题提供了“安”的补充提示语，“安”字含有安定、安全、安宁、安逸以及“安于……”等意思。这类话题作文往往题面简单，大大降低了审题难度。

(2)象征比喻型话题作文。话题采用的是虚题，写作时需要找一个具体的事物与话题构成象征或比喻关系，化虚为实。如 2005 年浙江高考卷的话题作文“一枝、一叶、一世界”。2005 年辽宁卷作文题“今年花胜去年红”。这些话题语言上有的是诗句，作文时学生要联想到与之相对应的一些具体事物，找出两种事物存在的比喻和象征的关系。

(3)思辨型话题作文。2005 年全国卷二话题作文“位置与价值”，这个话题作文引导学生思考“个人与社会”的关系，人在社会中如何实现自己的价值，社会如何在人们价值实现中得以进步发展，这个类型的话题，考查了学生的思辨能力。

(4)组合型话题作文。这是话题作文与材料作文的结合，如 2006 年北京卷的作文，列举了能代表北京城市符号的事物，要求根据上述材料以“北京的符号”为题，写一篇文章。

3. 话题作文训练的要求

指导学生围绕所给出的话题进行分析选择，首先，要求学生分析所提供的材料中到底包含了哪些“话题”，并有哪些话题可以写。其次，选定适合的具体话题，并确定相应的主题，主题要与话题相关，在话题的范围之内。再次，要根据材料的积累和表达中的长处，拟定文章的标题，选定适合的文体。

不同的写作训练方法有着不同的价值，在实际的教学中，教师要根据学生的写作能力，以及写作教学的具体目标，综合而有效地运用多种训练方式，来提高学生写作能力和水平。

(三)给材料作文

给材料作文，也叫供料作文、条件作文，是指命题者将一定形式和内容的材料提供给写作者，使其经过审题，形成一定的观点或态度、情感，进而根据材料所提出的要求进行写作的命题形式。

1. 给材料作文训练的作用

(1)给材料作文的启示作用。提供了一定的作文材料，有助于引导学生在理解“材料”的基础上，进行想象、联想和思考。正是这些“材料”，降低了学生写作的难度，解决了无东西可写的状态，有效地激励学生写作的主动性。

(2)给材料的规定作用。作文的第一步，要求学生必须读懂“材料”，否则就无法准确立意，影响作文构思、谋篇布局和表达。比起话题作文的“话题”特点，无形中给写作设了一道“门槛”。

材料作文的作用是显而易见的，20 世纪 80 年代，高考作文命题是命题作文和材料作文并存，以材料作文为主，如 1981 年的“毁树容易种树难”，1983 年的根据“挖井”的漫画写议论文，1988 年的“习惯”等。

进入 90 年代以后，社会经济、文化呈现出多元化发展的趋势，高考作文命题也出现多样化的变化。如 1999 年全国卷“假如记忆可以移植”，首推话题作文的形式，材料加提示语的形式，给命题作文、材料作文曾一统天下的作文训练模式，注入了新的气息，这一形式受到老师、学生的普遍欢迎。其后，至 2005 年，全国卷作文题均是话题作文。如 2000 年的“答案是丰富多彩的”，2001 年的“诚信”，2002 年的“心灵的选择”，2003 年的“感情亲疏和对事物的认知”，2004 年的“相信自己与听取别人的意见”，2005 年的“位置与价值”。然而，到了这时，话题作文的弊端逐渐显现出来，当初受到大家喜欢，作文范围的宽泛，淡化审题、淡化文体和自由的表达的特点，被“宿构”和“套作”所掩盖，带来了负面效果。因此，从 2006 年开始，材料作文的形式有回归的趋势，2006 年的全国卷一和卷二均为材料作文。

再次出现的材料作文与 20 世纪 80 年代的材料作文有所不同。其特点为：在材料后面，有一段“要求”的表述，要求“选准角度，明确立意，自选文体，自拟标题；不要脱离材料内容及含意的范围作文，不要套作，不得抄袭”。因此，有人把它称作“新材料作文”。

所谓新材料作文，与话题作文有相关性：一是都提供了作文的材料，二是“三自”的沿用，仍然保留较大的作文自由度。新材料作文与话题作文的不同点在于：一是增加了审题的难度；话题作文则在给材料的同时，也给了一段提示语并且已提炼出一个“话题”，限定了材料的范围和起点，在审题上不必花费太多精力。二是提高了对材料运用的要求，材料作文中，要紧扣所给材料的立意，在材料限制的范围内按要求作文；话题作文对材料的要求则不十分限定，就是既要能够结合话题材料，又可以不固守话题材料。

2. 给材料作文训练的类型

(1)提供文字材料的作文。

提供文字材料的作文，如诗歌(歌词)、寓意性故事、时事讨论、社会热点等。

①诗歌：2006 年山东卷选用的是诗人雷抒雁的《星星》，2009 年浙江卷选用的是歌词《绿叶对根的情意》。诗歌的特点：语言的意象化，情感与哲理相互渗透，言简意赅。使学生在品味语言的同时感悟人生，提升境界。

②寓意性故事：2009 年全国卷一选用的是寓意性故事《擅长跑的兔子》。这个类型的作文，首先要读懂、理解材料寓意，由表及里，由现象到本质剥茧抽丝来立意构思，考查学生的思辨能力及思维的深刻性。

③时事讨论：2010 全国卷二选用的是时事论坛“世界读书日这天，网上展开了关于‘浅阅读’的讨论”，2009 年辽宁卷选用的是“网上论坛。主题：明星代言”。这种论坛讨论的形式，紧扣时代特点，思维方式多元化，人人有话说，能充分体现作文的人文价值。如辽宁卷以“明星代言”为主题，围绕明星代言提供了“甲乙丙丁戊”五种看法，包括明星代言的现象、问题产生的原因及解决问题的对策等内容，其中蕴涵的主旨为如何使明星代言健康发展。作文贴近社会，联系现实，有利于全面考查学生的语文素养，有利于引导考生关注公共价值，关注社会动态及热点，有利于培养学生正确的价值观，导向明确、时代感强。

④社会热点：2009 年江西卷选用的是“拍卖圆明园流失的兽首”的新闻报道。这个类型的作文，可以使学生关注历史与现实的问题，思考社会与发展的问题等。

(2)文字材料外的材料作文。

①提供图片材料作文。提供图片材料作文就是教师提供漫画、连环画、插图、新闻图片、宣传画等，要求学生看图作文，借以培养学生的观察力、思考力、联想和想象力的写作训练。如，2007 年的全国卷一是图画材料“摔了一跤”，2008 年的江西卷是漫画“助鼠为患”。

②提供声像材料作文。提供声像材料作文就是教师通过录音、录像、电视和电影等媒介，提供丰富多彩、超越时空的声像材料，使学生身临其境，激发起写作动机，进行联想和想象的写作训练方式。近几年，这种写作训练方式因

技术设备和手段的进步，得到了较为广泛的运用。

③提供实物材料作文。实物就是具体有形、可触摸的小型物件。如造型各异的文具盒、玩具、饰物、鲜花等实物，要求学生或说明其外部特点及其功能或来历，采用说明、记叙、描写等表达方式，或抒发感情，这些实物是学生经常接触较为熟悉的小物件，在写作时有话可说，有感可发，有事可记，便于学生写出“真实”的文章。

(3)改造所提供文字材料的单项作文。

改造所提供文字材料的单项作文就是对提供文字材料直接进行加工改造，常见的有缩写、扩写、续写、改写四种形式。

①缩写。缩写就是在不改变材料的主题、主要内容、情节结构的前提下，能从文章中提取主要信息写作成文的写作训练方式。如日常生活中常常遇到的剧情简介，故事梗概，论文的摘要，概要性的读书笔记等，对应的都是缩写。所以，缩写不仅是一种写作训练的手段，也是一种作文综合能力的体现。要求学生在缩写中能够将材料中的具体叙述变为概括性叙述；将详尽的描写变为简要的记叙；将详尽的论述，变为扼要的说明；将语言结构中复杂的长句变为简明的短句，但是，全文表达的情感不变，观点不变。在写作训练中采用缩写的方式，有利于培养学生的总结概括能力及精炼语言表达能力。

②扩写。扩写是在不改变材料基本思想的前提下，将原文扩展，使材料更具体、更丰富的写作训练方式。扩写要求将原文概括性的记叙变为合乎情理的铺叙，对原有的人物和情节、事件做合理的想象，使情节更生动、人物更具体、事件更详尽。扩写能够培养学生深入思考，合理想象，语言表达具体生动的能力。

③续写。续写就是利用原有材料，根据文章的内在联系和自己的合理想象进行作文的写作训练方式。续写和扩写有着本质的不同：扩写是将原文由概括变为具体；续写从本质上来看，是写作主体对文章的思考与再创造的过程，是读者与作者沟通的过程，是将作者未表达出的情感经读者的再创造而表达得更清楚的过程。从文艺理论的角度上讲，续写是读者创造的第二文本。续写要求将原文中未写完的故事情节、或未显现的思想情感表达出来，能够培养学生的思考能力，对普遍联系的事物做合理的思考与评价的能力，以及创造性表达能力。

④改写。改写就是变换文章的文体或表达方式来进行的一种写作训练方式，也是一种常用的训练方式。通常有如下类型：改变叙述视角，由第一人称转换为第三人称；改变叙述方式，顺叙变倒叙或倒叙变顺叙等；体裁之间的改写；记叙、议论、描写、说明等表达方式的互相改写。改写的首要前提是按照具体要求进行或文体间，或表达方式间，或人称间的改写。可以说，改写是一

种难度较高的写作训练方式，要求学生有一定的创造性表达能力和良好的写作素养。在日常生活中，文学剧本改编为电影剧本，诗歌改写为散文等运用的就是改写方式。

3. 给材料作文训练的要求

(1)指导学生全面理解给定的材料。

给材料作文中对材料的理解与把握是学生写作的基础。对材料的理解可以采用下列方法：找材料中的关键词即文眼；从材料的结果出发，进行因果推导或溯源；如果材料是一些数据、比喻、寓言、漫画等，就要联系现实的生活和实际。

(2)指导学生筛选、选择合适的立意。

由于每个人对材料理解的角度不同，就会产生多种立意，教师应指导学生采用整体性的原则，从材料的中心意思出发，分清主次，舍次求主，辨清关系，选择合适的写作主题。

(四)情境作文

情境作文，是教师有意创设一个具体的场合、景象或境地，让学生置身其中，观察、思考与想象，引起学生的情感体验，进行写作训练的方式。① 情境作文也不是新的事物，早在1929年《初级中学国文暂行课程标准》教法要点中就指出一种叫“野外写生”的作文练习的方法：将学生分为几组，由教师率领，到郊外实地描写景物。教师即就地指示观察点的迁移，景物的远近及色彩的浓淡，以定叙述先后的方法。这就是最早的情境作文训练。

1. 情境作文训练的作用

(1)利于抒发真情实感。情境作文训练过程中，学生身临其境进行情感体验，有利于强化学生(作文主体)的感受，在写作前建立了深刻的情感驱动，因此，有利于学生在写作中抒发真情实感，实现作文的求“真”，避免了“假”“大”“空”的情感。

(2)能充分贯彻作文与生活结合的原则。情境作文能够将活动课程融入学科课程中，既能避免单纯的活动课程中出现的知识无系统状态，又能避免语文学科课程重讲授、轻体验，重理性、轻感性的弊端。所以，情境作文训练易于落实写作教学与生活实践结合的原则，使学生在与真实生活情境的结合中，增加情感的体验。

日常生活记观察日记、游记类的写作等都属于这种与生活紧密结合的情境作文训练。

---

① 韦志成：《作文教学论》，116页，南宁，广西教育出版社，1998。

2. 情境作文训练的类型

根据教师所创设情境真实与否，可以将情境作文分为真实的情境作文训练和创设的情境作文训练。

(1)真实的情境作文。即学生在真实的生活情境中，对某一人、某一物、某一景物、某一事件等进行观察、体验，进而进行写作。

(2)创设的情境作文。即教师通过联系生活再现情境、运用实物演示情境、借助画面再现情境、播放音乐渲染情境、角色扮演体会情境、精彩语言描绘情境等手段为学生提供创设的写作情境，来激发学生的写作欲望。

3. 情境作文训练的要求

(1)贴近学生生活实际。无论真实的情境还是人为设置的情境，情境本身都要贴近生活，越贴近学生的生活，学生越有话可说，有东西可写。

(2)情境本身要具有可参与性和活动性。学生在参与活动的过程中，能够充分地体验生活，将情境和体验相结合，从而激发自己的写作热情，激发出写作的灵感。

(五)口头作文

口头作文就是把事情或事物以独白的形式说清楚，讲述完整的作文训练方法。口头作文是小学低年级学生发展书面作文的一种工具，是一种难度较大的口头语言训练方式。

1. 口头作文训练的作用

(1)能够降低写作的难度。从言语的发展顺序来看，口头作文为书面作文提供了大量的词汇、正确的句式和适当的表达方式。低年级学生习惯于以口头叙述自己的思想，学生的内部言语发展不够完善，从内部来控制与调节自己的思想还需要学习，所以在思想写出来之前，先从口头上把思想组成连贯的语言，有助于培养低年级学生思维的条理性、逻辑性和清晰性。低年级学生在书面作文中，常常感到困难，一个最大的困难就是书写技术的问题，思想无法用字、词表达出来，会说的不一定会写，因此，先从口头作文开始能够大大降低写作的难度，便于后续高年级书面写作的开展。

(2)符合青少年好胜的心理特征。口头作文的题目一般都是与学生生活相关，学生有话可说，容易调动学生的积极性和主动性。

(3)利于学生能力的培养。口头作文能培养学生思维能力和口头表达能力，促进学生口语交际能力和写作能力的双重发展。

2. 口头作文的训练方式

口头作文的训练方式，要求教师通过有效的方法，促进学生书面表达和口语表达质量的共同提高。具体可采用两种方法实现这一要求。

(1)口述后记录。即先做口述，再将口述内容记录下来。它的实际意义在于，口述降低了表达的难度，将口述内容记录下来，成为书面表达的依据。用这种策略就可以借助口语优势来提高书面语的质量。

(2)利用口头作文提纲，提高口头作文的质量。口头作文前先写出口头作文提纲，学生可以通过提纲修正口头作文的内容，从而使口头作文效果更显著。

不同的作文训练方法有着不同的价值，在实际的教学中，教师要根据学生的写作能力，以及作文教学的具体目标，综合而有效地运用多种训练方式来提高学生写作能力与水平。

【案例分析】

1. 对学生作文开头的评语

有个学生的开头很有新意："生命的小舟早已驶离了儿时的港湾，蓦然回首，却发现起航的海边有颗东西在闪耀，那便是童心……"

教师的评语是这样的："用比喻开头，贴切而形象，既扣住了题目，又为下文的展开打开了宽阔的通道。"

评析：这位教师的评语简单明了，针对学生作文的开头做了评价，肯定了学生作文开头的优点，起到了鼓励的作用。

2. 学生作文的教师旁批

一位学生在写《春天的景色》时，开头写了这样一句话："春天是万物蓬松的季节，大自然显得生机勃勃。"

教师利用旁批给他写出了"蓬松"的意思是：形容草、叶子、头发、绒毛等松散开。然后写出了评语，"你推敲一下，'蓬松'在这里用得合适吗？换哪个词更恰当呢？"

评析：这个评语并没有直截了当地指出学生的错误，注意维护了学生写作的积极性，并给了学生自我思考修改的机会。

3. 2010 年高考辽宁卷作文题评析

阅读下面的材料，根据要求写一篇不少于 800 字的文章。

3 岁的托尼把手伸进瓶子，慢慢地抓了一大把糖果，他想抽出手时，瓶口太小，出不来。他一颗糖都不想放弃，手又抽不出来，"哇"地一声哭了。

农场主规定每个雇工除了工钱之外，还可以自选一筐水果带走。20 岁的托尼看中一筐装得最满的大筐，费了半天劲也没搬动。他喘了喘气，重选了一小筐，高高兴兴地走出了果园。

老板宣布，谁能追回一笔 30 万英镑的货款，就把其中的 10 万英镑奖给他。员工纷纷出马，却都无功而返。58 岁的托尼也申请试试，两天后就将追回的 20 万英镑货款交给了老板。原来他告诉对方只需交 21 万英镑就算结清，对方终于还款，他也得到了 1 万英镑的奖金。

要求选准角度，明确立意，自选文体，自拟标题；不要脱离材料内容及含意的范围作文，不要套作，不得抄袭。

评析：上述作文采用了材料作文的形式，作文以“托尼一生三个阶段的经历”为素材，其中蕴涵的主旨是理解取与舍的关系，领悟成长的智慧。取与舍是生活中经常遇到的选择，看似平常，实际上包含着人们对生活应有的态度，并可将思考进一步指向人生、社会和历史，利于考生结合自己实际进行思考，可以引发考生从多角度进行思考，有利于考查学生的思辨能力和发散性思维。这篇作文与学生成长、自身思想、道德、修养相关。每个人成长过程中，每天都要遇到选择，每一次看似不经意的小选择，累计起来决定一个人的一生。这个素材给了考生展示个性的空间以及结合自己实际表达思想的空间，能有效避免考生说套话、空话和废话，也能引导学生去真正地体验生活，认识生活，评价生活。如果要说该作文略有不足，就是素材过于局限于个人如何更好地获利，突出了功利。而每天我们面临的选择中，并不都是利益的选择，还应有更广泛的人生境界。

【实践演练】

1. 下面列举的是修改符号，在批改作文和修改自己的文章中试着使用。

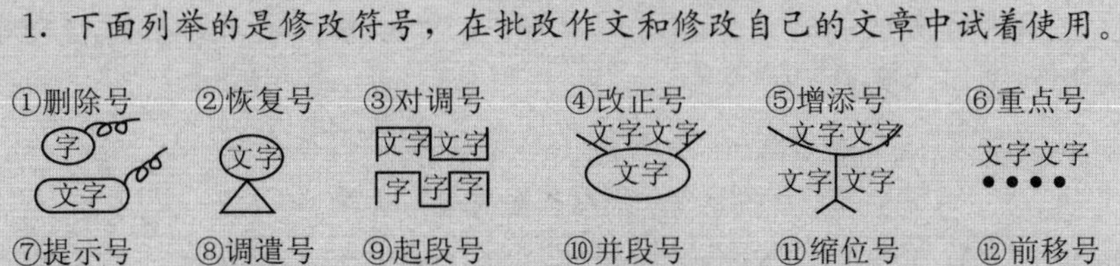

2. 根据下列几组材料，练习审题和立意。

(1)这也是一种________

请先在横线上填上适当的词语，形成完整的题目，然后写一篇不少于800字的文章。要求：立意自定，文体自选(诗歌除外)不得抄袭。(2009福建卷)

(2)有一次，人们问丹麦物理学家玻尔教授："您创建了一个第一流的物理学派，有什么秘诀?"不料，玻尔却回答说："因为我不怕在学生面前显露我的愚蠢。"听到这个回答，大家都感到十分诧异和不解。

玻尔的回答确实出人意料，但仔细想想又在情理之中。生活中，我们常常会遇到类似的情况，请以"出人意料和情理之中"为话题，自定立意，自选文体，自拟标题，写一篇不少于800字的文章，所写内容必须在话题范围之内。(2005全国卷1)

(3)513网上论坛。主题：明星代言。

甲：有明星代言的东西应该更可信。有人调查，47%的人在选购同类产品时，会优先选择名人代言的产品。我就是这样。

乙：现在是明星代言广告多，相关问题也多。三鹿奶粉就是一个典型。有人调查，91%的人对虚假代言表示愤怒。

丙：明星代言多数都是朋友介绍，经纪人操作。明星不知情，也是受害者。

丁：明星代言，实质就是给产品作证言。明星代言费少的几十万，多的上千万，代言产品出问题就没有责任?

戊：产品广告出问题，也说明主管部门监管不力、媒体把关不严、相关法规不健全。听说有一个好莱坞演员就曾因代言虚假广告被罚款50万美元。

要求选准角度，明确立意，自选文体，自拟标题；不要脱离材料内容及含意的范围作文，不要套作，不得抄袭。(2009辽宁卷)

3. 从下列材料入手，了解高考作文命题的特点及变化。

2009年全国高考作文题目汇总

序号	年度、省份	作文试题	形式
1	2009全国1	擅长奔跑的兔子	材料作文
2	2009全国2	三组材料	材料作文

续表

序号	年度、省份	作文试题	形式
3	2009 北京	我有一双隐形的翅膀	材料作文
4	2009 上海	板桥体	材料作文
5	2009 天津	我说九零后	话题作文
6	2009 重庆	我与故事	话题作文
7	2009 广东	谈与“常识”有关的经历和看法	话题作文
8	2009 江苏	品味时尚	话题作文
9	2009 山东	见证	话题作文
10	2009 福建	这也是一种________	半命题作文
11	2009 湖北	站在________门口	半命题作文
12	2009 四川	熟悉	命题作文
13	2009 湖南	踮起脚尖	命题作文
14	2009 江西	以兽首拍卖	材料作文
15	2009 安徽	生活给我智慧	材料作文
16	2009 辽宁	明星代言	材料作文
17	2009 宁夏、海南	善良	材料作文
18	2009 浙江	绿叶对根的情意	材料作文

2010 年全国高考作文题目汇总

序号	年度、省份	作文试题	形式
1	2010 全国 1	都什么年代了，有鱼吃还捉老鼠	漫画作文
2	2010 全国 2	关于“浅阅读”的讨论	材料作文
3	2010 全国课程标准卷	三组材料	材料作文
4	2010 北京	仰望星空与脚踏实地	命题作文
5	2010 上海	丹麦人钓鱼	材料作文
6	2010 天津	我生活的世界	话题作文
7	2010 重庆	难题	命题作文
8	2010 广东	与你为邻	话题作文
9	2010 江苏	绿色生活	话题作文
10	2010 山东	人生的光影变化	材料作文

续表

序号	年度、省份	作文试题	形式
11	2010 福建	格林童话的诞生故事	材料作文
12	2010 湖北	幻想与现实	材料作文
13	2010 四川	几何体	材料作文
14	2010 湖南	早	命题作文
15	2010 江西	找回童年	话题作文
16	2010 安徽	对古诗的思考	材料作文
17	2010 辽宁	舍与得的选择	材料作文
18	2010 浙江	角色转换之间	话题作文

复习思考题

1. 简述不同派别的写作能力的构成，并做简单评价。

2. 选取一个国家的写作评价标准进行研究，并与我国的写作评价标准进行对比，写出研究报告。

3. 如何贯彻写作与生活相结合的原则？

4. 评语的类型及内容是什么？

5. 作文训练的主要方式有哪些？如何把握这些作文训练的方式？

6. 在作文教学的三阶段指导过程中，每个环节所要开展的教学工作是什么？

7. 收集写作教学改革的相关案例及资料，进行比较研究，分析其合理性与可行性。

8. 查阅梁启超、叶圣陶、张志公关于写作教学的论述，总结其对当今写作教学的借鉴意义。

第六章　口语交际教学

【学习导引】

口语交际是听与说双方的互动过程。口语交际能力是语言能力与交际能力的综合，是现代公民必备的能力之一。当前的语文教学必须提高对口语交际教学的重视程度。学习者应了解口语交际教学目标及其在语文课程中的地位；明确口语交际能力构成要素；掌握口语交际教学实施的策略和方法。

第一节　口语交际教学的目标与地位

口语交际是一种双向的社会活动。它以人类的语言能力为前提，强调实际情境中交际对象之间的交流与互动，是人与人之间进行的一种有目的、有实效的语言沟通。口语交际能力是当代公民必备的基本能力，是学生在校期间应该学到的最基本的语文能力之一。在语文教学过程中，提高学生的口语交际能力已成为主要任务。

一、口语交际教学的目标

(一)我国口语交际教学的目标

培养学生口语交际能力，是中小学语文教学的主要任务之一。义务教育阶段口语交际教学的目标，分为总目标和阶段目标。在“课程目标”中规定的口语交际教学的总目标是：具有日常口语交际的基本能力，在各种交际活动中，学会倾听、表达与交流，初步学会文明地进行人际沟通和社会交往，发展合作精神。

义务教育课标还按学段规定了1～9年级的口语交际教学阶段目标。

1. 第一学段(1～2年级)

(1)学讲普通话，逐步养成讲普通话的习惯。

(2)能认真听别人讲话，努力了解讲话的主要内容。

(3)听故事、看音像作品，能复述大意和精彩情节。

(4)能较完整地讲述小故事，能简要讲述自己感兴趣的见闻。

(5)与别人交谈，态度自然大方，有礼貌。

(6)有表达的自信心。积极参加讨论，对感兴趣的话题发表自己的意见。

2. 第二学段(3～4 年级)

(1)能用普通话交谈。在交谈中能认真倾听，并能就不理解的地方向人请教，就不同的意见与人商讨。

(2)听人说话能把握主要内容，并能简要转述。

(3)能清楚明白地讲述见闻，并说出自己的感受和想法。

(4)能具体生动地讲述故事，努力用语言打动他人。

3. 第三学段(5～6 年级)

(1)与人交流能尊重、理解对方。

(2)乐于参与讨论，敢于发表自己的意见。

(3)听他人说话认真耐心，能抓住要点，并能简要转述。

(4)表达要有条理，语气、语调适当。

(5)能根据交流的对象和场合，稍做准备，做简单的发言。

(6)在交际中注意语言美，抵制不文明的语言。

4. 第四学段(7～9 年级)

(1)能注意对象和场合，学习文明得体地进行交流。

(2)耐心专注地倾听，能根据对方的话语、表情、手势等，理解对方的观点和意图。

(3)自信、负责地表达自己的观点，做到清楚、连贯、不偏离话题。

(4)注意表情和语气，使说话有感染力和说服力。

(5)在交流过程中，注意根据需要调整自己的表达内容和方式，不断提高应对能力。

(6)讲述见闻，内容具体、语言生动。复述转述，完整准确、突出要点。

(7)能就适当的话题作即席讲话和有准备的主题演讲，有自己的观点，有一定说服力。

(8)课堂内外讨论问题，能积极发表自己的看法，有中心、有条理、有根据。能听出讨论的焦点，并有针对性地发表意见。

根据义务教育课标的要求，口语交际教学目标可分为语言目标、辅助语言目标、心理品质目标及其他目标。语言目标指普通话的运用水平、听力、话语应变能力、话语影响力、讲述、复述、转述、即席讲话、有准备的主题演讲、讨论能力、语境处理能力等方面。辅助语言目标则包括表情运用、语气运用、态势语、语速、语调等内容。心理品质目标主要指交际过程中，人的理解力、观察力、注意力、耐久力、自信力、责任心、思维能力等。其他目标则包括了文明修养、礼仪礼貌、合作精神、社会交往活动能力等内容。

我国普通高中语文课程标准在课程目标必修课程之“表达与交流”目标中的第7、第8、第9条做了如下规定。

7. 增强人际交往能力，在口语交际中树立自信，尊重他人，说话文明，仪态大方，善于倾听，敏捷应对。

8. 注意口语的特点，能根据不同的交际场合和交际目的，恰当地进行表达。借助语调和语气、表情和手势，增强口语交际的效果。

9. 学会演讲，做到观点鲜明，材料充分、生动，有说服力和感染力，力求有个性和风度。在讨论或辩论中积极主动地发言，恰当地应对和辩驳。朗诵文学作品，能准确把握作品内容，传达作品的思想内涵和感情倾向，具有一定的感染力。

从两个课标的规定中，我们能够清晰地看出，义务教育阶段的口语交际教学目标按九年一贯的思路整体设计，分段实施，呈现螺旋上升状态，随着年级的升高，各学段对某一内容的教学要求也逐步提高，体现了鲜明的阶段性。分学段的目标规定更能够让教师明确自己教学的目标到达度。高中阶段的目标更加注重口语交际的能力，其中着重在口语交际与语境的关系上，如演讲、讨论、辩论等，要求学生在不同语境、不同对象的情况下进行口语表达，要考虑不同对象的可接受性，适时调整言谈策略和口语风格。

作为法规文件的两个课程标准较为注重基础方面，整合了口语交际的知识与能力、过程与方法、情感态度和价值观三个维度的要求，充分注重了学生语文素养的整体提高。目标的描述也比以前大纲更加明晰具体，有了一定的可操作性。而且，提及了“不同的交际场合”“课堂内外”，把学生的口语交际能力获得途径延伸到了学生所有的生活领域，具有开放性。

口语交际教学的目标，从横向看，主要包括听力目标、口语表达目标、交际目标；从纵向看，口语交际的训练有明显的层次性，低年级侧重于交际的兴趣、情感、行为习惯的培养，语言表达的规范性，词语、句子运用的正确程度，高年级侧重于语言表达的概括性、流畅性、丰富性，思维的敏捷性、条理性以及应对能力。这些目标，为我们开展口语交际教学活动提供了广阔的视野。

(二)我国口语交际教学目标特点

中国口语交际教学目标，具有如下特点。

1. 目标的递进性

口语交际教学的目标从其能力拓展过程看具有递进性的特点。义务教育阶段，在总目标下分设四个学段，按九年一贯制的思路，整体设计，分段实施，螺旋上升。这些目标，根据学生年龄、年级的特点，在不同阶段有不同的教学侧重点，由低到高呈现明显的递进性。随着年级的升高，各学段对某一内容的教学要求逐步提升。

2. 目标完备性

口语交际教学目标的完备性表现在：一是设有总目标和四个学段目标，构成了较为系统的目标体系。二是从语言目标、辅助语言目标、心理品质目标等多个角度，规范了口语交际教学的内涵，既有技术层面的要求，又充实了情感态度层面的内容，能够全面落实知识和能力、过程和方法、情感态度和价值观三个维度的要求。

3. 目标的可操作性

可操作是指能够将抽象的概念转化成可观测、可检测的程序。口语交际教学目标依据学生身心发展规律来设置，符合语文学习规律，有了可操作的特点。一是具有明晰的阶段性特点，不同学段要求明确具体。二是目标层次性清晰，由低级向高级逐级提高，如四个学段中在说话方面可呈现的变化为：讲述—复述—转述—即席讲话—有准备的主题演讲。可谓句句有指导，条条能落实。

4. 目标的辐射性

口语交际教学目标中要求“具有日常口语交际的基本能力”，“能注意对象和场合，学习文明得体地进行交流”，“课堂内外讨论问题”等，这表明了口语交际教学要求面向社会辐射，面向生活，课内外结合。教师在教学中应当深入了解学生，努力选择贴近学生生活的话题，鼓励学生在各科教学活动中以及日常生活中锻炼口语交际能力，把口语交际教学的外延开放到学生所有的生活领域。

(三)国外口语交际教学目标

20世纪50年代以来，世界各国进行了规模较大的课程改革运动，母语教学大纲几经修订，不过，口语教学地位并未被削弱，口语教学的功能与内容较之先前却发生了很大的变化，越来越突出与社会生活、人际交往的联系。目前，法国、美国、日本等国家的中学语文教学都把培养口语能力列为重要内容。

1. 法国口语交际教学目标

《法国初中语文教学大纲》听说学习目标和内容是分年级制定的，每个年级在学习目标和学习内容两个方面都做了具体规定，如初中四年级的口语学习目标是①：

---

① 江苏母语课程教材研究所：《当代外国语文课程教材评介》，326页，南京，江苏教育出版社，2004。

A. 辨清学生经常所处的个人、学校和社会生活的口语情境，在各种口头的交流中，学生的行为中规中矩。

B. 要说的内容：阅读和朗诵，汇报、口头报告，对话、讨论、演讲，待发展的能力(适合表达语境的态度、动作和声音；区分语言的风格、选择适合交际情境的语言，词汇、句法、插话形式、礼貌等；倾听、重视他人的表达；根据作品的长短给予总结、发展)。

目标要求较为详细、具体，可操作性强。

2. 美国口语交际教学目标

美国《俄亥俄州克利夫兰市市立学区英语语言艺术课程说明》中，九年级语文课程大纲对口语交际教学目标提出①：

(1)学生将能够定义口语的风格并说明风格的重要性。

(2)学生将能够在口语表达中使用组织手段及连贯表达等技巧，使说话内容易为听众记忆和理解。

(3)学生将能够计划并发表信息性演讲。

(4)学生将表现九年级学生应具备的口语技能，具体表现为：①针对不同的听众选择话题和词汇；②针对不同的说话场合准备笔记及组织思路；③利用口语交际进行娱乐和提供信息；④利用采访技巧获取信息；⑤参加小组口语交际活动；⑥针对特定听众作口头解释和说明。

从美国的口语交际教学目标来看，学生的口语学习注重基础知识、基本技能的掌握，同时，重视实际应用和在合作学习中的参与及交流。教师的口语交际教学目标明确，内容和方法具体可操作，注重甄别不同场合和对象而采用相应的方式方法。

3. 日本口语交际教学目标

《日本初中国语教学大纲》口语交际教学目标，是按学年进行规定的，如第2学年及第3学年“说与听”的目标规定②：

为培养说与听的能力，须注意下列指导事项。

(1)从宽广的范围寻找听说的话题，扩展自己的见解与思路的广度和深度。

(2)注意说话的中心部分和附加部分、事实和意见的关系，考虑好说话的

① 江苏母语课程教材研究所：《当代外国语文课程教材评介》，85页，南京，江苏教育出版社，2004。

② 中外母语教材比较研究课题组：《中外母语课程标准译编》，400页，南京，江苏教育出版社，2000。

逻辑结构和展开方式，能说会听。

(3)根据说话的内容和意图选择恰当的语句，注意句子的合理使用方法及有说服力的表现方式。

(4)尊重对方的立场和思考，知道遵循谈话的目的去有效地展开说与听，加深自己的思考。

从以上国家口语交际教学目标的规定可以发现其共性：国外口语交际教学的开展形式丰富多彩，力求学生在各种实践活动中表现出明显的主体性。许多学校都善于将有实际意义的、与学生的学习和生活联系紧密的、富有兴趣的口语交际活动贯穿在教学之中，形成自己特有的教学风格。

二、口语交际教学的地位

从语文教育发展史来看，我国对口语交际教学的重视程度一直不够。“语文”一词包括“语”和“文”两个方面。人们对此有多种认识：语言与文字，语言与文学，语言与文章，语言与文化，口头语与书面语等。无论怎样，回顾我国语文教育的发展历史，不难发现，多年来人们普遍重“文”轻“语”，对口语交际能力的培养重视不够。

在原始社会，文化和教育依口耳相传，这可以看做是口语交际教学的发端。文字出现后，口语和书面语相互补充。但从隋朝开始，科举选仕便以考查学生的阅读、写作为主要内容，忽视听说能力的测查；到了明清两朝，有关听说能力的考核更不在科举范围内。直到1923年，《新学制课程标准纲要初级中学国语课程纲要》才提出了对“演说辩论”表达能力的要求：最低标准能听国语的故事演讲，能用国语作简单的谈话；高级标准能听国语的通俗演讲，能用国语演讲。1929年，教育部颁布了《初级中学国文暂行课程标准》，首次把“口语练习”列入中学语文的教学目标之中。新中国成立以后，语文教育中的听说教学才得到了初步的发展。而这一个时期的听说教学主要是强调学生的“说话”能力。直至1992年颁布的语文教学大纲都称“口语交际”为“听话说话”。可以说，在我国传统语文教育中，口语交际教学一直是处于被忽视的状态。直到1996年《全日制普通高级中学语文教学大纲(供试验用)》，在教学内容和要求中，才第一次出现了“交际”一词：“在语言交际中，应对机敏。”也因此，我国语文口语交际教学，无论在教学方法还是教育理论方面，与其他国家相比都显得较为落后。

2001年颁布的义务教育语文课标，第一次真正将口语交际课程纳入语文课程体系之中，使其获得了与阅读、写作同等重要的地位。这也为口语交际教学的发展提供了契机，使口语交际教学在语文教学中的地位得到有效提升。义务教育课标将原小学大纲中的“听话、说话”、初中大纲中的“听话训练、说话训练”改为“口语交际”，高中课程标准也将原大纲中的“说话能力”改为“口语交际”。在以往的初、高中的实际教学中，听话和说话教学效果并不令人满意，不少教师因应试教育的影响而无暇顾及。对新课标“口语交际”的提法，也有人从目标到方式都产生了模糊认识，认为仍然可按听话、说话教学的路子去教。其实，这是认识上的误区。正如崔峦先生所说，将听话、说话改为口语交际，注重提高口语交际能力，这不仅是提法的改变，首先是认识的变化。认识的变化引起提法的改变，而提法的改变将导致语文教学中听、说取向的重大变化。这显示出中国口语交际教学地位的明显变化。

【超级链接】　　**朋友的四种层级**

我国台湾一位学者将“朋友”分为四种：第一种人高级而有趣，使人敬而不畏、亲而不狎，交接越久，芳香愈醇。第二种人高级而无趣，固然人格高尚，品学兼优，却缺乏幽默感和风趣，活泼不起来，与他人交往往往令人感到很累，只能成为诤友或畏友。第三种人低级而有趣，活泼乐天，能侃善闹，有所有的常识独无学问，这种人是朋友圈里的“兴奋剂”，他走到哪里，哪里就有一片笑声。第四种人低级而无趣，既无品位又无趣味，人皆避之。上述四种人的差距皆表现在口语交际上，第一种人学富五车又善于口语交际，第二种人品学兼优却不苟言笑，第三种人善于口语交际但缺乏文化底蕴，第四种人无品也无味。由此，有人认为口语交际是人的第二种面孔。

第二节　口语交际能力的构成要素及其评价

一、口语交际能力的构成要素

对口语交际能力构成要素作出系统分析，不仅能为拟订口语交际教学目标服务，也能为确立口语交际能力的测评指标提供科学的依据。长期以来，关于口语交际能力的构成，存在多种阐释。在义务教育课标颁布之前，一般是从听话和说话能力两个方面来研究；义务教育课标称其为“口语交际”，赋予了其更丰富的内涵。这不仅是名称的变化问题，更显示出顺应时代发展的新理念。

我们认为，口语交际能力应由语言能力和交际能力两部分构成。对于口语交际能力构成要素的分析，也需从这两个方面入手。

(一)口语交际能力中的语言能力构成要素

我国学者在20世纪90年代，就根据口语交际能力结构要素，把小学生听说能力结构因素归结为14个变量，编制出了听、说测验项目和评分标准。提出的听话能力构成要素主要有三个方面：注意与感知、理解、反应与品评。与之相对应的听话测评项目有三个方面六个指标：词汇感知、细节感知；理解词义、了解句型、理解内容；分辨正误。说话能力构成要素主要有三个方面：组织内部语言；快速言语编码；运用语言、语速、语调及态势语。与之相对应的说话测评项目有三个方面五个指标：语脉；语汇、语意；语态、语用。因研究是根据当时的教学目标及听说测评的可测性原则与因素分析要求进行的，故归纳出的测评项目与现在的课程标准规定相比在交际情境的把握上有欠缺，但其研究思路仍能给我们以诸多启示。

有研究者把口语交际能力，分为听话能力和说话能力两个方面来解释。听话能力包括：听话注意力、语音辨识力、言语记忆力、语义理解力、话语品评力、联想创造力。说话能力包括：快速言语编码能力、定向能力、表情达意能力、调节能力。①

王光龙认为，听话能力大致包括：对话语的注意能力，对话语的感知能力，对话语的理解品评能力。说话能力主要有：内部言语的组织能力、言语编码能力、正确的话音能力、运用语音表情达意的能力和使用体态语的能力等几个方面。

韦志成指出，倾听能力的构成因素为：辨别语音能力、快速抢记能力、理解语义能力、语感能力。说话能力的构成因素为：内部言语的组织力、言语快速的编码力、运用语音的能力。②

王世堪则强调，听话能力应注意培养学生的语音辨识能力、听话的记忆能力、听话的理解能力、听话中的语感。说话能力要强化组织内部语言的能力、快速的言语编码能力、运用语音表情达意的能力和提高语音的控制能力。③

也有研究者指出：口语交际能力主要由以下要素构成：组织内部言语的能力；快速言语编码能力；运用语音、语速、语调和态势语的能力；注意能力；

---

① 赵厚玉：《语文教育学的现代阐释》，268～272页，北京，中央编译出版社，2003。

② 韦志成：《语文学科教育学》，237～242页，武汉，华中师范大学出版社，2002。

③ 王世堪：《中学语文教学法》，2版，263～270页，北京，高等教育出版社，2005。

理解能力；品评能力。①

由上述研究成果可知，语言能力的构成，主要就是倾听与表达，是由接收语言信息，传递语言信息两个方面构成。接收语言信息有注意力、辨音力、理解力、评判力等。传递语言信息有运用语音能力、语言组织转换能力、语言控制能力等。

(二)口语交际能力中的交际能力构成要素

在口语交际过程中，交际能力表现为口语交际的态度、心理与态势习惯，是与交际中的口语运用相辅相成的。在语文教学中口语交际能力的培养，应以语言能力培养为核心要素。

1. 口语交际的态度

口语交际的态度主要应包括：能文明得体地进行交流；耐心专注地倾听；自信、负责的表达自己的观点；在讨论时积极发言，与人交流时要尊重、理解对方。

态度虽不属于技能领域，但它直接影响着口语交际活动的进行，有的学生胆怯、自卑，有的学生以自我为中心，这些都是需要克服的障碍。

2. 口语交际的心理

口语交际的心理，主要表现在交流中的技能和策略的运用上。要考查学生能否注意对象和场合，根据不同场合的需要，恰当灵活地进行调整，适应变化的情境；能否注意根据需要调整自己的表达内容和方式，不断提高应对能力；表达是否有自信心。

3. 口语交际的态势习惯

所谓态势，是指态势语言，说话时的表情和动作。态势语言是重要的非语言因素，在口语交际过程中能对有声语言的交际效果产生影响。良好的态势语在口语表达上有补充、强化作用，在感情上有沟通交流作用。而在实际教学中，有的同学表现出态势不雅，不良习惯比比皆是。如何在口语交际中做到态势风度与话题主旨吻合、同步，如何用态势风度弥补语言的不足，如何促进话语意图的显现，而不是干扰或破坏交际话题主旨，这是在培养学生口语交际能力时必须正确对待的重要因素。

良好的口语交际态势习惯是口语交际能力持续发展的基础。口语交际习惯是在相当长一段时间内逐步形成的口语交际个人定势。有些学生在口语交际中，由于缺乏指导和科学训练，不同程度地存在不良的言语习惯。因此，养成

① 倪文锦：《初中语文新课程教学法》，150～152 页，北京，高等教育出版社，2003。

良好的口语交际习惯也是口语交际能力培养的重要内容之一。

二、口语交际能力评价方式方法

义务教育课程标准对口语交际教学的评价提出了如下建议。

评价学生的口语交际能力，应重视考察学生的参与意识和情意态度。评价必须在具体的交际情境中进行，让学生承担有实际意义的交际任务，以反映学生真实的口语交际水平。

根据这样的评价建议，我们认为，口语交际教学评价应该遵循激励性、动态性、情境性原则。口语交际教学评价的内容，可以从口语交际教学的知识与能力、过程与方法、情感态度与价值观三个维度进行。

(一)口语交际知识与能力评价

1. 口语交际知识评价

口语交际知识，是学生在实际交际过程中，能够了解与掌握的一些相关知识，学生应明白自己的交际目的、交际角色，具有明确的角色意识和对象意识，能够积极主动的参与交际活动，而不是被动的做交际的旁观者和倾听者。学生应该具有一定的口语交际场景设计知识与能力，如了解自我介绍、登门道歉、向人祝贺、接待客人、新闻采访等场合该如何自然、生动地与人沟通。学生还应该学会倾听，学会从容地表达思想，学会交际过程中出现停顿与尴尬局面的处理技巧，具有一定的控场能力和应变能力。对口语交际知识掌握情况的评价，可以结合口语交际能力的评价同步进行，而不必另起炉灶，单纯为了知识的评价而去评价。因为某种能力的形成离不开相关知识的积累，知识的储备情况能够通过相关能力的测试得到一定的证实。

口语交际知识的评价包括以下内容：普通话的语音、词汇、语法知识；提炼话语的主要观点和大意的知识；辨析句间逻辑关系，把握话语的领起与总结句、关键词语的知识；重音、停顿、语速、声调、语气的把握知识；信息的筛选和梳理知识；双关、谐音、反语等修辞知识；言语表达风格知识；确定话题及说话重点的知识；把握说话内容要领的知识；言语快速编码知识；口语词汇的储备知识；表情达意的知识；眼神、手势、体态语等态势语言的运用知识；等等。

【案例分析】 **信息传递实验**

1. 要求。先听一段材料，然后回答老师提出的三个问题。

2. 材料。

有一次，某国一个将军，用电话通知他的下属："今天晚上，哈雷彗星将飞过驻地上空，请一定让士兵们认真观看，这是76年才有的一次。"

这位下属一听，马上传达下去："请各部队注意，今天晚上，有位叫哈雷的将军将飞过驻地上空，请一定让士兵们组织欢迎仪式，这是76年才有的一次。"

下边一位团长又急忙往下传："请各部队注意，今天晚上，76岁的哈雷将军将飞过驻地上空，组织士兵进行一次军事演习。"

营长又把再次听错的命令往下传："各连注意，敌军的哈雷将军将带领76个团向我军进攻，赶快准备应战！"

连长通知士兵："敌军的哈雷将军带领部队向我们进攻，离驻地只有76分钟的路程，立即做好战斗准备。"

下边慌成一团，76分钟过去了，并未见有76个敌人军团，也未见有76岁的哈雷将军，而76年才遇到一次的哈雷彗星早已从驻地上空飞过。

3. 问题。

(1)这个故事发生在什么地方？

(2)这个故事讲的是谁和谁之间的事？

(3)他们之间发生了什么事？

4. 评价标准。

(1)回答问题能否抓住故事的要点。

(2)表达的语句是否通顺、有条理。

(3)能否针对问题进行具体的回答。

(4)能否针对故事说出自己的感受和想法。

评析：该案例从社会心理学实验的角度能够说明，信息的传递可能因为信息通道的某些因素控制问题导致信息的失真；从语文学习的角度可以说明，转述时准确把握话语的大意，提炼语段的关键词，辨析句子之间的逻辑关系是多么的重要。结合口语交际教学评价的实际，请你思考：该案例能够为你的评价提供哪些方面的帮助？你将怎样设计教学，才能够让学生们体悟到提高自己口语交际能力的意义？

2. 口语交际能力评价

口语交际能力的构成要素，不应再按听与说的二分法进行分析，也不应该包含听或说的心理因素，而只能由使用口语的交际因素构成，如普通话的标准流畅程度、对话语的理解能力、话语品评能力、内部言语的组织能力、言语快速编码能力、表情达意的能力、态势语言运用能力等，对其评价应注意如下方面。

(1) 普通话的标准流畅程度。

普通话的标准流畅程度是指交际语言规范、用语简洁而流畅。语言规范，是指吐字准确清晰，用词确切，语法无语病。如果发音不准，吐字含混不清，交际对方就不知道你在说些什么。比如东北有些地方，把“人”发成“银”的音，把“热”发成“夜”的音，有些方言区把“算了吧”讲成“散了吧”，“换算”讲成“涣散”，“司”“施”不分，“十”“四”不辨，因而经常发生交际困难。有的人语音东西混杂，南腔北调，听众连音都难辨，又怎么能谈得上理解和产生共鸣呢?

要使语音规范，吐字清晰，就要考查以下三个方面。

①能否讲标准流利的普通话，应纠正并克服方言发音，不读错字。普通话是在全国范围内各民族的通用语，它在语音的辨听、感情的确切表达、对内容的理解等方面，有任何一种方言所不能比拟的优势。发话方应把每个字的声、韵、调读准，尽量避免声母发音错误及韵母发音动程不足的毛病，成为自觉使用、推广普通话的楷模。

②能否正确运用自己的发音器官。人在发音时，呼吸器官、喉头及声带、口腔和鼻腔(共鸣腔)、咬字器官等相互制约、配合，形成一个有机的整体。只有彼此和谐运动，才能发出准确而清晰的语音来。若其中一个器官动作不准，就会出现各种发音的毛病。比如呼吸器官掌握不好，气流不匀，就会气短喘息，常出现短句、断句的情况；喉音重，就会使发音含糊不清；齿、唇、舌发音时不到位，就会吐字不清，音差失准。说话人必须学会控制自己的发音器官。

③能否注意声波的流向和音量。说话者要根据交际场合的空间大小控制自己的声音传播区域和音高音量。若会场大而空旷，要提高声音，顾及左右前后，使每一个角落的每一位听众都能听清楚你的话语。若在正规演讲场合，就要注意扩音设备的使用问题。话筒不可离嘴太远，远则声微音弱，也不可太近，近则易出现刺耳噪音，易将喘息、换气杂声暴露无遗，影响演讲的效果。

用词确切，无语病，也是语言规范化的重要要求。正如马克思、恩格斯在《德意志意识形态》中所说：“语言是思想的直接现实。”说话的语言只有确切、清晰地反映现实面貌和思想实际，揭示出它们的本质和联系，才能为听话者所接受。因此，要准确地使用概念，科学地进行判断，合乎逻辑地选词造句，不能用语前后不一，自相矛盾或模棱两可，更不能随意选词，令人费解。马克思就很重视用语的明朗与准确，“他常常花很多时间力求找到需要的字句”，“有时候到了咬文嚼字的程度”。因而，他的演说常常带有发人深省的反诘句和警句，使听众深解其意，为之折服。

（2）对话语的理解能力。

对话语的理解能力是指对接收来的语言信息的筛选和梳理能力。评价时，应着重考查学生能否掌握对方言语的主要观点和大意，搞清句子间的内在逻辑关系，把握住发话人的领起与总结句、关键词语，以及语气、停顿、声调等方面的暗示，对零乱的话语做再加工，揣摩出潜台词或尚未谈到的下文，能判定出诡辩言辞的是非真伪等。

（3）话语品评能力。

包括思辨能力、鉴察能力、品味能力和评判能力。要考查学生能否分辨信息的真伪，确定话语的可信度和真实性，以获取真实有用的信息，理解对方所运用的双关、谐音、反语、旁敲侧击等修辞手法，品评出话语的意味来，能否听出对方话语的弦外之音，话外之意，能否体察出不同性格的人言语表达的不同风格，从而有效组织自己的语言。

（4）内部言语的组织能力。

人们先想后说或边想边说的“想”就是在组织内部言语，思考为什么说、说什么、怎么说等，这是成功表达的前提。评价时要考查学生能否灵活、恰当、有针对性地确定话题，在尽可能短的时间内了解对象和具体要求，确定说话的重点。再考查其能否把与话题密切相关的压缩信息逐渐释放出来，组成连续的线性的语义体系，即看能否把握住想说的内容要领。因“语点”有一定的模糊性和跳跃性，所以，若“语点”产生得敏捷而明确，语流就畅达、连贯，语速就快；反之，则杂乱无序，语流减慢，或词不达意、颠三倒四。考查学生内部言语的组织能力是评价口语表达能力的重要指标。

（5）言语快速编码能力。

即考查说话人是否有一定的口语词汇储备量，能够在交际时快速编码，做到言语准确生动。如果词语贫乏，则往往给人呆板、枯燥之感。还要看说话人能否掌握语句次序的正确组合规则，使话语合乎言语习惯，让人易于接受和理解，从而顺利达到交际的目的。编码时若能够注意到交际的环境、听话者反应、话题潜在内容等复杂因素，及时地调整话题，善于变通，则能使话题进一步展开，谈话内容更加丰富，产生良好的交际效果。

（6）表情达意的能力。

口语交际中，人们要想使自己的语言有说服力、感染力，不仅要注意措辞用语，还需要注意语调、语速、停顿、变换语体以及使用态势语等诸多方面。语调、语速、停顿的处理往往要顾及说话的场合与内容。评价学生的口语交际能力，也要看其说话时，能否根据听者的多少控制音量的强弱，根据表情达意的需要调整语调的高低轻重，根据话语内容的重要程度控制语速的缓急，选择适当的停顿等。发话者如果善于运用语音、语调、语速的变化传情达意，就会大大增强表达效果，让人不由自主地被吸引到话题上来。

（7）态势语言运用能力。

态势语言也叫形体语言、无声语言，是指人际交往中用以表情达意的姿态、神情、形体动作，具体而言主要指面部表情、手势和其他形体动作。态势语言作为有声语言的补充，对有声语言起着辅助和加强的作用。自然适当地运用态势语，如目光交流、表情变换、手势辅助，同样也能引起注意、打动听者，收到理想效果。评价时，应主要考查学生能否将眼神与说话的内容完美结合，使眼神能够充分地表达交际双方此时此刻真实的思想感情。眼神的运用是否自然恰当，能否与面部表情及其他肢体动作联系起来。口唇的变化以及面部皮肤的舒张和紧缩而引起的面部纹路变化是否自然，随着交际内容的变换而改变。手指、手掌、拳头的上举、下压、内搂、外推等手势是否自然，与说话内容、环境等相协调，同步性怎样。手势是否简捷、明快、清楚、干脆，有无拖泥带水的手势以及一些不自觉地眨眼、耸肩，用手触摸面部器官、梳理头发等神经质的手势。

总之，上述口语交际能力的构成因素是实施评价的主要考查内容，评价者必须清楚地了解其不同的构成因素对学生口语交际能力形成的意义，把握其评价的基本内涵。

【案例分析】 加拿大萨斯喀彻温省中学口语活动中的“采访”活动实例①

采访前

师生共拟一份准备纲要，包括如下重点环节：

- 思考采访目的，并能清晰地将其陈述出来。
- 设定适合的访问时间、地点，布置采访现场，并在采访前再确认一番。

① 倪文锦主编：《初中语文新课程教学法》，157～158页，北京，高等教育出版社，2003。

·收集采访所需资料，对采访涉及的专业术语有所准备，熟悉与话题有关的最新信息。

·思考你对被访者应持的态度，思考访问将会涉及的话题。

·根据采访目的以及采访的话题，预先准备一些必要的评价语。

·准备能记录采访过程的器材，如要使用录音、录像设备，需事先征得被访者同意。检查所有器材是否能正常工作。

采访中

·使用语言注意要与现场气氛、谈话主题相符合，同时要能照顾到现场其他参与者。

·能注意到被访者在谈话时所流露出的非语言性暗示，如流露出迷惑或不满情绪，注意及时调整自己的语言。

·始终保持友好礼貌、兴致十足的姿态，不时做一些肯定性评价或用适当的势态语鼓励被访者说下去。

·留心自己是否能一直听懂对方的意思，暗自对一些冗长、复杂的陈述进行概括。

·能将问题一一提出，并尽量让被访者多做评述。

·采访活动结束时必须感谢对方的参与。

采访后

·师生与采访者一起讨论采访经过(可以用听采访录音、看录像的方式做先导)。

·若采访活动在校外进行，学生可以完成一份自我评估表，反思自己在采访中的表现，如果师生能观摩到采访经过，可由师生来评估采访者表现。

评析：这个实例从采访活动前的各种准备，采访活动中语言与态势语的使用、采访问题的提出技巧、交际礼貌，到采访结束后对活动的总结、评价方式，都做了较为细致的要求和说明。它提示我们，口语交际活动应该与生活实践密切相关，口语交际活动的组织是一个需要周密策划与安排的学习过程，对其活动效果的评价必须采取有效的方式方法。

(二)口语交际过程与方法的评价

1. 评价一般建议

对学生口语交际过程与方法的评价，可以通过考查学生口语交际活动全程的表现进行。一般来说，学生参与口语交际活动，要完成活动的设计、实施、效果检测几个环节的任务。比如，话题“评说广告”的口语交际活动，学生就必须经历如下过程：课外收集广告信息；整理广告信息；课堂上发布对广告的自我评说意见；师生评价。在活动评价的过程中，教师应该侧重考查学生能否独立自主地完成搜集整理信息的任务，可以采用观察法、询问法和抽查法等方式。对课堂上的信息发布，可以采用同学小组评议打分、本人自我评议、教师给出评价意见等多种评价方式综合给出评价意见和建议。

2. 评价思路与方式

系统的口语交际训练应该制订较为周密的计划。从实践经验看，以每学期为一个训练周期，能够更为有效地开展教学活动，并且便于检测训练的效果，随时调控训练的内容与节奏。根据义务教育课标对各学段口语交际教学目标的要求，可以梳理出如下口语交际训练目标与重点(表 6-2-1)，供参考。

表 6-2-1　义务教育阶段各年级口语交际训练目标与重点一览表

年级	训练目标						训练重点
1～2年级	学讲普通话	认真听话	复述故事大意与精彩情节	完整讲述小故事，简要讲述见闻	交谈态度自然大方，有礼貌	表达有自信心，参与讨论积极	复述
3～4年级	用普通话交谈、发问与讨论	认真倾听	简要转述	讲述见闻清楚明白，有自己的感受和想法			讲述
		听话能把握住要点		讲述具体生动，能打动人			
5～6年级	尊重与理解对方	听话能抓住要点	简要转述	表达有条理	能根据对象与场合，做简单发言		简单发言交际态度与习惯
	乐于讨论敢于发言	听话态度认真耐心		表达语气、语调适当	交际中注意语言美		

续表

<table>
<tr><th>年级</th><th colspan="6">训 练 目 标</th><th>训练重点</th></tr>
<tr><td rowspan="2">7～9年级</td><td rowspan="2">交流文明得体</td><td>倾听耐心专注</td><td>表达观点自信负责，清晰连贯，不跑题</td><td>讲述见闻，内容具体，语言生动</td><td>有应对能力，能根据需要调整表达内容和方式</td><td>即席讲话和有准备的主题演讲。有自己的观点和一定的说服力</td><td rowspan="2">即席讲话
主题演讲</td></tr>
<tr><td>善于辨别对方的话语和体态</td><td>注意表情和语气，说话有感染力和说服力</td><td>复述转述，完整准确，突出要点</td><td>能听出讨论的焦点，发言有针对性</td><td>课内外讨论积极。发表主张有中心、条理和根据</td></tr>
</table>

依据这样的各年级训练目标，教师就可以根据学校的实际情况与学生的学情，制订出更为具体的口语交际训练计划，如：可以按照人教版七年级教材的编写顺序，依次进行自我介绍与推荐，或者是招聘小记者的模拟面试；讨论从街头语文中学到了什么，怎样看待“钱(前)途无量”等改动了成语的广告；讨论在科学技术高度发达的今天，人们为什么仍然喜欢关于月亮的神话传说、民风民俗和文艺作品；或组织一次月球知识擂台赛；说说家中老照片的故事，或者家中的某件珍品；说说自己的烦恼；讲述你认为名人最有价值、最感人的故事片段，或介绍你最近读过的人物传记；评说某位名人；开个探险家故事会或探险辩论赛，或生存夏令营模拟招聘、说服家人、面试陈述与答问等；讨论现实生活中马的作用与未来命运，或是千里马与伯乐的关系等。

对口语交际训练效果的评价可以根据口语交际训练计划的具体实施情况进行。可以是按照专题进行终结性评价；也可以从时间角度，一个月或者半学期进行一次评价总结；还可以期末结束课程时，做一学期训练效果的综合性评价。具体评价方式应该参照训练的内容、难度与强度进行选择。

【案例分析】

一、严桂根的两维度评价方案

严桂根曾经做过口语交际训练方面的研究，其拟定的从时段和内容两大维度考虑的高中阶段口语交际训练与评价方案有一定的参考价值①。

1. 时段维度的评价

从时段维度，可以进行学年、学期、学周三个层面的“口语交际”训练系统的构建与评价：

（1）宏观层面：学年时段。从接手新班伊始，就要向学生说明“说”与“读”“写”并重的重要性，使其明确三个学年的口语交际目标计划（即口语交际三阶段训练体系内容）。第一阶段以练自主性“说”为主，教师多提供说题或范围，由学生自主选说，以使学生克服胆怯、自卑等心理，通过练就面对听众能大胆说的能力，促使其多阅读、勤积累，充实自己。第二阶段以练目的性“说”为主，适当指定说题或范围，要求说的内容明确集中，说的仪态、语言大方得体，促使学生勤于表达，丰富自己。第三阶段以练综合性“说”为主，形式可多种多样，目的在于引导学生勤思辨善感悟，升华自己。可以采用简便易行、激励性强的五级制考评学生练习质量。

（2）中观层面：学期时段。高中三年的六个学期可分为六个单元：《全日制普通高级中学教科书（必修）语文》课本前有“说明”：“口语交际教材，大体上也分三个阶段。第一阶段（第一册），引导学生把握口语交际的基本要求：大胆开口，文明得体。第二阶段（第二册），培养单向的口语交际能力：倾听、应答。第三阶段（第三、四册），培养双向互动的口语交际：劝说、讨论、演讲、辩论。”口语交际教材每册安排两个单元，分别编排在“写作”的第一、第二单元之后。高一的两个学期，可在练自主性“说”的宏观计划下，重点进行课本第一、第二册“口语交际”单元安排的专题训练，辅之以其他应用补充专题训练；高二的两个学期，在练目的性“说”的宏观计划下，除了进行第三、第四册课本“口语交际”单元安排的专题训练外，辅之以其他应用补充专题和综合训练，可配合读写侧重于对古今诗文的赏读评说等；高三的两个学期，可在练综合性“说”的宏观计划下，根据教学实际需要，灵活机动地安排行之有效的综合性训练，如侧重练“说”名著鉴赏、名人解读、人生感悟、未来展望，以及与作文训练结合起来，进行“写前说”的训练等。可以采用课堂观察、随机记录、自我评价、小组评价等多种评价方式。

---

① 严桂根：《构建高中语文“口语交际”训练新体系》，载《语文教学通讯》，2004(1A)。有删改。

（3）微观层面：学周时段。根据教学实际，“口语交际”训练宜以一周为一个训练专题，即以一周换一个说题或范围为宜。一般可拟定10～15个“口语交际”训练专题。具体训练内容可据教学情况而定。可采用易于操作的评价方式进行记录，如每小组一周负责一个说题或范围，所获成绩为小组成员共同得分。

2. 内容维度评价

从内容维度，可以进行“专题”“综合”两个层面“口语交际”训练系统的构建与评价。

“专题”训练内容系统，是指专门为学习“口语交际”而练“说”的内容系统，它可分为两个系列：课本专题，指课本上所安排的“口语交际”单元训练专题；实用专题，是根据社会的需要、学生的缺陷所安排的训练专题。“综合”训练内容系统，则是指通过练“说”带动语文综合能力的系统，它可分为基础知识积累和读写提高两个系列。为保证“口语交际”训练取得实效，可以采用两个穿插、三个结合、四个交叉的方式进行训练与评价。

（1）两个穿插：专题课导练与其他课小练穿插；专题内容训练与综合内容训练穿插。课本所安排的或根据应用补充的专题，需要专门安排课时，用整堂课时间扎实训练，可提供口才佳话、生活实例、训练要领、训练材料、训练方法等，并分为“案例—训练—总结评说—实践活动”四步进行导练，每项训练都从实例导入、总结口语交际经验、创设情境进行训练，再由师生评议优劣，加以完善并实践。而专题训练后的实践和一般应用专题或综合训练等，则大多可采用每堂语文课始3～6分钟的小练，两者穿插进行，且以小练为主。

（2）三个结合：“放”与“收”结合、“点”与“面”结合、集中与分散结合。“口语交际”训练需要先“放”后“收”，先“放”而练胆，再“收”而长才。如高一时每周可“放”三个说题或范围，由学生自主选说，高二时每周可减到供二选一“说”，到高三时则“收”为定一说一，这样就既可练胆量，又能练口才。在训练的过程中，以专题训练为“点”，其他训练为“面”。重点专题宜安排集中训练，其他实践则可分散到每堂语文课始的3分钟～5分钟练习。

（3）四个交叉：教师定题与自选题交叉、按学号轮流与自告奋勇训练交叉、个人试说与小组赛讲交叉、“导、练”与“赏、评”交叉。为避免学生无从下手或信马由缰，教师需提供一定的说题或范围，为让学生有话可说，又需与学生的自定“说”题交叉；为给能言善辩者施展口才的机会，发挥榜样作用，又给少言寡语者亮相的“舞台”，教师需因材施教，适时按学号轮流与自告奋勇的训练方式交叉；为丰富说的形式，还可以个人练“说”为主，适当交叉几次小组推选代表的赛“说”；为使“说”更有门道更精彩，教师又可“导、练”与“赏、评”有所侧重地交叉训练，使师生间、生生间形成一种多向平等的切磋交流、互相促进的良好氛围。

评析：从时间维度上分为三个层面、从内容维度上分为两个层面，有条不紊地实施穿插、结合与交叉性训练，这样的口语交际训练计划较为系统而周密，顾及口语交际的全过程，口语交际效果的评价也有较强的可操作性。需注意的是，以上训练要求教师做到：练有计划，活而不乱；及时评价，重在鼓励。

二、《即席发言》的教学设计①

（一）教学目标

1. 能陈述并初步应用克服发言时紧张心理的一些方法。

2. 能陈述并应用即席发言的构思技巧。

（二）任务分析

两个目标都属于策略学习范畴，前者用于调节个人的情绪，后者用于调节自己的认识。

（三）教学过程

1. 导入新课

师：今天我们上课的内容是“口语交际”第二单元“即席发言”，学第一单元我们分成8个小组，这节课根据教学需要，分成两大组进行。（两组选出组长，组长负责组织本组积极发言。介绍评分规则，每轮发言，获胜组10分，两组表现都好各得N分。推荐评分老师。板书课题）

2. 介绍《先生选婿》

一位秀才，有一个独生女儿，他开了一家书院，要在三个优秀学生中挑选一个作为自己的女婿。这天，他准备一桌酒席，请三个学生到府上，由女儿出题并主考，题目是：用“糊糊涂涂”“清清楚楚”“容易的容易”“难上的难”填句组成四句短文，且将这个四字词放在每句的后面。

A. 张三看着窗外纷纷扬扬的雪花，触景生情：“雪在天上糊糊涂涂，落在地上清清楚楚，把雪变水容易的容易，要把水变成雪难上的难。”

① 何更生、吴红耘：《语文学习与教学设计》，123～126页，上海，上海教育出版社，2004。

B. 李四看见客厅的字画也顺口吟诵："墨在砚池中糊糊涂涂，写在纸上清清楚楚，要把墨变成字容易的容易，要把字变成墨难上的难。"

C. 王二酒足饭饱，慢慢吟来："这桌佳肴美酒弄得我糊糊涂涂，可我心里清清楚楚，小姐选我容易的容易，我选小姐难上的难。"

要求两组派代表第一轮发言，阐述本方观点：①谁被选中。②选中理由。(答案C，王二被选中。理由略)教师给两组打分。

教师总结即席发言构思技巧(投影板书)：①围绕中心，明确观点和态度。②从实际出发，寻找一个切入点。③注意开头和结尾。

3. 呈现话题

宋太祖赵匡胤开国后，特别设立了翰林图画院，用考画取仕。考题都是一句话，考生根据诗句内容作画。有一个考题是"踏花归来马蹄香……"其中三个考生画的是：

A. 骑马人踏青归来，手里捏着一枝花。

B. 几只蝴蝶飞舞在小跑的马蹄旁。

C. 马蹄上沾着几片花瓣。

进行第二轮发言，问：哪一幅构思更为巧妙，为什么？(答案B，理由略)

师：以上两轮发言属于即席发表看法。从大家的发言中我们可以看出，即席发言的构思技巧实际上属于思维方法问题。思维敏捷，构思也就迅速。我们应争取多发言，锻炼自己的思维。下面我们来讨论即席发言的第二种形式——推销物产的迅速构思技巧。

4. 抽签进行第三轮发言

现在是信息社会，武装自己重要，推销自己更重要。我们江口县地处武陵山脉腹地，特产丰富，风景优美，民风淳朴，但"养在深闺人未识"。请你向大家介绍一种地方特产、风景名胜或民间风俗。要求：①对象名称；②形状特点；③评语或看法。由评委根据两组表现给分。

教师总结如何克服紧张心理(投影板书)：①有备无患；②随机应变。

5. 介绍顾维钧的故事

1919年1月28日在"巴黎和会"上，日方代表牧野伸显坚持要求继承战败国德国在我国山东的利益，面对气焰嚣张的日方代表，中方代表顾维钧强忍心头怒火，冷静地说："西方有一位圣人，名叫耶稣。他被处绞刑的耶路撒冷成为了基督教的圣地，不可侵犯。大家说对不对?"众人回答"对"。顾维钧又说："我们东方也有一位圣人，他叫孔子，日本人也承认他是圣人，你说对不对?"牧野伸显只得说"对"。顾维钧接着说:"山东是孔子的故乡,也是我们中国人的圣地,不容侵犯。"掷地有声的话维护了祖国的尊严,被美国总统威尔逊称为中国的"青年外交家"。

(1)进行自由发言。要求学生分析在矛盾冲突中顾维钧即席发言的特点。

(2)总结说服别人的方法(投影板书):

①先找到矛盾双方的共同点。

②让对方赞同共同点。

③再引出自己的观点。

④解决矛盾。

(3)介绍矛盾事例,引出第四轮抽签发言:

①一个同学吃饭时乱扔饭菜,请你用上述方法委婉批评。

②教室里,同学们都入睡了,一个同学还在吵闹,请你说服他。

③信还未到自己手中,邮票已被某某同学撕了。

(4)评委给分。

评析: 该案例的口语交际训练内容较为丰富,教学的过程思路也比较清晰,不过仍有一些不足。请你想象学习的真实情境,思考:这个设计所涉及的口语交际教学的目标、内容,采用的教学方式方法是否合理?若按照这个设计施教,学生参与口语交际活动的过程是否可控?设计者对学生口语交际活动情况的评价措施是否得当?你还有什么改进的建议?

(三)口语交际情感、态度与价值观评价

义务教育语文课标在"评价建议"中提出"评价学生的口语交际能力,应重视考察学生的参与意识和情意态度",这主要是要求评价学生参与口语交际活动是否有积极主动的态度、是否有当众发言的胆识以及有无想要自己表达的强烈意愿。

1. 评价具体内容

(1)能否认真听别人讲话,努力了解讲话的主要内容。

(2)是否学讲普通话,养成讲普通话的习惯。

(3)有无当众表达的自信心,积极参加讨论的意愿,能否对感兴趣的话题发表自己的意见。

(4)与别人交谈时的态度是否自然大方,有礼貌。能否尊重、理解对方。

(5)有无虚心请教的态度。

(6)能否注意对象和场合，进行文明得体的交际。

2006 年大连大学文学院学生“初中生口语交际能力现状调查与培养途径研究”课题组，曾经对大连市区及开发区的六所初中三个年级学生进行了问卷调查，问题共有 18 项，发放问卷 1000 份，回收有效问卷 940 份，其中主要的 15 项问卷结果如下。

表 6-2-2　初中生口语交际能力现状问卷调查统计表

序号	问卷问题	能够(%)	有时能(%)	不能(%)
1	明白基本的交际礼仪和语言习惯	40.7	30.2	29.1
2	在平常的交际中有意识的抵制不文明语言习惯	43.2	41.6	15.2
3	注意并模仿播音员的讲话	14.9	63.1	22
4	上课害怕发言	16.3	40.2	43.5
5	在学习中遇到问题，愿意和大家一起探讨	51.5	32.6	15.9
6	对课堂上老师提出的问题，能积极发言，不怕说错	42.1	35.1	22.8
7	回答问题时能够做到言之有理，言简意赅	37.8	43.4	18.8
8	简要复述或详细复述故事大意	41.4	47.2	11.4
9	跟陌生人交流时，感到无话可说	25.3	49.4	25.3
10	耐心听讲，不打断别人的讲话	37.2	45.6	17.2
11	听别人说话时，能把握住别人说话的要点	39.5	41.2	19.3
12	能用自然流畅的语言描述段落的精彩部分	35.3	49.3	15.4
13	跟父母交流时主要采用普通话(初三)	35.2	13.1	51.7
14	在平时的交往或公共场合发言中适当使用手势语等态势语言	32.1	49.1	18.8
15	与人辩论中，能清楚地表达自己的观点	49.1	19.9	31

这个调查范围不是很大，样本较少，但六所初中基本包括了重点与非重点、城市初中和农村初中，其结果还是有一定的参考价值。总体上看，所调查学校没有一所开设口语交际课，学生口语交际的实际能力较差。其中愿意与同学探讨问题的只占学生总数的 51.5%，有时愿意的占 32.6%，而不愿意的占 15.9%。有 25.3%的学生不能与陌生人交流，没有当众表达自信心的高达 74.7%，平时注意并模仿播音员讲话的仅占 14.9%，耐心听讲，不打断别人的讲话的只占 37.2%……这些数据表明，中学生口语交际情感、态度的因素对其口语交际水平的影响作用不容忽视。要提高学生的口语交际水平，情感、

态度这些非智力因素，必将成为教师平时关注的重要方面。

2. 评价的一般程序

根据学生的实际情况，在评价学生的口语交际的情感、态度过程中，应该遵循如下程序。

(1)评价学生是否敢说。重在考查学生能否克服羞涩与胆怯心理，自己主动从座位上站起来或主动走上台来说话。

(2)评价学生是否愿意说。着重考查学生是否形成口语交际的兴趣，自主交际的意识。能否从“要我讲”变为“我要讲”，改变自己以往不愿意发言的状况，做到有疑必问、有问必答，具有主动参与口语交际教学的浓厚兴趣。

(3)评价学生是否会说。主要是考查学生是否有提高自己在口语交际中言语表达的敏捷性、流畅性和表达的技巧性的愿望和追求。学生有了追求完美的愿望，就有了不断进取的动力。希望自己能做一个有口才、善表达的现代人，才有可能不断树立远大的理想，想方设法逐步提高自己的口语交际水平。

【案例分析】　　何振梁先生2001年的申奥演讲稿

主席先生，国际奥委会的委员们：

无论你们今天做出什么样的选择，都将创造历史。但是只有一种决定能改变历史。你们今天这个决定将通过运动促进世界和中国的友谊，从而使全人类受益。

将近50年前，我第一次参加了赫尔辛基的奥林匹克运动会，从那时起我就深深地爱上了奥运精神。

在我的职业生涯中，我一直梦想着将奥运会带回中国，让我的同胞们在我的祖国体验奥林匹克梦想永恒的魅力。

各位奥委会委员，今天您所传递的信息也许将意味着一个全球团结新时代的开始。

如果举办2008年奥运会的荣誉能够授予北京，我可以向你们保证，7年后的北京，一定会让你们为今天的决定而自豪。

谢谢！

评析：这是2001年7月13日——一个不同寻常的时刻，何振梁先生在中国申办2008年奥运会上的演讲。全文仅200多个字，字字珠玑，饱含深情。演讲者从自身经历谈起，句句不离中国、北京这两个中心词汇，将自己和祖国的利益紧紧地联系在一起。后三段，逐次增加了“选择”的内涵，锁定了评委们“决定”的取向，言简而意赅，意味含蓄而深长。何振梁先生以他稳健、含蓄、睿智的风格，展现了独特的人格魅力。该演讲稿作为演讲中的精品，为演讲园地增添了一朵奇葩。

【实践演练】

1. 口语交际教学活动要有学生感兴趣的话题，才能使学生乐于参与。学生选择话题的水平是要评价的内容之一。下面的话题类型是学生们常常选用的，你可以从中选择一个话题进行实际教学与评价练习。

常用口语交际话题类型与内容

话题类型	话　题
心　理	①我的特长；②我的价值；③我的理想；④我有一个梦；⑤我最得意的一件事；⑥我心中的一个小秘密；⑦我的尴尬；⑧我的烦恼；⑨那一次，我哭了；⑩我的需要；⑪我的喜恶
学习生活	①是分数重要还是能力重要；②我拿到了第一；③我最成功的一次；④候选人评选；⑤自我推荐；⑥我的好朋友；⑦被班主任或同学误解，该如何澄清；⑧说目击情况；⑨给同学的生日贺词；⑩教师节致祝贺词；⑪诗文朗诵；⑫主题辩论；⑬口头报告；⑭即兴表演；⑮木偶戏；⑯演哑剧；⑰演情景剧；⑱演课本剧；⑲节目主持串联词；⑳说笑话；㉑说故事；㉒谈自己的奇思妙想；㉓文学沙龙；㉔美文读说；㉕佳作荐说；㉖美剧(影视)观感；㉗名著赏评
社会活动	交往类：①转述；②劝阻；③商量；④谈判；⑤请教；⑥祝贺；⑦赞美；⑧批评；⑨安慰；⑩解释；⑪约请；⑫打招呼；⑬打电话；⑭访亲友；⑮看望病人；⑯指路；⑰做导游；⑱婉言谢绝 介绍类：①自我介绍；②我的家乡；③一张照片；④一座城市；⑤一种动物；⑥一种自然景观；⑦一座建筑物；⑧欣赏物品；⑨推销商品 讨论类：①国内外大事点评；②热点话题评说；③新闻发布；④焦点访谈；⑤小建议；⑥辩论赛；⑦商务谈判 活动类：①会议采访；②我是志愿者；③为失学儿童募捐
家　庭	①爸爸、妈妈的唠叨，对我的影响；②我看压岁钱；③疼爱与溺爱；④长辈寿辰上的祝寿词；⑤我过生日的家宴演讲

提示： 在评价学生选择话题的水平时，可以根据其选择的话题类型和具体话题来判断学生选题水平的高低。一般来说，话题范围应该避免过宽或过窄，要以有话可说、有真情实感、不编造重大事实假象为评价基本原则。

2. 下面是一个小学口语交际教学实例——“学会道歉”。① 请思考：训练的内容主要是哪一方面的？其训练目的主要是什么？评价标准是否符合义务教育课程标准的要求，你还有什么改进的意见吗？

(1)口语交际活动情境设计

下课的铃声响了，小军迫不及待地向教室外跑去。当他路过小飞的座位时，不小心把小飞的墨水瓶碰到了地上，墨水还溅到了莉莉新买的花裙子上，这时……

(2)活动步骤

①三人一组，分别扮演小军、小飞、莉莉。

②教师提出检测的方法和步骤。

③被检测的学生需要按实际场景把情节补充完整。

④学生准备约 10 分钟。

(3)评价标准

①吐字是否清晰，字音是否准确，普通话是否标准。

②态度是否自然、大方，表演是否形象逼真。

③能否使用文明用语征得别人的原谅。

④用词、组句是否正确，符合口语习惯。

⑤声音是否洪亮，速度适中。

⑥想象是否合理，符合当时的情境。

提示： 口语交际教学评价的方式很多，本案例是从创设情境的角度设计的。设计内容较符合学生的学习生活实际，学生有话可说。训练的内容主要是根据具体情境完成交际对话，使学生能够注意对象和场合，进行文明得体的交际。训练的目的主要是让学生学会尊重他人，使用文明用语。涉及口语交际的情感、态度与价值观层次的评价。教师较好地处理了“手段”与“目的”之间的关系。若在实际操作中，能够引导学生正确评价自己和他人的表现，则能够不断提高学生的口语交际能力。

---

① 张春明、王欣、奚素艳主编：《小学教学评价——语文》，120 页，北京，光明日报出版社，2006。

3. 单项练习①

演讲是就某个问题对听众说明事理，发表见解。演讲的要领是观点明确，材料充分而生动，语言有说服力和感染力。组织学生在班里举办一次演讲会。可任选一题，也可以就自己感兴趣的问题自拟题目。每人演讲不超过三分钟。

可选择的题目有：①我爱家乡；②我有一个梦想；③路，就在你脚下；④独立思考之我见；⑤环保距离我们有多远？

活动提示：

(1)准备好演讲稿或演讲提纲

①充分掌握有关资料。围绕演讲主题有选择地组织具有说服力的材料。

②演讲过程力求波澜起伏，以增强感染力。

(2)要自然大方、声情并茂地表达

①演讲应以口语语体为主，让听众易于理解，感到亲切。

②演讲时要感情饱满，努力营造演讲内容所需要的氛围，自始至终情感充沛。

③话语连贯、清晰、响亮，语速、音量随着语气有所变化。

④神态大方，辅以适当的手势、表情，以加强演讲效果。

活动评价：评价项目、标准及评价方式可自行决定。建议抓住以下几点：

①热情鼓励某方面做得较好(如对问题思考深入、表达流畅、语言有感染力、表情自然大方、手势得体等)的同学。表扬的面应尽量宽一些。

②尤其要鼓励那些演讲风格鲜明、个性突出的同学。

③对虽然没有提出自己的观点或做出结论，但能列举现象、提出问题、启发思索的演讲，也应当予以充分肯定。

4. 多项练习

(1)结合学生的年龄特点，训练与评价其口语交际水平

训练题目："我最得意的一件事""我的特长""入校以来我最成功的一次""我的价值""我的理想"等。

训练目的：让学生克服自卑心理，树立口语交际的信心，展现自身的风采。

(2)根据社会热点，训练与评价学生的口语交际水平

训练目的与要求：社会热点是人们关心的话题，也是学生口语交际的

① 高中语文必修四，56页，北京，语文出版社，2006。

好话题。抓住热点话题，可使学生关注国内外大事，透过社会现象看到本质，提高基本素质。可将学生分成几个小组进行训练，教师要做好指导。

(3)联系现实生活，训练与评价学生的口语交际水平

训练话题："打招呼""打电话""访亲友""看望病人""婉言谢绝""自我介绍""学会赞赏""推销商品""商务谈判"等。

训练要求：要进行有计划的口语交际训练，做到循序渐进。

【超级链接】 **学生演讲水平口试评分标准**

<table>
<tr><th>评价项目</th><th colspan="2">评价二级指标及其权重系数</th><th>分项得分</th><th>项目得分</th></tr>
<tr><td rowspan="3">A
思想内容
30分</td><td>思想积极，观点鲜明，紧扣主题</td><td>10分</td><td></td><td rowspan="3"></td></tr>
<tr><td>思路清晰，结构合理</td><td>10分</td><td></td></tr>
<tr><td>内容充实，引证有力，材料新颖</td><td>10分</td><td></td></tr>
<tr><td rowspan="3">B
语言表达
30分</td><td>普通话标准流利，吐字清晰，声音洪亮</td><td>10分</td><td></td><td rowspan="3"></td></tr>
<tr><td>语言规范简洁，通俗平实</td><td>10分</td><td></td></tr>
<tr><td>语气真诚得体，语言生动感人</td><td>10分</td><td></td></tr>
<tr><td rowspan="3">C
情感把握
10分</td><td>感情饱满，真实</td><td>3分</td><td></td><td rowspan="3"></td></tr>
<tr><td>情感表达恰当，讲究分寸</td><td>5分</td><td></td></tr>
<tr><td>能够打动听众，有感染力</td><td>2分</td><td></td></tr>
<tr><td rowspan="2">D
体态语言运用
20分</td><td>站姿自然大方，动作协调</td><td>10分</td><td></td><td rowspan="2"></td></tr>
<tr><td>眼神、手势等运用自然得体</td><td>10分</td><td></td></tr>
<tr><td rowspan="3">E
临场状态
10分</td><td>仪表整齐大方，有风度</td><td>5分</td><td></td><td rowspan="3"></td></tr>
<tr><td>应变能力强</td><td>2分</td><td></td></tr>
<tr><td>时间控制好</td><td>3分</td><td></td></tr>
<tr><td colspan="4">综合评价：</td><td></td></tr>
</table>

第三节 口语交际教学策略

教学策略，是根据已定的教学目标、任务及学生的特征，有针对性地选择与组合相关的教学内容、教学组织形式、教学方法和技术，形成具有效率意义的特定教学方案。教学策略应该根据教学情境的要求和学生的需要随时发生变化。口语交际教学策略，应该注重教学途径与方法的选用，重视口语交际校本课程资源的开发，在口语交际教学与测试方面进行必要的改革与创新。

一、口语交际教学的途径与方法

口语交际教学可以采用如下途径与方法。

(一)提供与真实生活联结的机会

建构主义理论认为，教学应该遵循如下原则：提出的问题与学生的真实生活相关联，意识到学生的观点是洞察与推理的窗口，教师要给学生提供阐述和解释的机会。根据学生的假设和进展调整课程，在教学情境中评定学生的学习。提供与学生的生活紧密相关的口语交际教学内容，是有效提高学生口语交际能力的途径之一。

情境性教学可以使学生口语知识的获得与口语交际能力的提高得到统一。教师不必传授过多的口语知识，关键是要培养学生运用口语理论知识在真实情境中解决问题的能力。教师要以平等中的首席身份引导学生发展“元认知”水平。情境性教学中，应尊重学生理解的差异性和个性特长，要进行表现性测试的设计：如课前5分钟演讲、课本剧编演、小型辩论、“记者招待会”等，以发展学生的交际与语言潜能，促进语文能力的全面发展。

有研究者提出，对学生进行口语交际能力的训练，“应当为学习者建构对知识的理解提供一种概念框架。这种框架中的概念是为发展学习者对问题的进一步理解所需要的。为此，事先要把复杂的学习加以分解，以便于把学习者的理解逐步引向深入。”①这种教学思想来源于维果斯基的“最近发展区”理论。应根据学生的“最近发展区”来建立“支架”，通过支架作用不停地将学生的智力从一个水平引导到另一个更高的水平。如编织口语案例连环，采用类似《一千零

① 欧阳芬：《多元智能与建构主义理论在课堂教学中的应用》，103页，北京，中国轻工业出版社，2004。

一夜》中大故事套小故事的问题连环教学法等。

可采用如下教学基本环节：确立口语交际训练的主题，搭建学习的具体课题框架；进入问题情境，促使学生处于框架某个节点，帮助学生沿着框架攀升；独立探索；协助学习小组协商讨论，设计促进迁移的问题；效果评价。在口语交际教学中，这一模式具有较强的适用性。

如在主持人训练课上，可先布置预习，进行课前准备。从主持的框架导入入手，要求某些学生说出自己喜爱的大众媒体节目主持人。接着引导，“临渊羡鱼，不如退而结网”，假如原定的主持人因感冒不能按时主持该节目，自己来当该节目的主持人该如何做呢？然后，根据个人喜爱的节目类别进行定位分组，如确定情境为节庆礼仪主持或文艺类、话题类节目主持等。接下来，还要进行知识向能力的转移，由各组同学进行课堂实践，积累经验，建构经验。最后，由教师和学生进行学习效果的口头评价，以提高表达能力。

(二)创设口语交际教学情境

多元智能理论倡导在教学实践中营造开放、和谐的课堂情境。在口语交际教学中，尤需强调情境，营造“在场”的气氛。情境可分为模拟情境和真实情境。课堂是制造模拟情境之所，教师要具有制造模拟情境的能力，做到情境多元、开放和切合学生。其中学习中心/站模式，是对于多元智能理论的一种有效开发与利用，也是口语交际教学的一种有效模式。

学习中心也被称为学习站，它是学生在课堂中开展小组学习或者个别学习的组织形式。每个学习中心，都要求放置一些学生完成活动和小型项目的必需品和材料。学生一般可以分为2～3人一组，甚至可以独立活动。多元智力学习中心模式的主要目的是为学生提供利用一系列独特的、有创造性的方式来学习与活动、获取知识和发展技能的机会。鉴于我国学生的实际情况，学习中心模式可以定名为：口语交际能力发展中心(口语交际能力学习站)。以言语—语言中心为核心站，根据与口语交际能力的相关程度，可依次设置八个中心：言语—语言中心、视觉—空间智力中心、逻辑—数理中心、身体—运动智力中心、音乐—节奏中心、自我内省中心、人际交往中心、自然观察中心。八个中心的目标是：为学生提供以口语交际能力为核心能力的生成环境，促进对口语交际知识的“真正理解并学以致用”，发展智能强项，改善智能弱项。

以命题演讲为例，八个学习中心的职能与操作如下所述。

1. 言语—语言中心

促进学生言语—语言智能、视觉空间智能、内省智能和人际智能的发展。该学习中心有纸张、词典、随身听、演讲集、口才学等书籍杂志，部分资料发动学生上网或到图书馆借阅收集。活动参考内容有：①拟出演讲稿；②试讲录音；③“微格”研讨。

2. 视觉—空间智力中心

学生看重文化的娱乐功能，所以加以正确引导，设立视觉表达中心，可以促进学生的视觉空间智能、内省智能的发展。该学习中心有彩笔、地图、海报、卡通画、书籍、杂志、剪刀、胶水等。活动参考内容有：①画演讲“思维导图”；②设计演讲会海报，宣传册、宣传单等。

3. 逻辑—数理中心

促进学生的逻辑数理智能、身体运动智能、内省智能和人际智能的发展。该中心有计算器、计时器、尺子，需要进行逻辑思维的谜语和游戏、侦探故事、能够生动表明数学作用的图表等资料。活动参考内容有：①列演讲“语点”提纲；②统计与演讲内容有关的数据；③锻炼逻辑思维，如演绎、归纳、推理；④解释著名演讲案例的内在逻辑。

4. 身体—运动智力中心

促进学生的运动智能、内省智能的发展。该学习中心有道具、化妆品、语言学习类书籍等。活动参考内容有：①创作设计演讲手势；②调整面部表情，表演变脸等，增强表情的丰富性；③训练目光语，学会用目光交流；④制作演讲小道具；⑤表演哑剧、“心有灵犀”等小节目。

5. 音乐—节奏中心

促进学生的音乐、身体运动和内省智能的发展。该中心有收音机、录音机、音乐磁带，可配乐的诗、散文和歌曲集等。活动参考内容有：①配乐朗读，体会讲稿节奏；②启发思路，创作歌词，修改润色；③设计讲稿以自创或已有歌词开头，并辅以乐曲；④练习口技，使表演更加生动、形象、感人。

6. 自我内省中心

促进学生的内省智能、语言智能的发展。该中心有白纸板或散页纸、日记本、油笔、碳素笔等。活动参考内容有：①写演讲心得笔记；②将自己对演讲的感悟随时记录下来；③将好的构思、语句随时记录；④反思别人演讲成败、得失。

7. 人际交往中心

促进学生的身体运动智能、内省智能和人际智能的发展。该中心有需要完成的任务清单、小组活动项目、要讨论的话题以及对合作工作的建议。活动参考内容有：①对演讲题目编号抽签，依号码顺序确定主讲人、助讲人；②进行异质分组，互帮互助；③开展小组间竞争；④演讲前后进行民意调查问卷，对师生进行教学评价。

8. 自然观察中心

促进学生的逻辑数理智能、自然观察智能和视觉空间智能发展。该中心有尽可能多的从自然界收集到的物品，如植物、岩石、根雕、古玩等。活动参考内容有：①在讲演时播放录下的大自然的声音，如海潮、鸟鸣等渲染气氛；②播放用摄像机等拍摄的自然景观、名胜古迹等图文资讯，增加演讲的视频效果。

总之，多种现代教学理论，为口语交际教学提供了多方面的参考，教师的教学设计有了可借鉴的多种支持。

【案例分析】 **口语交际课：学当小记者**①

一、学习目标

1. 了解采访过程，初步掌握采访的方法及诀窍，从而达到采访的目的；同时，注意倾听被采访者的发言，学会根据回答的情况随时追问。

2. 初步学会观察被采访者，能够反应灵敏、抓住重点进行采访；同时，学会抓拍一些珍贵的镜头作为采访的第一手资料。

3. 学习与他人合作采访，增强合作意识。

二、活动过程

(一)明确要求，做好准备

1. 活动前的一至两周，布置学生观察电视中记者是怎样采访的；然后模拟采访自己的家人或小伙伴，并把模拟采访过程中的成功之处和碰到的问题记下来，准备课上交流。

2. 有条件的准备照相机、录音机(复读机)、话筒，可以个人进行，也可以几个人合作进行，还可以自己设计采访证挂在胸前。

3. 设计采访同学、老师的问题。(老师课前作简单了解，做到心中有数)

4. 邀请部分老师，既参加听课活动又作为学生的被采访者。

(二)激趣导入，交流汇报

1. 同学们，你们知道 11 月 8 日是什么节吗？(记者节)想不想也当一回记者？今天，老师给大家一个机会，咱们一起来学习当小记者。(揭示课题：学当小记者)

① 蔡琴华：《学当小记者——口语交际课教学设计》，载《小学教学设计》，2004(3)。

2. 交流汇报，了解学生在家模拟采访的成功经验及碰到的困难。

(1)分组交流，代表汇报。(采访老师的一组，采访爸爸、妈妈的一组，采访小伙伴的一组)

(2)自由发言，你想对他们说什么？

(3)老师：希望大家能扬他们之长，补他们之短。下面，我们就在教室里现场模拟采访，可以采访同学，也可以采访老师。

(三)模拟采访，相机辅导

采访前，老师先教第一招：(出示)三言两语“推销”自己，也就是向对方介绍自己：“我是谁”“叫什么”“为什么来”。另外，还要告诉同学们一个秘诀，现场采访要三多：“多用嘴、多用眼、多用脑。”

1. 模拟练习，老师巡视。

揭示要求：

(1)假戏真做，双方都要进入情境。

(2)小记者要根据对方特点提问；也可以就大家关心的话题请他谈谈看法，再根据对方的回答追问；被采访者要认真回答小记者的问题。

(3)采访时，要郑重其事；回答时，也应讲究礼貌。

提示大家：照相机、录音机可同时发挥作用。

自由试练，老师巡视。

2. 上台演练，再相机辅导。

形式可以多样化：一人采访一人，一人采访多人，多人采访一人。

老师相机告诉第二招，提问艺术：①熟悉的人“直截了当”；②尴尬的问题步步问；③难问的人“激将法问”或“明知故问”；④提问抓要害；⑤问出细节，问得全面，问得巧妙。

(四)看老师在学校活动中的采访录像，现场采访老师

首先，播放老师在学校活动中的采访录像，然后让学生就感兴趣的问题现场采访录像中的老师(预先把有关老师请来参加此次活动)。可以这样引导：看了老师的采访，你想说什么？你想问他什么或请教他什么吗？今天，老师把他请到了我们的现场。让我们用掌声有请这位老师。

老师接受小记者的采访(答小记者问)，让学生在现身说法中得到提高。

(1)随机把三件“法宝”送给大家。一是学习鹰的眼睛，善于观察：从一个细节挖出新闻的大“金山”。二是学习豹的速度，反应灵敏：迅速捕捉

现场气氛、神态、场面、变化。三是学习熊的力量，抓住重点：明白此次采访的意义，重视与被采访者的交流。

(2)随机把第三招告诉大家：与被采访者“亲密接触”，听出状态，说得到位，读出心声，写下真情。

(五)再次演练，评选优秀小记者

1. 根据学到的本领，可以将本堂课的模拟采访继续下去，也可以另换采访对象。

2. 口头汇报，评出三至五名优秀小记者。

(六)课堂总结，课外延伸

1. 怎样才能当好小记者?

总结要点：充分做好采访前的准备工作；恰当使出三“招”；用好“秘诀”“法宝”等。

2. 提出希望，鼓励课外延伸。

3. 讨论如何把小记者活动延伸下去。

4. 布置采访活动：①试着主动认识几个低年级的同学，看看自己能在多长时间内和他们成为好朋友；②就“你喜欢什么样的语文课”为题，采访不同年级的学生，把采访结果写下来；③以“你认为最好的老师是什么样的”为题，采访不同职业、不同文化层次的家长，再写下来；④准备参加下次语文活动：记者报告会。

评析：记者采访是采访者本着一个目的与被采访者进行语言交流与沟通的过程。它是人们认识问题、了解问题的重要方法，是语言交际能力的综合表现。该设计旨在通过组织学当小记者活动，展示采访的过程，使学生初步学习采访的方法和技巧，能根据对方的反应灵活应对，并培养合作精神、能正确使用文明礼貌用语的交际素养，采取了多种方式创设情境，反映出教师运用多元智能理论解决口语交际教学的能力。学生对采访有充分的了解并产生浓厚兴趣，人际关系智能和自我认识智能等多元智能得到提高。学生在情境中体验，在实践中领悟，学会应对，口语交际的训练更有实效。

(三)积极促进学生的广泛参与

促使学生广泛参与口语交际的训练，是教师开展口语交际教学的有效策略之一。其基本特征为：主体性、自觉性和选择性。学生主动参与口语交际活动，能够促进平等意识的产生与发展，使之学会交流合作，在做中学，在学中做，手脑并用，言语能力与交际能力都能够得到快速发展。对学生口语交际能力培养，具体可采用如下方式：

1. 小组合作学习方式

由于口语交际具有动态性、复合性、临场性特征，口语交际能力培养适宜采用小组合作学习的教学策略，以利学生更多更好地在课堂上“参与”。一般可采用学生小组成员分工学习和学习协作小组。前者是异质分组，而后者是同质分组。小组成员一般为4～6人，要考虑学生性别、口语表达能力、个性等因素合理编组，让他们扮演不同的角色。如引导者、活跃分子、监测员等。小组要制定活动规则，进而承担有实际意义的口语交际活动。在小组建设过程中，要把握小组活动周期，避免组内产生矛盾，正确处理组间冲突，如争吵、不合作等。

2. 智力激励方式

智力激励法由美国创造学奠基人奥斯本于1953年提出。运用智力激励法能较快提高学生的口语交际能力，特别是应对能力。它较适用于讨论、辩论等内容的口语训练之中。首先，教师要营造小组情境。小组成员一般4人左右，甚至可以搭建2～4人的“蜂音小组”，进行几分钟如蜜蜂振翅般的小声议论(也叫蜂音会议)。小组划分可随机进行，也可根据口语能力差异分成同质或异质小组。一般要给小组取一个名字，进行召集人、记录员等角色分工。其次，教师要给定讨论话题。在话题展开过程中，教师要保持高度敏感，进行提问、质疑，引发热烈的、有意义的讨论。再次，进行智力激励，使其畅所欲言。要求学生的观点应该简短、直接，有“闪光点”，能够迅速找到“语点”，使用关键词语或短语。可以“轮流说”，也可采用“网状思维图”的方式进行。最后，教师汇集、整理、分析学生的观点，形成成果并加以运用。

(四)构建多领域学习内容间的联结

口语交际与识字写字、阅读、写作和综合性学习并列为新课程学习的五个领域，这五大领域之间既有区别，又有联系。口语交际教学与其他几个领域的教学内容相互联结，是应该且有可能的，如可以在多音字组词的练习中，让学生从多角度说说他们的特点、类型等，不但有利于对词语的掌握和理解，而且有助于语言表达和思维能力的发展；也可结合学生课堂上的朗读、发言、讨论等进行口语交际练习；还可以在写作中进行口语交际训练，如先口头作文，再写下来述说的要点，既能够使学生的口语表达更加规范、严谨、深刻，也能够让学生们集思广益，课堂上即时交流写作的思路，共享写作的好素材；课堂外的合作学习、探究学习、综合性学习，更能直接体现交际能力的训练意图。

二、口语交际校本课程资源的开发

(一)口语交际教学课程资源开发的意义

口语交际教学要想取得成效，必须重视课程资源的开发与利用，如研发校本课程。

所谓校本课程“是20世纪70年代在英美等国家出现的一种课程策略，是一个以学校为基础地进行课程编制的开放民主的决策过程”。① 具体而言，校本课程就是以学校为本位，以教师为主体，合理利用学校整体和社区环境中的教育资源的一种开放式课程管理模式。

校本课程往往表现出特色、弹性、创新、实效等特征。口语交际教学课程资源的开发，必须体现出本校特色。口语交际教学校本课程，应该旨在突出学生口语特长，依据学生特长或重演讲或重辩论，使每位学生得以成为“这一个”，而非千人一面的复制品。弹性是指校该本课程应作为选修课开出，学时应是可调整的，一般为20～30学时。创新是该校本课程编制的最根本动力。实效是指在学校的课程设置中，口语交际校本课程应该具有引导与补充作用。统编教材“鞭长莫及”，校本课程则可延伸教育触角，发挥其独特的功能。

(二)口语交际校本课程资源开发的理念

口语教学校本课程资源开发，应树立如下理念。

一是以人为本。即要以本校学生口语交际能力提高为中心进行编制，体现出校本课程特色，以育人功能实现为终极目的。在课程中要做到“三个找到”：首先，师生要找到自己，主要包括认识我自己，善于反思自己优缺点，扬长补短；其次，在课程中找到生活，使学校摆脱“真空”状态，即课例要与学生校园生活相关；再次，要找到校园文化，在文化中育人，净化校园口语时空。文化即是化成“文明”的过程，可推进口语文明。口语交际活动是在校园历史地演进的，要重积累，凝练精彩口语片段，写入校本教材。

二是一体化与可持续发展。校本课程要与上级课程衔接，知识结构要体系承接，首尾圆合，要关注学生可持续发展。口语交际能力不是一次完成的，口语交际由技术上升到艺术层面需下苦工夫。口语交际风格的形成也不是一日之功。这些都要求我们关注学生能力培养的可持续发展，传授知识要以少胜多，

① 吴刚平：《校本课程开发的机遇与挑战》，载《教育评论》，1999(1)。

有效、优效、持效，学生自主学习能力的培养要可持续。

三是循序渐进，稳步提高。在开发口语交际校本课程资源过程中，要考虑学生认知水平发展和课程的内在逻辑规律，使开发工作处于系统有序状态。要统筹考虑，突出核心能力，逐步推进其他能力培养工作。口语交际校本课程的开发及其教材的研制，要以上述理念为指导，采用合作开发或自开发方式进行。合作开发可供践行的方式已有校际合作、专家与学校合作、研究机构与学校合作、教育机构与学校联合、领导与教师合作等，还可进行教师间的合作乃至师生间合作。

(三)口语交际校本课程资源开发要点

1. 构建起适合本校实际的教学模式

口语交际校本课程资源的开发利用，应首先对学校科学定位，以构建起学校—社会模式，有针对性地实施口语交际能力训练。口语交际教学的目标，就是要对准信息社会的口才水准，使学生能尽快适应生活情境。

2. 合理利用各种信息资源

当代社会的最大特点就是信息的交互、资源的共享。口语教学要利用好社区资源、企业资源等，让学生在实践中成才。

3. 科学编排口语交际教学内容

教学中要顾及的口语交际能力要素很多，教师应该有整体考虑，力求不遗漏大的训练要点。如可以年级为序，培养口语基础技能、参与各类交际活动能力和交际媒体研究能力等。随着年级的丌高，逐步培养其访谈、讨论、辩论、演讲、演剧等较高水平的交际能力。训练内容应遵循先易后难、单一到复杂的规律。

三、口语交际教学与测试的改革

(一)教学和测试改革的意义与内容

学生口语交际能力的培养，需要广大语文教师具有积极改革的意识、创新求质的追求、低耗高效的教学艺术，更需要语文能力评价的相关改革措施作保障。随着基础教育课改的不断推进与日益深化，口语交际教学及其测评方式的改革与创新，成为越来越受关注的话题。

根据目前学生口语交际能力现状，改革的主攻方向应为日常听力、当众说话能力、交谈能力几个方面。口语测试目前国内仍以封闭式或半封闭式为主，如在筛选性考试中采用口语题目书面笔答的形式，今后应向开放式方向努力，对学生进行表现性测试。表现性测试要进行延迟评价，教师要给学生一定的长期作业(类似项目学习)，处理解决一个小课题，使口语交际能力在研究性学习中得以展现。如为解决课题，需要学生进行调研、访谈和伙伴讨论、辩论等。教师要求学生最终提供书面成果，也要提供口语交际的音频和视频资料。只有这样，学生的口语交际水平才能得到真实地表达。

语文口语交际能力测试改革的主要内容包括：口语交际基本知识可采用笔试进行；课堂考核听记能力测试，可听一段长话，当课简要复述所学内容，或进行详细复述等；说的能力测试，可以演讲为主；交际互动能力测试，可采取交谈与辩论的方式。

(二)教学和测试改革的基本要求

对学生口语交际能力的考查，近年已在基础教育阶段得到一定重视。在中考试卷中，部分省市已在语文卷中列出了一定的口试题目，如沈阳市中考语文试卷中增设了口试题目。口试改革要以考查学生在真实情境中的口语交际能力为主，对能力形成的支持系统要全面检验，如必备的口语常识、交际知识、礼仪知识、文化素质等。

提升学生的口语交际能力，要在建构主义、多元智能等先进教学理论指导下，合理利用教学资源，以每位学生能力发展为本，以质性评价贯通教学过程，采用参与式等高效教学策略，灵活运用支架式、情境式等教学方法，利用现代信息技术，将真实情境与虚拟情境相结合。

总之，口语交际教学有两种基本类型：单向口语表述和双向口语交流。对学生的口语交际能力进行评价，也基本上采用演讲型和对话型。演讲型侧重反映学生对某些基本口语交际技能的掌握情况，如语音语调、语量语速、语气贯通、顺序条理等，对话型则侧重反映学生利用口语交际知识在现实生活中解决问题的能力，如接待、拜访、介绍等。在对话型评价活动中，常常出现一些事先不能预知的情况，要求学生在具体情境中立刻做出反应，有时，评价者也会参与到交际对话中，不断追问，进一步考查被试人的交际应变策略。

因此，口语交际教学评价要注意“三个三”，即评价三个方面、注重三个层次、关注三个领域。

“三个方面”是指语言、思路和仪态。

评语言。看学生的交际语言是否准确规范，用语是否自然得体。

评思路。看学生的内容表达是否清晰，有条理。

评仪态。看学生交际的声音是否音量适中，仪态端庄大方，表情自然。

“三个层次”是指口语交际知识与能力的评价，过程与方法的评价，情感、态度与价值观的评价。

“三个领域”是指学生学习生活的领域，即学校、家庭和社会。学校是学生学习和生活的主要领域，评价学生的口语交际能力，不仅要在口语交际课上进行，也可以在其他的语文课堂学习活动中进行，如识字与写字课、阅读课、作文课、综合性学习课。但在其他课程的学习过程中，对学生口语交际教学的评价不是最主要的，而是要侧重在交际的情感、态度与价值观等方面，比如学习新课文，研究新问题，学生是否愿意主动发言？有没有表达出自己的看法？是否人云亦云？有无与同学、老师探究问题的兴趣？切不可喧宾夺主，用本来应兼顾的口语交际教学内容替代了其他教学内容。

根据国外口语活动课的经验，常会采用由老师、同学或对此活动有发言权、有一定见解的社会从职人员组成的评审小组进行评价，并且采用小组评价与学生自我测评相结合的方式，从各方面来考查与评价一次口语交际教学活动，帮助学生更深刻地认识自己在活动中存在的问题。一般将测评场景还原到较真实地口语情境中，激发学生运用其语言知识、认知策略来完成测评任务。这样能较真实地反映情况，并对学生的实际口语能力做出更为准确的判断。

【案例分析】 校本研发——中学生口语交际能力培养的研究①

一、研发阶段

本课题校本研究时间为 2003 年 9 月至 2006 年 12 月，共分为四个阶段。

1. 课题研究的调整适应阶段

根据社会对语文教学的要求和我校学生的具体情况，我们初步确定把“中学生口语交际能力的培养”作为校本研究课题，学习有关文献理论、了解国内外的研究动态，分析学生口语交际能力的现状，为校本课程的实施提供依据。本阶段主要在初一、高一年级开展课题实验。

2. 课题研究的重点实施阶段

本阶段重点在初二、高二年级进行课题实验。研究内容分听话训练和说话训练两个部分。听话训练目标包括辨析与调整，归纳与判断，扩展语意、丰富情节三项；说话训练目标包括讲述见闻、说明事物，说话要有合

① 安徽省教育科学研究重点项目[2003]37 号结题报告(节选)，安徽省安庆市第七中学邓沈生执笔。

理的顺序，要看对象、语言得体。教师应当根据实验目标和学生实际，灵活采取多种方式，如新闻发布会、口头作文、课本剧表演等。

3. 课题研究的巩固提高阶段

本阶段重点在初三、高三年级开展课题实验。研究内容分听话训练和说话训练两大部分。听话训练目标是：排除听话障碍；一词多说，注意语言美；听不同意见的分歧。说话训练目标是：朗读与复述语言流畅；演讲中心突出；辩论观点正确，说服力强；体态和情感训练。训练的方式主要有观后感、词句意义辨析、朗读、复述、主题班会、读书报告会、辩论会等。

二、校本课题实施的要点

1. 兴趣——成功的起点

兴趣需要教师的唤醒和激发。特别是在当今各门功课学习压力过大的现状下，教师的唤醒和激发显得尤为珍贵。我们采取如下措施：①让学生认识到口语交际能力对自己今后走向社会的重要意义。②列举口语交际能力战胜困难，走向成功的事例。③教师介绍自己和周围的人在交际方面的体会。④师生共同搜集有关描述口才的词语和名言警句，并加以分类。

2. 知识——成功的基础

口语交际是一种即时性较强的活动，只有具备了丰富的文化知识，才能启迪心智，才能在复杂的环境中巧妙回答，应对自如。因此，增加学生文化知识积累的总量，也是实施中的重要内容。①增加阅读量：阅读名著，推荐中学生报刊，阅读并背诵古典诗词，学习名人演讲稿，组织观看辩论赛及演讲光盘。②听相声小品，搜集小幽默、漫画等。③开展“词语接龙”活动。

3. 技巧——成功的保证

中学生口语交际能力的培养，就是要让学生在交往过程中认真听、听明白；有话说、会说话。

(1)听的练习。包括听读，对听到的内容加以分析和筛选；听出错误，加以纠正；听讨论会；复述故事；听出言外之意。

(2)说的练习。主要是以多种方式训练学生口语表达能力，使之养成敢说和会说的习惯。包括指物说“文”；给材料说“文”；短文读评；同学讲故事；开设聊天课；障碍练习，训练应变能力。

(3)体语练习。面部表情、体态姿势不仅能对交际起辅助作用，而且也能反映一个人素质的高低。如组织观看综艺大观、新闻采访、实话实说等电视栏目，让学生反复观摩、体会，反复练习体态语。

4. 实践——成功的关键

中学生口语交际能力的培养，重在参与，给学生实践的机会，在活动中不断提高学生的口语交际水平。为此，可以开展口语交际问卷调查活动，走出校园，实地采访，诗歌朗诵比赛，演讲比赛，征文比赛，课堂三分钟演讲，小组讨论，主题班会等。

5. 评价——成功的阶梯

评价的目的是为了激发学生参与活动的兴趣，改变学生的学习方式，丰富学生的生存体验，鼓励学生在活动中充分展示个性和才能。评价方法包括：教师评价，学生自评，同学评价，小组互评，家长评价等。

三、校本课程实施效果

1. 建立了平等融洽的师生关系，提高了课堂教学效率

各种各样的口语交际活动的开展，营造了温馨的口语交际氛围，在这种氛围中，学生变得愿意说，乐意说了，师生关系和谐融洽。

2. 有助于语文其他知识的学习

在口语交际能力的培养过程中，学生为使自己的语言内容充实、引例典型、言之有物，阅读和收集了大量的知识材料，增强了阅读理解能力，从而为学生的书面表达打下了坚实的基础，学生的语文成绩有了较大幅度的提高。(具体数据略)

3. 发展学生的个性，提高学生的综合素质

在口语交际活动中，一部分原本内向型的学生转变为外向型，原来有一些心理障碍的自我封闭型的学生现在愿意向同学、老师敞开心扉，学生的个性发生了根本性的转变。口语交际是将表达者的思想感情知识转化为外部语言形式的能力，它是学生知识、素养、能力、胆量、个性的综合展示，是情商和智商的有机结合。

4. 通过实验与研究，提升了教师的整体素质

课题实验立足于课堂教学，通过备课、上课、说课、评课研讨等一系列活动，极大地提高了教师口语交际教学水平。目前，书面测试的分数仍作为衡量学生学习程度的“度量衡”，这种长期沿袭下来的只考文，不考语，只笔试不口试的考试制度及评价方法，已成为制约语文课程改革的一个障碍。《语文课程标准》中“教学评价”部分明确提出对学生的评价要实行

定性定量相结合，笔试与口试相结合，以促进学生语文素质的全面提高。课题组成功地进行了“口语交际能力”测试，因此，我们提出不成熟的建议：改革语文成绩的评价机制，加大口语交际的考试内容及比重，除了可以把平时的课堂发言纳入平时成绩以外，每学期期中、期末考试可以由口试和笔试两部分组成。

评析：这是一个目标明确、阶段合理、程序科学、操作可信、成果显著的校本课程研发案例。其特点是：课内学习与课外活动相结合，教师指导与学生实践相结合，现在的学习与未来的需要相结合。因此，教师有热情，学生有兴趣；教师有方法，学生有才能。学校、教师和学生在学习和实践中，能够得到共同的提高和发展。

【实践演练】

1. 让学生参加剧社表演，或者听一段戏剧对话，说说剧中人物的关系，剧情应该怎样发展，为什么？

2. 组织学生参加各种宣传活动，如“3·15消费日”“动物保护日”等，让他们自己与别人打交道，在真正的交际活动中，切实提高自己的口语交际能力。

3. 听记能力训练。要求学生课外听广播、看电视，记下新闻里的5问，即：是谁？什么时候？在什么地方？因为什么原因？发生了什么事情？

4. 听评能力训练。分析几则广告，说说这些广告好在哪里，不足是什么？

复习思考题

1. 口语交际教学在语文课程中处于怎样的地位？

2. 口语交际教学有哪些阶段性目标？

3. 如何培养与提高学生的口语交际能力？

4. 口语交际教学应该采用怎样的策略才能够有效提高学生的口语交际水平？

第七章 语文综合性学习

【学习导引】

社会发展变化对人才和教育提出了新的要求，综合性学习的提出体现了课程改革的发展趋势。我国在义务教育语文课标中，首次提出语文综合性学习的概念，其目的是加强语文课程与社会生活实践的紧密联系。通过学习本章，了解语文综合性学习的含义，明确语文综合性学习的目标与特点，掌握语文综合性学习的设计特点、类型与实施的基本程序。

第一节 语文综合性学习的目标与特点

我国在2001年颁布的义务教育语文课程标准中，语文综合性学习成为语文课程目标体系中的有机组成部分，并以其独有的特点与“识字与写字”“阅读”“写作”“口语交际”并列，共同组成语文教学的五个领域。

一、语文综合性学习提出的背景及内涵

（一） 语文综合性学习提出的背景

1. 时代背景：社会发展与国际竞争

伴随新世纪的到来，人类正迈向崭新的知识经济时代。社会的发展将比任何时候都更加依赖于知识的生产、传播和应用，知识将成为经济社会发展的驱动力；科学技术尤其是高新技术，将成为社会生活的重要内容，成为推动社会进步的重要力量。这一深刻的社会变革，对当今教育的发展提出了强有力的挑战，它要求教育尤其是课程教材及时做出积极而敏锐的反应。当今时代所具有的社会信息化、学习终身化、竞争综合化等特点，要求教育领域加快课程的改革，加快对人才的培养，以便与其需要相适应。

社会信息化。社会信息化转变了人们的思想，催生着新的观念，对教育的培养目标、人才结构、教育内容、教育方法等提出了一系列新的要求。未来世界，超越国界、超越语言和文化，将成为统一的社会市场。未来社会竞争的焦点，将不再集中于可见的商品，而是集中于不可见的智力，即创造新信息的能力。因此，教育的焦点应集中在培养有创造能力的人才上。

学习终身化。1972年，联合国教科文组织国际教育委员会发表了具有里程碑意义的《学会生存——教育世界的今天和明天》一书，书中对未来社会的“终身教育”进行了系统而深刻的论述。1996年国际21世纪教育委员会在向联合国教科文组织提交的报告《学习——内在的财富》中，进一步倡导并发展了“终身教育”的观点，提出“终身学习”的观念，其中教育的四根支柱思想引起广泛重视，即学会求知，学会做事，学会共处，学会做人。由于信息社会知识的更替速度加快，一个人在学校获得的知识已不可能供给他终身使用了，因此，个人要在这种知识化的社会中得到良好的发展，就必须不断地学习。

竞争综合化。未来社会的竞争已不是单一的经济竞争、政治竞争或军事竞争，而是综合国力的竞争。综合国力的竞争说到底是教育的竞争，而教育竞争的核心是人才的竞争。因此，语文综合性学习是应时代要求而提出的。

2. 外在原因：世界基础教育的改革与发展

面对全新的时代背景，基础教育课程改革席卷全球。特别是20世纪90年代以来，为了适应国际变化，世界许多国家和地区都推出了旨在适应新世纪挑战的课程改革举措，呈现出的共同趋势是倡导课程向儿童经验和生活回归，追求课程的综合化①。例如，美国中小学设计和实施了“深入学习(project or design learning)”“应用学习(applied learning)”；法国中小学设计和实施了“动手做(handson)”；日本则在1999年颁布的《小学、初中、高中学习活动纲要》中规定中小学必须实施“综合学习时间”，要求设计和实施“基于课题的探究学习活动”和“体验性学习活动”。我国台湾省的课程改革也规定了要开设“综合学习活动”课。

综合性学习尽管在不同国家和地区的称呼不同，组织实施的方式各异，但本质上都是强调学生的自主性、探索性、实践性的学习方式，并有一个鲜明的共性——培养学生终身学习的能力和创新精神，以应对知识经济的挑战。我国的基础教育要赶上发达国家基础教育课程改革的潮流，必须重视综合性学习的开展。由此可见，我国新一轮基础教育课程改革设置综合性学习，完全顺应了世界基础教育课程改革综合化的趋势。

3. 内在原因：语文教育自身发展的需要

随着我国改革开放的深入发展，尤其是世界改革大潮的冲击和市场经济的发展，人们的竞争意识、发展意识、创造意识、效率意识不断增强，然而我国

---

① 钟启泉、张华：《世界课程改革趋势研究(上)》，65页，北京，北京师范大学出版社，2001。

的中小学教育改革却相对落后，不能真正与时俱进，难以适应政治经济改革和社会发展的需要；同时，“应试教育”给学生身心带来的影响日益突出。因此，语文作为基础教育的核心课程，也就成了基础教育改革的重要话题。

无可否认，当前中学语文教学中某些“纯工具性”的做法仍很盛行，影响犹在。封闭式语文教学、接受式语文教学和分析式语文教学，仍是当前语文教学改革难以突破的“瓶颈”。因此，语文教学须加强语文学习与生活的联系，激发、调动学生学习语文的积极性和主动性；引导学生参与语文教学实践，以利于培养学生的创新意识。因此，语文学科固有的综合性、整体性和实践性的特点，是语文综合性学习发展最直接的动力。

(二)语文综合性学习的内涵

语文综合性学习概念提出的时间虽然不长，但已有多种说法，概括起来有这样几种观点：

第一种观点认为，语文综合性学习是对语文学习内容和学习情境的拓展与更新，它不仅要求针对教室的教学环境来设计、组织、管理全班的教学，而且要善于以“社会为课堂”，以“校园为课堂”，以“家庭为课堂”，甚至以“大自然为课堂”来策划、设计、组织教学。① 第二种观点认为，语文综合性学习是一种综合性、生活化、经验性、个性化的课程，语文综合性学习的方式有三种：问题——解决，观察——表达，活动——探究。② 第三种观点认为，语文综合性学习在本质上是综合性言语实践活动，具有丰富的课程内涵，集中体现了“自主、合作、探究”的现代学习理念。③ 第四种观点认为，语文综合性学习是语文学习方式，也是语文课程形态，以培养学生创新精神和实践能力为主要目标，以学生自主、合作、探究学习为基础，强调学生在教师的指导下通过自我体验、实践、探索形成语文素养。④

鉴于以上对语文综合性学习各种观点的思考，我们认为语文综合性学习是体现语文课程综合性、实践性特点的学习方式。这种方式注重学习实践过程，注重课堂内外的联系，注重学生学习潜能的发掘，有利于语文能力的整体提高。

---

① 倪文锦：《初中语文新课程教学法》，184 页，北京，高等教育出版社，2003。

② 陆志平：《新课程理念与语文课程改革》，95～98 页，长春，东北师范大学出版社，2002。

③ 潘新和：《新课程语文教学论》，383 页，北京，人民教育出版社，2010。

④ 郑国民：《新世纪语文课程改革研究》，231 页，北京，北京师范大学出版社，2003。

二、语文综合性学习的目标

(一)义务教育课标规定的阶段目标

义务教育语文课程标准按四个学段，分别设计了语文综合性学习阶段目标。

1. 第一学段(1~2年级)

(1)对周围事物有好奇心，能就感兴趣的内容提出问题，结合课内外阅读，共同讨论。

(2)结合语文学习，观察大自然，用口头或图文等方式表达自己的观察所得。

(3)热心参加校园、社区活动。结合活动，用口头或图文等方式表达自己的见闻和想法。

2. 第二学段(3~4年级)

(1)能提出学习和生活中的问题，有目的地搜集资料，共同讨论。

(2)结合语文学习，观察大自然，观察社会，书面与口头结合表达自己的观察所得。

(3)能在老师的指导下组织有趣味的语文活动，在活动中学习语文，学会合作。

(4)在家庭生活、学校生活中，尝试运用语文知识和能力解决简单问题。

3. 第三学段(5~6年级)

(1)为解决与学习和生活相关的问题，利用图书馆、网络等信息渠道获取资料，尝试写简单的研究报告。

(2)策划简单的校园活动和社会活动，对所策划的主题进行讨论和分析，学写活动计划和活动总结。

(3)对自己身边的、大家共同关注的问题，或电视、电影中的故事和形象，组织讨论、专题演讲，学习辨别是非善恶。

(4)初步了解查找资料、运用资料的基本方法。

4. 第四学段(7~9年级)

(1)能自主组织文学活动，在办刊、演出、讨论等活动过程中，体验合作与成功的喜悦。

(2)能提出学习和生活中感兴趣的问题，共同讨论，选出研究主题，制订简单的研究计划，从报刊、书籍或其他媒体中获取有关资料，讨论分析问题，独立或合作写出简单的研究报告。

(3)关心学校、本地区和国内外大事，就共同关注的热点问题，搜集资料，调查访问，相互讨论，能用文字、图表、图画、照片等展示学习成果。

(4)掌握查找资料、引用资料的基本方法，分清原始资料与间接资料的主要差别；学会注明所援引资料的出处。

(二)语文综合性学习阶段目标的特点

从上述对语文综合性学习目标的表述中，可以看出：语文综合性学习依据学生的年龄差异和心理特点，在不同的学段侧重点有所不同。

首先，活动领域侧重点不同。活动领域涉及学生的生活、自然及社会方面。第一学段侧重于大自然，“观察大自然”；第二学段侧重于自然和社会，“观察大自然，观察社会”；第三、第四学段侧重于生活和社会，“解决与学习和生活相关的问题”“策划简单的校园活动和社会活动”“关心学校、本地区和国内外大事”。

其次，问题探究的程度不同。随着年级的增高，学生问题探究的深度也在提升。第一学段要求“能就感兴趣的内容提出问题”“共同讨论”；第二学段则要求“能提出学习和生活中的问题”“共同讨论”；第三学段要求“对自己身边的、大家共同关注的问题”“组织讨论”；第四阶段亦要求“能提出学习和生活中感兴趣的问题，共同讨论，选出研究主题”，“就共同关注的热点问题”“调查访问，相互讨论”。由“感兴趣”到有意识的“关注”，由“共同讨论”到“调查访问”，问题意识越来越强烈，讨论的形式也越来越多样。

再次，成果呈现的方式不同。由于学生年龄的增长，心理的日趋成熟，综合性学习成果的呈现方式也出现了多样化、复杂化的特点。如阶段目标中第一学段要求“用口头或图文等方式表达自己的观察所得”；第二学段“书面与口头结合表达自己的观察所得”；第三学段“学写活动计划和活动总结”；第四学段“独立或合作写出简单的研究报告”“能用文字、图表、图画、照片等展示学习成果”。

三、语文综合性学习的特点

语文“综合性学习”的设置，打破了我国传统语文教学的封闭状态：课本是获取学习信息的主要来源，教室是获取学习信息的主要场所。其宗旨是培养学生主动探究、团结合作、勇于创新的精神。它具备如下特点。

(一)综合性

综合性是语文综合性学习的基本特征。首先，学习目标的综合。体现为知识和能力、过程和方法、情感态度和价值观三维目标的综合。这种综合在四个学段中都有体现，它注重了学生兴趣爱好、情感态度、价值观、合作精神的培养，促进了学生心智全面和谐的发展。其次，学习内容的综合。主要体现为语文知识的综合运用，听、说、读、写能力的整体发展。其中包含为实现语文课程与其他课程的沟通，由课内向课外拓展，由校园向自然、家庭和社会延伸拓展。再次，学习方式的综合。传统学习方式与现代学习方式的结合，书本学习与实践活动的结合，自主学习与合作、探究学习的结合等。

(二)实践性

综合性学习以实践活动为载体，强调自主实践、亲身体验、有所感受、有所发现。

从学习目标来看，四个学段在学习目标的表达中使用了“观察”“搜集”“查找”“策划”“组织”等行为动词，这说明实践性是综合性学习的核心特征，综合性学习对学生的实践行为和自主参与行为的发生是十分重视的。从学习过程来看，注重学生有所感受和有所发现，如对合作意识和能力的培养，“在活动中学习语文，学会合作”“体验合作与成功的喜悦”等。从学习方式手段来看，综合性学习是多元、开放和灵活的，可以走进自然、可以参与社会、可以实地“考察”“调查访问”，也可以借助现代信息技术等。

(三)自主性

综合性学习十分强调学生的自主性，学生在活动中的自主性，反映的是学生在活动中的地位问题，表现为自主参与程度高，有明确的学习目标和自觉积极的学习态度。教师可以引导学生，但不能取代学生。在综合性学习过程中，学生可以根据自己的兴趣爱好去选题，自主制订计划，自主搜集资料、选择信息，主动探究，自觉体验，自由交流，以达到顺利解决问题的目的。在整个活动中，教师往往只起到指导者和协助者的作用。

(四)开放性

“努力建设开放而有活力的语文课程”是语文课程标准的一个重要理念，而语文综合性学习的设置正是对这一理念的体现。语文综合性学习呈开放学习态势，主要体现为三个方面：学习资源的开放性。语文综合性学习资源“无处不在，无时不有”，自然、社会、人文等因素，丰富了语文学习资源；学习环境的开放性。综合性学习可以是课内课外，可以是校内校外，甚至可以实现学校与家庭、社区和社会的整合；学习评价的开放性。评价应采取多元化的方式，开展学生自我评价和相互评价，教师评价与学生评价、家长评价结合等。

第二节 语文综合性学习的设计与实施

综合性学习是在教师与学生共同设计、互动实施的过程中完成的。综合性学习的实施过程是整个活动的关键，它不仅是既定教学任务的完成与落实，更是一个合作、探究、发现、创新的过程。因此，把握综合性学习的设计特点、实施类型以及实施的基本程序，对于有效开展语文综合性学习活动具有重要的指导意义。

一、语文综合性学习的设计特点

为了充分了解语文综合性学习的设计特点，更好地把握其实施的标准，现以人民教育出版社(简称人教版)教材为例，对语文综合性学习的设计特点加以简要分析。

表 7-2-1 人教版《语文》七至九年级综合性学习课题一览表(部分)

<table>
<tr><th colspan="2">所在册数</th><th>阅读课文</th><th>综合性学习·写作·口语交际</th></tr>
<tr><td rowspan="3">七年级上</td><td>第二单元</td><td>《理想》《短文两篇》《人生寓言》《我的信念》《〈论语〉十则》</td><td>漫游语文世界</td></tr>
<tr><td>第四单元</td><td>《化石吟》《看云识天气》《绿色蝈蝈》《月亮上的足迹》《山市》</td><td>探索月球奥秘</td></tr>
<tr><td>第六单元</td><td>《皇帝的新装》《郭沫若诗两首》《女娲造人》《盲孩子和它的影子》《寓言四则》</td><td>追寻人类起源</td></tr>
<tr><td rowspan="3">七年级下</td><td>第二单元</td><td>《黄河颂》《最后一课》《艰难的国运与雄健的国民》《土地的誓言》《木兰诗》</td><td>黄河，母亲河</td></tr>
<tr><td>第四单元</td><td>《社戏》《安塞腰鼓》《竹影》《观舞记》《口技》</td><td>戏曲大舞台</td></tr>
<tr><td>第六单元</td><td>《猫》《斑羚飞渡》《华南虎》《马》《狼》</td><td>马的世界</td></tr>
<tr><td rowspan="3">八年级上</td><td>第一单元</td><td>《新闻两则》《芦花荡》《蜡烛》《就英法联军远征中国给巴特勒上尉的信》《亲爱的爸爸妈妈》</td><td>世界何时铸剑为犁</td></tr>
<tr><td>第三单元</td><td>《中国石拱桥》《桥之美》《苏州园林》《故宫博物院》《说“屏”》</td><td>说不尽的桥</td></tr>
<tr><td>第五单元</td><td>《桃花源记》《短文两篇》《核舟记》《大道之行也》《杜甫诗三首》</td><td>莲文化的魅力</td></tr>
</table>

续表

<table>
<tr><th colspan="2">所在册数</th><th>阅读课文</th><th>综合性学习·写作·口语交际</th></tr>
<tr><td rowspan="3">八年级下</td><td>第一单元</td><td>《藤野先生》《我的母亲》《我的第一本书》《列夫·托尔斯泰》《再塑生命》</td><td>献给母亲的歌</td></tr>
<tr><td>第三单元</td><td>《敬畏自然》《罗布泊，消逝的仙湖》《旅鼠之谜》《大雁归来》《喂——出来》</td><td>科海泛舟</td></tr>
<tr><td>第四单元</td><td>《云南的歌会》《端午的鸭蛋》《吆喝》《春酒》《俗世奇人》</td><td>到民间采风去</td></tr>
<tr><td rowspan="2">九年级上</td><td>第三单元</td><td>《故乡》《孤独之旅》《我的叔叔于勒》《心声》</td><td>青春随想</td></tr>
<tr><td>第四单元</td><td>《事物的正确答案不止一个》《应有格物致知精神》《短文两篇》《中国人失掉自信力了吗》</td><td>好读书　读好书</td></tr>
<tr><td rowspan="2">九年级下</td><td>第三单元</td><td>《谈生命》《那树》《地下森林断想》《人生》</td><td>关注我们的社区</td></tr>
<tr><td>第六单元</td><td>《曹刿论战》《邹忌讽齐王纳谏》《愚公移山》《〈诗经〉两首》</td><td>岁月如歌——我的初中生活</td></tr>
</table>

分析上述表格，可以发现语文综合性学习的设计具有如下特点。

(一)与阅读课文紧密联系

综合性学习在内容上，或者与单篇课文相衔接，或者与整个单元的主题相映照，这使得综合性学习成为这个单元的有机组成部分。例如，七年级下册第四单元以文化艺术为中心组织课文，有描写乡村戏剧的《社戏》，有描写民间传统艺术的《口技》，也有描写民族艺术的《安塞腰鼓》《观舞记》，还有描写绘画艺术的《竹影》。该单元的综合性学习就以“戏曲大舞台”为主题展开活动，旨在阅读教学的基础上，对学生进行文化的熏陶。又如“说不尽的桥”“莲文化的魅力”“到民间采风去”等，都体现了这一关联性的特征，而且以自我—自然—社会—文化为主线，由浅入深、由近及远地编排，符合学生的心理发展规律，贴近学生的生活实际。可见，综合性学习不但在内容上与阅读部分有紧密的联系，而且它还注重对学生情感态度、价值观的培养，实现了与阅读教学的有机融合，有利于学生把从阅读教材中获得的认知方法和价值判断迁移到现实生活中。

(二)与口语交际、写作的关联融合

新课程的设计思路强调语文的实践性特点，“写作·口语交际·综合性学习”是把写作、口语交际整合于综合性学习之中，一改过去割裂知识体系，重知识讲解，轻实践操作的局面，为学生获取鲜活的学习体验和收获提供了实践领域的平台。

语文教材每册书都有六个单元，每个单元后都附有一个综合性学习。其中七年级和八年级教材中三个单元是单项的综合性学习，以培养学生的口语交际能力和写作能力为主。另外三个单元是整合的综合性学习。九年级教材中两个单元是单项的综合性学习，另外四个单元是整合的综合性学习。综合性学习为学生的听说读写能力提供了展示平台和融合方式。

“综合性学习·写作·口语交际”是以培养学生自主、合作、探究的学习方式为主要目标，倡导学生发挥自主精神，自行设计、组织、探究，在活动中培养学生发现问题、分析问题、解决问题的能力，培养学生观察、搜集、整理资料的能力。这种综合性学习，层次高、难度大。比如，八年级上册第五单元，在“莲文化的魅力”这一母课题下，又按层次递进地分成这样几个子课题：

(1)对莲的科学研究：请教专家、老师或查找有关资料，科学探究，展开交流，写一篇说明文。

(2)大家来赏荷：观赏荷花胜地，举行关于莲的诗文朗诵比赛等，活动后写一篇日记或游记。

(3)莲文化探胜：以莲的优秀品质为内容，课外查找有关资料，展开讨论。

(4)编一首《采莲曲》：发挥想象，最好有词有曲，然后唱给班上同学听。

每个同学都轮流做上述活动，在自己的兴趣支配下观察、体味、讨论、合作。这种综合性学习重在活动过程中对学生进行语文综合素养的培养，而口语交际和写作的要求、语文课程与其他课程的沟通、书本知识与实践活动的联系已经被巧妙地融入其中了。

(三)活动设计的弹性选择

语文教材中每册都设计了六次综合性学习活动，每次活动又下设多项分支活动。对于这些活动的设计，教材只提供了相关主题或专题的素材，也可以叫做课程资源，而对综合性学习的目标、活动的程序以及做法并没有做具体的要求和限制，其宗旨是给教师和学生留下选择与拓展的空间，以满足不同学生学习和发展的需要，把主动权让给教师和学生，让学生在教师的引导下自行设计活动方案，自主组织并合作探究，使得综合性学习活动真正成为在教师引导下

的学生自主、合作与探究的行动。如七年级下册第六单元的综合性学习是“马的世界”，设计了“汉语汉字中的马”“历史传说中的马”“艺术作品中的马”“文学作品中的马”“与马共舞”五次活动，要求学生从中任选一项；八年级上册第二单元的综合性学习“让世界充满爱”同样也设计了三项活动，即“关爱每个伙伴”“同在一片蓝天下”“人人都献出一份爱”，由学生任选一项。可见，综合性学习把自主选择的权力真正地交还到了学生的手中。

二、语文综合性学习的类型

根据义务教育语文课标阶段目标中的具体要求，语文综合性学习的实施按学习内容，可分为语文学科和跨学科的综合性学习；按活动方式，可分为观察体验型和资料查阅型综合性学习；按题材性质，可分为专题活动型和课题研究型综合性学习。

(一)语文学科和跨学科的综合

语文学科的综合性学习是指语文学科内容的综合，包括识字与写字、阅读、写作、口语交际的整合。语文教材中的综合性学习多以该单元的主题来设计，将阅读、写作和口语交际教学的内容有机地整合在一起。例如，人教版八年级上册“莲文化的魅力”的设计，既要求搜集阅读关于莲的诗文歌赋，还要求说说自己对莲“出淤泥而不染”的看法，并要求举行关于莲的诗文朗诵比赛、文化活动等，最后写一篇日记或游记。在这个综合性学习过程中，将阅读、写作、口语交际的学科内容融为一体，达到了阅读、写作、口语交际能力整体协调发展的效果。

跨学科的综合性学习是指语文课程与其他课程的相互沟通，语文知识与其他各种知识的融合。以拓展学生的知识视野，学会一个问题多视角思维。如语文版九年级下册《善待家园》一课，是介绍地质灾害给人类社会带来的影响，其中就涉及自然和地理方面的科学知识。在学习活动设计中，指导学生查阅收集国内外因生态遭破坏而造成严重后果的有关资料，了解地震、泥石流、海啸等地质灾害发生的特点、征兆，以及如何采取防范和救助的措施，增强学生爱护环境的责任感。

(二)观察体验型和资料查阅型综合

观察体验型的综合性学习就是要求亲身参与，亲身体验。因为语文综合性学习的阶段目标中多次强调要学会观察，热心关注周围发生的事情和一些社会现象。这种对学生的亲身体验和个体感受的重视，客观上必然要求学生进行一些实地的观察、实验等实践活动。学生通过这种实践活动来观察生活、认识生活，从中获得经历、体验和感悟。如语文版九年级下册第五单元综合性学习“老年人生活状况调查”。活动开始前，要让学生认识本项活动的意义：一是尊老、爱老、敬老是中华民族的传统美德；二是我国已步入老龄化社会，作为学生也应该关注这一社会问题。可采取实地调查、走访谈话等方式，了解当地老人生活等各方面的情况，然后让学生总结，谈感想、体会，并以此为契机进行思想道德教育。既增强了学生勤于观察的意识，又能够促进语文学习与生活和社会的联系。

资料查阅型的综合性学习，主要是通过收集、查阅报纸、杂志、书籍等文献资料，扩大学生的视野，丰富学生对相关知识的了解，提高学生搜集资料、整理资料的能力。例如，人教版八年级上册“说不尽的桥”的设计，就是要求学生查阅有关“桥”的各种名称的由来，收集有关“桥”的诗歌、故事，以及搜集绘画、雕刻、图片、影视作品中的桥等。再如九年级下册“我所了解的孔子和孟子”的设计，要求学生从“孔孟小档”“不朽的孔子和孟子”这两个方面收集、查阅有关资料。

(三)专题活动型和课题研究型综合

专题活动型的综合性学习就是围绕某一学习内容，教师与学生一起开展针对问题的学习活动。把学生语文知识积累与社会生活实践有机地结合起来。例如，八年级下册“献给母亲的歌”的设计，就设置了“道不尽的母爱”“剪不断的‘脐带’”“多角度看母亲”“报得三春晖”四个专题。此外，像“科海泛舟”“到民间采风去”等设计都属于专题活动型。

课题研究型的综合性学习是指从课文的某一点出发质疑问难，从这些疑问中发现有价值的探究课题，以类似学术研究的态度，采用个人独立研究或小组合作研究的方式来进行。这种学习的结果一般以论文、调查报告、实验报告等形式体现。

以上的分类并不是绝对的，在实际教学和运用过程中，某种类型的综合性学习一般都融合了其他类型的综合性学习，并不是非此即彼的分类法。

三、语文综合性学习实施的基本程序

了解了初中语文综合性学习的设计特点后，就要开展具体的实施。在初中语文综合性学习活动中，教师可以按照实施的基本程序，结合具体的活动内容，来进行组织、指导和实施，从而更有效地发挥综合性学习的作用。

一般来说，初中语文综合性学习实施的基本程序是：确立主题—制定方案一实践探索一展示交流一评价反思。但这一程序并非固定不变，在不同类型的语文综合性学习过程中可有不同的侧重点。

(一)确立主题阶段

要有效地开展综合性学习，就要对学习的主题有精确的把握。所谓语文综合性学习的主题，就是语文综合性学习的题目(或称课题)，也可以说是语文综合性学习在特定时间和空间条件下要解决的核心问题，是综合性学习活动所要解决的具体内容，它始终贯穿于语文综合性学习活动的全过程。毋庸置疑，语文综合性学习和实践的机会无处不在、无时不有，但并不是所有的课程资源都可以纳入语文综合性学习的视野中，应该有所选择和提炼。因此，如何确立一个适宜综合性学习的主题，是语文综合性学习得以具体实施的关键所在。

1. 要注重挖掘语文教材，开展语文综合性学习

语文教材是实现语文课程目标、促进学生语文素养全面发展和提高的最基本和最便利的资源，其中蕴藏着丰富的综合性学习的主题，有待教师和学生去开掘。

首先，要充分利用语文教材中已有的主题。综合性学习领域的设置，是义务教育课程标准语文教科书的一大特色和亮点。翻开教材，阅读关于综合性学习的内容，能够感受到为学生构建的一个个丰富多彩的语文世界，为综合性学习活动设置的话题或课题，这个话题或课题就是综合性学习的主题。如人教版语文教材以“语文与生活的联系”作为编排线索，“生活”包括自我、自然、社会三个方面，教科书就按人与自我、人与自然、人与社会三大板块组织单元，在此基础上再进一步细化单元专题。再如七年级上册第三单元以“人与自然”组文，同时兼顾课文的时代与体裁特点，选取了描写四季景物的《春》(朱自清)、《济南的冬天》(老舍)、《夏感》(梁衡)、《秋天》(何其芳)；还有古代诗歌四首：《观沧海》(曹操)、《次北固山下》(王湾)、《钱塘湖春行》(白居易)、《天净沙·秋思》(马致远)。为此，该单元的综合性学习就以“感受自然”为主题，展开活动，旨在单元阅读教学的基础上，延伸学生对自然的感悟与热爱。

其次，积极融合语文学科本身的知识。除了从单篇课文中寻找主题，我们还可以从整体上着眼，将语文课文之间、单元之间、册与册之间的知识融会贯通，生发出综合性学习的主题。如学生学习过许多古诗文，但对古代作品有怎样的理解，学习中还有哪些问题和困惑？针对这样的问题，教师就可以提出相关主题：学习古人的作品有什么意义？你喜欢唐诗还是宋词，或者其他时代的诗词？指导学生把小学、初中到高中所学过的某一位古代作家的作品梳理出来，可以以“我的古诗文阅读”为题，让学生带着这些问题去设计与开展综合性学习活动。因此，语文综合性学习的内容就可能得到丰富与充实，古诗文的教育价值也得以实现。

2. 要注重整合课程资源，促进语文综合性学习

义务教育课标指出："充分利用学校、家庭和社区等教育资源，开展综合性学习活动，拓宽学生的学习空间，增加学生语文实践的机会。"在学习内容上，要关注和利用自然、社会生活等领域的资源，善于从中获取主题。有许多已知的和未知的问题等待同学们去阅读、去研究。因此，教师要鼓励学生细细观察，多多思考生活中那些令人感兴趣的事物，以及社会上的焦点、热点问题等，以拓展语文综合性学习的主题范围。

如世界杯足球赛成为热门话题时，教师就可以引导学生以此为主题开展专题性活动：收集资料——历届世界杯赛要闻、球星小档案；分析球况——综合各种信息，对本届赛事进行预测；评论战事——收集赛事，自选角度发表评论；分析球迷心态——通过采访，了解球迷的各种心态，进行分析，还可编辑"世杯赛"快报、"赛事综述"等。这样就将纯粹的观看球赛演绎成了一次连续性的语文综合性学习活动。在活动中，学生需要阅读、采访、聆听、记录，在收集处理信息的同时，自己的内心也会剧烈地跳动着，体验会格外真切，能够有效培养学生的语文素养。①

当然，上述所言并非是语文综合性学习主题确立的全部。在日常教学和社会生活中，只要我们处处留心，时时留意，语文综合性学习的资源就会无处不在。做生活的有心人，一定能发掘出更多更精彩的学习主题。教师在此阶段除了要教会学生寻找主题的方法外，还必须掌握主题确立的依据，即要考虑到学生的兴趣和实际情况、主题的价值以及主题的可操作性等问题。

（二）制定方案阶段

确立综合性学习的主题之后，就进入了研制活动方案阶段。活动方案是开展综合性学习活动的必要前提，是整个活动的凭借蓝图。通常来说，一个完整的活动方案一般包括三个方面：做什么、怎么做以及将形成什么样的研究结果。具体来说，包括课题名称、指导教师、课题组成员及分工、课题的意义与价值、研究的目标与内容、活动的时间安排、预期的成果及其呈现方式、可能遇到的问题或困难等。同学可广开言路，共同策划，达成共识，形成方案。此阶段教师的作用主要在于指导。在指导学生研究设计的时候，要明确三个问题：①做什么？对综合性学习研究的问题的确定；②如何做？师生活动的方式

① 倪文锦：《小学语文新课程教学法》，200页，北京，高等教育出版社，2003。

方法；③期望的结果是什么？无论采用哪种方式开展综合性学习，教师始终都应该充当着讨论伙伴、提供咨询的重要角色，并且是决策的主要参与者。

语文综合性学习活动方案，可参见表 7-2-2。

表 7-2-2　语文综合性学习活动方案

课题名称						
课题组组长						
指导教师						
课题组成员及分工	成员					
	分工					
课题由来：						
课题研究的可行性分析：						
课题意义：						
研究目标：						
研究内容：						
时间安排：						
实施的具体步骤：						
预期成果及其呈现方式：						
课题研究可能遇到的问题、困难：						
解决问题、困难的途径与方法：						
教师意见：						
备注：						

(三)实践探索阶段

这是在制定方案的基础上，开展实施过程的阶段。需要落实完成的内容为：①如何进行小组分工与合作？每个人应做好自己的事情，承担自己的责任；②应具有团队意识，沟通交流，互帮互学；③强调组长的作用，处理好组长与组员的关系。此阶段是整个语文综合性学习的重要环节，强调全局意识，体验意识，要善始善终。

此阶段教师的作用在于引领和调控。在活动过程中，教师做到不干扰，但要了解活动进展情况，发现问题及时调控。教师要鼓励支持学生大胆研究，敢于质疑，发表见解。还要因材施教，对具有不同学习特点的学生给予不同的指导。同时，教师要指导学生做好过程性材料的积累，如文字记录、录音、图片、视频等，记录自己的体验，活动的环节，并加以总结，为评价提供依据，可参见表 7-2-3。

表 7-2-3　语文综合性学习学生活动进展跟踪表(教师用)

<table>
<tr><td>课题名称</td><td colspan="6"></td></tr>
<tr><td>指导教师</td><td colspan="6"></td></tr>
<tr><td>活动时间</td><td colspan="6"></td></tr>
<tr><td rowspan="3">成员的任务、分工及其完成情况</td><td>成员</td><td></td><td></td><td></td><td></td><td></td></tr>
<tr><td>分工</td><td></td><td></td><td></td><td></td><td></td></tr>
<tr><td>完成情况</td><td></td><td></td><td></td><td></td><td></td></tr>
<tr><td rowspan="2">存在的主要问题与不足</td><td colspan="6">学生活动：</td></tr>
<tr><td colspan="6">教师指导：</td></tr>
<tr><td rowspan="2">改进建议</td><td colspan="6">对学生活动：</td></tr>
<tr><td colspan="6">对教师指导：</td></tr>
</table>

(四)展示交流阶段

展示交流的阶段，主要进行的内容是：①如何写总结报告？充分利用实践探索阶段的资料素材，以案例做支撑；②展示交流的途径方法有哪些？展示交流要基于总结报告。设计展板，故事分享，演讲、辩论、讨论等多种形式。可以找一些案例，用实例说话。在合作、交流中，学生要学会理解和宽容，学会分析、思考和申辩。

此阶段教师的作用是引导学生交流与分享学习的成果。展示交流阶段是对学习活动成果的验收检验、展示交流的过程，是体验获得新知、克服困难以及品味成功快乐的过程，学生的知识、能力和情感都会得到展示与提高。同时教师也要对本次综合性学习活动中存在的问题和不足，与学生进行交流，提出自己的建议与看法，更要反思自己在学生活动过程中的指导情况。

(五)评价反思阶段

此阶段是整个学习活动的收尾阶段。主要是对此次学习活动的过程、作用和收获进行总结与评价。内容包括：对本次活动中自己的参与程度、合作态度、情感体验、创新意识、实践能力等方面的总结和评价。评价的方式：自我评价、小组评价、教师评价和家长评价等。强调参与和互动，自评与他评相结合，评价主体的多元化。注重发挥评价的反馈和激励作用，把评价过程变成主动参与、自我反思、自我发展的过程。

教师在此阶段的作用是参与和指导。虽然教师有责任和权利对学生进行评价，但是评价要从指令性要求转向主体参与的互动评价，成为学生学习的组织者和促进者，以此实现教师角色的转变。同时要指导学生对综合性学习进行评价，教师对学生自我评价的指导可以从以下几个方面入手：

(1)让学生对综合性学习的目标、过程和效果进行反思；

(2)让学生自我评价，对自己的参与程度和情感状况进行反思；

(3)评价自己在综合性学习中情感态度、思维品质、知识素养以及独立探究的能力和与小组合作的精神。

语文综合性学习活动的评价项目与方式，可参见表 7-2-4。

表 7-2-4　语文综合性学习活动评价量表

评价项目	评价内容	自我评价	小组评价	教师评价	家长评价
参与程度	认真、积极参加每一次活动				
	主动提出自己的设想，敢于发表意见				
	努力完成自己的任务				
	自始至终，全程参与				
合作态度	乐于与他人合作，能和同学交流与沟通				
	尊重他人，欣赏他人				
	善于倾听，理解他人				
情感体验	善于提问，乐于研究，勤于动手				
	能对自己进行反思				
	关心国家大事，有一定的责任心				
创新意识	有求知的好奇心、探索的欲望				
	独立思考、自主学习，主动发现问题				
	大胆提出疑问，形成自己独特的观点				
实践能力	不怕吃苦、敢于克服困难				
	能通过多种途径获取信息				
	能运用已有的知识解决问题				
说明：评价结果分为 A、B、C、D 四个等级：A 表示好；B 表示较好；C 表示一般；D 表示尚可。					

总之，评价的目的在于培养学生创新精神和实践能力，让学生看到自己的进步，感受到成功的喜悦，激发新的学习动力，促进其全面发展。

【案例分析】 **成长日历设计①**

一、设计思路与说明

所谓“成长日历”，就是保存一个人成长状况的各种文字和材料。孩子每天都在变化，每天都会给我们带来惊喜。这种变化有隐性的，也有显性的。到了三年级，蓦然回首，孩子们都已不知不觉地长大了。可是，由于时间的流逝，他们对往日的记忆已不再清晰，他们渴望着重温自己成长的历程。本次活动的任务，就是帮助学生整理记载自己成长轨迹的资料，感受成长中的喜怒哀乐，体验长辈及老师对自己的呵护，更加热爱这美好的世界，使自己的成长有更扎实的根基。对孩子来说，这是一笔宝贵的财富。

本活动分为四大部分，第一部分是认识“成长日历”，大体了解“成长日历”的框架，并着手搜集资料。第二部分是展示自己成长的见证，加深对成长过程的体验，并对未来的成长有个初步的规划。第三部分是整理资料，并初步完成“成长日历”。“成长日历”的名称及目录的名称等可根据个人喜好而定，不必强求一律。第四部分是完善“成长日历”，让其更加规范、美观，更具个性。

建议本次活动时间为四周。第一部分内容安排一周时间，资料零零碎碎，但要尽量搜齐收全。第二部分内容安排一周时间，要让学生尽量挖掘自己的闪光点，发现自己的进步，对未来充满信心。第三部分内容安排一周时间，把资料分门别类，理清条理，“成长日历”要初步成型。第四部分内容安排一周时间，要把封面、插图、照片都做好安排，还要交流资料，并稍作调整。

二、活动过程设计

(一)认识“成长日历”，搜集资料

1. 组织学生讲述自己成长的历程，认识建设“成长日历”的必要性与重要性。

2. 组织学生讨论：建设“成长日历”须具备哪些资料?

(1)书面资料。孩子得到的奖状、会读会背的儿歌古诗、画的画、做的作业、玩的游戏图、病历卡、《学生素质发展报告书》等，这些都是收集的对象。

① 姜平主编：《综合实践活动教学设计与特色案例评析》，65页，北京，首都师范大学出版社，2010。

(2)照片资料。孩子的第一次笑，第一天上学，第一次戴上红领巾、第一次赴宴、上幼儿园和小学的第一张照片、学习活动、旅游照片等。

(3)口头资料。没有记录的资料，教师可指导孩子们多向知情人询问，并把这些口头资料整理下来。

(4)音像资料。许多家长当孩子出生时就录下音来，有些有条件的家庭，还用摄像机把孩子成长过程中的一些珍贵片断拍下来，这些可使“成长日历”更加厚实。

3. 学生搜集资料。

(二)分清类型选目录，整理资料

1. 组织学生交流自己搜集到的资料。

2. 组织学生在小组当中讨论：

(1)这些资料可以分为哪些类型?

(2)同一类型的材料可以用什么语言来概括?

3. 学生在全班交流设想的目录。教师板书较好的目录名称，供学生自主选择。

4. 学生根据目录将资料分类，并放入档案袋中。

5. 学生为自己的“成长日历”确定一个名称。

三、设计封面与插图，交流“日历”

1. 出示“学生成长日历”的样例。

2. 学生讨论：

(1)要使“成长日历”更加美观，富有个性，应该从哪些方面作进一步的加工?

(2)封面与插图的设计要注意什么?

3. 学生设计自己的“成长日历”的封面与插图。

4. 学生在小组中相互交流自己的设计意图，并选出最好的一份设计。

5. 展示设计精美的“成长日历”，并取长补短，作适当的修改。

四、展示成长硕果，用心体验

1. 组织学生讲一讲你最难忘的一个小故事，并说说这件事使你得到了什么长进。

2. 组织学生说说“从前的我”与“现在的我”有哪些变化，享受成长的快乐。可从以下四方面入手。

(1)身体发生了哪些变化?

(2)在生活中增加了哪些本领？

(3)在学习中学到了哪些知识？

(4)在思想上提高了哪些认识？

3. 组织学生充分展示自己的特长，验证自己的成长。

4. 组织学生畅谈自己的理想，写出自己的成长目标。

5. 学生相互交流传阅自己制作的“成长日历”。

评析：该案例呈现的主题与环节设计比较有代表性，体现了自主、合作、探究的学习方式。学生在收集资料的过程主要靠自主参与来完成，通过小组合作学习，交流信息和体会。在展示成长成果的过程中，看到自己的成长日记，浏览同伴的成长日记，有助于学习、反思，有助于对于未来成长的规划和展望，对全面提高学生的素养有很大帮助。在具体应用中，应注意：一是此项活动，可以延展到初中或高中学段；二是内容和方式可以根据实践情况，综合或单项进行都可，不必拘泥形式的完美。

【实践演练】

请你以实习班主任的身份设计一次语文综合性学习的活动。

书是人类知识的宝库，书是人类精神的殿堂。在这里，我们认识了多彩的世界；在这里，我们读懂了喜怒哀乐；在这里，我们跨越时空，触摸历史沧桑……每读一次书，我们都心存一份感动；每读一次书，我们心灵都得到一次净化。请在“好读书·读好书”的综合性学习中，设计活动计划提纲。

提示：活动一，领略书的魅力；活动二，探寻读书方法；活动三，走进读书实践。

复习思考题

1. 你是怎样理解语文综合性学习的内涵的？
2. 语文综合性学习的目标是什么？
3. 语文综合性学习的特点是什么？
4. 在语文综合性学习实施中，应该注意哪些要点？
5. 请根据你的学习实际，谈谈一堂成功的语文活动课应该注意哪些问题。

第八章　语文学法指导

【学习导引】

语文学法指导在现代教学中具有不可替代的作用。教师应在语文知识学习、语文能力、智力、审美修养、品德修养等方面明确指导目标，知晓学习指导目标的最低到达度。要让学生掌握语文课堂预习、听课、记课堂笔记、练习和复习等常用学习方式方法，掌握学习迁移的方法、记忆的规律和方法、多种思维的方法等。掌握识字写字、阅读、作文、口语交际、语文综合性学习等指导的原则与一般方法，了解语文学法指导的途径，以有效提高学生语文学习的效率。

第一节　语文学法指导的意义与目标

一、学法的含义及其特点

"学法"是相对于教法而言，具有狭义和广义之分的概念。狭义的学法，即学习方法，是指人们在学习中遵循一定的学习规律，为获取知识和能力而采用的手段和方法。有的人认为，"学习方法是学习活动赖以进行、学习任务赖以完成的手段。"①广义的学法，是指学习应该遵循的法则，包括认识学习规律、掌握学习方法、培养自学能力三个方面。认识学习规律，是指了解专业知识的逻辑性，懂得举一反三与触类旁通的道理；了解人脑的生理特点和个体的心理特点，懂得思维和记忆能力的作用。掌握学习方法，是指能从理论和实践上把握为解决具体学习问题而利用的手段，能以积极的学习方式，进入解决问题的过程。培养自学能力，是指学生在没有教师直接参与的情况下，能够以自己为主体，运用已掌握的知识、技能等去探求未知的新知识。

由于广义的学法大于"学习方法"这一概念，因此，学法具有如下特点。

(一)学习自主性

学会学习的学生，学习自主性强，不再依赖教师的讲授，要求自己不断提

① 吕文升、方天培主编：《现代教育学》，193页，上海，复旦大学出版社，1993。

高独立学习能力。自主学习能够使学生更快捷地获取最新知识，形成语文能力，为养成自学能力、独立学习能力和解决问题的能力做好准备。实现自主学习的途径是：学生要学习目的明确，具有较强的学习自觉性；要主动争取教师的指导，培养自己独立获取知识的能力；要学会自觉设计问题，并强迫自己去解决问题，以促使自己不断进步；要跟同学相互督促与激励，增强自己的学习自主性。

(二)善于自我判别

充分地认识自己，根据自己的长处和不足扬长避短，是学会学习的要素。善于自我判别，才能有针对性地确定学习目标，制订自己的长远发展计划。自我判别，首要的是了解认识自我的主要内容：掌握自己的生理心理发展基本特点，看自己是长于记忆，还是善于推理；是机灵，还是反应迟钝；是浮躁还是稳重等。认真分析后发扬长处，改掉不足。其次，要了解自己的语文基础知识及语文能力发展情况，注意查漏补缺，同步发展。再次，要了解自己的兴趣爱好和情绪意志，清楚自己的兴趣所在，有意识地培养自己利于今后发展的兴趣爱好，善于调节自己的情绪，通过意志来控制自己的情绪，养成学习的自觉性、果断性、自制力和坚韧的精神，以自觉地支配和调节自己的学习行动，获得学习成效。

(三)学习动机内趋化

学习动机具有定向作用、维持作用和强化作用，是推动学生不断学习和进步的力量，能够鼓励学生克服困难，以顽强的毅力实现学习目标。内在的学习动机主要来自于学生对知识的渴望与追求。在要求人们终生学习的现代社会中，能学习、会学习，保持旺盛的学习热情和高昂的进取精神，是学习动机的应有功能。学生应该掌握增强学习动机的方法：树立正确的学习观和远大的理想，激发高尚的学习动机，强化内部动力；培养浓厚的学习兴趣，使自己产生强烈的好奇心和求知欲望，具有学习的推动力量；保持饱满的热情、稳定的情感，以维持长久的兴趣，不断克服学习困难，防止不良情绪的出现，干扰学习动力。

二、语文学法指导的意义

在语文教学中指导学生的学法，具有重要的意义。

(一)时代的发展需要进行学法指导

在被称做知识经济的时代中，知识更新的速度不断加快，已由 18 世纪 80

至 90 年的知识更新周期，发展到 19 世纪初的 30 年，目前则缩短为 5 年至 10 年。新知识呈现出飞速增长的趋势，学生要被动地接受铺天盖地而来的新知识，已非常困难。学生如何在积累知识的同时，养成独立获取知识、运用知识的能力，成为语文教师和学生都必须考虑的问题。在学生掌握必要的语文基础知识和基本能力的同时，教给学生科学的学习方法，才能使学生迎接新时代的各种挑战。

(二)终身教育的趋势呼唤学法指导

科学技术的不断进步，使得人们的就业观发生了根本转变，人们在不断变换工作岗位中必须不断地学习新知识，练就新技能才能生活与生存下去。终身学习接受教育已是历史发展的必然趋势。学会学习，是每一个人必须具有的生存之道。正如未来学家阿尔文·托夫勒所说："未来的文盲不再是不识字的人，而是没有学会学习的人。"在学校语文教育中，向学生讲授学法，是终身教育的需要。

(三)社会对人才的需求要求学法指导

现代社会需要各种具有特殊技艺、才能出众的人才。传统教育中死记硬背的学习方法，已经成为遏制学生个性发展，制约学生特殊才能发展的桎梏。每个学生都有自己的特长和优势，有的擅长逻辑思维，有的长于形象思维，有的则富于创造。学生只有在教师的指导下尽早发现和培养自己的特殊才智，才能确立正确的学习目标，有意识地进行训练，并且能够适应学习内容和学习方法的变化，找到最适合自己的学习方法，不断提高自己某一方面的能力。学法指导是快出人才、出好人才的需要。

三、语文学法指导的目标

语文学法指导应该明确要达到怎样的目标，即教师应该知晓对学生某方面的指导最低应该达到何种程度。学法指导的目标包括：语文知识学习目标、语文能力目标、智力目标、审美修养目标、品德修养目标等。

(一)语文知识学习目标

语文知识学习目标包括现代汉语知识、古代汉语知识、各类文体读写知识、文学史常识、文学体裁知识、文学鉴赏知识、文化常识等。语文知识的学习是语文能力形成与发展的基础。

(二)语文能力目标

语文能力目标包括识字写字能力、阅读能力、写作能力、口语交际能力、语文综合性学习能力以及自学能力等，是学法指导的重点。其中读写能力与口语交际能力是核心能力，是一个人语文修养水平高低的主要标志。自学能力的养成是语文教师指导学生语文学习的最高境界，应不懈追求学生各种能力目标的达成。

(三)智力目标

智力目标包括观察力、记忆力、联想力、想象力、思维能力等，其核心是思维能力。因为语言和思维有着相辅相成的关系，在语文教学中培养学生的思维能力有着得天独厚的条件。教师应该充分利用这种条件，在培养学生语言表达能力的同时，培养其内在的思维能力。

(四)审美修养目标

审美修养目标包括两个方面：审美知识，指学生能够了解文本中的自然美、社会美、艺术美、建筑美等基本美学知识；审美能力，指审美感受力、审美鉴赏力、审美创造力等。教师利用语文教学内容中的审美因素教给学生一定的审美知识，培养其审美能力，符合语文课程标准的要求。

(五)品德修养目标

品德修养目标包括三大方面的培育目标：一是学生的政治思想修养，包括学生的世界观、人生观，政治信仰与政治觉悟，民族意识和爱国精神等，是人的基本修养；二是道德品质，是学生对人们共同生活及其行为的准则和规范的态度及遵守程度；三是个性心理品质，包括学生学习语文的兴趣、情感、意志、性格等。

第二节 语文学法指导的内容与方法

一、语文学习常用方法指导

进行语文学法指导，最重要的是让学生掌握常用的语文学习方式方法。主要包括：语文课堂学习方法、学习迁移的方法、记忆方法和多种思维方法的指导。

(一)语文课堂学习方法

学会学习，应从课堂学习开始。语文课堂的学习方法指导，主要是预习、听课、记课堂笔记、练习和复习等几方面。

预习指导的意义，取决于预习指导本身的作用。预习是精读前的准备性学习，是学生在教师的指导下自己阅读、思考、练习的开始。可以在课堂上预习，也可以是自习时间或课外时间预习。对学生的预习进行指导，不仅可以为精读阶段的学习打基础，培养学生正确的学习态度、习惯和方法，而且利于培养学生的自学能力，使其自行初步熟悉课文，或获得自我发现的乐趣，得到精神上的满足；或促使思考，激起探究的求知欲望，最后达到增进课堂上阅读效果的目的。因此，预习指导的意义在于：能使学习者树立正确的学习观念，明确预习的重要意义；能掌握正确的预习方法；具有较为全面的语文学习能力；能为讲读教学做好兴趣、读文、思考等多方面的准备。预习指导内容，主要包括四项：泛读课文，认识生字词，指导学生的思考，布置作业。

听课，是课堂学习的中心环节。学生通过学校严密的教学计划、精选的教学内容、较为完备的训练体系、精心创设的教学环境、比较先进的教学手段、严格的教学质量检验标准等，能够排解自己在自学中遇到的疑难问题，准确地掌握语文知识，学习到教师的思维方法，提高自己获取知识和解决问题的能力。指导学生听课，主要包括听课注意力、主动答问、积极参与讨论、记录课堂笔记等方面。教会学生记课堂笔记意义重大，要在听记的内容、记笔记的方法等方面指导到位。

复习指导，是指教师运用一定的方法指导学生重温学过的知识，巩固和提高学生学习效果的一种教学活动。现代记忆学的原理告诉我们：长期记忆靠复习，如果不复习，人们学到的知识就进入不了长期记忆系统。复习是教学过程中最有总结和提高意义的阶段。如果说，预习指导的任务主要是让学生获得对课程的整体感性认识，那么，复习指导就是从理性上使学生明确施教内容的要点，把握其知识结构的联系，指导学生获得规律性东西。能够深化学生对知识的理解，巩固记忆，促进知识向能力的迁移。复习的内容尽管是学生学习过的，但寻求的是“新”方法，解决的是新问题，其结果也是“创新”的。也就是说，被复习的内容和通过复习所得的结果之间是不同的，后者是前者的飞跃，是质变，是创新。复习指导的任务不仅是教学生获得复习的结果，更重要的是教给学生复习的方法，尤其是记忆和思维的方法。

(二)学习迁移的方法

迁移，是指学习者原有知识对接收新知识所产生的一定影响。有的研究者把它定义为："一种学习对另一种学习的影响。"①迁移有正负两种作用。凡一种学习对另一种学习起促进作用的叫正迁移；而一种学习对另一种学习起干扰或抑制作用，就叫负迁移。充分运用正迁移，能够促进新知识的学习，减少已有知识的消极影响。

要想掌握促进学习迁移的方法，必须注意以下方面。

1. 系统学习基本原理与概念

心理学研究认为，认知结构中有否适当的起固定作用的概念可以利用，是决定新的学习与保持的最重要因素。为了促进迁移，学习资料中必须有富有较高概括性、包摄性和强有力的解释效应的基本概念和原理。学生只有在学习中，系统学习和正确理解学科的基本概念和原理，才能在学习新知识时，产生积极的学习迁移。

2. 利用学习定势的积极因素

由于人们往往有一定的经验和习惯，在学习新知识时，就会形成一定的学习心向，即学习定势。这种特定的问题解决方法可以被应用到新的相类似的场合，而且可以保留相当长的一段时间。所以，人们可以利用学习定势的这种特点，在学习一类知识或解决一类问题时，做一般方法的改进，进行学习的正向迁移。要使学习定势成为从事新的学习活动的准备状态。

3. 恰当选择学习材料

知识的形成有它自身的规律，总是由简单到复杂，由一般到个别，不断分化和综合。学习者就要把握其规律，寻找新旧知识的联系和区别，促使知识系统化，确保新知识的清晰，以防认识混淆，出现学习障碍。在选择学习材料进行学习时，要注意知识的难易程度，辨明知识的学习次序，哪类知识是建立在先前所学知识的基础上的，以促进已知向未知的迁移。

（三）记忆方法

记忆是掌握知识的基础。教师的学法指导必须教给学生掌握记忆的规律和方法，进行有效的学习。应该做到以下几个方面。

1. 帮助学生树立记忆的信心

有的学生总是抱怨自己记忆力不好，对学习缺少信心。教师要使学生明白：人的记忆力十分惊人，记忆容量是无穷的。掌握了记忆规律和方法，每个人都可以练出高超的记忆能力。

---

① 邵瑞珍主编：《教育心理学》，修订本，219页，上海，上海教育出版社，1997。

2. 使学生了解记忆的过程

记忆的过程包括三个阶段：识记、保持和再现。识记，就是把事物形象或语言信息留在脑中。要记住，大脑就要接受刺激。会学习的人，就善于选择刺激物。保持，是把识记中获得的信息存储在脑子中，不让它遗忘。对有用的信息，要反复识记，加深印象，防止遗忘。再现，是指根据需要迅速地提取脑中被保存的信息，即在脑中重现。记忆过程的三个阶段，紧密相连，相互影响。识记越清晰，保持就越牢固，再现的能力也就越强。

3. 教给学生记忆的方法

记忆是个需要练习而又有窍门可寻的东西。下列的记忆方法值得我们借鉴。

(1)意义识记法。

意义识记法即把记忆材料赋予某种便于理解的意义来加深记忆印象的方法。大量的实验证明，意义识记，比仅靠材料的外部联系去重复记忆的机械识记要好得多。如富士山最高峰为12365英尺，用一年“12个月共365天”的“意义”来“理解”，就能很容易地记住了。

(2)高效记忆法。

高效记忆法包括联想记忆法、提纲记忆法、概括记忆法、系统记忆法、规则记忆法、比喻记忆法、背诵记忆法、协调记忆法、交替记忆法、自测记忆法等。如联想记忆法，就是利用新旧知识之间的联系，进行有特色的联想。学生在教师指导下，持之以恒地加以练习，就会逐步提高自己的记忆能力。

(3)遗忘助记法。

遗忘助记法即对无用的信息，有意识地去遗忘，定期清理不该记住的东西，减少无用信息对大脑有效记忆位置的侵占。有成就的人很少去记用处不大的东西；什么都记的人，必定要白白消耗掉脑细胞，淹没对有用信息的记忆。把识记的精力放在有用信息上，就会提高记忆的效果；对无用信息，减少重复识记，就能逐步淡忘。科学利用遗忘这个记忆的大敌，能够获得意想不到的记忆效果。

(四)多种思维方法

人类的多种思维方法能够帮助人们掌握学习的方法。教师应在教学中，有意识地培养学生用多种思维方法考虑问题，科学地掌握学法。如形象思维方法、抽象思维方法、辩证思维方法、直觉思维方法、灵感思维方法、相似思维方法、创造性思维方法、顺向思维方法、逆向思维方法、求异性思维方法等。有关思维方法的问题，在许多著作中都有详尽的论述，可参看由广西教育出版社出版的彭华生著《语文教学思维论》等著述。在此，仅简要介绍以下几种思维方法。

1. 顺向思维法

顺向思维法是从问题线索出发，一步步向前推理，最终得出结论的思维方法。这是一种由已知到未知，从简单到复杂，逐层推进的方法，也是人们使用最多的思维方法。

2. 逆向思维法

逆向思维法是不按常人的逻辑思考问题，反其道而行之的思维方法。

3. 求异性思维法

求异性思维法是教师提出一个有多种答案的问题，让学生朝着各种可能解决的方向去探索正确答案的一种发散性思维方法。求异性思维在开始时，往往在常识范围内思考，从常规方向进行探索，通过不断换向，反复变通，向新的方向发散思维，产生更多的新异性成分。在教学中，教师要尽可能为学生提供求异性思维的机会，以逐步培养出学生思维的变通性和独特性。在给材料作文指导时，教师可提供一个写作素材，让学生从多种角度构思。如就《伯乐相马》这个故事，可以让学生从卖马人、买马人、伯乐和马四个角度思考确立主题，并且分别从正、反两个方面拟题，进行作文立意的多角度构思训练。

卖马人角度：正：①学点儿生意经。②善用名人效应。③牵马找伯乐。④专家推介的启示。反：⑤酒香也怕巷子深。⑥好马也得靠广告。⑦不要守株待兔。

买马人角度：正：①睁开慧眼识真金。②要相信（或尊重）权威。③相好马的前提是知识与经验的准备。反：④谨防导购陷阱。⑤要学点购物心理学。⑥购物切忌从众心理。⑦买马容易识马难。

伯乐角度：正：①权威的声音。②绽放自我。③从天空中寻找彩虹。④发现；要善于发现；要善于发现人才。⑤善于发现人才更应善用人才。反：⑥名人应该自尊自爱。⑦名与利。⑧不能为利而失节。⑨发掘与埋没。

马的角度：正：①从千里马无人问津谈起。②千里马也需常奋蹄。③埋头苦干与一鸣惊人。④做好成功的准备。⑤能人所不能。⑥你要正确认识自己。⑦好酒不怕巷子深。反：⑧千里马也要善抓机遇。⑨好马何惧无人识。⑩千里马何愁无人问津。

每种思维方法有着各自的特性。根据不同的学习内容，应采用不同的思维方法，或者多种思维方法相结合才可能取得较为全面的思考结果。

二、识字写字学习指导

(一)把握识字写字学习的基本原则

1. 根据汉字特点学习原则

掌握汉字的规律可以大大减少识字的困难，使汉字学习变得容易与迅速。教师要指导学生逐步掌握汉字的结构方式和音形义规律特点，打好识字的基础。

2. 音形义相结合以字形为主的原则

汉字有音形义三个方面的特点。字音方面，字数多，音节少，一字多音或多调，一音多字。字义方面，分为单音词和复音词，近义词和反义词，一字(词)多义或一义多词。字形方面，在结构系统上，包括笔画系统、偏旁系统、部位系统；在结构方式上，分为不带表音成分的表意字和带表音成分的形声字。由于这些规律和特点，就为识字学习方法的采用提供了重要依据。如集中识字法，就是充分利用了汉字的构字规律。教师要教学生熟练掌握汉语拼音字母，以利用这一工具解决字音问题；教学生认识各种笔画名称及笔顺规律，用来分析字形；认识偏旁部首、结构单位，以分析理解字义，代替用笔画来分析字形，简化识字的心理过程；用不同的标准进行字的归类，以提高识字效率；掌握查字典的方法。学生的口语发展先于书面语，未学字形前已经掌握了不少词汇的音义，故掌握了字形，则音形义就全部掌握了。

3. 从具体到概括的原则

要根据学生具体形象思维占优势的学习心理特点，贯彻由具体到概括的原则，使其从感性直观入手，引导学生进行思考和概括，逐步过渡到规律性知识的学习，以调动和保持学生的学习积极性，培养观察力和思维能力。

4. 联系语言环境学习原则

汉语的很多字词，必须在一定的语言环境中才能够确定其意义。离开了上下文，脱离了具体语境，是很难弄清楚某字或词的确切含义的，如好、长等多音字，朦胧、蹒跚等复合词，以及一些关联词等。学生学习识字写字，必须做到“字不离词，词不离句，句不离篇”，把生字词放在具体的语言环境里去学习，使其感知、理解、巩固，这样才能保持其浓厚学习的兴趣，加深学习的印象，提高学习效率。

5. 及时练习巩固成效原则

学生一旦学会了生字词，教师就要及时调动他们的多种感官进行强化。不能只让学生机械枯燥地反复去认读、抄写，而要根据学生机械识记超过意义识记的记忆特点，充分发挥他们的机械识记能力，又要尽量发展他们的意义识记能力，以巩固已有的成效。

(二)掌握识字写字学习的一般方法

识字学习方法，包括汉语拼音识字法、韵语识字法、看图识字法、直观识字法、听读识字法、部件识字法、环境识字法、查字典词典识字法、按义分类识字法、猜认识字法、随文识字法、循环识字法、集中识字法、分散识字法、集中与分散相结合识字法、速成识字法、成人识字法、扫盲识字法等。写字学习方法，主要有田字格写字法、偏旁部首写字法、间架结构写字法、听写法、书空法、仿写法、描红法、廓钩填墨法、仿影法、临帖法等。应根据学生的年龄、学习基础与条件、教师的专长等选用适宜的指导方法。提倡多种方法相互配合，以长避短。

(三)养成良好的识字写字学习态度与习惯

1. 识字学习态度与习惯

教师要帮助学生逐步养成如下态度：具有日常识字的兴趣，主动识字的愿望。随着年级的升高，学生有较强的独立识字愿望。良好的识字习惯包括：认准字形，读准字音，记准字义；勤查字典、词典；及时纠正字音与错别字；运用拼音识字；运用词义辨析法识字；在阅读文本中识字；在具体语言环境中运用汉字等。

2. 写字学习态度与习惯

具有热爱祖国语言文字的态度，喜欢书写的态度。要养成认真看范字的习惯，细心揣摩的习惯、运用正确笔画笔顺写字的习惯，保持正确的写字姿势的习惯，正确握笔的习惯，写规范字的习惯，书写端正、整洁的习惯，注意写字速度的习惯，能够适应铅笔、钢笔等多种工具写字的习惯，适应计算机多种汉字输入方法的习惯，精心使用和保管文具的习惯等。

三、阅读学习指导

(一)把握阅读学习的基本原则

1. 惜时高效原则

人生短暂，阅读的时间更是有限，而需要从阅读中汲取的各类知识是无限的。随着信息时代的来临，练就在信息海洋中筛选有用信息的能力，已经成为一个人生存的基本能力。只有珍惜时间，高效阅读，才有可能不断增加有用的知识，提升个人修养，增强自己的生存本领。

2. 以疑促读原则

带着明确的目的去阅读，能够使阅读集中心思，节省时间，提高阅读的效率。带着疑问去读书，读中解疑，边读边思，不仅能够养成良好的阅读学习习惯，也能够提高思维能力。

3. 读讲写思结合原则

在读的基础上，通过学生思考，提出疑难问题，再由教师讲授；在讲的基础上，学生通过消化体会、分析思考，再来阅读；在读思之后，能够借鉴别人的写法自己仿写。这种四位一体的阅读学习法，能够最大效率地养成语文阅读能力。

4. 多种读法互补原则

阅读的方法有很多种，每一种读法都有其优点与不足。为了最好地达到阅读目的，应该根据不同的需要，采用不同的阅读方法，并且能够做到取长补短，以达到最佳的阅读效果。

(二)掌握阅读学习的一般方法

阅读学习从不同的角度划分有不同的方法。

从阅读目的划分，可分为学习性阅读(包括积累性阅读、理解性阅读、发展性阅读)、欣赏性阅读(包括审美性阅读、消遣性阅读、娱乐性阅读)、研究性阅读(包括评价性阅读、专题性阅读、校勘性阅读、考证性阅读)、创造性阅读，以及搜寻和浏览等。

从阅读方式划分，可分为是否出声的朗读和默读；工具使用情况的笔写、抄读、列图表、编提纲、字典词典查阅法、电子信息资料搜寻法；眼动状况的通读和变式样读；阅读程度的精读与略读；阅读内容范围的全读与跳读；阅读速度的慢读、快读、常速读；阅读人数的个体读与群体读、小组讨论、辩论；阅读样态的自我练习、观察、情境学习法等。

从信息传递方式划分，有语言法、直观法、练习法等。语言法如讲述法、讨论法、朗读法、默读法、广播录音等。直观法如图片、影视、观察法、实地参观等。练习法如摘抄、编提纲、做笔记等。

从读者的思维状态划分，有被动式阅读，主动式阅读(包括问题性阅读、预测性阅读)。

从阅读程序划分，主要有预读，复读。

从阅读对象的语体角度划分，可分为白话文和文言文阅读。

从读物体裁角度划分，有文章阅读和文学阅读。

从读物的内容角度划分，可分为哲学、社会科学的阅读和自然科学的阅读。

从阅读年龄层次划分，可分为幼儿阅读、青少年阅读与成人阅读。

从阅读需要划分，可分为基础阅读、职业阅读、专家阅读等。学校教育中一般指基础阅读。

可以说，人们对阅读行为及其类型的划分五花八门，随着研究的深入，阅读方式方法将越来越丰富。

(三)养成良好的阅读学习态度与习惯

良好的阅读学习态度，包括喜欢主动阅读的态度，关心自然与生命的态度，阅读积累的态度，爱护图书的态度等。

良好的阅读习惯，包括课前认真预习课文，运用多种方法预习的习惯，课堂听讲边听边记的习惯，边听边画的习惯，课后温习课文的习惯，复习总结的习惯，按时完成作业的习惯，能借助字典词典自我解决生字词的习惯，读书看报的习惯，与他人交流图书资料的习惯，不动笔墨不读书的习惯，利用图书馆、网络等多种信息渠道查阅资料进行探究的习惯，正确默读的习惯，品评各类文章的习惯，制订阅读计划的习惯，合理安排阅读学习的习惯，读书集中注意力的习惯，主动背诵与摘录优美诗句文段的习惯，多种读法交叉运用的习惯，广泛阅读而又不盲目的习惯，讲究阅读卫生的习惯，熟读精思的习惯，质疑问难的习惯，不迷信书本的习惯，善于批判性阅读的习惯，读书和做人结合的习惯等。

四、写作学习指导

(一)掌握写作学习的基本原则

1. 读写结合原则

写与读密切相关，有着相互促进的作用。阅读是吸收，写作是倾吐。阅读是写作的基础，写作必须依靠阅读，阅读学习必然先于写作学习。教师要引导学生在阅读中时时受到写作的启示，从文本中寻找作文的依据。可采用模仿性、创造性读写联结或模仿与创造相结合的联结方式。

2. 勤写多改原则

勤写作文，反复修改，写作能力才能逐步提高，因为写作学习是一种语文技能。许多文章大师都是这方面的典范。写作次数多，勤于练笔，会使文思敏捷，语言通畅。多改文章，能让文章增色，有经验的写作者都有“好文章是改出来的，不是写出来的”体会。

3. 先放后收原则

先放，就是敞开写作思路，怎么想就怎么写，我手写我口，我口说我心。这能够让初学写作的学生不觉得写作困难，产生写作的兴趣，思路不受阻碍，作文的内容就和生活接近了。后收，是指在学生作文内容日趋丰富，篇幅越来越长，写作兴趣渐浓的基础上，逐步教给其写作规范与一般要求，以使学生作文思路更加清晰，层次更加合理，内容更加得当。

(二)掌握写作学习的一般方法

1. 口头作文法

作为一种作文策略，口头作文能够绕过检索字形、规范书写和标点选用等低水平加工，直接集中注意力于高水平加工上面，降低作文的难度，使学生把大脑中想象与联想的内容更好地表达出来。口头作文是书面作文的基础练习。

2. 放胆作文法

学生往往不能将口语中会用的字词很好地运用在作文中，出现书面语言运用的过渡语期。写作放胆文则可帮助学生学习和适应汉语书面语，让学生尽情表达心中所想，在遇到不会写的字词时用各种方式表示，不受语言约束，写作思路不被阻碍。教师据此能够准确了解学生写作的困难所在，学生也可高效率地学到标准的书面语汇。

3. 模仿作文法

阅读使学生建立并丰富了自己的认知结构，仿写为学生提供了示范文章作为参照，降低了作文起始阶段的难度。仿写中反复呈现范文的心理映像，增强了示范文章的榜样力量，示范作用也在几个方面促进了创造性的发展。仿的过程即是领悟、思考的过程。可模仿范文的主题、结构、选材组材、语言风格、修辞手法等多方面进行仿写练习。

4. 随笔练习法

即养成经常写作、随时练笔的习惯，善于观察生活，敏于思考问题，勤于记录所见所闻所思所感。随笔不讲究字数多少，而以“随时”记录为佳。随笔所记，也许是日后难得的写作素材。

(三)养成良好的写作学习态度与习惯

良好的写作学习态度，包括喜欢写作，用书面语言表达思想情感的态度，主动积累生活中写作素材的态度，以写作表达自己感悟的态度，乐于与他人分享习作的快乐。

良好的写作学习习惯，包括留心观察生活的习惯，调查写作材料的习惯，仔细审题的习惯，根据不同表达需要选择文体的习惯，恰当选择表达方式的习惯，写前拟定写作提纲的习惯，反复修改的习惯，正确使用标点符号的习惯，遵守规范写作格式的习惯，保持文稿整洁的习惯，经常与他人交流作品的习惯，总结写作得失的习惯，独立完成作文的习惯，经常练笔的习惯，等等。

五、口语交际学习指导

(一)掌握口语交际学习的基本原则

1. 情境学习原则

口语交际是在特定语境中产生的言语活动，口语交际学习必然要在现场环境中进行。教师必须创设出和谐而自主的学习环境，符合生活实际的交际环境，以激发出学生的学习主动性。可利用课文内容，让学生置身文中，充当不同角色的人物，如进行分角色朗读、课本剧的表演等。也可创设具体的活动情境，增强学习的趣味性，如为同学致生日贺词、表演相声小品、现场小记者采访、给养老院的老人打慰问电话、组织辩论会，模仿“艺术人生”“道德观察”“一周立波秀”“实话实说”“焦点访谈”等节目，为口语交际学习提供真实的情境指导。

2. 习惯养成原则

口语交际学习，应该重在对学生良好交际习惯的培养与养成方面。要尽力使学生产生喜欢与人交际的愿望，在交际中持有文明交际、尊重和理解别人的态度，使用文明用语的习惯，讲话注意场合与对象，能够有条理、有根据讲话的习惯，眼神手势等身姿体态语自然大方。在某种意义上说，口语交际良好习惯的养成比起口语交际内容的训练更加重要。

3. 双向互动原则

口语交际是双方互动的过程，不是听和说的简单相加。听话之时，是在学说，听别人怎么说；说话之时，也是既观察别人对听的反应，也在监听自己，时刻进行内省与反思；根据双方的言语信息，相机调控自身的言语行为，与对方做出互动。因此，教师的指导，首先要求教师把自己转化为能与学生平等交流的角色，与学生相互信任、相互理解、相互吸引，允许学生随时提出活动的建议。其次，教师要能够促进学生间的互动，使学生同桌之间、前后座之间、小组成员之间有效地沟通，密切地合作。可以采用许多种具体可行的办法，调动全体学生参与的积极性。

4. 注重方法原则

口语交际学习的途径与方法有很多，教师一定要利用好课内语文教学中可以利用的一切时机与资源，有计划、有目的地培养学生的口语交际能力；切实搞好专门的口语交际训练课程；增强学生自我学习的意识，引导、督促学生在日常学习生活中，主动而自觉地锻炼口语交际能力，变随意交往为有意交往，变被动说话为主动交际。科学而灵活的指导方法一定会使学生产生较为浓厚的口语交际学习兴趣。

(二)掌握口语交际学习的一般方法

有听话法、听课法、听读法、听写法、听问法、听讲法、听测法、听赏法、听记法、听说法、听写法、听评法、听改法、听议法、听讲法、听辩法；口头简要复述、详细复述、创造性复述、答问法、朗读法、介绍法、口头作文法、口述见闻法、口述听音乐感受、转述报纸摘要、述评时事新闻、即席讲演、主题讲演、论辩法，等等。

(三)养成良好的口语交际学习态度与习惯

喜欢与人交际的态度，文明交际的态度，尊重和理解别人的态度，乐于参与讨论的态度，敢于当众发言的态度等。

认真、耐心听人讲话的习惯，尊重与理解讲话人，时常用语言或表情回应的习惯，边听边思考归纳要点的习惯，边听边记录的习惯，正确理解说话人表情与手势等态势语言的习惯，听后能详细转述或补记要点的习惯，运用普通话交际的习惯，简要或详细讲述的习惯，边讲边评议的习惯，善于运用表情、语气等辅助性语言的习惯，讲究表达方式的习惯，注意文明用语的习惯，讲话注意场合与对象的习惯，讲话有条理的习惯，讲话有根据的习惯，讲话中心明确的习惯，讲话语气、语调适当的习惯，积极参加讨论的习惯，讲述见闻故事尽可能生动的习惯，当众发言有自信的习惯，做好随时即席说话的习惯，善于调节交流气氛的习惯，与人交际仪态自然大方的习惯，等等。

六、语文综合性学习指导

(一)把握语文综合性学习的基本原则

教师指导学生的语文综合性学习活动，应该注重对学习活动的整体调控以及良好习惯与态度的养成。在确定主题、制定方案、开展活动、交流成果几个阶段，要在尊重学生学习自主性的同时，进行适时引导，伺机点拨，适当监控，以及时帮助学生调节和改进学习。

(二)了解语文综合性学习的一般方式

教师可指导学生从以下常用方式中选择适合自己的活动方式：小组讨论；

大组研究性学习活动；组织文学活动，如办刊物、演出等；调查访问等。有关具体要求可参阅本书第七章。

(三)养成良好的语文综合性学习态度与习惯

良好的综合性学习态度，主要包括对周围事物怀有好奇心的态度，能够结合课堂语文学习观察大自然的态度，热心参加校园和社区活动的态度，与他人合作的态度，关心社会问题的态度等。

进行语文综合性学习，要有能够把家庭、社会很多问题和语文学习随时随地结合起来思考的习惯，提出生活中的问题的习惯，有目的搜集研究资料的习惯，运用网络、图书馆等多种信息渠道获取信息资料的习惯，经常尝试运用语文知识和能力解决学校和家庭生活问题的习惯，关注身边事的习惯，体察社会热点问题的习惯，与他人研究讨论的习惯，提出学习和生活中感兴趣问题的习惯，制订简单研究计划的习惯，等等。

第三节　语文学法指导的原则与途径

一、语文学法指导的原则

学生要想正确而有效地掌握各个领域学习内容，教师必须把握住如下基本指导原则。

(一)帮助学生确立明确学习目标，选择学法

这是掌握学习方法的出发点。学习目标是人们预期的学习结果，学习行为的指南。明确而稳定的学习目标，具有导向和激励作用。学生在明确的学习目标指引下，才能精力集中，思想专一，决心增大，意志坚定，向着既定学习目标不断努力。想要成为作家的学生，不会去练声乐；想要成为书法家的学生，不会丢下楷书、行书练习去练写作。有了明确的学习目标，学生就会想方设法寻找实现目标的手段和方法，从而使得学法的掌握有了努力的方向。

(二)提醒学生做好语文双基准备，掌握学法

实现学习目标不是一件轻松的事情，要受许多因素制约，其中很重要的一点是语文基础知识和语文基本能力的储备。“双基”储备是学会学习必备的条件。基础越扎实，就越能帮助学生认识学习规律，掌握学习方法。任何现在适合于学生自身的学法，都是在他原有学习基础上形成的，都是学习者原有学法的一种进步。基础越好，新阶段的学法就越能发挥其提高学习效率的作用；基

础差，则会制约良好学习方法的形成。掌握学法，必须先做好语文知识和技能方面的准备。

(三)交给学生学用结合具体方式，检验学法

学习与获得学法的最终目的是为了运用。指导学生掌握学法，必须理论联系实际，学用结合。学法的获得离不开学习实践，在学习过程中又会检验学法的正确性和效用，不断完善学法。在学习中，学生必须做到：将书本知识和自己的学习实际紧密联系，不要死背教条；要在做中学，学中用，不断改进学法；要反复练习，学以致用，使学法的掌握在熟练中生巧。

(四)注意学思结合与学能的提高，反思学法

学贵有疑，学则须疑。于无疑处有疑，才能进步。对自己已经掌握的学法，要有积极的批判精神，不可墨守成规，守着固有的学法不放。要学思结合，在使用成型的学法时，要经常从其他侧面或反面考虑，该学法有无不足和缺陷？还能做哪些方面的改进？要勇于向权威挑战，不盲目崇拜名家。充分调动智力与非智力因素参与质疑，养成善于质疑的习惯。“学而不思则罔，思而不学则殆。”学与思结合，才能日精月进，不断提高自己的学习水平。

二、语文学法指导的途径

语文学法指导，可以从语文课堂、语文课外两个方面进行。

(一)语文课堂学法指导

学生学会学习，应从课堂学习开始；教师的语文学法指导也应该从课堂开始。因为课堂教学是语文学习的主阵地。针对语文课堂的预习、听课、记课堂笔记、练习和复习等几种学习方法，教师的指导必须做到：预习指导须重视、听课笔记要抓牢、复习指导显高效。

1. 预习指导须重视

预习指导与方法选择的出发点是：培养学生的自学能力，养成良好的阅读习惯和方法。依据预习指导的内容范围，提出如下指导方法要点。

(1)泛读指导。

指导泛读课文，就是指导学生通览全文，对课文有个初步的了解。这是阅读课文的第一步，正式授课前的准备性学习。其预习效果的好坏，直接影响到以后几个阶段的学习成效。这个阅读教学的起始阶段，与精读、复习相比，没有独立地位，看似容易实施，却不易见到成效。不少教师不予重视，往往只在新课开始说一句“今天回去后大家预习预习新课”就算是布置了预习任务。结

果，学生这样“预习”了好几年，还不知道该预习什么内容和怎样预习。泛读指导的具体内容有：指导学生初步熟悉课文，把握课文的大意或故事梗概，确定阅读此文的基本态度和情感，而不是对细节的深究；指导学生思考课文标题，考虑文题与文章思想内容之间的关系，从而促进学生对课文思想内容的理解，使阅读沿着确定的大方向顺利发展。

泛读指导有两个要点：一是设法激起学生的阅读兴趣，吸引其注意力。教师要边指导泛读，边细心观察和了解，学生是否产生了阅读兴趣？兴趣源是什么？是怎样的兴趣？注意的指向性怎样？二是指导学生利用已有的生活经验，与课文所描写的内容寻求联结。如果学生没有或较少有相关的经验，就要在这个阶段设法去取得相关的经验。或组织课前观察，分组和个人观察结合，分项和综合观察结合，做好观察记录，课上报告观察的结果。如教学《春》《日出》《大自然的语言》《宇宙里有些什么》等涉及自然景物的课文，就可以指导他们直接接触景物和事物，或利用学生的已有经验，引导他们体味课文所描绘的具体情境。或组织参观访问、调查，增加学生的感性认识。如学习《景泰蓝的制作》，可参观景泰蓝工厂、工艺品厂、水泥厂等，使学生了解以事物的发展过程或工艺流程为序说明事物的方法。

(2)生字词学习指导。

指导认识生字词，就是让学生自行找出并解决生字词，学会使用字词工具书。指导的目的是增加学生的识字量，丰富词汇储备，能较为顺畅地泛读。为达到此目的，必须重视工具书的使用指导。因为它有极其重要的教育作用：能培养自学能力，养成自觉学习、主动查考的习惯；能够让学生掌握确切无误的字词知识，扩大字词知识面，有助于培养严谨求实的学习态度；利用工具书对多音多义字词的辨识，能培养学生的分析和判断能力。

生字词学习指导，有三个方法：①自挑自查法。无论新课学习的生字生词有多少，都要让学生自己挑选出来，自查字词典解决。为避免重要的生字词有遗漏，教师可做些必要的提示性指导。②语境解词法。对多音多义的字词，必须让学生借助工具书，寻求其在特定语言环境下的含义和读音。③试解试析法。学生感到解释有困难的生字词，教师应鼓励其试解试析，在必要时才由教师解释，不可图省时省事，而包办代替。

(3)工具书使用指导。

工具书使用指导，应注意以下三点：①要介绍工具书知识。如常用的《新华字典》《现代汉语词典》《古汉语常用字词典》等的编排体例、查检方式、各自特点等方面的知识。还要介绍图书馆、资料室的利用知识，如图书分类、书目的索引查找方法等。②要教给学生工具书的使用方法。低年级主要是教常用字典的使用方法，侧重笔顺排检法和音序排检法的学习。高年级可教一些常用词典和专门性字词典的使用方法。③最重要的一点，要在预习过程中实际训练学生使用工具书。要利用各种机会，进行经常性的训练，使学生养成利用工具书的习惯。在基本会用的基础上，应加强熟练程度的训练，以不断提高学生使用工具书的能力。可展开查字词典比赛等活动，来增加学生学习的兴趣。

(4)预读思考指导。

指导学生的思考，即给学生提出一些预习思考题，或直接让他们思考课文的题目，参照提示、注释，边阅读边思考。其目的是促动学生对文章内容大意的理解，以及对作者写作动机和观点的把握。

预读思考指导，要注意思考题的提出艺术。问题应有一定的启发性、针对性，能促进学生思考能力的发展。问题不能过多，也不能太少。应围绕教学的重点、难点提一些精要的、有纲举目张作用的问题。理解文题，可指导学生做一些题目替换练习，或直接问学生“为什么非用这个文题，而不是别的”，以此激发学生的预习兴趣。

(5)作业指导。

指导预习作业是人们不太重视却是能取得成效的预习措施之一。语文教师往往只布置少量的口头作业，或在学生简单地朗读和默读课文之后，就直接转入课堂教学的中心环节。结果，预习流于形式，泛读的质量得不到保证。应加强这方面的指导，以保证预习的质量。

给学生布置作业，这是促使学生理解课文大意的一项必要措施。作业的形式不应只限于口头，还应有适当的书面作业。如让学生在课文中标记生字词或重要的字词句，标记给自己留下最深刻印象的地方，以及理解上的疑难之处等。翻查工具书及参考资料所得的结果，也应在课文相应的地方做上标记，以养成不动笔墨不读书的良好习惯。

【案例分析】

一、《最后一课》的预习思考题

1. 本文的题目是“最后一课”，为什么要以此为题，而不换上其他能突出中心思想的题目？

2. 文中有四处出现了“最后一课”这四个字，请把这四个地方找出来。

3. 这四处体现“最后一课”深刻含义的地方，都是什么人，在什么情况下说的？当时的神态、语言等是怎样的？表现了说话人当时怎样的心理？

评析：这个预习思考题，以四次出现的“最后一课”这一文章艺术构思的行文脉络为学生预习的主线索，促使学生产生泛读本课的兴趣，并提出题目拟定的原因探求要求。设计合理，思路清晰，重点突出，利于后面讲读课对中心思想的理解和把握。围绕课题，又提出了对两个主要人物形象的语言、神态、心理的分析要求，问题有一定的难度和深度。

二、尤立增老师的预习作业布置方法

在教授某一篇文章之前，提早一周给学生下发“预习作业”纸，作业内容包括作家作品、字词积累、预习所得、质疑问难四个板块。“作家作品”“字词积累”由学生借助工具书和参考资料总结积累；“预习所得”是学生在其认知能力基础上对文本理解的“原始”收获；“质疑问难”是重点，即学生在预习时发现的问题。如学习《荷塘月色》，学生共性的问题有：为什么作者“这几天心里颇不宁静”？怎样理解作者“淡淡的哀愁”与“淡淡的喜悦”的情感？为什么作者会联想到“江南采莲的旧俗”？怎样理解文中引用的《西洲曲》和《采莲赋》？……这些问题关涉文本的背景因素、思路结构、思想情感等诸多方面。个性的问题有：对“酣眠”“小睡”等词语如何理解？通感修辞如何表现？……共性的问题，当然是教师设计教学的重点，个性的问题也可根据具体情况相机处理。还有一点，学生的“质疑问难”能够促使教师更深入地解读文本。如学生提出了“‘妖童媛女，荡舟心许……兼传羽杯……’中的‘羽杯’作何解”的问题。笔者多次执教《荷塘月色》，但从未想过该问题。查阅资料才知晓，“羽杯”即“羽觞”，因为杯型做成鸟的形状而得名。这是“个性”的问题，有些偏，但却能促使教师更好地吃透文本。①

评析：教师通过“预习所得”和“质疑问难”两个板块能准确把握学生的认知起点，并将这个起点作为教师安排教学设计的最重要参考依据，这也是最重要的“学情”依据。教学围绕着学生的“问题”展开，课堂就成了师生共同“解惑”的过程。教学减少了盲目性和随意性，增加了针对性和有效性。

---

① 尤立增：《如何提高阅读教学的效率》，载《语文教学通讯》，2010(4A)，13～14页。

2. 听课笔记要抓牢

听课，是课堂学习的中心环节。对学生的听课应该主要抓以下几个方面。

(1)听课的指导要点。

①随时提醒学生听课要保持高度集中的注意力。

上课时，要有目的地听讲，带着自己在预习时遇到的问题听课。要把自己的理解与教师的讲解内容进行对比，纠正自己主观理解的错误，加深对新知识的理解和记忆。同时，要避免养成不良的听课习惯：走神——即人在课堂心在课外的现象；追求有趣——只对趣味性强的课感兴趣，不愿意听说明文等趣味性差的课；只听不记——或只记不听；偏听——只关注教师讲课的例子和事实，不注意教师所阐述的观点，更忽视教师是如何用事实来说明观点的；或浅尝辄止，不愿意多动脑筋进行深入思考；挑剔——先入为主，认为教师讲得不好，不去认真听教师所讲的内容。

当学生出现走神的情况时，教师应该用各种方式把学生的注意力“抓”回来。比如采用不影响大多数学生听课的眼神点示法、身姿体态语提示法等。当学生只听不记，或只记不听时，用明确的语言要求学生听或者记。当学生只关注教师讲课的例子和事实，不注意其所阐述的观点时，启发学生思考：教师是如何用事实来说明观点的。当学生读所应探究的问题浅尝辄止时，要求学生再多动脑筋深入思考。

②鼓励学生主动回答问题。

对教师提出的各种问题，应该主动回答，尽量争取让教师单独听答，以获得课堂上宝贵的个别指导的机会。总是人云亦云，跟在别人的后边回答，难以锻炼自己的思维能力。抢着回答问题，能够促使自己大脑细胞活跃起来，练习思维的敏捷性。

对总爱跟在别人的后边回答，少有自己的观点的学生，要求他们尽量用自己的话回答问题。对很少发言的学生，给予更多的参与讨论和当众发言的机会。

③创造条件让全体同学积极参与课堂讨论。

对要讨论的问题应做认真准备，不可过于随便地说几句话就算完事。随随便便的发言，一般不会有什么见解，收不到提高水平之效。讨论时应该发言积极，以促使自己积极地思考问题，理清思绪，锻炼口头表达能力。

对要讨论的问题应要求学生认真回答，不可敷衍了事。每次讨论，都应该随机点名，不能一堂课就那么几位同学发言，要让所有学生都有发言的机会。为了调动发言消极者的积极性，可把难度低一些的问题让其回答，促使他们逐步产生成就感，慢慢学会积极地思考问题，锻炼其口头表达能力。

④表扬敢于向教师质疑的学生，促使更多学生生疑。

善于质疑是能够主动学习，有一定思维能力的表现。一般来说，在课堂上不向教师质疑的同学，并不是没有疑难，而是不敢提出自己的疑难，怕被别人笑话为幼稚或是问题提的不对被教师批评。

有的学生喜欢等待别人把问题问出来，自己省点事。但有的问题在别的同学那里，可能就不是什么问题。由于课程进度等原因，许多这样的小问题就失去了当场向教师和同学求教的机会。自己不知道错在哪里，不能及时改正错误，结果小问题越积越多，就会造成知识的断层与缺陷，逐步变成了难以一下子解决的大问题。而经常表扬爱质疑的学生，能够引发提问有惰性学生的提问动机。

(2)听课笔记指导要点。

记笔记是课堂学习中把握重点、理清思路、集中注意、巩固记忆的有效方法。研究证明，课后复习或背诵听课笔记的学生，6 周后所记住的内容，比不复习的学生记住的内容多 1.5 倍；不做笔记学生 2 周后会遗忘课堂学习内容的 80％左右。做课堂笔记，加上课后复习与考试前复习的学生，能够掌握课堂学习内容的 90％～100％。教师的指导要注意以下几方面。

①记笔记的内容。可以是教师的讲课提纲、解疑思路、重要的概念、问题的推导过程、自己受到的启发、产生的联想等，也可以是别人与自己的理解不一致之处。对教师总结全课的课堂小结，对整个学习内容的系统归纳和概括语言，都应该及时记录下来，但记录要简明扼要。

②课堂笔记的方法。笔记可以记在专门的笔记本上，也可以记在课本上。不论记在哪里都要条理清楚。应该记得言简意赅，不能记得太细，企图把教师的讲课内容都记下来，既耽误了听课，又可能使笔记纷乱复杂，缺少清晰的线索。比如分析文中人物的语言、动作、心理等，可以在文本中相应的地方只做出符号，或者记为“心理描写”字样。文字最好记在文本的上下左右的空白处，不宜写在行间，不易辨识，也不美观。记笔记，要以听为主，以记为辅。不可只记不听，也不可只听不记。

③课堂笔记应及时整理。当堂记录的学习内容，由于时间紧，难免有这样或那样的缺漏。下课后，最好能及时回忆，把笔记整理一番，以补各种缺漏。可以采用补、改、编、舍、分类的方法进行完善。整理笔记的方法有：补，及时补充内容，完善笔记；改，根据回忆改正笔记中不准确的部分；编，用统一的序号，对笔记内容进行提纲式的逻辑排列；舍，删掉无关紧要的笔记内容；

分，给笔记内容进行分类。

3. 复习指导显高效

复习具有预习和课堂学习不可替代的功效，教师应力求高水平的复习指导。

(1)复习指导的内容。

复习指导的内容，主要有两个方面：一是课程内容的各个重要部分(或称之要素)，二是重要部分(要素)之间的有机联系。复习指导必须研究课程内容的结构。

一般说来，课程内容要素之间是迁移式结构的，就要在迁移规律的指导上下工夫。通过复习，使学生掌握迁移的顺序、迁移的方法，把握迁移的规律，如能归纳共性，完整的表述，运用学过的思路来学习新内容，学习新内容的时候联系已知的内容，或在学习内容上以旧引新等。

课程内容要素之间是综合式结构的，就要指导学生把内容要素“联系”“结合”起来，使学习内容的要素点点成线、联络成网。要指导学生在系统化上下工夫，学会整理学习内容的方法，培养综合的能力。如描写人物的方法，经过整理，得知共有外貌描写、语言描写、行动描写、心理描写、侧面描写等方法，了解了各种描写之间的关系，这就是对所学内容的联络成网。

其他类型的课程内容结构，也要按其特点和功能采用相应的方法。如抓特征、下判断进行比较，用“线索”结构各种内容，找出诸内容中的相同元素归纳其功能，抽象简化，重新分解组合等。

(2)复习指导的类型。

复习的类型，可分为阶段性复习、分散复习、专题复习三大类。

阶段性复习，是按我国目前学制及语文科的教学情况来划分的。包括课文复习、单元复习、期中复习、期末复习、学段复习等。复习的类型不同，其内容和要求也有所不同。但各复习类型之间在内容上有包容关系。如单元复习包容课文复习，学期复习又包容单元复习，学段复习包容了前面所有类型的复习内容。

分散复习，是按复习内容的多少来划分的。一般在平常学习中随时进行，故又叫平时复习。它富于经常性，方式灵活。

专题复习，是指对某种知识或能力所进行的专门性复习活动，具有内容和形式上的集中性。

(3)复习指导的程序。

①做好复习指导的准备。教师在平时的课堂施教过程中，就要从正反两个

方面准备例证，具体分析学生语文能力的发展趋势，要对原来的教学内容进行分析、提取、归类、组合。即将包含在教材之中的知识点和能力训练点进行分析；对能充分体现知识的和训练点的材料进行提取，去粗取精；对收集来的材料，依性质的不同分门别类；再按各个门类之间的逻辑关系，对材料进行排列组合。通过整理复习内容，将其组织成一个有机的整体，增强复习的集中性、有序性。

②确定复习指导的方式。应根据复习的目的、内容、学生的情况来选择复习指导的具体方式。可有点有面地复习，也可用专题总结式复习；可将学习内容比较综合，也可让学生介绍学习经验；可结合知识短文的学习进行复习，也可印发复习提纲，让学生按提纲要求系统复习；还可以在教师对课程内容小结之后，请1～3位学生宣讲自己写的复习内容，然后评论，引出应复习的全部内容。在指导过程中，要充分发挥逻辑记忆、联想记忆、表解记忆、规律记忆、对比记忆、分类记忆的功能，还应进行必要的讲述。

③设计和实施复习指导的方案。应根据我国学校工作的周期性，以学期为单位，配合教学进程制订复习计划，编写复习指导方案。主要是在既定目标、内容和方法的基础上，拟定指导的程序。将所复习的内容，所选择的类型，按一定的逻辑关系排列组合，使之构成一个完整严密的复习体系。在形式上，要在方案上标明每个指导步骤的序号、具体的复习内容、材料和指导方式等。复习时，要按照既定方案有条不紊地进行复习，也要根据复习过程中的反馈信息，对原方案进行及时的调整和改良。要注意各个复习类型之间的联结及其相互关系，注意整个复习过程的节奏与变化，以使复习顺利进行，保证其科学性和有效性。

④检查复习指导的效果。复习的质量如何，应及时检查和总结。通过复习指导，要让学生获得复习的方法和成果，真正尝到复习的甜头，品出创新的味道；发现学习中的问题，并及时补救；正视学习中的困难，激起学习的兴趣。

(4)复习指导的方法。

复习的方法有多种，教师应让学生熟悉了解与掌握。常用的复习方法有以下三种。

①直接讲授法。即教师将整理好的复习内容向学生进行讲授的方法。其特点是：教师讲授和学生听记结合，学生与复习的内容和结论直接接触；利于保持复习内容的系统性和完整性；能节省复习时间，提高复习的时效。

②问题引导法。即教师不直接告诉学生复习的内容和结论，而是根据复习内容，设计若干问题，让学生在围绕问题独立钻研的过程中，重新感知复习内

容并形成结论。特点是：以问题复习，能激起学生的思考，起激励作用；学生以独立钻研的方式重温学习内容，利于深化认识，巩固记忆。这是一种效果好于其他方法，复习时间稍多的方法。

③作业训练法。即教师以作业单的形式，通过学生做题进行复习的方法。它与侧重于理解的问题复习法相似，但比起前者来，学生复习活动的独立性更强，对复习材料的接触直接而直观，操作性更强。

【案例分析】　　五种复习方法的分析

教师教给了学生下列复习方法，请思考哪些值得你自己借鉴。

(1) 按课堂学习的过程回忆。这是一种不用眼睛，复习时先不急于看课本和笔记而回忆所学内容以巩固学习效果的方法。这样回忆，要遵循先总后分的思路，先回忆整体轮廓和主要脉络，然后回忆各个部分、各个细节，最后形成一个清晰的内容网络。回忆不起来的内容，等看书看笔记的时候再重点补偿。此法不仅可以在白天进行，也可以在晚上熄灯后躺在床上进行，所以华罗庚称之为“熄灯读书法”，也就是人们常说的“过电影”的方法。

(2) 复习学习重点(或重要内容)，在记忆的时间和次数上要适量。这里的“量”指的是达到能记住需要量的150%(如果用10分钟看6遍能背诵，那就再用5分钟看3遍)。超过这个量，就浪费了时间；不足这个量，就记不牢。此所谓“过度记忆法”。

(3) 纲要复习法。这是一种以所学内容的要点为主，提纲挈领，把握内容纲要，以收纲举目张之效的方法。

(4)“滚雪球”复习法。这是一种将一次次新学内容不断地与旧内容联系起来的复习方法。这种方法的要求是：复习每一课的时候都要弄清要点及其之间的联系；复习第二课与第一课联系起来，复习第三课与第一或第二课联系起来，复习第四课与前边的所学内容联系起来……使学习内容逐步形成一个严紧的网络整体系统。

(5) 正确运用复习资料。复习资料不可不看(只抠课本和笔记就学得死板，知识面狭窄，理解上也会比较肤浅)，也不可看的太多(买一大堆资料，热衷于看资料而把课本丢在一边，是舍本逐末)。要选择一两本编写得好、内容精要、科学性强、富有启发性和开拓性的资料合理地加以运用。

评析： 在这些复习方法中，方法(1)有利于把握所学内容的要点及其与要点之间的联系，有利于概括、想象、联想能力的提高，有利于所学内容的系统化、简明化。方法(2)是一种科学的复习方法。方法(3)是一种把厚书读"薄"的科学方法。方法(4)是一种使学习内容系统化的复习方法。方法(5)是指导学生复习的一个重要方面。这些复习方法可以单独使用，更可以综合运用，以扬长补短，提高复习的效率。

(二)语文课外学法指导

语文课外学法指导，主要是语文课外读写指导、语文活动的指导两个方面。

1. 语文课外读写指导

(1)课外读写指导的意义。

课外读写指导，是指教师对学生语文课堂教学之外的阅读写作实践活动所进行的指导。随着社会的发展，课外读写活动成为语文教学的重要组成部分之一。

学生的课外读写活动与语文课堂教学有着密切的联系。学生在课堂上学习的语文基础知识和听、说、读、写的基本能力，学习语文的方法等，通过课外的反复读写实践、运用，能够进一步提高自身的语文能力。学生的课外读写活动，实际上已经成为课堂教学的必要补充和延续，同课堂教学有着同等重要的地位。对学生的课外读写活动进行有效指导，是每一位语文教师都必须具备的教学基本功。有目的、有计划地进行课外读写指导技艺训练，对提高自己的教学素质有重要作用。

在人们历来重视的三种基本能力读、写、算中，读与写占据了非常重要的地位。有位学者把人的一生中所有的睡眠时间、工作时间、学习时间以及不读书、不工作、不睡觉的时间分别累计起来，计算了一下各自所占的比例。其结果表明，如果一个人活到 80 岁，一生中将度过 70 多万个小时，其中在校学习时间仅占 3.9％。① 在人的一生中需要的知识和能力大部分是在离开学校以后自学的。自读课文在初中教材中约占 35％，在高中教材中占 44％。如人教社中学语文课本初中自读课文 61 篇占课文总数 172 篇的 35.5％；高中的课内自读课文 36 篇、课外自读 30 篇，分别占课文总数 149 篇的 24.4％和 20.1％。

① 宋为民、陆月莲：《人体生物钟趣谈》，37 页，上海，上海中医学院出版社，1989。

因此，有效的课外读写指导，能激发学生的主体意识，使他们自求自得；能使学生在讲读课上学到的知识和能力得到有效的迁移和扩展。良好的课外读写指导技艺，对保证教学任务的完成、对中学生的一生、对国家的经济发展，都有着十分重要的意义。

(2)课外读写活动的特点。

课外读写活动，具有自身独特的特点。

①兴趣性。兴趣是最好的教师。在课堂教学中，学生们的兴趣由于各种原因常常被忽视或降低到次要的地位上。课外读写活动则把兴趣本身作为了学生活动的动机，使兴趣成为学生学习的内趋力，让学生投入了更大的热情而促使学生的个性得到发展。课外读写活动能够帮助学生形成兴趣，稳定已有的兴趣，完善自己的个性，为今后的学习打下坚实的读写基础。

②自主性。学生在课外的读写活动，理应根据自己的兴趣、爱好和特长，自主选择。强迫的学习往往会使学生产生逆反心理和行为，引起对读写的不满，减弱读写的效果。学生是学习的主人，对课外的读写内容，有自主选择的权利。教师不能不闻不问，放任自流，也不能像上课那样指令学生读什么写什么，应当让学生充分享受课外语文学习的读写自由。

③广泛性。课外读写活动，其内容不受教学大纲和教材的制约，其活动的时间、地点和范围没有任何限制。学习的内容不仅仅局限在几册课本之内，家中的藏书、报纸、广播与电视，社会上的各种信息资料，街头宣传和群众词汇，图书馆里的各种图书杂志等，都是课外阅读的内容和练笔的素材。学生可以根据自己学习的需要，在课堂外的任何时间、地点，自由选择任何自己感兴趣的读写内容，扩展自己的知识视野，练就自己的语文能力。

④多样性。课外读写活动的方式方法是多种多样的，不像课堂上的语文学习只有单一的班集体学习形式。它可以是自学或互学形式，也可以是竞赛、鉴赏或集会形式，还可以是参观访问或文娱形式。这是学校内的课堂教学所无法比拟的。

(3)课外读写指导的基本要求。

①端正思想，强化指导意识。教育的最终目的是使学生具有自我教育、自行解决问题的能力。语文教学要把培养学生的读写能力作为提高学生语文素质的重要途径来抓。要改变目前有些学校把阅读课上成讲读课，或阅读课不管不问、放任自流的倾向。中学语文教材中的自读课文，分课内自读课文和课外自读课文。不论是课内的、还是课外的，“自读”都是在教师指导下学生自己读书。课内自读课不应是“教师问、学生答”的自答课，也不应是“学生问、教师答”的自问课，更不能是“学生问、学生答”的自谈课。自读课文不是、也不必

讲(教)读。课内自读课不能是讲读课的简化，课外自读不能是教师“撒手放羊”。教师要转变传统观念，把自读课文的指导与课外练笔纳入单元教学的整体设计之中，强化指导意识。

②明确目标，掌握指导方法。课外读写应要求学生依据课文自读提示，在课外自找时间，自选重点，运用课内学习到的知识和能力，自求自得，完成课后习题或自写读书笔记。教师对课外读写的指导主要是布置与检查(包括安排课题、规定时间、提出要求、指点方法、检测效果等)。我们应该明确读写指导的目标，掌握读写指导的方法。

③勤于实践，探索指导规律。课外读写指导的技巧是个较难掌握的教学技艺。其难点在于对学生自读情况的熟悉和掌握。只有在实际指导中反复摸索，不断总结，才可能逐步提高课外读写指导的水平。课外读写指导与讲读课文的指导一样，都应是有规律可循的教学活动。只要把握住指导的宗旨，不忘学生的主体地位，不失教师的主导作用，不丢学生自我练习的主线，就一定能摸索出适合于自己的课外读写指导规律来。

(4)课外读写指导的内容。

①课外阅读。教师的指导工作主要是推荐读物、组织读书交流活动、课外阅读方法指导。

推荐读物。课内阅读应指导学生由读课本中节选的文章拓展到阅读全书，如配合《分马》读《暴风骤雨》，配合《筑路》读《钢铁是怎样炼成的》。或阅读与课文有关的材料来配合课堂学习，如与高中教材配套的语文读本，选修教材中不同文体的作品等。课外应阅读文学作品、科普读物和社科类读物各种样式的书籍，以及有影响的报纸、杂志，两个课标中所推荐的读物等。如选择革命领袖、英雄人物自传及谈理想、人生、品德修养的书籍，来提高思想品德修养；选择国内外文学名著，来增加文学修养；选择科普文章、科学小品，来扩大学生的阅读面，开阔其知识视野。课外阅读的量要根据学生年级的不同，逐年增加篇数。一般以每学期三、五本书为宜。推荐书目中的篇数应该大于该数目几倍，以给学生留出充分选择的余地。

组织读书交流活动。定期组织学生的读书交流活动，对学生的影响和促进作用极大。根据调查结果，同学之间的相互影响是对学生读书影响最大的因素，而教师、家长和图书馆的影响仅是次要的因素。因此，组织好学生及时交流读书心得，相互推荐好书，是课外读写指导的重要内容。

交流读书心得的有效方式是交流读书笔记。读书笔记的形式可以多样，如：a. 摘录。把名言警句、那些最精彩、简要、有概括力的语句或感受最深的段落摘抄在笔记本上，或记在卡片上，便于检索，最好标明作者姓名、书名、篇名、页码、版次、出版单位、出版时间。b. 摘要。用自己的话记下要点。c. 提纲。简明扼要地记下原文提纲或自己概括的提纲。d. 概述。比提纲稍详细些、比原文简要些地记下文章大意。e. 札记。把自己的心得体会、疑问、评论、感受等，有理有据地写出来。f. 读后感。真实地写出自己的读后感想。

课外阅读方法指导。可以采取讲座的方式进行专题介绍。如上海 H 版初中语文教材有如下课外阅读指导系列：怎样阅读报刊；怎样阅读童话、神话；怎样阅读寓言、民间故事；怎样阅读人物传记；怎样阅读社会科学类文章；怎样阅读自然科学类文章；怎样阅读序、跋；怎样阅读长篇名著。课外阅读的指导，随着学生年级的升高，应不断加大学生阅读的量，以及阅读的深度和难度。

②课外练笔。教师的指导内容主要是各种随笔、观察笔记、读书笔记、日记、周记、摘抄卡片、办报、投稿等。下面简要介绍其中的几种方式。

观察笔记是培养观察能力的好形式。观察能力是学生认识客观事物的基础，是获取写作素材的重要途径，是进行准确而生动地表达的前提。其练笔要求是：真实，笔记内容是自己直接观察事物的记录；具体，要细致生动地记下所观察事物的具体形状或情景；新颖，能从平凡中发现不平凡的东西；聚焦，所记不求详尽，但求集中，专门观察记录一段对话、一个人的外貌、一个场景等。观察笔记应定期检查，以督促学生坚持下来。

日记是把每天的见闻、言行、想法或感受等有意义的东西写下来的练笔形式。其种类有：纪实式，简要介绍事情的内容和发展过程；备忘式，只记大题目，略去事情的详细内容和具体过程，不加任何描写、抒情和议论；随感式，记写事实，因事而感，表达感受；研究式，分析判断问题，写出对事情的认识过程。此种练笔，要求质量，不求数量，要注意文字通顺，语言流畅。日记也应该不定期检查或抽查。

办报是综合练笔形式，具有形式活泼、快捷简便的特点，能够锻炼学生的表达和书写等多方面能力。其种类有：墙报、壁报、黑板报、手抄报、学习简报、班级日记、班级周报、小杂文报等。

投稿是一种能够检验学生写作水平，增强课外练笔兴趣和热情的方式。教师要指导学生从自己的实际出发，写自己亲身经历和深有感触的事情，表达真情实感。教师要教育学生树立正确的态度，要帮助学生形成抵御挫折的能力，不可因一次投稿不成，而丧失练笔信心，放弃练笔。

课外练笔指导，最重要的是帮助学生养成整理思想和书面表达的习惯，以及力求所练内容意思完整，文字通畅的习惯。练笔的内容大部分要由学生来选择，一小部分内容要由教师结合课内写作训练的内容来确定。教师应该注意保护、鼓励学生的练笔热情。

课外练笔指导，要有定期的检查与交流。检查可以不评分，只批阅。交流要尊重学生的意愿。对不愿意公开所记内容的同学，不必强行要求展示，以避免说假话应付检查的现象发生。

学生的练笔内容应该写在专门的本子上。练笔的形式可以多样化，如自己写的文章、摘录的名言佳句、故事梗概、书评，以及附带的简笔卡通画、彩色纹饰等。练笔本可以自己起个好听的名字，如“心声”“芳草地”“拓荒集”等。

(5)课外读写指导的方法。

课外读写指导的方法，主要是指导法、辅导法和咨询法。

指导法是一种教师要求学生在读写活动中，严格按照读写计划行动的相对严密的指导方法。教师在指导某项读写活动前，应该首先制订较为详细的指导计划，并根据需要写出简明的总结。制订计划时应该听取学生的意见，一旦形成计划，学生就要严格执行计划。教师要参加活动的全过程。

辅导法是一种相对宽松的方法，教师主要起指引、点拨、辅助的作用。也要求写出辅导计划，但计划的内容可简要，只列出主要事项即可。教师可不必参加读写活动的全过程，可对重大的问题或遇到的困难给予必要的帮助，让学生有更大的活动自主权。

咨询法是学生就课外读写活动中的问题向教师请教、商讨等，教师为学生答疑、讲解、提建议、指方向。咨询要有固定的地点，并提前发出通知，让学生早有准备。教师要善于从学生的发问中发现问题，把握其读写情况，对有共性的问题，可在适当的时候组织讨论或讲座。

教师们在课外读写指导实践中创造了许多行之有效的具体方法，如①：

①轮廓勾勒法。提要钩玄，抓住课文骨架，把握整体结构，以理解课文的基本内容。一般采用摘记要点、编列提纲、表解图示等方式。

②重点突破法。根据课文要点和自读要求，抓住重点，解决一个关键性的问题，统领全篇的疑难。

③集中答疑法。学生质疑问难，教师就共性问题集中解答，在释疑解惑的过程中完成读写指导任务。

---

① 周庆元：《语文教学设计论》，150～152页，南宁，广西教育出版社，1996。

④练习测试法。教师根据课文的自读要求，设计覆盖自读要点的练习题（或测试题），或者利用课文后的思考题，要求学生把理解和运用结合起来，边读课文边做题目；然后通过学生互相批改、教师抽查，或者教师出示答案、学生校改等方式评价学习结果，巩固和扩大学习成效。

⑤以读带写法。先要求学生把课文读熟，再要求学生按课文的基本结构，根据自读重点，就其中一两个方面（立意、结构或写法等）仿写一篇作文。

⑥熟读背诵法。通过熟读背诵课文，要求学生口颂心惟，领悟借鉴，完成自读任务。

语文教师可以根据自己的指导实践，不断总结与创造更多的课外读写指导方法。

2. 语文活动的指导

（1）语文活动的意义及其指导原则。

语文活动，是课堂教学的一种形式，具有课堂教学组织形式的班级集体、课时统一等主要特点，与讲读课、作文课、听说课相辅相成，共同实现语文课程标准（教学大纲）的要求。语文活动不是课外活动，它是在教师主导下的学习活动，与学生自主的课外活动不同。

语文活动作为新兴的语文教学内容，不仅扩展了传统语文教学领域，而且能够激发学生语文学习的兴趣，增强听说读写基本能力训练的力度，有利于发展学生的智力和个性品质，因而受到了广大学生的欢迎。语文活动的组织技艺，已成为现代语文教师必备的教学基本功之一。

组织语文活动，教师必须注意以下指导原则。

①创设活动情境，让学生动手实践。由于应试教育的影响等原因，现在的课堂教学给学生的实践机会太少。语文教师应该尽最大可能创设活动情境，给学生更多的实践机会，全方位地开展语文训练，使学生学练结合。要让学生真正地“动”起来，不要把活动课搞成讲座课或变相的教师讲授课。

②调动学生自主性，发展其兴趣特长。活动课的主角应该是学生，让学生自主活动，充分发挥自己的兴趣与特长，是语文活动成功的关键。教师的指导任务主要是：做活动的组织者，但不包办代替，要让每一个学生都能参与活动；主持活动，但不要包揽活动策划人的所有工作；做学生活动的点拨者，启发引导学生的语文活动向更深层次进行。

③活动安排科学有序，提高活动效率。语文活动的安排应该合理、科学，要有由低级向高级、由单一向综合发展的循序渐进安排。各类活动均有不同的优缺点，应因人、因时、因地制宜，交叉安排各类活动，保持学生参与的兴趣，防止活动课流于形式，避免追求表面上的轰轰烈烈而学生收获不大的情况

出现。要使学生在合理安排的活动中体会进步的喜悦，力避因活动课缺少吸引力而导致高年级学生流失的现象。

(2)语文活动类型指导。

指导学生的语文活动，可以采用以下类型。

①竞赛类。利用学生争强好胜的竞争心理，以活动小组或班级为单位开展活动，培养学生的集体合作精神。如：看图说话、查字词典比赛、说绕口令、读背古诗、朗读比赛、故事会、猜猜他(她)是谁、比比谁的思维更敏捷，等等。竞赛题目短小、生动，活动节奏快，气氛热烈，学生兴致高。

②展览类。展示一个阶段学生语文活动的成果，公开学生的个性与特长，可激励学生向更高的目标迈进。如：手抄报展、剪报展、日记展、周记展、设计班徽、个人收藏品展览、自制贺卡展览、文学社或诗社刊物展览，等等。

③文娱类。文娱类是寓学于乐，轻松活泼的活动形式。能够发展学生的观察力、想象力，吸引学生积极参与。如：成语接龙、连字游戏、成语填空、电影片名填空、击鼓传花猜谜语、找朋友对对子、校园歇后语汇萃、流行歌曲新解，等等。组织这类活动，要营造好氛围，使学生在轻松愉快的气氛中动起来，乐起来，在乐中学语文。

④实践类。学生参与社会组织的语文活动，或走入社会，运用和检验语文能力。如参加社会上的征文活动、文化纪念活动、文学社团活动、各种语文比赛等；进行自主性的语文活动，如：上街寻找错别字、街头流行语辨析、俚语收集评析、访问身边的名人、社会调查等。

⑤其他类活动。如文学作品欣赏会、文艺表演、信息交流会、校园小记者招待会、语文专家专题报告会等。

(3)语文活动设计指导。

指导学生语文活动，应该引导其做出活动设计，其一般步骤是：

①依“纲”确定活动内容。课程标准(教学大纲)是学科教学的法规，语文活动的设计，必须严格按照语文课程标准的规定，制订学年、学期活动计划，选择活动内容，以保证语文活动的系统性和科学性。

②合理安排活动时间。一般应按照教学计划中规定的活动时间安排活动。如果教学计划中没有活动课的时间安排，则可按两周一次，每次两课时的分量安排。不能侵占学生的课余时间，不是活动越多越好。

③精心选择活动类型。活动课的设计必须考虑学生的接受程度，不可教师一厢情愿。应通过座谈、问卷、个别交流等方式，事先了解学生的需求，听听学生的意见，再结合教学实际设计活动。

④编写活动方案和活动小结。语文活动应该有比较正规的设计方案，对活动目标、活动步骤、有关注意事项的说明、参考资料及其资料来源等做简要的表述。活动结束，还应该有简明的小结，进行活动效果的自我评析，为今后的活动开展提供可借鉴的经验并吸取教训。

【实践演练】

1. 如果你正在执教初中二年级上学期语文课，你打算怎样带领学生们进行一学期的复习？

2. 新年就要来了，为了培养学生们语文学习的兴趣和动手能力，作为语文教师的你建议学生自制贺卡，你打算怎样指导学生们？请提出具体的活动设计方案与展览计划。

复习思考题

1. 在语文教学中指导学生的学法具有怎样的意义？应侧重在哪些方面进行指导？

2. 预习和复习指导具体包括哪些方面内容？

3. 学生听课应该达到怎样的要求？对学生的听课和记课堂笔记进行指导，应该注意哪些要点？

4. 识字写字、阅读、写作、口语交际学习都应该把握怎样的原则？应该在哪些方面进行重点指导？

5. 课外读写指导的内容与方法有哪些？

第九章　现代语文教学媒体

【学习导引】

随着时代的进步和科技的发展，语文教学媒体呈现出多样化、综合性特征。现代语文教学媒体的出现加快了语文教学现代化的进程。这就要求教师要了解各类语文教学媒体的优点与不足，掌握其选用原则，学会制作各种辅助语文教学的优质课件，在不同场合科学合理地使用课件，以提高语文教学的效果与效率。

第一节　现代语文教学媒体的含义与特点

一、现代语文教学媒体的含义

教学媒体是指承载教学信息的媒体。教学口语与板书是最常用、最方便的教学媒体。

人们习惯上把数百年来一直在课堂上广泛使用的教学媒体(如挂图、实物、标本、模型等)称之为传统教学媒体；把19世纪后利用光、电、声学等技术开发出来的、用于传递教育教学信息的教具如投影、录像机等及相应的配套辅助教材称之为现代教学媒体。

现代教学媒体是直接介入教学活动过程，并用来传递和再现教育信息的现代化信息传递工具。它由两个相互联系的要素构成：软件(传递和再现教育信息的设备)、硬件(记录、存储信息的载体)。比如计算机和计算机软件、CD激光唱盘、VCD激光视盘等。人们常称这些现代教学媒体为电化教学媒体。

现代语文教学媒体的概念有广义、狭义之分。广义的现代语文教学媒体，是指在现代学校语文学科教学活动中，教师和学生之间知识与情感等信息传递的一切工具，包括常规教学媒体和电化教学媒体两大类。

传统语文教学媒体(或称常规语文教学媒体)，一般指语文课堂教学中经常使用的语文课本、参考书或指导书、板书和直觉教具(挂图、图表、卡片、实物、标本、模型等)、教学口语等传统教学材料与工具。传统教学媒体的特点是：制作简便，甚至可随手拈来；经济实用，可以自制，即使购买也比较便宜。正确运用这些教学媒体，能增强语文教学的直观性，调节课堂气氛，激发学生的学习兴趣及学习积极性，有助于提高学生的观察能力并促进思维的发展，强化学生对学习内容的理解记忆。传统语文教学媒体已被广泛用于教学之中，成为教师所必须掌握的基本技能之一。如果说目前不掌握现代教育媒体使用技能还能凑合着上讲台的话，那么，不掌握传统教学媒体使用技能，则根本没有资格做教师。

电化教学媒体指利用现代电、光、声学、网络等技术来记录、储存、传输和反馈教学信息的现代化教学材料、设备、工具和手段，如视听型的广播、录音、投影、幻灯、电影、电视，机读型的程序学习机、计算机辅助教学设备、语文多媒体教学课件等，虚拟型的学科教学网站、专业音视频资料、论坛、博客、搜索引擎等。狭义的现代语文教学媒体，专指电化教学媒体。

我国在 19 世纪 20 年代就有过用无声电影、幻灯、播音等辅助教学的尝试。随后的几十年里电化教学发展缓慢，直到 1978 年重新起步，至今已在教学领域广泛运用。语文教学采用现代化教学媒体改变了传统教学媒体的单一样式，呈现出教学媒体的多样化、综合化、高科技化趋势，增强了语文教学的情趣和吸引力，提高了教学效果与效率。这得力于现代语文教学媒体的多方面特点。

二、现代语文教学媒体的特点

(一)多种媒体优化使用，化抽象为具体

课本、挂图、模型等常规教学媒体，从平面、立体角度直观地呈现出事物的本来风貌、内部结构及其相互关系；现代教学媒体则充分运用了现代科技电、光、声、形研究成果，如多媒体技术、计算机网络、网上通信等处理多种语文信息，提供了多种事物的静态画面、动态过程及其相互关系的材料，使课本中抽象的概念半具体化，具体的事物半抽象化，动静快慢互化，虚实远近交替，从而图文并茂地展现课文的内容。

(二)多种感官协同作用，增加学习信息量

现代教学媒体种类繁多，学生可充分调动视觉、听觉、触觉等各种感觉器官参与活动，使大脑各功能区协同作用，共同感知新的学习内容，由死记知识变为轻松理解，既提高了兴趣，又降低了难度。现代教学媒体将学生们无法看到或听到的景物、事物或现象等高密度地再现于课堂，部分替代学生的直接生活经验，如宇宙空间的奥秘、植物生长的经过等，增加了新学习内容的可接受性，拓宽学生的知识视野，增加了学语文的信息量，使学习变得更容易，体会更深透，学习效率更高。

(三)教学过程双向交互，学生变被动为主动

现代教学媒体的使用，特别强调学生的自主地位，主张教学以学生为中心。在教学目标的确定上，重视学生的学习需求；在学习内容的选择上，强调考虑学

情；在教学方法上，提倡发挥学习小组的作用，鼓励自学。与由教师向学生单一地传递信息的方式不同，现代教学媒体注重教育过程的交互性，改变了学生被动接受知识的状况，学生有了成为学习过程主人的可能，也利于个别化学习。

(四)有效超越时空，实现教育资源的共享

随着网络技术教育的发展，教育已突破传统学校有形的围墙，同社会连成一体，任何年龄的学习者都可以自由地选择学校、教师和课程。教育规模由此扩大，教育资源不再受到人为因素的限制，凡有电视机、计算机终端和网络之处都可能成为课堂，学习者可以根据需要选择学习内容，实现教育资源的共享。

总之，现代语文教学媒体在帮助语文教师转变教学观念，提高自身素质，确定语文教学内容的深度和广度，安排教学结构，选用教学媒体与方法，提高教学效果与效率等方面，都发挥着无可替代的作用。尤其是它利于教学手段与方法的改革，利于构建新的教学模式，利于个别化的教学，扩大教学规模，逐步实现语文教学的现代化。

第二节　现代语文教学媒体的分类与选用

一、现代语文教学媒体的分类

现代语文教学媒体，从不同的角度可以有不同的分类。

(一)从形态方面划分

1. 平面型媒体

平面型媒体，一般指语文课本、参考书或指导书、板书、教学口语、直觉教具如卡片、挂图、图表等。这里只简介直觉教具。

卡片，一般用硬纸板自己制作。内容多为练习用的成套练习题、复习题，也可以是现成的照片及各种文字宣传图片。

图表，是将有关教学内容项目按一定顺序列成的文字图表形式。常见形式有：用统计表形式设计的方格表；用箭头按照先后次序、流程方向标示的网络表(或称之箭头表)；统计图，包括函数曲线图、扇形图和条形图。可以是教师边讲述边填写，也可以由学生根据要求填写。

挂图，内容多为依据教科书某一内容或教学需要而绘制的画图。可使用现成挂图，也可自己制作。

以上三种平面型教学媒体，实为板书的延伸。课前设计好的板书内容多数

可用这三种教学媒体来体现。它们除具有板书的优点外，还可以加大课堂密度，节省课堂板书时间。这三种教学媒体适用于听说读写各种训练，且都可以用小黑板来代替。

2. 立体型媒体

立体型媒体，是指立体地呈现课文中事物的媒体，如实物、标本、模型等。

实物，教材中涉及需要重点分析，或说写训练中学生尚未见到的实物。

标本，是经过加工制作，保存原来完整形态的、有典型性的动物、植物、矿物样品。一般分为植物标本、动物标本、矿物标本三类。

模型，指模拟实物的形状和基本结构特征，按比例制成的物品。如泥塑模型、石膏石蜡模型、泡沫塑料模型、橡皮泥模型等。

上述三种立体教学媒体，主要用于讲读课和说写训练课。它们能够清晰、直观、立体地显示事物；帮助学生认识事物，理解课文内容；使学生学会从不同角度不同侧面全方位地观察事物，提高观察力；让学生根据实物(或标本、模型)进行想象、联想，提高想象力；学会绘景状物，提高说写能力。

3. 缩微型媒体

缩微型媒体，就是将原来的印刷媒体缩微到微小载体上的媒体，如光盘、移动硬盘(U盘)等。它可以使教学信息的存储、传递、检索实现自动化、自由化，提高教学效率。

4. 视听型媒体

视听型媒体，是实物、语言经过选择加工复写而成，能显示形和声的媒体。包括听觉型媒体(广播、录音)、视觉型媒体(投影、幻灯)、视听型媒体(电影、电视)。它以形、声传递信息，能直接刺激视觉和听觉器官，形成感性认识；传递信息量大，传输速度快；能突出表现事物的主要局部属性，提供模像直观，有利于诱导观察。

5. 机读型媒体

机读型媒体，是用以计算机为基础的专用机器来显示、传递和接收反应信息的一类媒体。比如计算机辅助教学设备、上网本等。

(二)从物理性能方面划分

1. 电声类媒体

电声类媒体，主要包括：电唱机、扩音机、收音机、录音机，由录音、扩音设备组合控制而构成的语言实验系统，以及唱片、录音带等软件。

2. 光学投影类媒体

光学投影类媒体，主要有幻灯机和幻灯片、投影器和投影片、电影机和电影片。它是通过光学投影，把小的、透明的或不透明的图片、标本、实物呈现在银幕上。电影媒体可以为教学提供连续活动的画面，并有声音的效果。

3. 电视类媒体

电视类媒体，主要有：广播电视接收机、摄录像系统(包括摄像机、录像机、监视器)及录像带、电视唱片等。它是利用光电转换器件(摄像管)把事物图像转化为电信号并记录储存在录像磁带上，又利用电光转换器件(显像管)把记录存储的电信号转换为光信号，使原有图像得到再现。

4. 计算机类媒体

计算机类媒体，是利用电子计算机的逻辑电路的存储、运算、控制功能，通过专用程序学习机或微电脑系统的终端，借助固化程序软件或外存的课件，以及网络教育教学资源等进行学习。

表 9-2-1 现代教学媒体的分类

<table>
<tr><th rowspan="2">分类</th><th colspan="3">媒体</th><th rowspan="2" colspan="4">组合系统</th></tr>
<tr><th colspan="2">设备</th><th>软件</th></tr>
<tr><td rowspan="5">电声类</td><td colspan="2">扩音、广播</td><td>录音带、唱片</td><td colspan="2">教学播音系统</td><td rowspan="13">学习实验室</td><td rowspan="16">多媒体组合教学系统</td></tr>
<tr><td colspan="2" rowspan="2">录音机</td><td rowspan="2">录音带</td><td rowspan="4">语言实验室</td><td>单听型</td></tr>
<tr><td>听答型</td></tr>
<tr><td colspan="2" rowspan="2">唱机</td><td rowspan="2">唱片</td><td>听答对比型</td></tr>
<tr><td>遥控听答对比型</td></tr>
<tr><td rowspan="4">光学投影类</td><td rowspan="2">幻灯</td><td>透射式</td><td>幻灯片</td><td rowspan="4">普通电教室</td><td rowspan="8">综合电教室</td></tr>
<tr><td>反射式</td><td>不透明图片</td></tr>
<tr><td colspan="2">投影机</td><td>投影片</td></tr>
<tr><td colspan="2">电影机</td><td>电影片</td></tr>
<tr><td rowspan="4">电视类</td><td colspan="2">广播电视系统(接收机)</td><td rowspan="2">电影片
电视片
录像片</td><td rowspan="4">闭路电视系统</td></tr>
<tr><td colspan="2">闭路电视系统</td></tr>
<tr><td colspan="2">录像系统</td><td>录像片</td></tr>
<tr><td colspan="2">视盘系统</td><td>电视唱片</td></tr>
<tr><td rowspan="3">计算机类</td><td colspan="2">程序学习机</td><td>固化程序</td><td rowspan="3" colspan="3">计算机网络、互联网</td></tr>
<tr><td colspan="2">计算机辅助教学系统</td><td>外存磁盘件</td></tr>
<tr><td colspan="2">计算机网络系统、互联网等</td><td>搜索引擎</td></tr>
</table>

（三）从应用效能方面划分

1. 大媒体与小媒体

大媒体是指那些成本高、结构比较复杂的媒体。如电视、电影、电子计算机。小媒体是指构造简单、成本比较低的媒体。如投影胶片、幻灯片、程序教材等。

2. 宏媒体与微媒体

宏媒体是指接触面广泛，能同时到达大量使用者的媒体，如无线电广播、广播电视、互联网学科专业网站等。微媒体是指在同一时间只能和有限使用者接触的媒体，其范围只限于一个教室或房间里的学习者。如幻灯片、电影、计算机辅助教学、博客等。

3. 教辅媒体与自学媒体

教辅媒体，是指通常在教室里辅助教师的讲解而使用的媒体。如电教影片、录像片、投影片、幻灯片等。自学媒体是指能供学生在课堂内外，按自定的时间与学习进度自学的媒体，如录音、唱片、收音、广播电视以及电子计算机的程序教学材料等。

（四）从整合方式划分

从教育发展的宏观背景看，以信息技术的迅猛发展为代表的网络时代已经到来，便捷高效的网络资源为语文教学提供了多样化的操作平台。目前，许多国家的教改都呈现出现代信息技术与语文课程整合的趋势。教师备课、学生学习，大都离不开互联网上的教育教学资源。下面简介几个近些年现代信息技术与语文教学的整合方式。

1. 语文学科教学网站

语文学科教学网站是指针对基础教育阶段，由中小学校或语文学科教师建设的，具有学校、教师和语文学科鲜明特色的，能够体现语文教师教学、学生学习活动状况的网络平台。有教师个人建立的学科网站，也有学校、地区教育研究部门或教育培训机构等建立的专题网站。其网站数量很多，高质量的网站也不在少数。语文学科教学网站一般由以下几部分组成。

(1)学科知识：按类别提供本学科的知识。

(2)资料下载：下载有关资料的打包文件。

(3)虚拟课堂：包括教学目标、教学内容、学法指导、课堂练习、答疑板、论坛等。

(4)学科论坛：教师或者学生可以在论坛中提出自己的问题，也可以回答别人的问题。

(5)教师园地：展示教师基本信息、教案、论文等。

(6)网站管理：包括学生管理、信息发布管理、论坛管理、网站系统设置等模块。

教师可在不同栏目中发表教学设计、教学课件、教学实录、教学反思，或写下教学故事、教学感怀，学生和教育管理者等都可以浏览这个专题网站，并在网站上发表自己的看法。专题网站的开放性，便于教师在教学过程中进行横向比较，也便于异地同行进行远程沟通，进行实质性的研究。但由于学科教学网站的技术门槛较高，框架程序要由计算机专业人员制作完成，需懂得 HTML 语言、图形处理、网页制作、网页发布等相关技术，在其信息建设中，教师就要尽心尽力地利用网站提供的各种管理模块，上传更多更好的教育教学资源，以使网站信息及时更新，供同行即时学习与交流。

2. 论坛、博客

论坛又名网络论坛 BBS，全称为 Bulletin Board System(电子公告板)或者 Bulletin Board Service(公告板服务)，是 Internet 上的一种电子信息服务系统。它提供一块公共电子白板，每个用户都可以在上面发布信息或提出看法。它是一种交互性强，内容丰富而即时的 Internet 电子信息服务系统。用户在 BBS 站点上可以获得各种信息服务，发布信息，进行讨论，聊天等。现在有不少优秀的语文论坛，如 K12 教育论坛中的“语文论坛”；人民教育出版社课程教材研究所主办的人教论坛中也有专门的“小学语文教育教学”“中学语文教育论坛”板块，设有大量主题，所有关心语文的人，都可以在上面复帖发表自己的意见，共同讨论问题。

博客(Blog)的全名是 Web log，中文意思是“网络日志”，由简短且经常更新的帖子所构成。张贴的文章按照年份和日期倒序排列，内容相当于作者本人的随笔和日记，而博主(Blogger)就是写 Blog 的人，可以对文章进行分类、管理、隐藏、编辑。它是具有个性化的知识仓库，通过不断更新，对网络传达着实时信息。内含许多与主题相关的网站的超级链接，及别人对日志的评论。作为一种新兴的网络交流和信息发布方式，博客有明确的主题，简单易用，信息可长期保存并能按时间和专题归档整理，便于信息开放共享与协作交流。一些优秀语文教师就有自己的博客，在博客里记录学生的学习状况，如学生学习思路、社会实践活动、研究性学习资源收集以及兴趣爱好等，从而形成较为系统的学生电子档案。教师还可利用博客发布通知、布置作业或提供学习资源链接的在线平台，也可作为教学评价的工具。也有些教师在博客中发表日记，书写自己的教育思想、教育感受，记录课堂的得失。一些同行、学生及家长经常阅读并留言，与教师进行交流，博客已成为提高语文教学质量，促进师生交流沟通的良好平台。

3. 搜索引擎

搜索引擎(search engine)是指根据一定的策略、运用特定的计算机程序搜集互联网上的信息，在对信息进行组织和处理后，将处理后的信息显示给用户，为用户提供检索服务的系统。全文索引引擎是名副其实的搜索引擎，有代表性的搜索引擎有：百度和谷歌等。

当我们在搜索引擎的对话框中输入需要查找的相关材料关键字词之后，搜索页面就会在很短的时间内列出我们所需要的成千上万个网页，供我们选择和使用。搜索引擎使得资料查找与备课效率大大提高。一句诗词，一条格言，当我们似乎记得，又很难准确地呈现的时候，就可以通过搜索引擎来查找；似曾相识的一个故事，擦肩而过的一个想法，都可以通过搜索引擎查找来实现。

4. 专业音视频资料

语文专业音视频资料，就是与语文课程相关的名师课堂实录、名家朗读、专题电视、高水平辩论赛、专家讲座、视频动画、flash 歌曲等声音或视频资料。这种专业的音视频资料，一来可以作为教师课前课后学习借鉴的资料，二来可以进行截取，作为教师课堂教学的一部分内容进行演示。

【超级链接】　语文教育教学网络资源推荐网站

中国基础教育网　http://www.cbe21.com
中国语文教育网　http://www.zgywjy.com
人教网中学语文　http://www.pep.com.cn/zhongyu/
中学语文教学资源网　http://www.ruiwen.com/-yrw/
网上语文课堂(简体码)　http://www.classbegin.com/
K12 中国中小学教育教学网　http://www.k12.com.cn/
课件交流中心　http://www.kjcenter.net/
清风课件网　http://www.qfsky.com
新作文在线　http://www.xinzuowen.org/
语文天地网　http://www.ywb.com.cn
中小学作文网　http://www.zuowen.com/
作文岛　http://www.sq.k12.com.cn/zuowendao

中国教育曙光网　http://www.chinaschool.org
中华教育网　http://www.chinaedu.org.cn/
中国家庭教育网　http://www.jiaj.org/
中华教育资源网　http://www.cn910.net/
中国信息技术教育网　http://www.nettime.net.cn
现代教育实验网　http://www.elab.org.cn

二、现代语文教学媒体选用原则

(一)现代与传统兼用原则

现代与传统兼用原则，要求教师既会利用电化教学媒体，也能够选用传统的教学媒体与之配合，使每一种教学媒体的作用都得到发挥。

传播理论表明，一种教学信息可以采用多种多样的符号去呈现。不同的符号对教学内容都有不同的呈现功能：要说明物体的形状、色彩，最好用静止的图像符号；教科书一类的信息，适用于用文字符号。静止的图像符号，可用幻灯片、图画或照片等教学媒体去呈现；活动的图像符号，可用电影、电视等媒体去呈现。选用现代媒体教学的目的是要取得最优的教学效果。教师要善于选用不同的符号去呈现不同性质的教学内容。

贯彻现代与传统兼用原则，要做到以下几点。

1. 明确选用目的，综合利用媒体

无论哪一种媒体，都存在性能上的优与劣。在选择使用时，必须考虑其对学生的认识和行为变化，能否产生预期的教学目的：提供的感性材料能否弥补学生已有感知的不足，揭示事物的内在规律性；能否巩固知识与加深记忆；能否增长见识，扩大学生知识面；能否运用知识，加强技能及技巧训练；能否节省板书的时间。发挥不同媒体的长处，力避各自的不足，追求综合效应，才可能获得良好效果。但又不要用多种媒体去机械地重复同一教学内容。

2. 把握媒体特性，现代与传统兼用

必须考虑教学内容的性质及教学媒体的特性。比如，教学内容需用语言辅助的，就应选用录音媒体；教学内容需用图像直观去呈现的，就要用静止的图像(幻灯教学媒体)或活动的图像(电影、电视)等；可用可不用的，就不用。使用电化教学媒体时，也不要完全舍弃传统媒体。毕竟图像、色彩、符号等，不是语文课所追求的最终目标；语文能力的培养，离开了对文字的感知、语感的把握、听说读写的专门训练就无法实现。编写文字教材的同时，最好也编写出与之配套的电化教学媒体教材。现代与传统兼容并蓄，两大类媒体组合起来，才是最理想的。

(二)直观性与抽象性统一的原则

直观性与抽象性统一，是以认识论为理论依据，根据神经生理学的原理，要求第一信号系统(形象感知系统)与第二信号系统(词语感知与加工系统)相互配合，使教学中的两个信号系统协调工作，从而高效率地获得信息。

神经生理学的研究表明，人的大脑有两个信号系统。第一信号系统主管形象信号的感知，第二信号系统主管词语信号的感知和加工。两个信号系统既有分工，又有密切联系。二者相互作用，产生人的不同认识。只有两个信号系统协调工作，才能提高人们认识事物，学习知识的效率。为使直观性与抽象性统一，应注意以下要点。

1. 教材内容要直观与抽象兼顾

现代语文教学媒体教材，既要有准确生动的视觉形象，又要有与其配合的适当词语。以形象为主的现代媒体教材，并不排除词语的配合作用：①引导作用。在观察与思考前的教师词语解释，能让学生明确观看意图，集中注意力；②补充作用。现代媒体中仅靠画面形象不能充分展现的内容，利用词语去补充可使学生获得完整的认识；③强化作用。对某些重要画面，词语强调可引起学生的注意；④概括作用。教师用抽象的词语去概括，能使学生形成抽象的概念，正确掌握知识。

2. 教师的教学语言要与媒体教材密切配合

在课堂教学中，对没有配声音的现代语文教学媒体内容，如无声幻灯片与电影等，必须配上教师的必要讲解。只有现代媒体教材的内容与教师的讲述恰当配合，才能发挥出媒体教材与教师双方的优势，实现课堂教学效率的最优化。在媒体教材播放前的教师语言讲述，可起到提示与深化作用；在使用视听结合的媒体教材过程中，教师不要在播送期间插入太多讲述语，以免干扰学生的视听与思考。

(三)科学性与艺术性相结合的原则

科学性与艺术性相结合，要求现代教学媒体教材的编制和运用首先具有科学性，并讲究教学内容与教学方法的艺术性。

教学是科学，也是艺术。现代媒体教学要按照教学规律办事，依据课程标准编写教材、施教和考核。教学目标要明确，教学内容要准确无误；教学程序要有序化；科学知识与经验的传授数量及分量、所呈现的方法也应符合教学规律。教师要创造性地运用一切教学媒体培养学生的学习兴趣，激发其积极性，使学生得到美的享受，更好地提高教学效率。运用现代媒体的语文教学，是应该具有艺术性的教学。

贯彻这一原则，要注意内容与形式两个方面的要求。

(1)教学内容应符合课程标准的要求，符合教学对象的年龄特征与知识水平。

(2)教材的内容结构和表现手法，要符合教学原则及教学方法的要求。

(3)教材内容采用动画与模拟的方式去表现时，必须符合客观事物的真实性，图像各部分的大小比例要符合实际。

(4)画面要形象逼真，清晰稳定，构图要合理，色调要协调，语言要准确清楚，以呈现出完美的艺术形象。既科学地传授知识，又能给学生以美的教育与享受。

(四)教育性与积极性相结合的原则

教育性与积极性相结合，是指在选用现代语文教学媒体时，既要考虑对学生有教育作用，又要能发挥师生教与学的积极性，提高教学效果。

贯彻教育性与积极性相结合的原则，应注意：

(1)发挥教师的创造积极性，编制高质量的现代教学媒体教材和高质量的教学课件，要靠语文教师细心搜集、整理、加工、制作。这要占去教师很多时间与精力。要求教师有更多的主动性和积极性。

(2)提高教师的创新意识，创造性地选择与使用现代教学媒体。再好的媒体教材也替代不了教师。教师要有创造意识，根据教学目标与教学内容、教学对象，有针对性地筛选，高水平地设计媒体数量、使用的时机等，才能发挥出现代教学媒体的教育功能。

(3)激发学生的学习积极性，充分挖掘现代教学媒体的教育潜能。要从以教师为中心转变到以学生为中心，教学媒体和方法的使用是为了让学生学得积极，用得主动。在使用过程中，能促使学生主动参与，并能主动利用现代媒体自学。

【案例分析】

一、幻灯和投影使用案例

1. 单张幻灯、投影片运用示例

《人民英雄永垂不朽》这篇课文，解释“小庑殿顶”一词时，出示人民英雄纪念碑顶的幻灯片或投影片。

2. 利用投影片批改作业示例

课堂进行巩固性练习或形成性测试时，教师在适当时机将在巡查中发现的问题(学生在练习本上的有代表性的错误作业)映射到银幕上，让学生一起参与修改。

评析：课文中说人民英雄纪念碑的碑顶是“上有卷云下有重幔的小庑殿顶”。注释对“小庑殿顶”的解释为：“我国富有民族风格的一种建筑形式，俗称‘宝顶’。”由于很少有学生见过“小庑殿顶”，仅通过课文注释的文字描述是无法在脑中形成它的表象的。运用幻灯或投影映出它的图像，学生自然就一目了然，并理解了这样的风格就是民族风格，达到了实物与名称的统一。利用投影片批改作业的方式，既能调动学生的积极性，也能够根据即时反馈信息采取补救措施，保证教学质量。

二、广播和录音使用案例

1. 利用音乐录音帮助背诵诗词示例

教学白居易的《琵琶行》一文，教师先在分析诗歌时配以古琵琶曲《西江月》加深学生的印象，沟通和诗人及主人公琵琶女的感情，与其产生共鸣；再让学生跟着吟唱以昆曲做曲调的诗句，强化学生对诗句的记忆。

2. 利用录音进行朗读训练示例

教学契诃夫的《变色龙》时，先播放范读录音磁带，让学生认真地听，欣赏性地听；再让他们模仿范读的语调、语气，随着录音同步朗读课文的重点段落；最后在反复朗读的基础上，让学生分角色朗读片段课文，要求读出文中不同人物的语气、语调及情感，以此活跃课堂气氛，提高学生的朗读能力。

评析：大多数学生对古诗文，尤其是长诗的背诵感到困难，叫苦不迭。运用音乐录音先沟通情感，再以“唱”代“背”，有助于强化记忆。曲调哼得出，歌词也就容易记住并长时间不忘。这种学歌曲与背古诗结合的方法，确为加强语文学习与音乐学习横向联系的一种好方式。朗读文学作品是对作品艺术的再创造。利用录音磁带，按范读—跟读—分角色朗读的步骤对学生进行训练，不但活跃了课堂气氛，更重要的是帮助学生深入领会课文的内容，感受文章的气势和韵味，加强了语言的感受力。

三、电影、电视和录像使用案例

1. 利用电视、录像进行阅读教学示例

教学《林黛玉进贾府》前，组织学生利用课余时间观看电视剧《红楼梦》

的相关片断。

2. 利用电视进行作文训练示例

组织学生看电视节目动画片《成语故事》一则，或电视小品一段。指导学生将其改编成一篇记叙文。

评析：目前有不少文学名著已被搬上电影、电视屏幕。可将其作为辅助教材，让学生把荧屏形象与课文的原著相对照，在大脑中形成“文”与“声像”的转换，加深对语言材料的理解，使记忆更加牢固。利用它们进行文学名著片断(即节选课文)教学，不失为最简便经济的做法。案例二属给定材料作文，形式新颖。由看静态挂图作文变为看声像合一的文艺节目作文，增加了情节性。把阅读教学中运用现代教学手段实现“文”与“声像”的转换，变成了作文训练的“声像”与“文”的转换，反弹琵琶，有助于学生体味语言艺术与影视表演艺术的区别与联系，如何用语言艺术去描述表演艺术的动作、神态。

【实践演练】

1. 教学媒体选用技能训练

(1)利用杜甫诗中名句“朱门酒肉臭，路有冻死骨”，设计一卡片。通过引导学生正确理解诗中“臭”字的含义，来训练学生的分析能力。

提示：对杜甫的上述名句大多数人都把“臭”字分析为“发臭”“腐臭”。卡片上除写上原句外，为学生介绍还要引用以下文献资料：①《说文解字》及段注对“臭”字的训释：“臭，禽走臭而知其迹者犬也。从犬自。”②《周易·系辞上》：“其臭如兰。”③《孙子新书》：“楚庄攻宋，厨有臭肉，尊有饮酒，而三军有饥色。”④唐·元稹《估客乐》：“市卒酒肉臭，县胥家舍成。”另外再设计一道有启示作用的思考题：酒能发臭吗？让学生根据以上文献资料和思考题得出正确结论：将“臭”训释为“气味”，将“酒肉臭”理解为“酒肉飘香”。

(2)总复习时，指导学生运用图表将说明文的说明方法进行系统分类。

提示：目前对说明方法的分类，教材、教学参考书及师生之间并不统一。对其做系统分类，统一认识很有必要。可从两个层级划分：一是说明手段上，有逻辑手段、事实手段、修辞手段三类；二是说明方法上，有人们常说的下定义、举例子、打比方、做比较、列数字、引用、图表说明等。

(3)利用活动课让学生观察壁虎及其捕捉蚊子的过程，进行看实物作文训练。

提示：这个训练目的是培养学生的观察能力和想象能力。无法找到壁虎的学校可用其他实物代替。

2. 利用一切机会，到学校观摩、学习优秀语文教师运用传统教学手段的示范教学。

3. 利用课余时间，以小组为单位进行传统教学手段使用技能的“微格”教学实践。练习后要进行组内评议。

第三节　语文多媒体教学课件

一、语文多媒体教学课件的类型与制作原则

(一)语文多媒体教学课件的类型

语文多媒体教学课件，是在现代教育理论和学习理论指导下，根据语文教学目的与内容而设计的，反映语文教学策略的计算机软件。它要采用计算编程工具进行设计和制作，其内容包括：①语文教学内容及其显示方式；②语文学习评价，包括对学生提问和要求应答的内容和方式及成绩的评判；③反馈强化，包括对正答或错答的指示，以及给予强化的刺激方式；④知识结构，即语文教学信息显示的顺序安排。

1. 从自身制作特点划分

从自身制作特点划分课件一般分为两大类：框面式(固定结构式)、生成式。近来又有将人工智能的研究成果应用于课件结构设计的智能式课件。这些课件通常以磁盘、磁带、光盘等形式存储，形成一个教学课件库。

(1)框面式课件：以一定格式的框面来表示语文教学信息。一小部分教学内容通常由一个或若干个框面组成许多个框面，按照一定的顺序连接起来，构成一个教学模块。框面式课件要求预先把准备向学生提供的语文教学信息存储在计算机硬盘或光盘里，按固定的内容形式及顺序加以呈现。例如“作文教学立意、拟题、写法训练材料”用课件“螃蟹问路”(参见图9-3-4 作文教学课件单元主页)，就设计了一个主页面和若干个分页面。

(2)生成式课件：是利用计算机的信息处理结构和算法，在学生与计算机

的相互作用过程中，动态地形成各种教学策略的一种智能化系统。学习者可以用自然语言提出问题或要求。计算机可以识别自然语言，并根据学生有关的历史和知识水平的资料，显示教学内容，诊断其错误，提供适当的修正与补充材料。这类课件实际上是一种比较庞大的软件系统。

2. 从课件的内容与作用方面划分

(1)课堂演示型。主要为解决教学重点与难点而演示课堂上难以看到的各种现象、运动过程等。

(2)自主学习型。为学生个别化学习、自主探究与发现提供完整知识结构、形成性练习与参考答案，可人机交互活动的软件。

(3)巩固复习型。为强化某一方面知识与技能，向学习者提问，对其练习做答给予适当即时反馈，注意知识覆盖率，考核目标随等级上升难度逐步提高的软件。

(4)智能学习型。利用人工智能技术编制而成，兼有学习者的老师和工具双重功能，既提供一般知识，又针对学习者知识技能情况建立不同的教学策略，评价其学习行为与效果的软件。

(5)资料工具型。提供某种教学资料或功能，不反映具体的教学过程，供教师课堂辅助教学，或学生查阅资料之用，包括各种电子词典、工具书，各类文本库、图像图形库、视频库、动画库、声音库以及语文科专用平台型软件等。

(6)教学游戏型。是通过游戏形式教会学生语文知识与技能，引发其学习兴趣，寓教于乐的软件。

(二)语文多媒体教学课件的制作原则

设计与制作语文多媒体教学课件，应遵循如下原则。

1. 体现语文特点与优势

语文课件的制作必须充分体现语文学科的特点，发挥语文教学在朗读、想象、语感培养等方面的优势。离开了对文字的感知、语感的把握、听说读写的专门训练，学生语文能力的形成就不太可能。制作课件一定要结合课文内容，注意展现文章的意境美、形象美，让学生“披文入情”，在“随风潜入夜，润物细无声”的氛围中，把握学习重点，突破难点。比如制作《故宫博物院》的课件，就可利用故宫的平面图和相关景物图，将课文内容形象化、场景化，让学生直观、准确地观察到故宫建筑群的特点和基本结构，产生一种身临其境、如睹其物的感觉。这既能省却许多文字的介绍，又便于学生较好地了解和掌握知识，给课堂平添生趣。

2. 内容准确而简洁

教学课件内容的准确无误是完成教学任务的前提。设计课件应遵循科学性原则，呈现内容无知识性错误。不论是动画演示、文字表达，还是图片呈现，都要在课前经过充分考虑并反复校对。课件上的错误无异于教师在黑板上写错别字，它不应是简单的"黑板搬家""课本拷贝"，应以简洁为上。课件的画面应该清新与简洁，不能将文字、图形、动画、按钮等布满整张页面，显得花哨、凌乱，或字小难以辨认。

3. 功能实用而高效

课件应该解决好"学什么""怎样学""学得怎么样"等问题，以突破语文教学重点、难点为核心，真正为语文教师的课堂教学提供"辅助"作用。虽然网上现成课件很多，但也不能图省事拿来就用，必须根据文本、学生、教师等方面的实际情况加以灵活改造，以使课件真正实用、高效。既要能帮助教师课前备课，又要能进入语文课堂授课，还可以做学生课内或课后练习用。课件不是供学生观赏的美丽花瓶，而应是课堂助力的实用大餐。教师必须考虑：课件所出示的画面和文字是否非用不可；即使是必须使用，也要设计和使用得恰到好处。如小学语文《蝙蝠和雷达》一文，蝙蝠飞行实验是在课堂上无法实现的，教师就可把这个抽象的实验用动画的形式表现出来，让同学们看得更形象，更清晰，学得更有趣。

4. 方式灵活而优美

课件制作一定不能太过死板，控制方式要灵活，内容上要留有机动空间。多媒体课件一旦制成，其内容、程序就固定不变，教师只能跟着课件走。虽说教师可用不同方法控制课件的流程，但还是不能随着课堂教学过程的变化而灵活调整多媒体的内容和演示程序。这样的课堂就会受限于课件，教师很难发挥特长、形成个性。有些教师用多媒体展示课堂提问，并且把答案也做成课件的形式，这是不可取的。因为答案具有多元性、开放性和生成性，有些可能是根据学生的回答与讨论现场生成的。如果教师把答案做成课件，那就意味着学生不管现场生成什么样的结论，都要以教师既定的答案为准了。教师为了让自己出示的答案更有说服力，往往会"牵"着学生鼻子走。久而久之，学生就会等着老师展示答案，而不去思考与创新了。语文课件不仅不能粗糙，且要有较高的审美水平，其画面、文字、音效、动画、色彩与教学内容应达到高度和谐统一，应该把内涵丰富且美感充盈的语文学科的各种美充分地传达出来。要突破课件仅仅作为一种解释或演绎工具的窠臼，使课件本身也成为语文课堂审美的一部分。如制作《沁园春·雪》课件，可以图片形式展现毛泽东该词的书法作品，既能渲染气氛，感受作者的大气豪迈，又能够欣赏其遒劲而有气势的书法。

二、语文多媒体教学课件制作程序及内容

设计制作语文多媒体教学课件，其主要程序及内容是：课题选择、教学设计、系统设计、文字脚本的编写、制作稿本的创作、素材搜集与整理、课件合成、评价。

（一）课题选择

设计多媒体软件，要选择既能发挥多媒体技术优势，又能优化教与学过程的课题，如：

(1)难以用语言或单一媒体表达清楚的教学重点与难点。

(2)适于学生个别化学习、自主式学习的内容。

(3)需要师生互动，信息及时反馈的学习内容。

(4)需要练习、实践巩固已获知识或能力的内容。

(5)可以模拟真实情境形成相应技能的前期能力训练。

(6)可供学生自行查阅解决问题的电子词典、工具书，语文科专用文本库、图像图形库、视频库、声音库等。

（二）教学设计

应用系统观点和方法，根据教学目标和学习者的特点，合理地选择和设计教学媒体信息，形成优化的教学系统结构。

1. 确定教学目标与教学内容

主要解决“学什么”的问题。即明确语文利用多媒体要教什么，能让学生学到什么，达到什么样的水平。在确定教学内容后，根据语文的特点分解知识点，分析这些知识点属于事实、概念、技能、原理、问题解决等的类别。把学习内容和教学目标联系在一起，根据学习内容的复杂程度和教学目标的层次高低，将各知识点的教学目标确定为识记、理解、应用、分析、综合和评价等不同层次。

2. 分析学习者特征

即了解学习者的原有认知结构及能力特点，包括学生起始能力的预估和一般特征的鉴别。对学习者这些内容的了解程度，决定着课件内容的难易深浅度。

3. 选择多媒体信息

首先，明确运用多媒体课件的目的是什么，是呈现事实、创设情景、提供

示范，还是解释原理、探究发现。其次，选择媒体的类型与内容。必须充分了解各种媒体特性，根据教学目标与内容的需要去选择、设计和评价媒体，扬长避短。媒体内容的选择应考虑：第一，画面资料：自然景物、生态行为、社会环境、活动现场、人为环境、图片绘画、字幕动画、仪器仪表等。选择时要考虑与内容相符，主体突出，构图合理，图像清晰，符合教学目标的需要，易为学生观察。第二，画面的组合排列方式：电影电视画面的组接，幻灯投影的放映顺序，必须做到意义明确，合乎逻辑。第三，教师的讲解、示范、操作等，要做到语言清晰，操作规范，教态自然。第四，语言的运用如对话、录音、讲解等，要内容适中，用语精练切题。第五，刺激强度要时间适当，节奏适中。

4. 建立教学内容知识结构

知识结构指知识点之间联系的一种形式，可分为并列结构、层次结构、网状结构等。设计多媒体教学软件要注意体现知识内容的关系，不要遗漏知识点，要体现学科教学的规律及知识结构的功能。

5. 设计形成性练习

形成性练习，是课堂教学中用来检测学生掌握语文知识、形成语文技能情况的常用方法。语文多媒体教学软件需要设计相应的练习题。

6. 教学效果评价

可采用问答或游戏形式进行效果评价，一般包括提问、应答、反馈三个环节。提出的问题必须明确，与知识点紧密联系，可采用多种题型。应答部分应给予提示，一题一答，易于实现。正确答案应给予鼓励性反馈，错误或有缺点的答案应给予指正或补救性的建议，根据实际情况作出不同形式的反馈。

选择与运用教学媒体，必须在教学设计中把语文知识点、学生的学习水平，跟教学媒体的关系及其应用方式，用清晰的文字表示出来，做教学过程中媒体使用的依据。

(三)系统设计

主要包括课件结构设计、屏幕界面设计、导航策略设计、友好界面设计、教学策略设计等。

1. 课件结构设计

课件结构设计是对课件中各部分教学内容的相互关系及呈现形式的设计，反映了课件的主要框架及其教学的功能，大多采用非线性的超媒体结构，并以光盘的形式储存教学信息。

(1)超媒体结构的设计。包括三个基本要素：节点、链、网络。每个节点表示一个特定的主题，可有多种形式：文本类节点、图文类节点、听觉类节点、视听类节点、程序类节点。链是每个节点与其他节点间相互联系的指针，有单向链、多向链等，可通过热键、图标、按钮等方式实现节点间的跳转。网络结构包含了知识、信息及其分析、推理，设计时应考虑到大小主题间、知识单元间、知识点之间的逻辑关系、层次关系及其跳转关系，以形成非线性的网络结构。封页、主页、单元主页、功能模块等交互页面友好衔接。

(2)总体风格的设计。总体风格是软件特定的教学内容与表现形式相统一所形成的区别于其他软件的显著特征，是教师的教学设计与设计开发者的创意相结合的反映。它由软件的类型、功能所决定。应体现软件的不同风格，满足使用者的多样需求。

(3)主要模块的划分。不同的模块在屏幕设计和链接关系上有很大区别，要划分好主要模块。如《社戏》软件起码可划分为导引、讲读、欣赏、练习、资料五个主要模块，各个模块又由若干子模块组成。如“讲读”模块下设解题、生字新词、全文讲读、分段讲读四个子模块。

(4)屏数及其关系的确定。每一子模块由若干屏幕呈现，屏数多少可参考文字脚本中该知识内容的卡片数，并确定各屏间的关系。如《游山西村》有四行四句，“诗句讲读”子模块的屏数(6 屏)及各屏之间的关系如图 9-3-1 所示。

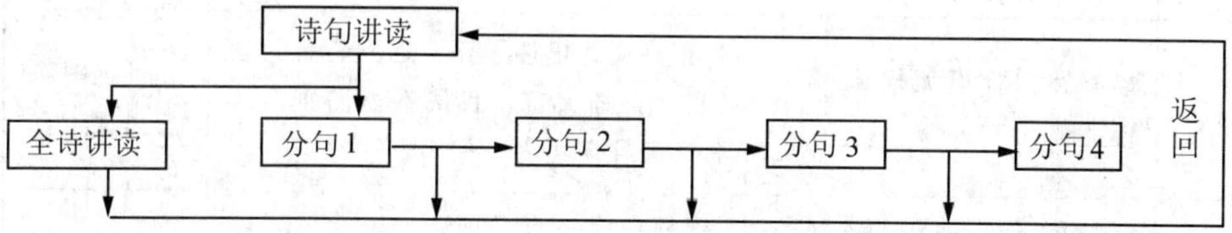

图 9-3-1　“诗句讲读”的屏数及各屏间的关系

2. 屏幕界面设计

屏幕版面要主题突出、交互操作方便，颜色搭配要协调、醒目、自然，字体要标准规范、大小适中，修饰点缀要美观大方。屏幕内各种教学信息、帮助提示信息、可交互作用的对象的位置及其大小要安排合理。

3. 导航策略设计

要设计一些避免学习者迷失方向的引导措施，如关键词、标题、知识树等检索导航，以及帮助菜单、线索路径、导航图、演示指导、书签等，以避免因多媒体课件采用的跳转灵活的网状结构引起的迷航现象发生。

4. 友好界面设计

要设计出可通过鼠标、触摸屏、键盘等随时进入、退出的快捷方便的界面交互方式，如下拉式、弹出式、文字式、图形式等各种形式、不同层次的主菜单、子菜单，各种样式的按钮、图标、热键、窗口、对话框等。常见多媒体创作工具的交互方式有：文本输入、点/触摸屏幕、菜单、按钮、热键、点击对象、限制时间、限制次数、移到对象等。

5. 教学策略设计

在教学策略上，应让多媒体教学软件成为学生学习的一种认知工具、探索和发现的工具，而非简单的课堂演示工具；提问与回答方式要注意灵活多样，以提高学生主动参与的积极性；要创设有意义的学习情境，发挥超链接结构对学生联想能力的促进作用。

(四)文字脚本的编写

文字脚本要描述每一教学环节的教学内容与呈现方式。其编写内容包括：描述教学目标与教学内容，分析学习者的特征、知识结构，制定教学策略，选择设计媒体，填写并排列文字脚本卡片，说明软件的教学对象、功能与特点、适用范围、使用方式。下面以作文教学立意、拟题、写法训练材料“螃蟹问路”为例，简要介绍语文教学软件文字脚本的编写方法。

表 9-3-1 “螃蟹问路”动画与配音内容呈现方案

序号	画面内容	配音内容及序号		呈现方式
1	螃蟹在树林里无规律地乱爬	1	螃蟹在树林里迷了路。遇到青蛙，就问：“青蛙大哥，我认不得路啦。请告诉我往河边去，怎么走法?”	先呈现图像后出现声音
2	青蛙指着前面说话，告诉路	2	(青蛙)“你一直往前走，一会儿，就可以走到河边了。”	声像同时调用
3	螃蟹谢过青蛙便走了	3	(螃蟹)“谢谢!”	声像同步
4	螃蟹在树林中不同场景来回乱爬	4	螃蟹走了老半天，还是走不到河边。螃蟹心想：“青蛙这家伙骗了我。下次遇到他，非跟它算账不可!”	先图像，后画外音
5	螃蟹在树林中遇见青蛙	5	后来，有一天，螃蟹遇见青蛙了。	声音稍后出现
6	螃蟹嘴吐白沫，破口大骂	6	(螃蟹骂)“青蛙小子，你坏心眼！前次骗了我，害得我好苦，走了许多冤枉路!”	声像同步

续表

序号	画面内容	配音内容及序号		呈现方式
7	青蛙不理解地蹦跳	7	(青蛙不理解的声音)唔……	先图后声，音低
8	青蛙张嘴问话		(青蛙说)“我没有骗你呀！不知你是怎样走法的?”	声像同步
9	螃蟹爬给青蛙看	8	螃蟹边说边走起来，理直气壮地说：“我就是这样走的嘛!”	先声音，再声像同步
10	青蛙恍然大悟，欢快蹦跳	9		图像
11	青蛙说话	10	(青蛙说)“噢，原来如此！我叫你一直往前走，你却横着爬，当然走得不对啦!”	图文与图像同时出现

表 9-3-2　作文立意训练提示

序号	知识点	答案	呈现方式
1	把握寓言的情感倾向	寓言作者是批评螃蟹，而非指责青蛙	页面呈现
2	分析螃蟹走错路的原因	螃蟹有三错： (1)方向错。没有一直往前走，而是横着走 (2)方法错。螃蟹的走法是“横着爬”，不是前行 (3)态度错。螃蟹没有达到目标，不反躬自省，检讨自身，却大骂青蛙	先呈现单元页面知识点，再点击鼠标分三次出现“方向错”“方法错”“态度错”条目
3	找准寓意	寓言启示我们： (1)要认清人生的大方向 (2)要掌握正确的工作方法 (3)要严于律己，宽以待人	先呈现单元页面知识点，再点击鼠标分三次出现三条启示

表 9-3-3　作文拟题、多角度构思训练提示

图像、声音素材	教师启发思考内容	多角度作文题示例	呈现方式
螃蟹向青蛙问路情境	拟定作文题目，应该从不同角度、不同层面考虑同一材料给予人的启示。要进行发散性思维。可以正面拟题，也可以反面立论。要学会运用辩证法	(1)方向正确是取得胜利的保证(从整体角度) (2)正确的方法是成功的一半(从整体角度) (3)善于反思是高尚的美德(从螃蟹角度) (4)要严于律己，宽以待人(从螃蟹角度) (5)要因材施教(从青蛙角度) (6)助人还需讲方法(从青蛙角度) (7)也说实事求是(从青蛙角度)	先呈现图像，再解说启发学生思考，最后逐条呈现多角度作文题目

表 9-3-4　作文写作手法训练提示

知识点	呈现方式
根据寓言内容宜联系自身学习或生活实际，采用逐层深入论证的方法	文字、配音同时调用

(五)制作稿本的创作

制作稿本是软件程序制作人员在语文教师编写的文字脚本基础上改写成的各种编程方法和技巧，它要体现软件系统结构和教学功能，是制作软件的直接依据。其编写内容包括软件系统结构的说明、主要模块的分析、屏幕设计、链接关系描述等。后两项内容一般通过填写一系列制作脚本卡片完成。

例 1，文言阅读课文《桃花源记》多媒体教学课件制作稿本的创作方法：

首先，设计软件的系统知识框架结构。

(1)封页(封面)与封底。制作说明该软件名称的文字与底图，说明提供资料与软件制作的单位、人员名称、日期等。

(2)主页设计。说明软件包含的课文目录的主菜单、帮助、退出等信息。

(3)单元主页设计。主要功能模块有“背景介绍”“作者简介”“课文朗读”“词语解释”“鉴赏讲析”“迁移练习”等(图 9-3-2)。

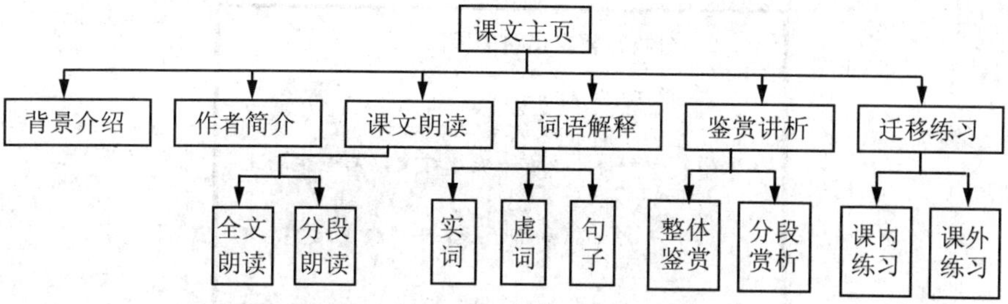

图 9-3-2 《桃花源记》软件系统知识框架结构

其次，设计友好交互页面。如图 9-3-3 所示《桃花源记》课件主页，其中超链接方式为：由主菜单画面"桃花源记"按钮进入课文主页。通过"背景介绍"图标进入课文背景学习；通过"作者简介"图标进入作者情况介绍画面；通过"课文朗读"图标进入朗读页面，点击"全文朗读"或"分段朗读"按钮进行全文或分段的朗读；通过"词语解释"进入课文词语句的学习，包括"实词""虚词""句子"和"返回"按钮；通过"鉴赏讲析"图标进入赏析页面，包括"整体鉴赏""分段赏析""返回"按钮；通过"迁移练习"图标进入课内练习和课外练习页面；通过"退出"图标退出课文主页。

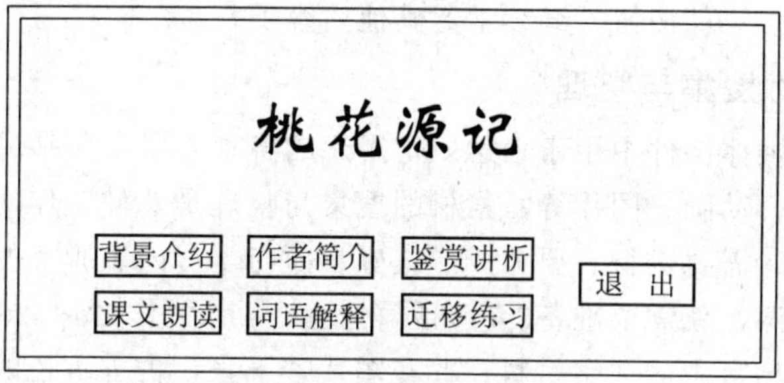

图 9-3-3 《桃花源记》课件主页

例 2，作文教学课件主页与单元主页的设计方法：

"作文教学立意、拟题、写法训练材料用课件——螃蟹问路"，设计了一个主页面和若干个分页面。主页面下部有两个按钮，点击其中的"动画演示"则会出现螃蟹向青蛙问路的整个过程动画画面，点击"训练提示"按钮，则会出现一系列提问的问题，再点击页面中的任何一个问题，都会自动出现与之相对应的其他页面，包括问题提示、参考答案等。如"分析螃蟹走错路的原因"项目下，设计了如下页面内容：

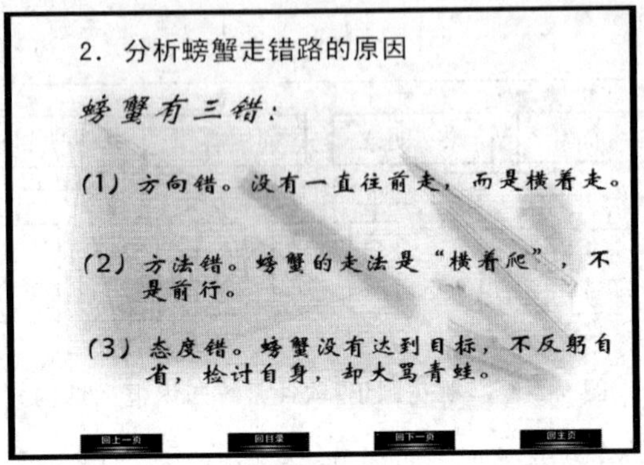

图 9-3-4　作文教学课件单元主页

该页面中的上半部分内容为该页面主题；中间部分为“参考答案”；下部为四个链接按钮。在课件中，首先显示问题画面，即该页面的上半部分内容：“2. 分析螃蟹走错路的原因。”然后，点击鼠标呈现“参考答案”(螃蟹有三错……)。如果学生还没有弄清楚其原因，就可点击下部的“回主页”按钮，启动“动画演示”按钮重新看一遍动画。如果学生对该问题的理解有误，可点击“回上一页”按钮，回到前面的学习内容重新学习。如果学生已经明白了原因，就可点击“回下一页”按钮，继续学习其他内容了。

(六)素材搜集与整理

素材是多媒体课件中用于表达一定思想的各种元素，包括文本、音频、视频、图形图像、动画、图片等。素材的搜集与整理是课件制作的基础工程，应根据脚本的设计需要进行。要力戒形式好看而与学习内容脱节的弊病。比如讲授《爱莲说》一课，就需要准备《爱莲说》的全文，有关作者周敦颐的文字介绍，有关衬托和托物言志的文字材料；莲花图片若干张，古香古色的背景图片；课文音频配乐朗读，及古筝曲《空山鸟语》等。

1. 文本素材

常用的文字处理工具有美国微软公司的 Word、中国的金山 WPS 以及计算机操作系统 Windows 内置的写字板。可以利用计算机文件存储功能方便地共享和修改文字资料，进行图文混编排版等。

2. 音频素材

课件中的音频素材主要是音效、背景音乐和解说词。其获取方法主要有：把录音带、录像带、CD、VCD 等媒体上的音频信号通过播放设备输入到计算机中；使用话筒和计算机声卡录制声音；运用计算机中的声音软件直接制作音频信号，常用音频编辑工具有 Warestudio、SoundEdit、Cakewalk、Midisofi 等。

3. 视频素材

使用视频采集卡将录像机等模拟视频信号转换成数字视频信号，以视频文件格式存入计算机；再通过视频处理软件完成视频编辑与效果处理。常用视频编辑工具有 Adobe Premiere、AnimatorStudio、超级解霸等。

4. 图形图像素材

其获取途径有：从计算机、网络现成的图形图像素材资料库中选取；使用扫描仪或数码相机，把印刷资料中的图形图像录入计算机；使用数码相机拍摄景物或实物再输入计算机；使用抓图方式抓取视频或动态图像中的图像。常用的工具有 Adobe Photoshop、CorelDraw、PhotoStyler、ACDSee 等。

5. 动画素材

实物动画可用摄像机拍摄，无实物动画可利用计算机软件制作。常用软件有：Flash、AnimatorStudio、3Dmax、3Datudio 等。

(七)课件合成

制作课件最核心的环节是按照脚本的设计要求使用多媒体软件编辑工具编辑合成搜集来的各种素材。

在课件制作中，首先要考虑使用什么样的工具。就目前我国应用情况而言，主要有国外 Macromedia 公司的 Authorware、Director、Action、Flash，Microsoft 公司的幻灯演示文稿 PowerPoint、VisualBasic；国内北大方正集团的方正奥思、武汉汉声公司的洪图多媒体编著系统、武汉凡高软件公司的课件大师等使用较为普遍。教师要根据自己的条件和能力选择编辑工具。

下面以中国古典诗词《观沧海》为例介绍一下教学课件制作的过程，本实例是以 Microsoft PowerPoint2007 为工具制作的。

1. 文字的编辑

在幻灯片模式中，逐一对每一幅幻灯片进行文字输入，内容包括：课文题目、作者介绍、背景知识、诗词讲解、重点字词、引用拓展内容等。文本信息应尽可能精练，屏显的文字大小要适中，字体、文字颜色与背景颜色要协调，切忌花哨和繁杂。对于这种古典诗词最好能让它与中国的书法艺术结合起来。如图 9-3-7《观沧海》课件画面中课题与作者的字体与大小比例选择。

【案例分析】　　　　　　实习生制作的课件评析

下面两幅课件页面设计，是师范生在实习基地备课时准备的课件。请指出各自的不足。

《春》课件

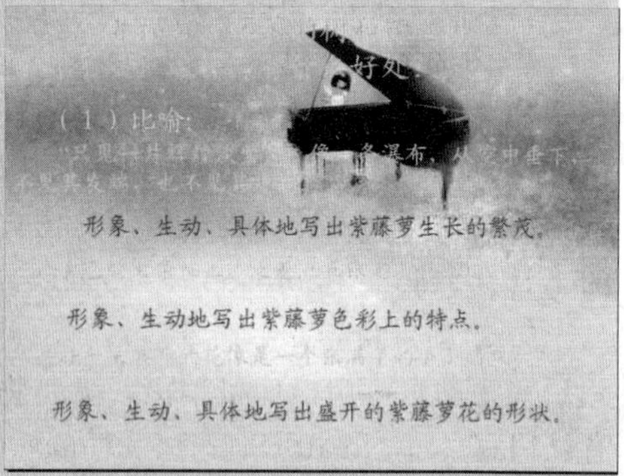

《紫藤萝瀑布》课件

评析：《春》课件文字较为简洁，但文字显得有些小，且与背景颜色顺色，背景中间的太阳过亮，使文字看不清楚。《紫藤萝瀑布》课件文字过多、过小，大部分字迹辨识不清，背景中最突出的大钢琴，与主题没有关联，易转移学生的注意力。

2. 图像的采集

图像主要应包括背景图像设置及图片插入。背景图像是将一个图像文件设置为一幅幻灯片的背景，使幻灯片具有形象生动的画面，并与文字互为衬托。对于《观沧海》这课的图像背景可以是一幅国画，画中可突出当时秋风萧瑟、洪波涌起的气氛。画面中可以是一个人登上山顶，居高临海，大海的壮阔景象尽收眼底的景象。要让学生感受到天海相接、空蒙浑融的境界，以利于学生理解曹操笔下沉雄健爽、气象壮阔的秋景对抒发作者情怀的烘托作用。在介绍

图 9-3-5　《观沧海》课件图像采集案例

曹操时，可插入曹操的图像。这图像可以来自教科书的扫描图，也可以来自于各种多媒体素材光盘、百度图库或Internet的屏幕截图。

3. 动画的编创

在多媒体动画功能的辅助下，对文字及图片逐字逐句进行动画效果设置。如果设置教师范读，可以将文字的动画效果与教师的朗诵速度保持一致，使文字产生动感。

4. 声音的配制

音乐是流动的画面、悦耳的诗篇。给古诗词配置音乐，可以使课堂真正融图、文、声于一体，增强教学的感染力。《观沧海》一诗的配乐可以是古筝曲《将军令》，让学生产生联想，使之情不自禁地进入诗歌所描绘的意境中。

5. 课件的生成与调试

一般来讲，制作完成后直接保存就可以生成课件了。但是现在由于不同的计算机所安装的系统不同，有些课件在自己的机器上可以很好地播放，换一台机器就会出现串行等问题。所以，课件制作完成后，需要全方位的系统调试以便修改。在试运行中可以及时发现问题，进行修改与完善，必要时甚至可以返回设计阶段修改脚本，直至完成一个完整的满意的产品。调试试运行工作与编辑整合工作是一个往返循环的过程，应细致进行，以使多媒体课件逐步趋于成熟。

运行正常的软件要进行打包发布，才能够成为可展示的最终产品。可以使用打包成光盘发布形式的功能，直接打包生成“exe”可执行文件，以便脱离开发环境，也能够在不同的计算机上运行。还要说明其硬件、软件及网络运行环境，以方便用户的使用。

在一定的应用后，才能对课件进行全面评价，包括效果评价。课件的评价包括形成性评价和总结性评价。课件设计、课件制作阶段的评价，目的在于提高课件的制作质量和制作水平；制作完成后在试用中的评价，主要关注教学信息的呈现格式与呈现方法如何，教学过程的控制功能如何，对学习者的学习引导是否有效等。这个环节的评价目的在于发现课件中的问题并予与修正，以便推广和投入正式使用。形成性评价包括制作人员的评价和专家与试用的学生和教师的评价。

(八)评价

运用多媒体教学的目的是要改善语文教学，故应考查教学课件是否符合教学目标的要求和教学内容的需要，动机激发与维持、知识迁移、帮助与指导、交互与反馈等是否有效，能否取得其他教学手段不易取得的效果等。在技术方面，应考查安装、卸载、程序运行、可靠性、容错能力、信息呈现、用户界面、输入反馈设置等是否达到计算机应用软件的一般要求。文档资料的编写是否规范、通俗、完整等。完整的评价应该包括课件的形成性评价和总结性评价。

三、语文多媒体教学课件使用要点

语文多媒体教学课件的使用无外乎是课堂教学、课后练习、课后自学等几方面。

（一）课堂教学使用要点

教师应按照预先的设计在课堂上播放课件并进行讲解，包括相关音视频资料的播放、多媒体幻灯片的播放和相关影视剧片段的播放。课堂教学使用的目的是加深、加强学生对教学内容的深入理解，特别是难以通过板书、口语来描述和形容的相关信息。

在课堂的使用中应注意永远不要假定设备运转良好，重要的演示一定要事先演练一遍。教室的环境亮度应兼顾屏幕画面显示和学生观看记录，不能光线太强，否则多媒体效果会大打折扣，也不能教室昏暗一片，这样学生不便于记笔记，也容易引起困倦，对视力也是一种伤害。在讲课过程中应注意节奏，教师的声音要抑扬顿挫有感染力，表述准确。多媒体教学由于减少了写板书的时间，教学信息量增大，必须调整讲课节奏，不能过快。在使用课件中要加强目光与学生的交流，让学生感觉教师是在对他讲，而不是照着念完成课件内容，要关注学生的反馈。

课件上字幕的显示不能过快，要留给学生阅读、思考和记录的时间。在需要记笔记时，应向学生指出重点，并做适当的标记；对于一些声音和视频图像信息在播放前要给学生必要的提示，以便学生集中精力去听和看。没有解说词的重要画面，教师要用响亮的语言提醒注意或做极简短的说明。教师使用遥控器控制时，不能经常在投影机与投影屏幕之间走动，以免影响显示效果。

教师应熟悉各种设备的使用与切换，根据设备特点合理使用各种设备；应将讲课的内容演示在课程开始前准备好，避免在上课过程中将查找幻灯片的过程显示在屏幕上，学生看到后面的内容会分散注意力。如果一定要查找，一般采用将屏幕转换到其他通道再查找幻灯片。

（二）课后练习使用要点

这类课件主要目的是提供给学生一个在课后对教学内容进行复习和练习的

途径。其基本内容一般都是课文中所涉及的基础知识、重点内容及教师给提供的范例等，这种课件一般制作起来修饰性的东西少一些，而学生使用起来目的明确，重点突出。文言文比较适合做课后练习使用的课件。如图 9-3-6《观沧海》一课的练习性课件。

(三)课后自学使用要点

这类课件的主要目的是用于学生自学，把教师在课堂上来不及详细讲或无法深入讲解或是自学课文的各种信息以精心准备的课件方式提供给学生，以使学生能更加方便、低成本地获取大量有针对性的信息。如图 9-3-7 自读课文《湖心亭看雪》的自学性课件。

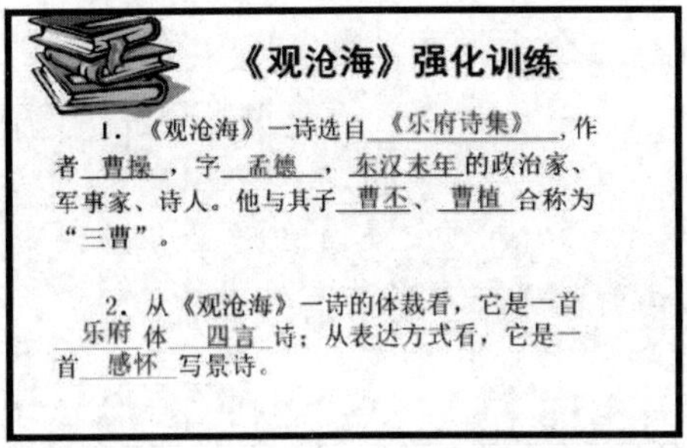

图 9-3-6 《观沧海》练习性课件

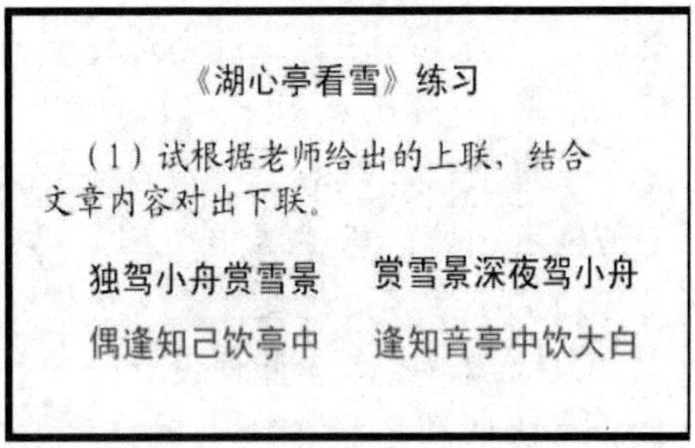

图 9-3-7 《湖心亭看雪》自学性课件

无论是在什么场合使用语文多媒体教学课件，都必须注意以下几个方面的使用误区。

(1)教学资源喧宾夺主。丢弃了语文教材这一最根本的教学依托，津津乐道于多媒体课件，忽视了文本的功能。

(2)图解扼杀想象联想力。万事万物均有利弊。多媒体课件虽然能够提供多种事物的静态画面、动态过程及其相互关系的材料，使课本中抽象的概念半具体化，具体的事物半抽象化，动静快慢互化，虚实远近交替，但它也在一定程度上以固化的模式限制住了学生的想象与联想。

(3)音像代替语文实践。名家声情并茂的朗诵，现成的课本剧等，在一定程度上替代了学生的自主实践，学习者对语言的感悟等活动被多媒体所取代。

(4)机器妨碍情感互动。教师只忙于操纵机器、展示课件内容，而忽视了教师与学生之间眼神的交流、情感的互动。

(5)盲目“拿来”缺乏个性。网络资源的便捷，使得教学课件有了随用随取的条件。不少教师往往易犯拿来即用，不加筛选的毛病。

【案例分析】

1.《济南的冬天》教学课件设计

在教学《济南的冬天》这一课文时，有的教师花了很多精力制作了精美的多媒体课件，一幅幅白雪覆盖下的济南城，一张张晶蓝青绿的水天相接图，把学生看得眼花缭乱，心驰神往。

评析：设计《济南的冬天》这类写景散文教学课件，教师应该主要做什么？语文课最重要的是学生通过阅读文字发挥想象来丰满画面。多媒体呈现的景物虽然直观，但是让学生缺少想象的空间。就如《济南的冬天》这一课中所描写的"小山整把济南围了个圈儿，只有北边缺着点口儿。这一圈小山在冬天特别可爱，好像是把济南放在一个小摇篮里，它们安静不动地低声地说：'你们放心吧，这儿准保暖和。'"这么美妙温柔的场景，一定要让学生想象，三面的小山围成个摇篮状，并向摇篮里温和地低语。那么，济南城不就像妈妈摇篮中的宝宝吗？作者对济南的爱是母亲对婴儿的爱，爱得细腻而温暖。这些感觉又岂是多媒体的精美图片所能表现出来的？

2.《海燕》的教学课件设计

在教授《海燕》一课时，教师将范读的环节设置为：把苍茫的大海，海鸥、海鸭、企鹅等景物用图片及动画表现出来，然后配上音乐，并配合名家朗读。

评析：《海燕》一课该如何设计配合朗读的画面？很多语文教师一贯采取的课堂教学范式，就是精美的图片背景配上名家的朗诵，这看起来无可挑剔，但学生们到底能从中学到多少东西却是个未知数。其一，所谓的名家朗诵也只是朗诵者的声音条件比较好，但对文本本身的理解并不一定深刻到位；其二，学生更希望得到的是教师自己对文本的理解和传达，虽然教师的朗读比不上名家的水平高，但这是学生可以模仿和学习的。

【实践演练】

语文教学课件制作操作题：

1. 自选一篇课文，将全文或其中的一部分改写成教学录像片的文学剧本，再依据文学剧本写出分镜头稿本，最后进行拍摄制作尝试。（参考篇目：《变色龙》《守财奴》）

2. 结合人教版初中语文课文雨果的《就英法联军远征中国给巴特勒上

尉的信》，或者余秋雨的《信客》，运用多媒体计算机的应用软件，分别制作声音、图像、声像合一的运用教学多媒体所需要的课件。

复习思考题

1. 什么是现代语文教学媒体？各类现代语文教学媒体有什么特点？
2. 选用现代语文教学媒体应该遵守怎样的要求？
3. 教学课件的演示必须把握哪些时机？
4. 语文多媒体教学课件大致有哪些类型？
5. 语文多媒体教学课件的制作应该遵循什么样的原则？
6. 语文多媒体教学课件的使用一般有哪些误区？

第十章　语文说课与评课

【学习导引】

语文说课与评课是一种实用性强、简便易行的教学研究活动，是中小学教师专业技能训练的重要内容和手段。有助于教师由“经验型”向“专业型”的发展转变。通过学习，了解说课的功能、特点和程序，了解评课的依据、程序和类型，并佐以相关案例具体说明，以提高教学的有效性，促进语文教师的专业发展。

第一节　说课的功能、特点与要求

说课是一种行之有效、便于操作的教学教研活动，是中小学教师专业技能训练的重要手段，对于教学方式的转变以及教师教学行为的反思与研究，都有重要作用。说课最早于1987年由河南省新乡市红旗区教研室提出，诞生二十多年来，已被广大教育同行认可，并在各类学校教学科研活动中发挥着独特作用。中央教科所滕纯研究员认为，“说课是教师工作永恒主题的新乐章”。

一、说课的功能

说课，是教师在备课的基础上，在规定的时间内，面对同行、专家，以口头表达为主要方式，讲述所授课程的教学设想、过程方法及其理论依据的一种教研活动。说课的作用主要表现在以下几个方面。

(一)提高课堂教学效率

首先，说课有助于提高教师备课的质量。备课是课堂教学的起点和基础，备课的过程是教师对教材进行理解消化、把教材内容转化为教学内容的过程。备课质量的高低，需要在教学实施过程中得以检验。其次，说课有助于优化课堂教学过程。说课是教师对备课成果的一种实践转化，可以促使教师去思考为什么要这样教学，反思教学中的得与失，及时修正或调整备课的设计和内容方法，从而提高课堂教学质量和教学效率。

(二)增强教研活动实效

语文教研活动的形式有多种，如集体备课、说课与评课、以老带新、网络交流等。其中说课以其独特的优势成为教研活动中采用的主要的常态的形式之一。在学校常用的集体备课中，定期轮换的主讲教师，可以适时以简略的说课方式进行主题发言，说说自己处理教材的方法和目的，启发教师寻找自己与同行的差距；说课与评课是一个活动两个环节，在说课中提高，在评课中反思。避免和杜绝教研活动的随意性、低效率，增强教研活动的指导性、规范化和有效性。

(三)提升教师的自身素质

说课要求教师既要说“教什么”“怎么教”，又要说“为什么教”，其关键点在于，需要对自己的教学设想和实施做出合理的依据解说，在一定程度上提高了对教师教学理论与教学实践的专业素质的要求。这样有助于促使教师深入学习教育教学的理论，加强教学专业能力的训练，帮助教师在课堂教学中真正确立主导性地位。可以说，说课能够调动起教师多方面的素质潜能，是教师提升自身教育教学素养的最好途径之一。

(四)促进教学评价与反思

说课的过程，是一个双向促进的过程。一方面，说课能够检验说课者的教学理论功底、专业知识和教学能力，是对教师综合素养的全面评价过程。另一方面，说课对听课教师来说，有着“镜面”效应，他人说课中反映出的特点和优点，可以学习仿效；暴露出的问题，引以为戒，可以起到促进全体教师自觉反思的作用。

二、说课的特点

说课是授课的基础和保证，说课的质量在一定程度上决定着授课的质量。说课既与授课有着共同之处，又有着多方面的不同之处。

说课与授课的相同点在于：两者所面对的教学目标和教学课题是一致的，两者对教师的专业知识、教学能力的要求也基本相同。从教师说课的表现可以预见教师授课的状态及个性特征，如果一名教师既能说好课，又能上好课，两者相互依存又相互促进，体现该教师具备了比较全面的教学能力和专业素养，这些都反映出说课与授课的共性和联系。

说课与授课的不同点在于：

(1)目的不同。说课的目的是向听者介绍一节课或一篇课文的教学设想，是对教学课题进行教学设计的思想分析与概括，原则上只是对教案的设计思路做出阐述与分析，不涉及实际的课堂教学。授课的目的则是通过现场课堂教学实践来体现教学设计的思想，是对教学设计的实际呈现与实施过程，它要在真实的课堂上，将书本知识转化为学生的知识，进而培养其能力，使学生学会和会学。

(2)内容不同。说课的内容，是要使听者听懂自己想要教什么和怎么教，以及为什么要这样教，是“虚”的。授课的内容，则是按照事先设计好的教学内容实际施教，是“实”的。

(3)对象不同。说课的对象是语文同行、专家或领导、评委。授课的对象是学生。

(4)方式不同。说课是对教学方案的“模拟”解说，以教师自己解说为主的单向活动。授课则是对教学方案的付诸实施，是教师与学生双向活动的过程。

(5)时间不同。说课是一种课前行为；授课是一种课堂行为。

基于以上阐释，说课有着其他教研活动不可比拟的特点：

(一)简约高效

说课要求环节简要而不失完备，内容简练而不失完整，表述简明而不失连贯。“麻雀虽小，五脏俱全”；一般单纯的说课时间较短，15～30分钟左右即可完成，短时高效，但内容要素并不缺少。

(二)机动灵活

说课对环境条件的要求不苛刻，不大受时间、地点、教学设备等条件的限制，可随时随地进行。同时也不大受教学对象和参加人数的制约，只要两个人以上即可进行。

(三)应用广泛

由于说课是中小学教师技能训练的主要手段，所以说课的应用范围很广，职前教育：师范生专业技能的训练；职中教研：检查教师备课、教研活动、评价教师的教学水平；职后培训：开展教学技能竞赛、竞聘上岗考核；就业招聘等均可采用说课方式。

(四)解说重理

说课主要是对教学设计方案的解说，重在说“理”。体现在要说清教学目标、教学过程、教学方法、学情分析等方面的理论依据及其指导思想。这使得说课比起真正的教学来更有理论特色。

但说课也有着不容回避的不足。因说课是一种“虚拟课堂教学”，没有真实的课堂环境和学生的互动配合，教师具体执行的教学过程无法呈现，所以，教师的说课不能替代授课。说课说得好，并不能说明课教的一定就好，只凭说课质量无法完全准确判断教师授课质量。

三、说课的要求

为了避免低水平说课，说课应该达到如下基本要求。

(一)追求语言简练

说课的功能与特点决定了说课的时间不宜过长。应做到：非说不可的，简要说；重点需要凸显的，强调说；可说可不说的，不必说。作为教师教学语言的一部分，说课语言简洁洗练更能够展现语文教师的基本功底。

(二)讲究重点突出

说课时一节课教学涉及的内容很多，必须抓住关键、突出重点。面面俱到、无主次轻重的泛泛解说，有悖说课的初衷。应该就自己在教学目标确定、重点难点分析、重要知识点的教法设计等方面，以及能够体现本人教学设计特色的内容进行说课。做到解说思路清晰，重点分析透彻，论证说服力强。

(三)确保理论水准

说课与授课最大的不同是要说明白“为什么这样教”，教学实践要有相关理论做支撑。这是说课的生命线。教育学、心理学、语文学科教学论等方面的专业理论，以及能够体现各级各类学校的特色的相关理论，都要随说课的步骤有机展现出来，做到教例与教理有机融合，例与理不脱离。

(四)力避常见毛病

说课常犯的毛病有：①表述平淡。流水账式的说课，没有特色。重形式，轻内容。②重点欠缺。平分秋色，重点不突出。泛泛而讲，主要内容不展开。③述说琐碎。对教案进行串讲、解释，说的琐碎。④衔接不当。说课的过渡性语言把握不好，各环节间的联结脱节。说课必须戒除这些才能达到预期目标。

第二节　说课的类型与程序

一、说课的类型

根据不同的角度，语文学科的说课可以有不同的类型。

按目的分，可分为教学性说课、试讲性说课、竞赛评比性说课、竞聘性说课等。

按内容分，可分为讲读课说课、自读课说课、活动课说课、专题课说课等。

按过程分，可分为授课前说课、授课中答疑性说课、授课后说课。

按用途分，可分为研讨型说课、示范型说课、评比型说课等。

下面简介三种常见说课类型。

(一)研讨型说课

研讨型说课主要应用于日常教学研究活动中。通常用于校内的教研组活动、备课组活动，校外的市、区的研训活动、校际联合体的研训活动等。其要求为定期有计划、有目的地开展，形式可以是系列的和专题的，根据本学校和本地区的实际情况来灵活制定。每次说课的课题和内容不求面面俱到，只求有的放矢，不流于形式。事先安排好一位主讲教师进行说课，说课结束后，组织教师讨论评议，共同切磋，以点带面。力争做到人人都参与，人人乐参与，使说课成为教研活动的常态，发挥其促进教师专业水平和研究能力提升的功能价值。

(二)示范型说课

示范型说课主要用于教师的技能训练和教师的研训观摩活动。所谓示范性应体现：所选说课教师应是教学能力强、素质高的优秀教师；所选说课的课题应是具有典范、引领作用的课题；最主要的是示范型说课的活动宗旨要明确，目标要清晰，真正达到预期的示范作用。能够体现示范作用的课，可以得到教师们的认可并被推崇，激发学习者尝试、模仿示范课中所采用的模式和方法等，产生的良好效果和影响，直接推动语文教学的良性发展，促进语文教师的专业提升。

(三)评比型说课

评比型说课的运用比较广泛，既可以作为竞赛、评比、培训方式，也可以用作教师技能训练的手段，这是一种竞赛性质的说课。一般具有明确的主题，如“语文研究性学习说课大赛”“语文青年教师优质课说课大赛”等，评委会经过评比，根据参评教师的成绩确定名次和等级，选拔出来优秀课和优秀教师。评比型说课为青年教师的成长搭建了平台，能够让有发展潜力的教师脱颖而出，对加强教师教学基本功训练，提高课堂教学质量有促进作用，有助于打造出更多的课堂教学精品。

二、说课的程序

说课的一般程序是：说教材、说教法与学法、说教学程序，有的还要说课程标准和板书设计等。

(一)说教材

1. 说课文地位

主要是简要说明本课内容在教材体系中所处的地位和作用。包括本说课的内容来自哪一册书、哪一单元。要说清它的重要性和特殊性，说清它对前后教材的承启和联系。

2. 说教学目标

教学目标是教学设计时预先确定的在教学活动中所要达到的教学结果。说教学目标，应做到：①内容全面。即教学目标应包括知识目标、能力目标和思想情感三个方面的目标，并能体现这三个方面的相互关系；②要求适度。即教学目标要符合语文课程标准的要求，体现教材的特点，切合学生的实际；③指导操作。即目标要求要具体、明确，体现课标和教材对本课知识点的特定要求，并能直接用来指导学生的学习和进行教学评价。

3. 说教学重点、难点

所谓教学重点，是依据教学目标，在对教材进行整体把握，科学分析的基础上而确定的最基本、最核心的教学内容。确定的依据是教学目标、教材内容以及学生的基础和学段的特点。

所谓教学难点，是指学生理解上有困难的知识内容或不易掌握的技能技巧。难点不一定是重点，而有些内容既是难点也是重点。

【案例分析】

1.《林黛玉进贾府》的说课

《林黛玉进贾府》是高中语文必修3(第三册)第一单元的第一课，作者曹雪芹，体裁为小说。在整个高中语文五册教材中，共有两个小说单元：第三册有一个，即本单元，必修5(第五册)有一个。由此可见，本册教材在整个高中小说教学中占有很重要的地位，而本单元则是学生高中阶段接触的第一个小说单元。

评析：以小说这一体裁为例，交代了小说在高中语文教材中的位次，本课在小说单元中的位次，说清楚了本次说课内容《林黛玉进贾府》的地位与作用。

2.《风筝》的说课①

《风筝》是人教版七年级语文上册第五单元中的第一篇课文。它是现代著名文学家、思想家和革命家鲁迅先生于1925年1月写的一篇散文诗，后来由作者编入散文诗集《野草》。《风筝》为我们讲述的是一对兄弟童年时代

① 郑国彪：《〈风筝〉教学设计》，人民教育出版社网站，2008-11-26。http://www.pep.com.cn/czyw/jszx/tbjxzy/jxsj/qs/dwdy/201008/t20100823_700459.htm。

游戏的故事。每个人都会有童年，童年生活是充满快乐的，童年的游戏往往也是终生难忘的。尽管有时也会有误解，有阴云，但童年带给人们的总是感人至深的人情美、人性美。《风筝》不仅表现了人内心美好的感情，而且给人以深沉的思想力量。深刻的主题，无论从哪个角度阅读，都有意在言外的收获。

教学目的：

(1)整体感知课文内容，多角度有创意地理解课文，进行探究性学习。

(2)感悟亲情的含义；了解科学的儿童教育思想；学习鲁迅的自省精神；理解作品的批判性。

(3)教学重点：整体感知课文内容，体味本文在兄弟间发生的误解冲突中展现的亲情。

(4)教学难点：结合个人人生经验及阅读体验，体会作者的思想感情。

评析：这篇课文是学生进入初中后接触的第一篇鲁迅作品，理解上有一定的难度，故应设定“整体感知课文”为第一教学目标。不要求学生一下子理解透彻，可以是在整体感知的基础上，引导学生去探究一个个局部性问题。其次，在指导学生探究时，要让学生多角度、有创意地阅读，拓展学生的思路，激发学生独特的感受。如学习鲁迅的自省精神，鲁迅对待自己犯错的态度，与一般人有何不同？在这篇文章中，鲁迅先生要告诉我们什么？教学重点的设定较为准确。尽管学生课后还有些地方不太懂，但学生探究性阅读和创造性阅读的能力会有所提高。

(二)说教法与学法

说教法与学法是指说明所选用的教学方法、手段和学法指导方式，并说明其依据与理由。

1. 说教法

应说出“用什么方法教、怎样教”和“为什么这样教”的根据。具体要做到以下几个方面。

(1)要说出本节课所采用的最主要的教法是什么，选用这种教法所遵循的教学理念或原则是什么。这里所说“教法”的含义，可以理解为某种教学模式的应用，教学方式方法和教学手段的选用。

(2)要说出本节课对不同教法的合理选择与恰当运用的方案及其依据。无论采用哪种教法，都要与教学目标和内容相适应，与学生知识水平相适应，与教学环境和条件相适应。

(3)要说明教师的教法与学法指导之间的联系。

(4)要重点说明如何解决重点、突破难点，方法要明确而具体。

说教法的方式，可以是先概括后具体地说(总分法)，先总的概括说说选用哪些教法，在说教学程序的各个环节时，再适时地穿插、具体详细地说教法的运用；也可以是先具体后概括地说(分总法)，先具体地说教法的选择和运用，在说完教学程序后，再总结概说都运用了哪些教法，以及选择运用这些教法的依据。

【案例分析】　　**《孔雀东南飞》的说课①**

《孔雀东南飞》被编排在人教版高中语文教材(必修)第二册第二单元。

本课教学目标是：

(1)掌握文中的通假字、偏义复词、古今异义词和“相”“迎”等词在不同语境里的用法。

(2)结合语境，欣赏诗歌曲折的情节、个性化的语言、鲜明的人物形象。

(3)了解封建家长制度和封建礼教摧残青年男女幸福生活的罪恶。

教法的选择：

(1)筛选策略。全诗篇幅较长，不宜在课堂内串讲。可以引导学生充分利用课文注释疏通文字，并根据小序提出一些与主要情节有关的问题来主动地研读课文，把握全诗的基本内容、人物对话和人物形象。

(2)重点策略。被称为“长诗之圣”的《孔雀东南飞》，其中的人物形象刻画得极为成功，从主人公刘兰芝、焦仲卿到焦母、刘兄、刘母等，无一不具有鲜明的个性。如果只是停留在微观的“串讲”上，岂不可惜！我将重点放在品读诗中对话、把握人物性格特点、理解诗歌的艺术特色上。

(3)问题策略。如何引导学生在课堂中提出问题，进而提出有价值的问题，引入探究，是探究性学习的难点，也是最具活力、创造力的亮点。例如这首诗着力赞颂了刘兰芝、焦仲卿坚贞不渝的爱情和对压迫的反抗精神，那他们二人为什么又在许多地方却表现得非常顺从呢？再如，焦母如此专横固执，为什么在刘焦爱情悲剧发生后又“求合葬”呢？这些由诗句拓展开去的问题，正是以其光彩的“人”的魅力，深深打动了作为“人”的学生的心灵，吸引他们去读诗，去背诗，去体味诗。

①　虞晔如：《〈孔雀东南飞〉(并序)备教策略》，载《语文教学通讯》，2007(7A)。

(4)难点突破策略。刘焦二人非死不可吗？仲卿是懦弱的吗？焦母仅仅是封建礼教的卫道士吗？解析疑难应落实在多数学生普遍感到困难的问题上。

评析：这篇课文的教者采用了筛选策略、问题策略、重点设计策略、重点难点突破的策略思路来叙说教法的选择问题。对“如何教”说的比较详细和有层次，尤其是“为什么这样教”的依据和理由交代得较为充分和合理。这样篇幅较长的课文能做到与确定的教学目标联系紧密，点面结合，重点突出，任务明确，足可以领略教者的教学功力，值得很好的学习。

2. 说学法

学法是指学生学习知识、掌握语文能力的方法。说学法，就是说出对学生学习方法的指导方式，即说明在教学过程中，针对所授课内容的难易程度，结合学生的实际情况，指导学生掌握知识的方法或技巧，亦即学法指导。有关学法指导的诸多问题，详见本书第八章“学法指导”。

【案例分析】　　《游褒禅山记》的说课

本文是北宋文学家王安石的一篇记游性散文。文章的重点不在山川景物的描绘上，而在由游山的感想而生发的议论上，重在因事说理。说明要实现远大理想，成就一番事业，除了要有一定的物质条件外，需要有顽强的毅力，并提出治学必须“深思而慎取”。

高一学生对文言文的学习，虽已储备了一些基础知识，有了一定的积累，但对于在高中阶段如何学好文言文，还是一个新课题。因此，教师应引导学生掌握学习方法，运用已有的知识框架，同化新信息，建立新的智能结构，逐步走向独立学习的境界。学法指导如下：

(1)指导学生利用课文注释，使用工具书预习全文，理解文中文言实词、虚词的意义和用法，掌握词类活用现象。

(2)告诉学生翻译文言文要遵循的信、达、雅原则。

(3)提示学生反复诵读课文，背诵二、三段，培养文言语感。

(4)写作技法借鉴：因事说理，叙议结合的方法。

评析：这是一个侧重于说学法的例子，重在围绕高中生文言文学习方法的指导。在日常说课过程中，说学法可以和说学情相结合，学法不是孤立存在的，它的确定主要依据学生的学段特点和学生的现有水平。高于或低于学生的实际情况，都不利于有效达成教学目标。

（三）说教学程序

教学程序是教师具体施教的步骤，是教师体现教学思想、展示教学设计方案的过程。

说教学程序，是说课的核心，应作为说课的重点。说教学程序时，应说清以下几点：

（1）教学过程的总体结构及各个教学板块的安排部署。要求联系教材内容、学生实际基础和教学方法等并说出依据。

（2）主要教学环节的设计思路。特别是怎样设计有思维力度的问题来激发学生的思维，激发学生学习兴趣。大小问题要清晰而具体地说出来。

（3）教学思路的设计及其依据。教学思路主要包括各教学环节的时序安排及其内部结构。如课堂怎么开头？新授内容分几个段落？各段落的教学分别是先讲后读再练，还是先练后读再讲？如何使用相关直观教具？如何提问和组织讨论？各教学环节之间如何过渡？分别用多长的时间？如何小结？最后怎样结束？等等。整个教学思路要层次分明，富有启发性，能体现教师的主导作用和学生的主体作用。要逐点解释教学思路设计的依据，要联系教法、学法、教学手段、学生的认识规律等方面加以说明。

（4）教学重点如何突破，教学难点如何化解，所采用的教学手段与教学方法都是什么。

（5）板书设计及其依据。主要介绍这堂课的板书具体内容是什么，板书的展现形式是什么，等等。有关板书设计的要求等相关问题，详见本书第三章的“板书设计”。

通过说教学程序，能够反映出教师的教学思想、理念，教学能力和语言等，是对教师综合素质的检验，有见一斑而窥全貌的作用。

【实践演练】

1. 下面是一份说课评价量表。[1] 请仔细研究，分析其评价母项与子项设立的科学性与可操作性。如果你认为有可修改之处，请提出修改设想。

---

① 语文学习科学专业委员会全国第二届“语文教坛新星杯”说课大赛组织委员会制定，2010年。有改动。

说课评价参考标准(100分)

授课者：________ 课题________ 班级________ 时间________

<table>
<tr><td rowspan="3">一级评价指标</td><td colspan="2" rowspan="2">二级评价指标</td><td colspan="4">等级</td><td rowspan="3">得分</td></tr>
<tr><td rowspan="2">A</td><td rowspan="2">B</td><td rowspan="2">C</td><td rowspan="2">D</td></tr>
<tr><td>内容</td><td>要求</td></tr>
<tr><td rowspan="3">说教材
20分</td><td>地位作用</td><td>1. 教材简介。根据课程标准说明本课内容的特点及所处的地位、作用</td><td>10</td><td>8</td><td>6</td><td>4</td><td rowspan="3"></td></tr>
<tr><td>目标要求</td><td>2. 根据课标说清要实现的教学目标和要求</td><td>5</td><td>4</td><td>3</td><td>2</td></tr>
<tr><td>重点难点及依据</td><td>3. 根据课标说清本课的重点、难点和关键，及其确定它们的依据</td><td>5</td><td>4</td><td>3</td><td>2</td></tr>
<tr><td rowspan="5">说教法
25分</td><td>选用依据</td><td>4. 根据教学目标和内容说清本节课选用的教学方法以及理论依据</td><td>5</td><td>4</td><td>3</td><td>2</td><td rowspan="5"></td></tr>
<tr><td>突出重点</td><td>5. 说清突出重点的教学方法，及如何实际操作</td><td>5</td><td>4</td><td>3</td><td>2</td></tr>
<tr><td>突破难点</td><td>6. 说清突破难点的教学方法，以及如何实际操作</td><td>5</td><td>4</td><td>3</td><td>2</td></tr>
<tr><td>教学手段</td><td>7. 说清依据教学目标和内容选用传统教学手段和现代化教学手段</td><td>5</td><td>4</td><td>3</td><td>2</td></tr>
<tr><td>组织教学</td><td>8. 说清课堂组织教学的方法和手段</td><td>5</td><td>4</td><td>3</td><td>2</td></tr>
<tr><td rowspan="3">说学法
20分</td><td>学业基础</td><td>9. 说清学生本课的知识与能力基础与困难</td><td>10</td><td>8</td><td>6</td><td>4</td><td rowspan="3"></td></tr>
<tr><td>兴趣培养</td><td>10. 说清如何培养和激发学生学习本课的兴趣</td><td>5</td><td>4</td><td>3</td><td>2</td></tr>
<tr><td>方法指导</td><td>11. 说清学习本课过程中对学生学习方法的指导</td><td>5</td><td>4</td><td>3</td><td>2</td></tr>
<tr><td rowspan="5">说程序
25分</td><td>思路设计</td><td>12. 各教学环节设计的思路及时间分配依据</td><td>5</td><td>4</td><td>3</td><td>2</td><td rowspan="5"></td></tr>
<tr><td>环节转换</td><td>13. 说清入题思路，预习效果检查，教学环节衔接、过渡和转换</td><td>5</td><td>4</td><td>3</td><td>2</td></tr>
<tr><td>调控应变</td><td>14. 对教学设计的随机调控和课堂生成问题的应变方法</td><td>5</td><td>4</td><td>3</td><td>2</td></tr>
<tr><td>练习总结</td><td>15. 课堂练习作业的设计，教学总结及其作用</td><td>5</td><td>4</td><td>3</td><td>2</td></tr>
<tr><td>板书教具</td><td>16. 说清板书设计的思路、意图，教具的作用</td><td>5</td><td>4</td><td>3</td><td>2</td></tr>
</table>

续表

一级评价指标	二级评价指标		等级				得分
	内容	要求	A	B	C	D	
说课文本5分	符合课标	17. 说课文本内容符合课标要求	1	0.8	0.6	0.4	
	完整适当	18. 说课文本内容完整，字数适当	1	0.8	0.6	0.4	
	条理清晰	19. 说课文本条理清晰，层次分明，逻辑性强	1	0.8	0.6	0.4	
	格式规范	20. 说课文本格式规范，图表清楚	1	0.8	0.6	0.4	
	文字准确	21. 说课文本文字准确，内容平实，无错别漏字	1	0.8	0.6	0.4	
说课效果5分	结构合理	22. 结构合理，过渡自然，节奏分明，重点突出	1	0.8	0.6	0.4	
	表达流畅	23. 脱稿说课，表情自然，语言规范流畅生动	1	0.8	0.6	0.4	
	手段恰当	24. 运用教学手段恰当、合理，起到辅助作用	1	0.8	0.6	0.4	
	特点鲜明	25. 个性特点鲜明，使人耳目一新	1	0.8	0.6	0.4	
	特殊创建	26. 说课中在1～21项目中有特殊创建者	1	0.8	0.6	0.4	
总评：			总分				

2. 为人教版高中语文必修2《鸿门宴》或《我有一个梦想》设计一份20分钟的说课稿。

第三节　评课的意义、依据与内容

评课，是在听课基础上，根据一定的目的，对某位教师的课堂教学情况进行评价。主要是对课堂教学得失、成败及其原因进行探讨分析的一种评议活动。评课是听课活动的延伸，是教学研究过程中一项应经常开展的工作。评课，主要分为自评和他评两种。自评，是指授课者对自己的授课过程与质量所做的反思行为，可称作自我反思性评课。他评，是指评课人对授课人及其授课过程所进行的客观评价，评价主体可以是专家和语文同行，也可以是学生。

一、评课的意义

科学地评价课堂教学，对深化语文课堂教学改革，提高教学的有效性，促进教师专业发展，促进学生的发展有着重要意义，表现在以下方面。

(一)提供理论指导

评课的主要意义在于为授课人提供相关理论指导，在教学评价体系中占有重要的位置。评课是一个包括评价功能、评价内容、评价原则与标准以及评价形式等一系列问题的大系统，每一方面都蕴含着丰富而复杂的内容。对被评教师而言，能够从中获得多方面的理论知识和教学技能示范，评价者也能够从他人身上有所领悟。评课具有从一堂课到一类课，从一类课到学科，逐步扩展的特点，评价活动从理论到实践，都能够对参与评价的双方提供诸多借鉴与参考，对实际教学有着重要的指导和导向作用。

(二)直接指导实践

评课的主要目的之一就是指导课堂教学。实现课堂教学最优化，评课是一种常用而有效的手段。授课者通过汲取评课者的建议，在以后教学中扬长避短，不断改进、完善教学，从理论到实践实现自我认识的第二重飞跃。

(三)推动教学改革

我国的教育正经历着一场深刻的变革。新课程背景下的语文教学改革，就是要改变落后的教学观念、方法与模式，以适应时代发展对人才结构、素质的需要。评课可以成为适应并推动教学改革的有效方式和手段。尤其在从过去的传统模式转向现代的新方法、新模式的转变过程中，评课可以在最直接的层面上推动教学改革。

(四)促进教师发展

教师的专业发展是新形势下教育发展的一个重要命题。教学水平的提高，模式的转变，方法的更新不仅具有直接作用于教学的意义，还将成为教师自身发展的一个重要过程。通过评课，可以帮助教师学习新的教学理论，转变教育思想，更新教育观念；可以督促教师不断地钻研教材，研究教法，可以在自身实践、评课点拨、反复修正行为中提高自身的教学能力。

近年来，对语文课堂教学展开深入的剖析与评价，已成为推动语文教育可持续发展的必要因素。有识之士进行了探索性的研究与实践，积累了一些宝贵经验，同时也反映出一些问题。对语文评课进行系统的行为总结和理论上的探讨，具有重要的学术价值及应用价值。

二、评课的依据

在语文教学界，长久以来“好课”的标准实际是见仁见智。有的教师往往用学生对语言文字所负载的内容的理解，代替了学生对语言的学习，错误地把课文的内容等同于教学的内容，认为正确地引导学生理解了课文写了什么，就是好课。至于引导学生理解课文是怎么写的、品味课文的语言是怎样表达的，则要视情况而定。有时间就讲，没时间就不讲，考试可能考就讲，不考就不用讲或少讲。有的教师用对语言材料的全面分析，代替了学生对语言材料的品味，认为只要能把课文的内容全面地、毫无遗漏地“讲”出来，对文章篇章结构能详尽剖析，就是好课。有的教师则以语文知识的反复灌输，代替学生的语文实践，认为只要能准确无误地传授语文知识，就是好课。这些错误认识，必须纠正，要正确把握“好课”的标准。

我们认为，要制定评价语文课堂教学质量的标准，离不开对影响语文课堂教学效果的多种因素的考虑。

(一)教育目的与课程标准

学校的各项工作，包括语文教学质量的评价在内，都应置于国家总体教育目的、方针的指导之下。课程标准是体现国家对本学科教学要求的指导性文件，是检查语文教学质量和效果的依据，它明确规定了语文课程的性质与目标，教学与评价的建议，具有规定性、权威性、指导性的特征。教育目的和课程标准是学科教学进行具体评价的政策依据。

在评课活动中应做到：①明晰语文课程的性质与地位；②熟记语文课程的基本理念；③了解语文课程的设计思路；④把握课程目标的实施进度；⑤有针对性地把课程实施的建议运用到评课的实践中。其中要以评价建议为重要理论基石，并使之与实践有机结合，总结出适用性强的评价方案。评课者需要注意义务教育课程标准和高中课程标准的连续性、差异性，做到有针对性评课，辨析性评课。

(二)语文学科的性质与教学目标

语文学科性质以其独特的本质属性，对语文教学活动的所有方面有着根本性的制约作用，是制定语文教学评价标准的依据之一。

语文教学目标，是语文教学的出发点和归宿，是语文评课的依据，是检验教师教学质量和学生学习效果的依据。因此，一个合格的语文评课者，首先要理解并熟悉语文教学总目标和阶段教学目标，并将两类目标很好地贯穿于语文评课的始终，用既定的目标来指导语文评课工作，不能另起炉灶。如果评价者对语文课程各类目标的了解欠明确与清晰，或者把握的不充分，抑或无意中直接或间接地偏离了目标要求，其结果只能是偏离评价方向，造成评课与教学目标达成度之间的脱节。

(三)学习材料和内容的特点

美国教育心理学家奥苏伯尔认为，有效的教学就是指导学生进行有意义的学习。教师要采取“先行组织者”的教学策略，对学习材料进行组织，在新的学习任务和学生的原有知识基础之间建起一座联系的桥梁，使学生能够利用已有的知识来理解新的知识。如果就一堂课来评价语文教师的教学效果，应考虑到学习材料因体裁、题材不同造成的学习内容方面的差异。否则，可能会使评价对象认为评价有失公正客观，或片面追求散文、小说、诗歌等文学作品课文公开课的预演，而忽视实用文体的教学，造成评价中的形式主义倾向。

语文教材是教师进行科学教学设计，合理安排教学内容以实现教学任务的重要材料，也是学生学习语文知识和提高语文能力的凭借，更是语文评课的凭借之一。评课所依据的语文教材，理应首先考查教师对语文教材，尤其是教科书的驾驭程度，看其是否有效利用了教材，对教材资源挖掘与利用的水平如何，是否充分发挥了语文教材的启迪智德、积累语言知识、历练语文能力等应有功能。

(四)学生的特征和个别差异

中小学生的认知水平具有阶段性的特征。认知发展水平影响着学生对不同材料的理解能力，也影响着他们对语文教师的教学方法的接受能力。评价语文教师的教学，就要考查其根据学生的认知发展水平因材施教的水平。比如“最近发展区”的设置是否适合，不同水平的学生能否在自己原有基础上有所提高等。

上述因素的存在，决定了语文教学评价标准制定上的难度，也决定了每一次评价应该根据不同的评价目的、师生与学习内容的特点等制定相应的评价标准。

三、评课的内容

语文教学是由教学目标、教学内容、教学步骤、教学形式与教学方法等诸多因素构成的，因此，对语文教师的授课究竟该评价哪些方面的内容？如何确立各类评价的指标体系？目前学术界还没有形成全面系统的理论说明。我们试从如下角度对其作简要分类说明。

从评课内容上，可评：识字与写字教学、阅读教学、作文教学、听话训练教学、口语交际学习、语文综合性学习、语文美育、语文德育、语文学习方法指导、语文教学心理素质等方面。上述所评内容又可细分为许多具体的评价项目。比如，阅读教学评价又包括：朗读与朗读指导、默读与默读指导、阅读速度指导、预习质量、精读指导水平、问题设计与提出水平、练习设计与板书设计、复习指导效果、课外阅读指导质量等方面。有关各个领域评价的具体内容与方式方法，可参见第四、五、六、七章相关部分。

从学习条件上，可评：语文教学气氛、语文学习环境、语文教学软硬件操作能力等方面。

从构成因素上，可评：语文教学目标、教学内容、教学步骤、教学结构、教学形式、教学手段与方法、教学效果、教师教学态度、教材驾驭能力、各种语文教学资料的选择和使用，学生的知识理解程度与接受能力、语文知识与技能的迁移能力、学习态度和习惯等诸多因素。

上述评课内容的分类，能够清楚地表明：语文评课的内容是十分广泛的；语文课堂教学质量评价，仅仅是语文教学评价内容体系中的一个子项，一个比较重要的评价子项而已。需要注意的是，评价内容的广泛性，并不意味着评价的面面俱到。实际上，在一项评价活动中，要想做到十全十美、大而全地评价是相当困难的。因此，人们往往根据评价目的的需要，来确定较为具体、单一的评价内容，以保证评课结果的有效性。

有研究者提出，根据目前教学改革的趋势，评课应该围绕如下内容进行：①

(1)评教学思想。

(2)评教材处理。

(3)评教法运用。

(4)评学法指导。

(5)评教学过程。

(6)评教学效果。

语文学科，是一门艺术性、综合性很强的学科，对教师的授课进行评价成

① 王相文、王松泉、韩雪屏：《语文课程教学技能》，297页，北京，高等教育出版社，2007。

为教学评价的难点所在。就一堂课来说，要评什么，是必须明确的重大问题。上面这个思路清晰、概括简洁的评价内容研究结果，值得借鉴。

【实践演练】

1. 下面的评价量表主要设定了六大方面的内容指标，包括：①教学目的的评价；②教学内容的评价；③教学结构的评价；④教学方法的评价；⑤教学基本功的评价；⑥教学效果与效率的评价。设计者提出，二级评价指标下的具体评价内容(即三级评价指标)，可由各学校根据自己的实际情况自行拟定。① 你认为评价指标的设定合理吗？为什么？如果直接使用这个量表评课，可操作性如何？

语文课堂教学质量评价量表

课题 ________ 课型 ________ 授课人 ________ 总分 ________

学校 ________ 班级 ________ 评价人 ________ 日期 ________

评价因素			评价等级					得分	
评价母项及其权重	评价子项	子项权数	很好	较好	一般	较差	差	子项得分	母项得分
A 教学目的 $K_A=0.15$	A_1 能体现以学生为主体，面向全体学生施教，培养其能力，提高其各方面素质的教育观念	$K_1=0.20$							
	A_2 教学目的符合大纲要求和学生的实际	$K_2=0.30$							
	A_3 知识传授、能力培养、思想教育、美育要求做到明确、恰当、具体可行	$K_3=0.30$							
	A_4 教学目的落到实处，目标到达度高	$K_4=0.20$							

① 王雅萍：《现代语文教学技艺导论》，258页，北京，作家出版社，2001。

续表

评价因素			评价等级					得分	
评价母项及其权重	评价子项	子项权数	很好	较好	一般	较差	差	子项得分	母项得分
B 教学内容 $K_B=0.20$	B_1 教学内容能够体现教学目的，重点突出，难点分散，疑点明确	$K_5=0.25$							
	B_2 内容选择能够贴近学生生活，适应现代社会需要，体现时代精神	$K_6=0.15$							
	B_3 知识的讲授准确无误	$K_7=0.30$							
	B_4 内容安排充实而恰当	$K_8=0.30$							
C 教学 结构 $K_C=0.15$	C_1 能够涵盖课外和社会，沟通师生间的多项信息渠道，课内外结合	$K_9=0.20$							
	C_2 教学程序安排系统完整，层次分明	$K_{10}=0.30$							
	C_3 教学组织连贯有序，衔接自然，疏密有致	$K_{11}=0.30$							
	C_4 各环节处理(如讲、练、板书、板画等)时间合理	$K_{12}=0.20$							
D 教学方法 $K_D=0.20$	D_1 能根据学生的学情正确而灵活地选择教法，扬长避短，教法与学法统一	$K_{13}=0.30$							
	D_2 能与教学目的及内容等实际相适应，注重启发性、自学能力与特长的培养	$K_{14}=0.30$							
	D_3 能及时掌握学生的反馈信息，并采取相应的调控措施	$K_{15}=0.20$							
	D_4 恰当利用各种辅助性教学手段，演示与讲解等配合紧密	$K_{16}=0.20$							

续表

评价因素			评价等级					得分	
评价母项及其权重	评价子项	子项权数	很好	较好	一般	较差	差	子项得分	母项得分
E 教学基本功 $K_E=0.10$	E_1 能用标准流利的普通话授课	$K_{17}=0.20$							
	E_2 教学语言准确、生动、简洁，有逻辑性，适合学生的年龄特点	$K_{18}=0.30$							
	E_3 板书规范、美观、简要、有序，切合教学目的及内容，突出重点难点	$K_{19}=0.30$							
	E_4 手势语体态语等非教学语言手段的使用恰当、自然、生动、有效	$K_{20}=0.20$							
F 教学效果及效率 $K_F=0.20$	F_1 课堂气氛活跃而有序	$K_{21}=0.20$							
	F_2 学生能主动求知，积极思维，认真听讲，大胆发言	$K_{22}=0.20$							
	F_3 单位时间内学生对知识、技能掌握的程度及能力发展程度如何	$K_{23}=0.10$							
	F_4 好、中、差生能各尽其智，各有所获，受益面能达到70%以上	$K_{24}=0.10$							
	F_5 有效教学时间在实际教学时间内所占比值是否大	$K_{25}=0.20$							
	F_6 单位时间内教师输出的信息量与学生所接受的信息量之比例大小	$K_{26}=0.10$							
	F_7 能严格执行教学计划，不加课，严格控制时间，不拖堂	$K_{27}=0.10$							
综合评价									

提示： 评价者在使用此量表时，要先填好所听课程的“课题”“课型”“授课人”“学校”“班级”“评价人”“日期”等项目。然后按先定性评价、再定量评价、最后综合评价的顺序，依次填好量表右侧的“评价等级”“得分”，

以及量表下侧的“综合评价”三个栏目。定性评价主要是在“评价等级”栏目中按教师授课的实际水平，选择“很好”(优)、“较好”(良)、“一般”(中)、“较差”(及格)、“差”(不及格)画钩；再结合“综合评价”中的描述性语言给教师的课堂教学质量定性。定量评价主要是在“子项得分”和“母项得分”栏目中按子项权数与母项权数分别给出其分值，最后得出总分。

2. 到实习基地听一堂精读课，做出规范而详细的听课笔记，写出一篇评课稿。

提示：听课前要做好多方面准备；课堂上要注意观察和思考，记录详尽，随机记下自己的听课感受；评课可选取一个方面去评，也可以综合评价；评课角度要找准，自拟一个评课题目；评价应客观，力求公正。

第四节 评课的原则与类型

一、评课的原则

评价者进行评课活动，往往能够反映出其对课堂教学客观规律的认识程度，以及情感喜好等。不同的评价目的与动机，不同的评价方式方法，都会影响到评价结果的客观性。因此，评课必须遵循一定的基本准则。

(一)评有目的性

语文评课的目的是语文评课活动所要达到的终极目标及结果。必须明确，评课的目的旨在引导语文评课活动朝着合理、科学的方向发展，促进语文课堂教学评价工作的改革。评课者在评价过程中要做到以下几点：

(1)评课前，评课者要正确制定此次评课的目的，评课目的的制定要有针对性。例如，辽宁省高中课改已在深入开展，语文评课者在评课前所制定的评课目的，要符合高中语文课改的有关规定，注意高中课改的教学特点，不能偏离。

(2)评课中，要把评课的目的落实到语文课堂的实践中，一方面，紧密联系，针对课堂教学实际，评价语文教师的课堂教学是否符合语文课的教学目的，是否达到了语文课应有的教学效果；另一方面，在实践中，检验所确定的评课目的的正确与否。

(3)评课后，语文评课者应及时对每次语文评课目的进行总结，发扬优点，改正不足，以便于评课目的制定更加科学。

(二)评有针对性

针对性是与目的性紧密相连的。目的性以评课者为基点，针对性则以被评价对象为基点。因此，有针对性评课贴近个案与实例，能够避免只谈一般、不及个别的情况，是通过具体问题具体分析来体现教学管理者的引导作用的。在评课实践中，评课者应做到：

1. 关注倾向性

针对倾向评价是以对所评内容的充分了解，整体把握为前提的。评课者把听到的课作为一类课程的案例，针对倾向性问题进行评论，对课程的优点和不足，都放到趋势和倾向中进行论证。评的是一堂课，说的是一类事，避免的是可能发生的倾向性问题，肯定的是教学的大趋势。

2. 评在细微处

这种评价具有现实针对性。发现了好的及时肯定，发现了不足及时指出，发现了可能及时预警，发现了苗头及时解决。在此类评课中，评课人首先是发现者，然后才予以评价。其特点在于评价内容具体，细致入微，个性指导到位，对授课人指导较强。

3. 抓住好时机

在对授课者有所了解的情况下，评课人有时会带着预先的关注、听到的信息、掌握的情况、学生的反映等信息进行听课、评课。有时，这种评课是纠正性的。如学校的管理者听到了对某教师授课的一些负面反映，就会针对可能出现的情况及时听评课，有针对性地解决问题，评价的问题集中，解决的问题最实际。评课及时，监管也得力。针对性越强，评课时机抓的越好，评课的效果也就会越明显。

(三)注重客观性

评课活动应基于被评价对象的真实状况作出正确分析判断，评课的结论与现实课堂有较高的一致性，较少带有评课者主观印象的成分。

注重客观性的要求，主要体现在以下方面。

1. 态度客观公正

在评课中，评课者应排除个人主观因素的干扰，实事求是、恰如其分地进行评说，既不要人为的拔高，也要避免由于个人认识水平的局限，对授课教师做出带有偏见或否定的评价。

2. 稳定一致的标准

评课过程中，采用的测评数据和评价标准，应保持一定时期内的连续一致，具有稳定性。应杜绝随意改换标准的做法，以维护评课活动开展的严肃性和客观性。

3. 方案科学可行

首先，评课者的评课目的要符合党和国家教育方针的总要求，符合语文课程标准中培养目标的总要求，符合现代语文教育教学的发展趋势。其次，语文评课者的评课目标应明确，不能模糊，评课内容应具体，不能抽象，评课标准应科学，不能模棱两可，评课的程序应简化，不能繁杂，评课的方法和手段须可行，具有操作性。

4. 评价意见中肯

语文教学过程是一个持续发展变化的动态过程，这就要求语文评课者，必须采用发展的观点去看待授课教师在语文课堂教学中的种种表现。一方面，对于授课教师的优点、经验等，应该及时给予充分的肯定，尤其对于那些对语文课堂教学有独到见解的地方更应予以鼓励；另一方面，对于出现的问题，不要轻率地下结论，切忌一次定论。应结合授课教师平常教学的表现，学生的普遍反映，分清其主客观原因，通过评课找出差距，以此提高授课教师的语文教学水平。评课者要充分考虑语文课程改革的方向性及发展趋势，用动态的、发展的眼光评课，不可墨守成规。

(四)主张互动性

语文评课，实质上是在评价双方互相信任的基础上才能顺利进行。互动性要求的含义：一是语文评课者与被评课者之间的民主、平等的对话关系；二是语文评课者对被评课者的激励作用；三是语文评课者与被评课者之间共享资源、共同发展。互动性是语文评课能否顺利展开的前提。评课者应做到以下几点。

1. 评课视角应该平视

要用公正、客观、民主的心态来评价对方，不应用“仰视”(眼里只有优点，不忍批评指正)、“俯视”(一心只想挑剔，吝惜肯定和赞赏)和“藐视”(看不起被评价者，以高于别人自居)的视角去看待被评课者。

2. 评价双方应该对话

对话方式的益处就在于双方通过问答、讨论、争鸣的平等交流方式，能够达到互相影响、互相鼓励、互相学习的积极结果。尤其是语文课自身综合性、多样性的特点，使评课变得错综复杂，很容易造成仁者见仁、智者见智的局面。一般说来，授课者都有自己的教学设计思路，都有从自身特点考虑的出发点和落脚点，有时评课者未必能够充分理解和把握授课人的种种考虑。所以，在评价时很容易出现“错位”现象，引起被评者的不满。在这种情况下，尤其需要评价双方能够平起平坐地交流与讨论，要给被评者申辩、解说的机会。

3. 巧做评价善激励

语文评课者要从调动教师教学的积极性、主动性和创造性出发，善于发现教学过程的闪光点，给予授课教师恰当的、适时的鼓励和评价。通过激励的导向作用，使被评课者产生进一步钻研教材、改进教法的直接动力。如采用目标激励法，给教师提出一个可行的教学研究目标；榜样激励法，为教师树立一个可仿的教学典型；成就感激励法，抓住教师课堂成功之闪光点即时鼓励，等等。评课者应该意识到，在评课过程中，不存在绝对的主导者，大家都应是参与者、评论者，也应该是相互受益者。

二、评课的类型

评课是一个教师熟悉的实践领域，也是一个充满问题的理论探索领域。追求高质量的评课，需要一个美好而有指导性的愿景，以清楚地表明评课究竟要走向何处，还要熟悉各种评课的类型，做到有计划性地、针对性地实施评课。

(一)常态型评课

常态是一种自然、惯常状态。常态课堂教学是日常语文课堂教学的主体状态，常态课堂教学是区别于“公开课”而言的。毋庸置疑，公开课是促进教师专业成长的重要途径，但对学生而言，他们知识的积累，能力的提升，人格的塑造，主要在日常教学过程中获得，因为常态课堂教学是普遍的、长期的、日复一日的。新课程提出的“过程与方法”维度目标，就是强调语文课程要注重天长日久的积累，摈弃以往一味关注结果的不良倾向。常态下的语文课不应该是平庸的课，对常态课堂教学进行评价，是教学真正达到优质化的主要途径。

常态型评课具有经常性、客观性、稳定性特点，评课的时间和场地不受限制，教师无需刻意准备，所呈现的课堂教学往往较为真实。所评议的内容，可以是语文教师的实际授课，也可以是语文教师的教案；可以是一堂完整的课，也可以是教学的局部；可以是大家共同关注的问题，也可以是某位教师感兴趣的课题。教研组内随时随地听课，就属于这种类型。

【案例分析】 **《沁园春·长沙》教学设计①**

教学目标：

1. 体会作者青年时代以天下为己任的宏大心胸和高远志向；

2. 理解借景抒情、情景交融的艺术手法；

3. 在理解、鉴赏的基础上背诵全诗。

教学重点：通过朗读，赏析语言的表现力，体会意境的感染力。

课时安排：一课时。

教学过程：

一、导入

对于秋天，有这样的说法："自古文人多悲秋。"杜甫在《登高》中吟诵"万里悲秋常作客"，李清照在《醉花阴》中感慨，"莫道不消魂，帘卷西风，人比黄花瘦"。如果从这些诗句中仍然感觉不到悲秋的意味，那么，曹雪芹借黛玉之口说出的可谓是极尽秋之悲凉："秋花惨淡秋草黄，耿耿秋灯秋夜长。已觉秋窗秋不尽，那堪风雨助凄凉。"那么，是不是所有的文人都悲秋呢？今天，我们就来一起学习毛泽东的《沁园春·长沙》，看看他是不是也那样悲秋。

二、朗读

老师范读课文，引导学生注意字音(舸、遒等)、节奏。整体感知。

三、分析课文

(一)上阕

同学朗读上阕。

1. 提问：第一句交代了哪些要素？描绘了一幅怎样的景象？

——时间：寒秋；地点：湘江橘子洲头。寒秋，作者独立于湘江橘子洲头，望着湘江北去。

2. 提问：作者为什么要写"独立"？可否改为"站立"？为什么？

——几个同学回答后，老师总结。"独立"表现出作者的大气、坦荡和从容。介绍湘江，橘子洲得名原因。

3. 提问：接下来的"看"字一直管到上阕的哪里？

——万类霜天竞自由。

4. 提问：作者看到了什么景物？

——山、林、江、船、鹰、鱼。

① 设计者：沈阳师范大学2008届硕士研究生梁秋实。

5. 提问：哪句话能概括作者所看到的这些景物？

——万类霜天竞自由。

6. 提问：作者是怎么看的？按照什么样的顺序？形态如何？色彩如何？

同学回答，同时板书，然后老师总结：作者通过四个角度，远近结合、总分有序地描绘出了大体的轮廓，动静交错使画面动了起来，红绿辉映为画面染上了颜色，又增加了"鹰击长空""鱼翔浅底"两个特写，描绘出了一幅生机勃勃、色彩绚丽的湘江秋景图。而在其中，作者没有直接写这里的寒秋多么富有生机，而是通过一幅生动的画面，也就是融情入景、借景抒情、情景交融的方法。

7. 提问：大家认为"染"字用得如何？"鹰击长空"，可不可以改成"鹰飞长空"？"鱼翔浅底"，可不可以改成"鱼游浅底"？为什么？

同学回答后，老师点评并总结。《西厢记》中有这样的词句："晓来谁染霜林醉，总是离人泪。"这里的"染"字，用了拟人手法，极尽秋色之深。"击"更表现出雄鹰展翅搏击的强劲。"翔"更体现出鱼儿游得自由轻快。这几个确乎点睛之笔，足见作者的炼字功力。

8. 提问：大家都知道"诗言志"，那么，作者描绘了这样一幅如画般的景象为了表达什么样的"志"呢？同学读"怅寥廓，问苍茫大地，谁主沉浮"，分组讨论。

引导学生得出结论：自然界中的景物尚且不畏寒秋，互相竞争，何况我们有生命、有灵魂的人呢？作者主要提出了"谁主沉浮"(板书)，那么，作者是想说"谁"呢？大家分析会是谁呢？我们继续分析下阕，看看作者有没有做出回答。

(二)下阕

同学朗读下阕。

引导学生按照分析上阕的方法自主学习、分析下阕。

1. 提问：下阕有没有哪个字引领几个小节？作者抒发了什么样的感情？是怎样抒发的？

同学生一起分析，适时归纳总结。"忆"字管到"粪土当年万户侯"。"恰"是正值，"同学少年"表明了人物的相互关系和年龄特征；"风华正茂"四个字描绘出了气质禀赋；"书生意气，挥斥方遒"概括了当时的精神状态和奋发有为；"指点"是评点、关心。"粪土"是名词动用，视……为粪土。万户侯是封建社会的特殊阶层，他们掌握大量的人力、财力等，是欺压人民的人。林觉民少年科举时也曾写过"少年不望万户侯"。

2. 提问：最后一句，作者回忆了什么事？

同学回答后，老师总结。“中流”是指湘江中心；“击水”就是游泳；“遏”是遏止。作者在这三句中把整首词的感情推向高潮。“到中流击水，浪遏飞舟”运用了夸张的手法，说游泳时激起的波浪遏止了快行的船舶，表达了作者的豪情壮志。

3. 提问：作者在下阕有没有回答上阕“谁主沉浮”的问题？

同学分组讨论，并找小组代表总结。作者在下阕中隐晦回答了上阕的问题，指出“同学少年”，也就是我们，年轻有为，才华横溢，有着强烈的爱国精神、不可遏制的奋斗意志，隐晦地回答：“我”主沉浮。这也正是“诗眼”所在。（板书：将“谁”改为“我”）

（三）总结全词

提问：分析全词后，大家认为毛泽东在《沁园春·长沙》中有没有悲秋？全词表现了作者怎样的情怀？

毛泽东不仅仅是政治家、军事家，也是伟大的文学家。《沁园春·长沙》写于1925年，被称为毛泽东的“长沙志”。全词一扫悲秋的苍凉之气，抒写了作者青年时代以天下为己任的宏大心胸和高远志向。长沙是毛泽东早年生活、学习和从事革命活动的地方。1925年，全国各地工农运动风起云涌，如火如荼。同年10月，毛泽东从韶山前往广州主持全国农民运动讲习所，途经长沙，重游橘子洲头，面对绚丽的湘江秋景，回忆往昔的人和事，写下了这首词。

这首词上阕写景，丁阕叙事抒情，抒发了作者以天下为己任的宏大志向和革命情怀。诗人公木用“重在写景，景中有情”“重在抒情，情中有景”概括了上下阕的艺术特色。

最后同学齐读全词，体会作者表现出的大气、坦荡，作品语言的表现力和感染力。

四、布置作业：课后作业，背诵全词。

板书设计：

沁园春·长沙 毛泽东

看湘江秋景图
- 远眺 山上（静）
- 近观 江中（动、静）
- 仰视 空中（动）
- 俯视 水底（动）

→“我”主沉浮←忆

- 忆人（峥嵘岁月图）
- 忆事（中流击水图）

评析：这是一堂常规型的语文课，内容为诗歌教学。梁秋实老师所表现出来的教学基本功扎实，教学设计合理，课堂环节把握规范，节奏张弛有度。一篇诗词的教学，既需要重点字词的讲解，也需要对诗词进行整体的感知、感悟。在这两方面，梁老师都做得到位而细致，通过从多角度、多层次对诗词进行较透彻的分析，使学生对文本内容有了较深刻的理解，收获很大。更值得一提的是，本节课的导语设计生动、贴切，教学情境渲染得好；问题设计巧妙，从总领词入手，层层深入，突破了逐字逐句翻译的旧框架，新颖而有成效。授课中，自然的教态，富有感染力的语言，显示出执教者深厚的文学功底和较高的教师素养。从执教者所展现的独特风格来看，于常态教学中显露个性。同时，也希望梁老师在文章朗读、背景介绍和对学生主体性发挥上再进一步斟酌、加强，以使本课的教学更加成熟、完整。

(二)研究型评课

研究型评课，是对所评课在某一方面做深入探讨的评课类型。它把关注的目光直接指向课本身，而不是指向具体的授课人。研究型评课的“研究性”特点，决定了其在探索语文课堂教学改革过程中是有效的方法之一，为语文教学改革科学、合理地发展，提供了一个广阔的平台，尤其利于教学理念的更新、新教材的研发、教学思路设计和教学手段方式的创新等。这种类型的评课，要求评课人必须站在语文教学改革与研究的前沿，对于一些新理念、新方法都要具有高度的敏锐性，以使研究型评课真正具有研究的高度与深度，具有理论与实践方面的双重价值。

研究型评课，可以是专题式研究评课，也可以是重点式或比较式研究评课。研究的内容，可以是方方面面的，比如最新教学理念的理解与把握程度，教学设计思路的理论依据，具体教学方式方法的灵活运用技巧，等等。

【案例分析】　小学、初中、高中三位语文特级教师研究

用途与对象：职前教学(师范生)、职后培训(语文教师)

评课的指导思想及教学目标：

(1)时代性：师范生的培养，适应当前蓬勃开展的基础教育课程改革的需要，以优质课的教学塑造品牌学生，争取实现学校与社会，高师语文教学论与中小学语文教育的接轨。

(2)针对性：面对新课改带来的挑战、选择和困惑，改变教师“等(态度—观望)、靠(思想—依赖)、搬(行动—袭旧)”的现状，提高他们对语文教育改革的关注度、敏感性和责任感。

(3)实践性：解决师范生与教师如何教、怎样教的问题，不应仅停留在理论上告诉他们应该如何做，更重要的是帮助他们解决教学实践中怎样做、如何做的问题。

以案例切入，把走在语文战线教学改革前列的领军人物的做法进行演示、分析和解读，对典范教师的成果由信服(认识理解)到佩服(仰慕欣赏)，再到追求(付之行动变成自动化的自觉行为)。

典型一：窦桂梅——小学语文特级教师

一、简介

窦桂梅，北京清华大学附属小学副校长。特级教师，全国模范教师，教育系统劳动模范，全国师德标兵。从三个超越的实践理念到主题教学的理论提升，在全国产生广泛影响，并获相关奖项。《中国教育报》《人民教育》《课程教材教法》等杂志以及新闻媒体分别做过系列专题介绍。

二、教学特色

高视野——超越自我，从“三个超越”到“主题教学”

1.“三个超越”：“尊重教材，超越教材；立足课堂，超越课堂；尊重教师，超越教师”。

2.“主题教学”以话题、情境等人文因素为线索，促进语文知识和能力以及思维发展的文化主题。

主题教学的“主题”是在教材中努力寻找和挖掘的哲学主题或文化主题，这些主题往往可以表现为一些“词语”，或者说一些“关键词”。如：《珍珠鸟》中的信赖；《圆明园的毁灭》中的“毁灭”；《晏子使楚》中的“尊重”；《秋天的怀念》中的“好好儿活”。

三、讨论与探究

1. 学习窦老师的课，你受到哪些启示？

2. 谈谈窦老师的“主题教学”的价值与缺欠。

典型二：池军华——初中语文特级教师

一、简介

池军华，语文特级教师。现任盘锦市第二完全中学副校长兼班主任，并承担着语文教学任务。池老师以其出色的业绩先后被评为“盘锦市语文学科带头人”“辽宁省十佳语文教师”“辽宁省优秀教师”“全国优秀语文教师”“全国模范教师”等。

二、教学特色：高起点——发展自我

1. 坚持把发展的主动权交给学生，引导学生探索符合自身特点的学习方式。

2. 学习、发展了魏书生“语文教学六步法”(定向、自学、讨论、答疑、自测、自结)的教学模式。

3. 站在名师的肩膀上，不拘泥于名人名师，不盲目模仿名师，有自己的理念，走自己思考过的道路，形成个人的风格。

三、讨论与研究

1. 结合池老师的教学活动，谈谈怎样学习名师的教学风格。

2. 你是如何看待课堂表演这种教学活动的?

3. 结合你个人的教学实际，谈谈教师的主导地位应如何体现。

典型三：程翔——高中语文特级教师

一、简介

程翔，语文特级教师，全国优秀教师，现任北大附中副校长。“全国首届中青年语文教师课堂教学观摩会”一等奖获得者，人民教育出版社教材编写委员，北京大学语文教育研究所兼职研究员，首都师大兼职硕士生导师。发表论文50多篇、论文及文学作品60多万字。

二、教学特色：文化视角——本色自我

1. 扎根于传统教学沃土之中

(1)琅琅读书、熏陶示范

(2)讲解透彻、教学规范

(3)启发诱导、文道结合

2. 立足文化文学的土壤，洞悉每一篇课文

从文化视角，文学史的角度研究作家，高屋建瓴，吃透作家作品。

3. 感染力强，营造语文课堂的气氛

根据教材的特点，教师以饱满的激情，引导学生与作者产生感情共鸣，创造一种“教师—学生—教材”三者之间自然和谐融为一体的最佳境界，使学生身临其境，感情受到陶冶。

三、讨论与研究

1. 程老师的教学风格你欣赏吗？为什么？

2. 谈谈传统教学方式与现代教学方式的联系与区别。

3. 你理想中的语文课是什么样的？

评析：这是一堂研究型评课的课例，选取了语文课改中涌现出的有代表性的语文特级教师的三个典型案例（小学、初中、高中的典型），进行观摩（看教学录像）、讨论、解读、分析和评价。案例选择有层次性，可模仿性。唯一缺憾是，“教学特色”部分的内容略显单薄，可做出必要补充，以使学习者更加具体地感受几位教师不同的教学风格，学到特级教师的真本事。真实、可信的案例，使学习者能够逐步感知、理解、接受与效仿，切实感受新课改带来的各种变化。教学改革不能等、靠、搬，必须自己主动去学习与尝试，要在研究分析中去体悟，在借鉴他人中增长自己的智慧与能力。研究型评课，能够促使学习者切身认识到现代教育对教师的新期盼和高要求。

(三)比较型评课

比较型评课，是主要评价教师教学能力的高低及课堂教学效果的优劣，从而探求更适合于教学内容的教学模式与教学方法的评课类型。比较型评课要求语文评课者在评价过程中，必须采用统一的评课标准，对评课者做出的评价应该是在充分的比较与鉴别后做出的科学的、公正的结论，其评价结果对于被评价者，应该具有参考性和说服力。

比较型评课有多种方式，主要是：

(1)同课异构比较，是指对两名或多名语文教师讲授同一课程内容所做的对比评价。即设计教学是两人以上，所设计或实施的是同一个课程题目和内容。

(2)同人异课比较，是对同一名语文教师所讲授的不同课程内容进行对比所做出的评价。即教学设计者是同一个人，所设计或教学的课程内容不同。

由于每一种类型的评课，都有着不同的功能，在做比较型评课时，首先要根据不同的评课目的，来选择不同的评课类型。

【案例分析】　故都的秋——三位语文教师的教学设计比较

方案一：孙琦(北京八中教师)

1. 教学目标

(1)学习作者抓住景物特征写景的手法。

(2)品味文本精致的语言。

(3)理解作者所表达的思想感情。

2. 教学方法

诵读、设疑、讨论。

3. 教学思路

(1)课前准备。学生预习，了解作者，思考以下几个问题：

①北国之秋的特点是什么？(在文中画出相关的句子)

②为五幅画面命小标题。(最好用七个字)

③点评你最喜欢的画面。

(2)导入新课：

播放录音：“我爷爷小的时候常在这里玩耍，高高的前门仿佛挨着我的家。一蓬衰草，几声蛐蛐叫，伴随他度过了那灰色的年华……”这首歌名叫《前门情思大碗茶》，歌中唱的是我们的北京。今天，我们来学习一篇也是写北京的散文，不过，它写的不是北京的冰糖葫芦，也不是北京的大碗茶，而是北京的秋。

审读文章的题目“故都的秋”(此处可让学生介绍作者写作的时代背景，让学生推知作品的题目与作者的生活及感情的关系)。

(3)听配乐朗读，整体把握感情基调；再由学生朗读，深入了解作品内容。

(4)从把握文眼(“清”“静”“悲凉”)入手，把握文章的中心。

(5)理清文章主体的结构层次，概括主要内容(检查命小标题作业完成情况)。

记叙部分：

①清晨小院品清秋	绘秋
②落寞槐蕊感寂寥	清
③秋蝉凄切处处唱	静
④秋雨桥头话秋凉	悲凉
⑤微黄秋果添秋意	悲凉

议论部分：

概括段意(此内容不作为教学重点，且本人认为这段文字的插入与文章的整体韵味不甚和谐)。

总结：①南国之秋的色味不及北国之秋；②直抒对故都秋天的眷念之情。

(6)重点语段品味：

品味重点语段，体验本文以情驭景、以景显情的写法。指导学生阅读课文第 3 段，思考如下问题：

①作者为什么对陶然亭的芦花等著名风景只是点到为止，而着力去描写家家户户到处可见的秋景?

明确：作者身处的社会环境，在他的内心投下了忧虑和冷落的阴影，因此，他追求“清”“静”，心头笼罩着淡淡的“悲凉”。正因为如此，作者不写暖色调的香山红叶和喧闹的颐和园，对陶然亭的芦花等也只是点到为止，而是选择了最能表现作者感受的到处可见的秋景。

②第 3 句中“即使……就是……也……”这样的句式有什么寓意?

明确：北平的秋意，果真是无处不在，而且色味特别浓烈。但陶然亭的芦花等都是故都的外在特征，是历史遗留下来供人们观赏的风景古迹，而要真正表现故都的秋味，需认真体味世俗的生活，所以作者选取了胡同里、小院中到处可见的秋景去着力描写。

③作者是如何描写清晨在院中看到的景象的？试找一些相反的景象作比较。

明确：住——一椽破屋(一座大厦)；泡——一碗浓茶（一杯香茗)；看——碧绿的天色(火红的日出)；听——驯鸽的飞声(喜鹊的叫声)；对——牵牛花的蓝朵（绿叶红花)。由比较可见，作者所选景物突出的特征是：“清”“静”“悲凉”。

品味本文简洁清丽、精到细腻的语言。

指导学生阅读“落蕊”一段，思考如下问题：

①这段语言有何特点？作者是从哪些角度描写落蕊的?

明确：明白晓畅，简洁清丽。作者用白描式的语言，从视觉、听觉、味觉、触觉上，把落蕊的特征明白如话地描绘了出来，充满了诗情画意，给人以美的享受。

②这段文字突出了什么特点？从哪些词句可以看出？

明确：突出了“清”“静”“悲凉”的特点。如“脚踏上去，声音也没有，气味也没有，只能感出一点点极微细极柔软的触觉”，给读者以逼真的感受。这里寂静无人，斯人独徘徊，无人可与交流，便只有与自然相交融。揣摩作者的心境，大约是欣喜的，又是寂寞的。

(7)课堂语言训练：根据课文内容写一首《天净沙·秋思》。

教师出示：《天净沙·秋思》

破屋浓茶小院，漏光鸽声碧天，秋草蓝朵残垣。槐蕊铺地，故人在独叹。

方案二：何杰(北师大二附中教师)

1. 教学目标：体会散文的深层意蕴。

2. 教学重难点：虽然多数学生能从文中找到全文的中心词语“清”“静”“悲凉”，但如何从作者的描述中体会出这一点，却是难点，因为全文除了一处提到“落寞”外，提到悲凉的地方几乎没有。如果不引导学生细心体会，学生就不易深切地理解全文的情感基调。

另一个难点是为什么作者会认为北国的秋给人以悲凉的感受。

3. 教学方法：谈话法、品读法。

4. 教学思路：总的原则是深入文本，体会文字背后的深层意蕴，问题围绕作者所写的秋景是如何体现“清”“静”“悲凉”的特点来设计。教学的着力点应放在第3段至倒数第4段，即各个故都秋景的描写。

(1)研读第3段，思考如下问题：

①北平的特色景致很多，作者没有写故宫、天坛，而是列举了“陶然亭的芦花，钓鱼台的柳影，西山的虫唱，玉泉的夜月，潭柘寺的钟声”，这是为什么？它们有什么共同特点？

明确：这些景致都是自然之景，有特色而又常见，说明作者喜爱的北平，是亲近自然的北平，又是亲切的北平，而故宫、天坛等景致属于皇家建筑，体现不出北平亲切自然的特点。

②作者特别写到天色、鸽声等意象，它们给人以什么样的感受？

明确：碧绿的天色，驯鸽的飞声，正给人一种清、静的感受，如果熟悉北京的鸽哨声的话，就知道那种声音是很低沉的，会给人以沉重的感受。

③为什么作者要写到牵牛花，为什么要特别提到牵牛花最好是蓝、白色的？

明确：牵牛花是北平最常见的花，正因为其常见，才可见北平的一草一木都让人感动。这一段写秋色。青绿、蓝白，都是素雅的颜色，色调相对偏冷，正可以显出作者的孤寂。

小结：以上意象都是北平最常见的景致，正因为其平常，才显出其亲切，正因其亲切，才易令人伤感。所以作者选择意象绝不是随意为之，而是经过认真思考的。他选取以上景致，是因为这些秋景本身具有的特点最能代表自己的心境和情绪。

(2)研读第4段，思考：为什么“灰土上留下来的一条条扫帚的丝纹，看起来既觉得细腻，又觉得清闲，潜意识下并且还觉得有点儿落寞”？

明确：关键是要让学生注意到这是打扫后的情景，扫走的是落蕊，正与流水落花有相通之处。看着这消逝的秋景，想到美好事物已经消失，潜意识中有些落寞亦在情理之中了。

(3)研读第5段，引导学生体会秋蝉在反映秋之悲凉时的作用。

明确：蝉声自古就有悲声之称，如骆宾王的《蝉》，而北平的秋蝉又是家虫，处处有悲声，可见作者心中的落寞。文中又提到这是“衰弱的残声”，正是夏日鸣蝉热闹繁盛过后的表现。这不正是作者悲凉的原因吗？至于“清”“静”，学生大都明白以声写静的道理，可以一带而过。

(4)研读秋雨的描写，体会秋雨中的“清”“静”“悲凉”。

明确：这一部分可以抓住那都市闲人的对话体会其悲凉。闲人是微叹着答的，更重要的是他们感叹的是“一层秋雨一层凉”，马上寒冷萧瑟的日子就要来了。这正是秋天易给人带来悲凉之感的原因。北平的秋雨很有味，人更有味。这一段是全文直接写到且唯一写到北平人的，看着北平百姓，正给人一种亲切闲适的感受，也符合“清”“静”的特点。

(5)研读秋果一段，体会黄金秋日中作者的悲凉。

明确：该段写到了秋果的繁盛，似乎与全文的情调不协调。但如果引导学生注意到“西北风就要起来了。北方便是尘沙灰土的世界”这一句话，我们就会明白这“黄金秋日”之所以称为“黄金”是因为这是寒冬前最美好的日子，寒冬马上就要降临了。作者的悲凉也源于此。

小结：把本文所写的秋景综合起来，我们就会发现：作者所选的景致都是平常而接近自然的。正因为其平常，才显得亲切；正因为其接近自然，才符合作者的文人情趣。作者正是通过对这些平常亲切的景物的描述，表达自己对北国秋天的热爱的；而这些平常亲切的景物一旦成为回忆，自然会有物是人非、好景不再的伤感。同时，虽然作者没有直接明说，但如果分析一下作者所选之景和所作的描述，我们就可以发现作者把景物都放在了同一个背景美好事物即将逝去的时刻；表达的都是繁盛已过，寒冬将至的悲伤——这就是秋给人以悲凉感受的根本原因。这一点需要我们用心体会。

方案三：韩露(北京八中教师)

1. 教学目标

(1)在了解作者及创作背景的基础上。引导学生深入文本，品味语言。

(2)引导学生从意象的选取入手，体会作品独具特色的散文意境。

2. 教学重难点

(1)从文本入手，品味鉴赏蕴含着作者深情的词句。

(2)体会作者是如何通过选取意象来表现其心中独特的故都的。

3. 教学方法

(1)配乐朗读：包括教师的范读和学生的朗读。

(2)比较阅读：通过与老舍《想北平》中的一段文字作对比，体会两位作家对于北平的感情的异同。进而引导学生体会、理解作家的创作个性。

4. 教学思路

(1)教师配乐范读文章的第1段至第3段。

(2)引导学生思考如下问题，体会作者选取意象的特殊之处。

①陶然亭、钓鱼台、西山、玉泉、潭柘寺这些北京城的名胜，你去过吗?

②芦花、柳影、虫唱、夜月、钟声，你熟悉它们的特点吗?

③在你看来，一个外地人来到北京，会选择到这些地方游玩吗?

明确：如果说文章的第1段以直抒胸臆的形式为全文奠定了基调，那么第2段中的五句连缀才算真正引领我们走入作者心中萦绕挂念的故都之秋。绝不要简单地认为这就是简笔带过的几处景色。大千世界，林林总总，可以提及的东西太多了。陶然亭、钓鱼台、西山、玉泉、潭柘寺本身虽然是名胜古迹，可是这些名胜并不为外地旅客所熟知。北京对于一个外地人而言，更像是“皇城”的代名词，而不是“故乡”。但这些景观却是北京人最为熟知的，他们生于斯长于斯，其中浸润的不仅仅是历史的色彩，更是故土的色彩。而芦花、虫唱等就更不是一般的景物了。作者首先给了我们一个大全景，每一个句子都是一幅极美的画面。作者将秋意注入这五处从思绪中流淌出的意象中，虽全然没有一个“清”字，“静”字，或者是“悲凉”，但当这几幅图景在我们的面前淡入淡出的时候，我们就会油然生出那种淡淡的感伤和愁绪。黄昏的芦花在秋风中飘向不知归宿的远方，柳树虽然还带着绿色，可干枯的柳梢已经遮掩不住那一晚景的凄凉。西山的虫唱总让人想起诗人流沙河笔下的蟋蟀“就是那一只蟋蟀/在深山的驿道边唱过/在长城的烽台上唱过/在旅馆的天井中唱过”——凄清婉约中还带着浓浓的思乡情。而夜月和钟声则让人不禁想起“夜半钟声到客船”的诗句，使人陡生悲情冷意。可以说这几个意象的选取不仅把握住了北平的特色，同时也紧紧地扣住了“清”“静”“悲凉”的特点：既扣住了“故都”，又体现出了“秋”意。

(3)学生配乐朗读第3段。

明确：此时学生已经能够基本把握作品的艺术特色，在教师选取的音乐引领下，能够很好地完成朗读：这一次朗读也是学生对前面的学习进行消化和体会的过程。

(4)引导学生反复品味第3段“在北平即使不出门去吧，就是在皇城人海之中……你也能看得到……”中连词蕴含的意味。

明确：我们常说散文的力量在于平实，因为最平常的事物却往往最能够浸润人的心灵。真正的大手笔是能够把技巧的运用和情感的流动融为一体不留痕迹的。

(5)让学生归纳第3段中意象的特点，然后与老舍《想北平》中的文字进行比较阅读。

明确：通过比较鉴赏，引导学生关注：两位作家都没有选择北京作为“皇城”的特点而是向北京最普通的胡同小巷里的草木砖瓦上倾注情感。老舍是个地地道道的老北京，他对北京自然有着血脉相连的亲切，然而郁达夫这个外乡人竟然也有着如此相似的情感表达，实际上表现了“故都”在作者心中的重要地位、中国文人从古至今就有悲秋咏叹的宿命，秋意固然令人动情，然而倘若不是对故都怀有无限深情，也断然不会产生这样深透的感怀，秋天的清凉萧索肃杀和故土的厚重结合在一起的时候，才真正动人心魄，秋自然是作者要着意表达的，但更表达了作者对归返家园，特别对回归精神家园的渴望，这恰恰和作者当时的处境是息息相关的，作者的伤感不是一个匆匆过客的伤感，北平对于他是精神上相通相感的家园。

(6)请学生选取自己喜欢的段落，从语言表达、意象选择、情感意境等角度和周围的同学做一些交流。教师可以随机挑选几个同学即席发言。

(7)学生集体配乐朗读。

明确：所选音乐和前面两处朗读有所变化，但情感基调是一致的，从一般的教学规律上讲，这样的课文是不适合集体朗读的。但是在学习过程完成之后，利用课堂上情感的铺垫和音乐对于朗读氛围的营造，可以安排学生集体朗读课文，这时教师应与学生一起朗读，利用自己语调轻重缓急的变化引领学生更好地完成朗读。

评析：这是三个既有相同理念又风格迥异的教学方案。说其相同，是因为三者均遵循了新课程理念：教学目标上，体现了知识、技能、情感与态度并重；教学方法上，遵循了先学后讲的顺序，学生有自主学习和合作学习，教师有探究和点拨，体现了师生互动、生生互动，注意了对学生和学法的研究。

三个教学方案的个性特点也是显而易见的。

“方案一”不仅引导学生鉴赏文本清丽精致的语言，更重视结合教学实际，训练学生的语言表达能力。如为文本中五幅画面命小标题，且要求斟酌用词，用七个字概括，这对学生语言表达能力的提高是极好的训练。又如让学生写一首《天净沙·秋思》，学生既要写出文中之景，更需体现文中之情，还要用极俭省的笔墨反映文中的意境。

特别是孙老师写“下水文”这一环节，很好地体现了其积极的参与者角色。作为课堂活动有效的组织者和引导者，孙老师把学习的主动权真正交给了学生。

“方案二”注重培养学生的现代文阅读能力。这个设计是从学生实际出发的，不少高中学生读散文时觉得没什么可学的，不能从文本的表面信息挖掘其隐含信息，理解不了散文的深层意蕴。何老师运用谈话法、品读法，激发学生的“问题意识”，除了引导学生对文中富有特色、具有深刻内涵的词语进行品味外，更注意从看似简单的文字背后引导学生仔细揣摩，然后梳理全文的思想和情感，激活了学生的思维，培养了学生发现问题、解决问题和探究学习的能力。

“方案三”侧重于对学生文学鉴赏能力的培养，注重引导学生从意象选取的角度来领悟作者创设的独特意境，帮助学生从文本的破屋小院、漏光鸽声以至芦花柳影、虫唱夜月等意象中，领悟作者的落寞、悲凉。高中学生在阅读散文、诗歌时，不仅要找到文本中的意象，还要尝试通过分析意象的具体特征来领悟内涵，体会作者要表达的情感。从这个意义上说，韩老师的“教”适应了学生的“学”。

三个方案还有许多独到之处：“方案一”重视开场情境的设置，教师根据课型及内容精心创设了情境及导入语，引人入胜；“方案二”善于设置提问，用思想的触须拨动学生的情“弦”，并注意相机点拨；“方案三”注重多种形式的朗读，这看似细枝末节，但作用却不可小觑，因为散文的品味是离不开朗读的。

看了以上的方案设计，我感觉对文本的挖掘似乎应该更深一些，课堂上提的问题应更有价值并有些梯度，讨论应因需而设、因时制宜，并辅以必要的引导，要力求有碰撞，思维只有经过碰撞才会有深度。语文课堂价值就在于通过师生、生生的思维碰撞，相互讨论，生成新的东西，使课堂更有发现和研究味道。①

（四）专题型评课

专题型评课，即围绕语文教学中某一重点、难点、热点或其他问题，进行有主题、有重点的听评课。比如，阅读教学中教学目标的有效达成问题，写作教学中学生选材不当问题，语文教材中文体教学处理特点等，都可以作为专题进行评课。专题评课利于将教学研究难点分散，逐个解决待研究问题，成效较为明显。

教研组活动时可以根据具体情况，有计划地安排本学期专题讨论的议题。可结合语文教材的特点与授课内容，集中进行研讨评析，实施重点突破。

【案例分析】 **《林黛玉进贾府》教学设计②**

1. 设计思想

《林黛玉进贾府》选自《红楼梦》第三回，是序幕的一个重要组成部分。其特殊地位在于：全书正是通过林黛玉的耳闻目睹，第一次向读者展现了小说的典型环境——贾府，第一次向读者推介了小说中的一批重要人物。这一回对了解《红楼梦》全书有着非凡的意义。

---

① 评议者：北京市中语会副理事长、市特级教师刘运秀。

② 设计者：沈阳市第十一中学教师安岩。

通过学习，我们可一叹小说的环境描写，看大观园与人物命运的关系，品人物性格之成因；二叹曹雪芹的笔力，人物的出场，先后适宜，详略得当，虚实兼用，不但笔法变化多姿，而且在众多人物中可使描写的重点突出；三叹贾宝玉、林黛玉、王熙凤三个重要人物形象的塑造，外貌的描写，人物的语言、动作及细节刻画，无不精彩传神，“明镜照物，妍媸毕露”，突显人物的性格特点。

因此，本课教学设计拟重在两点：①了解阅读我国古代小说的意义和阅读小说的基本方法，诱发学习兴趣；②研讨人物表现艺术及环境描写的作用。教学重点落实在人物形象的分析上。

2. 教学目标

(1)知识目标

①结合课文阅读，使学生了解《红楼梦》的主要内容、思想性、艺术性及其在文学史上的地位。②从分析林黛玉的性格入手，学习刻画人物的方法。③理解环境描写的特点和作用。

(2)能力目标

①训练学生，通过揣摩人物语言、动作及细节描写来把握人物性格的能力。②分析形象，培养学生良好的分析习惯和知识迁移的能力。

(3)德育目标

正确理解《红楼梦》的思想内涵，培养学生热爱祖国传统文化的思想感情；认识封建大家族的腐朽没落，理解追求个性自由、反封建的精神。

3. 教学重点与难点

分析人物的性格特点及刻画人物的写法。林黛玉的性格分析。

4. 教学要点

(1)师生共同讨论林黛玉的性格

(2)学习古代小说刻画人物的方法

5. 教学过程

(1)导语

“开谈不说《红楼梦》，谈尽诗书也枉然。”《红楼梦》堪称中国封建社会的百科全书，是中国古典小说的最高峰。本课以黛玉进贾府这一事件为中心，通过黛玉的见闻，让众多人物登场亮相。按照封建贵族家庭的礼规，黛玉进府必定要去拜望自己的长辈，同辈姊妹也都要见见面。作者选择这个机会，使作品中的主要人物逐一出场，是行文的必需，也是事理的必然。

作者安排人物出场与环境描写交错进行，详略得体，虚实兼用，匠心独运。详写的人物有王熙凤、贾宝玉、林黛玉。今天我们重点来欣赏林黛玉。

(2)人物形象赏析

用师生共同讨论、教师点评的方法，指导学生赏析人物。

※林黛玉

①找出描写林黛玉外貌的句子。

提示：作者通过不同人物的目光，很有层次地刻画了林黛玉的音容笑貌、神态风度，使林黛玉的形象越来越清晰地呈现在读者面前。

方法：把众人眼里的黛玉、王熙凤眼里的黛玉、宝玉眼里的黛玉，三处描写放在一起，加以比较。

众人眼里的黛玉："众人见黛玉年貌虽小，……便知他有不足之症。"

教师点评：只作初步勾勒。众人关心的是黛玉的身体，注意点是体质的病弱和不足。

王熙凤眼里的黛玉："这熙凤携着黛玉的手，上下细细打量了一回，……怨不得老祖宗天天口头心头一时不忘。"

教师点评：描写进了一层，突出黛玉容貌的标致和气派的不凡。凤姐见多识广，"真有这样标致人物，出自凤口，黛玉风姿可知，宜作史笔看"。(脂砚斋批语)王熙凤的话，说得那么中听，得体，不仅投合贾母的心意，说得老太太十分受用，而且点明了黛玉的风流态度和言谈举止的不俗。

宝玉眼里的黛玉："厮见毕归坐，细看形容，与众各别：……病如西子胜三分。"

教师点评：经过两处铺垫，第三处借宝玉之眼浓墨重彩地描写黛玉。五个对偶句抓住林黛玉弱不禁风、多愁善感的性格特点，工笔细描，细腻地表现了黛玉无与伦比的姿容、神韵和风采，绘出了一幅精美的风流俊逸的病美人图。这一形象，只有宝玉的眼睛能看得出来，其他任何人都是无法发现的。

小结：三处描写，多角度、有层次地展现林黛玉的音容笑貌、神态风度，写意和工笔两种手法交替使用，既有朦胧的美感，又有清晰的美感。

②黛玉进贾府，为什么要"步步留心，时时在意，不肯轻易多说一句话，多行一步路"？

引导学生找出黛玉进贾府后语言、动作和心理活动的描写，并练习点评。

贾母一见黛玉，疼爱得了不得，“一把搂入怀中，心肝儿肉叫着大哭起来”，并不计较礼节，可是待众人慢慢解劝住了，黛玉还是补行了拜见的礼节。见了迎春姐妹三个，也“忙起身迎上来见礼”。

听到后院有笑声，听到“我来迟了，不曾迎接远客!”黛玉心里觉得那人“放诞无礼”，只是不说，见了面还是“连忙起身接见”，称呼上也非常小心。外祖母说：“你只叫他‘凤辣子’就是了。”她知道外祖母可以开玩笑，自己可随便不得，待明白过来，“忙赔笑见礼，以‘嫂’呼之”。

回邢夫人话时的语言、动作。贾赦没出来见面，只是让人回话，因为回的是大舅舅的话，黛玉忙站起来，一一听了，恭肃如此。大舅母苦留她吃饭，黛玉笑着推辞：“舅母爱惜赐饭，原不应辞，只是还要过去拜见二舅舅，恐领了赐去不恭，异日再领，未为不可。望舅母容谅。”表明了对邢夫人的尊敬与感激，又表明了自己顾全大局的礼节，说明她待人处事是处处留心的。

还有两次让座的描写。连一个位子，黛玉也处处小心，无论在王夫人处，还是在贾母后院吃饭，黛玉都十分推让。表现她非常细心，绝不轻易从事。

“黛玉见了这里许多事情不合家中之式，不得不随的，少不得一一改过来。”饭后漱口，跟着漱口；吃茶，跟着吃茶。表现她细心，在意。

黛玉回答贾母(语言描写)：“只刚念了《四书》。”黛玉又问姊妹们读何书。贾母道：“读的是什么书，不过是认得两个字，不是睁眼的瞎子罢了!”当宝玉问她可曾读书时，黛玉只说：“不曾读，只上了一年学，些须认得几个字。”可见，黛玉已经意识到先前实话实说有不谦之嫌，马上留意改口。黛玉的言谈举止，表明其教养非同一般。

小结：对黛玉语言和动作的描写，处处表现她“步步留心，时时在意”，谨小慎微的态度，表现她“寄人篱下”的心境。黛玉“上无亲母教养，下无姊妹兄弟扶持”，只好依傍外祖母。她有很强的自尊心，也有很强的自卑感，因此，“步步留心，时时在意”。

总结：通过外貌、语言、动作、心理活动表现了一个美貌多情、体弱多病、心态复杂、知书达理、有教养、为人处处小心谨慎的少女形象。

板书设计：

林黛玉 ｛态度与心境：寄人篱下，步步留心，时时在意
外貌、神情、风韵：美丽多情，体弱多病

评析： 这是一堂小说教学专题探究课，选取了古典小说名著《红楼梦》，具有代表性。周汝昌说《红楼梦》是用一种高雅优美的中华语文独特的手法来表现的，让人深深体会到汉字、汉文化的美。的确，面对这样的一部作品，要讲的东西实在很多。本课设计聚焦于人物描写，通过分析林黛玉这个人物，将人物的性格特点、刻画手法与思想内容有机融合，应该说是提纲挈领地抓住了《林黛玉进贾府》的精髓。人物性格分析是小说教学的重点，在对林黛玉这个人物的赏析中，设计者依据课文内容，巧设疑点，学生讨论和教师点评结合，通过揣摩人物外貌、语言、动作、细节，理解人物性格，进而理解作品的主题意义。教法虽不算新，但很务实，课堂点拨到位，教学收到实效。

【实践演练】

1. 请你按照分析林黛玉形象的思路和方法，拓展分析王熙凤、贾宝玉的形象。

2. 在小组集体备课过程中，大家轮流说课，再相互评议其优点与不足。

【超级链接】 **美国如何评价一堂好课①**

1. 课堂表现

(1) 根据学生的课堂表现，判断学生是否了解和接受教师期望他们在课堂上做什么。

(2) 教师是否能把握和组织课堂上的教学和学习过程？

(3) 是否所有课堂上使用的教学材料和教学辅助设备都是必要的？这些材料和设备是否都能充分恰当地使用？

① 许云：《美国如何评价一堂好课》，载《内蒙古教育》(基础教育综合版)，2010(3)。

(4) 教学目的是否达到？重、难点是否明确并有所突破？教学任务是否完成？时间分配是否得当？

2. 学生参与

(1) 教师对学生学习和活动的指令是否清楚？

(2) 学生是否明了他们的课堂学习和活动该怎样与前面所学的知识以及他们今后的生活联系起来？

(3) 学生的学习和活动是否积极主动？

(4)有多少学生参与了学习活动？

3. 教学过程

(1) 教师对知识的传授和问题的解释是否准确？

(2) 教师在培养学生能力方面使用了哪些手段？比如演讲、小组活动、自主学习、探究活动、自编练习或试卷、辩论、社会实践和调查、师生互动以及互联网的使用等。

(3) 教师的教学对学生的学习和知识的应用是否有示范作用？

(4) 教师是否经常检查，以确保学生对知识的正确学习和运用？

4. 课堂练习

(1) 学生是否通过一些公开活动来练习或使用所学的知识？

(2) 学生的实践活动是否与知识的学习有直接联系？

(3) 教师是否知道学生的学习过程？

(4) 在必要时以及在重要处，教师是否做过强调或重点讲解？

5. 知识的巩固

(1) 下课前教师是否总结或提炼了该堂课所要掌握的内容？

(2) 学生是否理解和掌握了该堂课所学内容？

6. 知识和能力的拓展

(1) 教师是否对所学知识的内涵和外延进行了进一步的挖掘和扩大？

(2) 教师是否对学生进行过相关能力的培养和拓展？

(3) 教师是否布置了相关知识的课外作业？

7. 学习兴趣的培养

(1) 在课堂上，教师是否使用过任何一种形式来培养学生学习兴趣和活跃课堂气氛？

(2) 增加或减轻焦虑以调动学生学习的欲望和兴趣。

(3) 保持活跃、友好的课堂气氛，使学生乐于接受所学知识。

复习思考题

1. 说课和授课的联系与区别有哪些？
2. 听评课有什么样的功能意义？
3. 要评好课应遵循哪些原则？
4. 评课的类型有哪几种？你认为此外还有哪些好的类型？

第十一章　语文教师的专业发展

【学习导引】

随着时代社会的发展，传统的教师角色面临着挑战，新时期新课程对语文教师角色的转变提供了契机，使之成为学生语文学习中的组织者、促进者、引导者、创新者、示范者角色，具备符合职业要求的相关知识、能力、情意素养。通过提供促进语文教师专业发展的外部环境和激发语文教师专业发展的内在需求等途径，促进语文教师在专业知识、专业技能、专业情意态度等方面的不断发展。

第一节　语文教师专业发展的意义

教育是以促进人和社会的发展为目的，通过传授文化知识与经验培养人才，服务于社会，它是一种社会活动，其实质是为了人类和社会的不断进步。通常人们认为教育的要素包括教育者、受教育者及教育手段。其中，教师是教育者，学生是受教育者，这就决定了教师职业与其他职业的不同。教师的工作对象是人，有着特殊的专业特点和职业要求，而且这种要求是随社会的发展而相应变化的。

一、概念的辨析

(一)专业及专业化

《现代汉语词典》对“专业”一词的解释有三个，其中第三条的解释是“专门从事某种工作或职业的”①，也就是说，专业是在社会分工和职业分化的过程中形成的特殊职业，是社会进步和发展的表现。衡量一种职业是否是一种专业，应该看它是否达到专业标准或者是专业化的程度。早在1966年国际劳工组织和联合国教科文组织联合发表的《关于教师地位的建议》曾明确指出：“教育工作应该被视为一种专门职业。这种职业是一种要求教师具备经过严格而持续不断的研究才能获得并维持专业知识及专门技能的公共业务，

① 《现代汉语词典》，1650页，北京，商务印书馆，2002。

它要求对所辖学生的教育与福利拥有个人的及共同的责任感”。我国从1994年1月1日开始实施的《教育法》规定：“教师是履行教育教学职责的专业人员。”这是我国教育史上第一次从法律上确认了教师的专业地位，并且通过制定教师的任用和评聘制度，包括国家规定教师任职的学历标准；教师要有必要的专业知识和专业能力；教师要有职业道德；国家对教师的教育有专门机构、专门教育内容和措施；国家对教师进行资格认定和管理等，来规范教师职业的专业性。

“专业化”是指一个职业群体在一定的时间内，经过专门的教育和训练，逐渐符合专业标准，成为专门职业并获得相应地位的过程。教师作为一种特殊的职业，也需要一个专业化的过程。

(二)教师的专业化与语文教师的专业发展

“教师的专业化”是指教师专业知识、专业能力和职业道德品质的发展过程。这一概念有两个维度：地位的改善与实践的改进。前者关注的是将教师作为一种职业，在多大程度上获得作为专业性职业的地位问题。后者关注的是教师在实施教育行为时使用了多少专业知识技术问题。前者一般包括提高学历要求、建立自我管理团体等要素，后者的专业化实际上等于教师专业发展。①

从时间上追溯，1980年以前教师专业化实质是追求教师职业的专业地位。在提升教师专业化程度的过程中，采用的是群体的专业化策略，通过提升教师的整体素质来提高教学工作的专业化水平，确保教师职业的专业地位。1980年后教师专业化转向教师的专业发展，这是因为，人们逐渐认识到，促进教师的专业发展是提高教学工作专业地位的根本措施。

当前对“教师的专业发展”的理解并不一致。国外研究者的研究成果可以归纳为三类：第一类是指教师的专业成长过程；第二类是指促进教师专业成长的过程(教师教育)；第三类认为以上两种含义兼而有之。在我国，研究者普遍认为“教师的专业发展是指教师的专业成长或教师内在专业结构不断更新、演进和丰富的过程。”②它强调的是教师个体的、内在专业性的提升。

教师的专业发展具有自己的本质特征，突出地表现为自主性、持续性、系统性。

① 刘河燕：《教师专业化的内涵、实质及标准》，载《西南民族大学学报》(人文社科版)，2005(5)。

② 叶澜、白益民：《教师角色与教师发展新探》，226页，北京，教育科学出版社，2001。

自主性。教师具有自我发展的意识和需求，能自觉承担专业发展的主要责任，通过学习、实践、反思、探索，提高教育教学能力，向更高层次的方向发展。

持续性。教师的专业发展是一个持续的过程，通过在教育教学实践中的分析、反思、探索、创新，使自己能够适应日新月异变化的社会需要。

系统性。教师的专业发展是一个系统的过程，不仅要考虑长期的目标、变化，还要考虑组织的各个层次。

教师的专业发展有内容上的要求，主要包括知识素养、能力素养、情意素养。其中，知识素养是教师专业发展的基础；能力素养是教师专业发展的基本保证；情意素养是教师专业活动和行为的动力。

语文教师的专业发展既要遵循教师专业发展的共性，又要在专业发展内容上充分体现出语文教育的个性。

二、语文教师专业发展的意义

(一)顺应教育发展趋势

从教育发展趋势来看，教师的专业发展是一个世界教育范围内的发展方向。早在1966年，联合国教科文组织和国际劳工组织就强调教师的专业性质，认为“教学应被视为专业”。发达国家已经把教师的专业发展作为教师发展所追求的共同目标。我国教师的专业发展虽然起步晚，但是基础教育改革过程中所涉及的教育思想和观念、教育教学模式、教育体系结构、教育管理体制、课程体系和教材、评价和考试制度、教育技术手段等，需要高素质的教师来完成。因此，要针对我国的国情，加强语文教师的专业发展，实现语文教育与国际先进教育的接轨。

(二)充分发挥教育的育人功能

从社会发展的角度来看，当今社会的主旋律是经济发展和社会科学技术的不断进步，这些都有赖于各级各类学校为社会输送各种具有实践能力和创造能力的社会需要的人才，要充分发挥教育的育人功能，教师的作用是任何阶级、社会都无法忽略的。邓小平说过：“一个学校能不能为社会建设培养合格的人才，培养德智体全面发展、有社会主义觉悟的有文化的劳动者，关键在教师。”①教师在教学过程中体现的教学理念、教学设计、教学策略、教学评价、

① 《邓小平文选》，105页，北京，人民出版社，1993。

课程的开发等诸多因素，无不要跟社会发展的人才规格相吻合。因此，当今世界各国把增强综合国力、实现可持续发展建立在优化教育上。语文教师作为先进文化的传播者，其专业的发展程度，不仅直接决定着语文教育质量的高低，而且还会直接影响到我国的人才培养大计。

(三)不断提升教师素质

从教师自身素质来看，教师的专业发展是提升自身素质的手段。现代社会的发展，要求终身教育和继续教育贯穿于教师的教育生涯，使其成为教师不断提高自身素质、适应社会发展的阶梯。如果一个教师不从自身的专业知识、专业能力、专业情意等方面不断提升自己，当然无法适应社会发展和教育发展的需要，会在停滞不前中被淘汰。因此，一个合格的教师首先必须是一个专业不断发展的教师。

语文教师从事的是母语教学，它的基础性、民族性还直接关系到源远流长的中华民族文化的传承与发展，关系到国运的兴衰和民族的兴亡，语文教师肩承的使命应该成为语文教师专业发展的不竭动力。

第二节　语文教师专业发展的内容

在学校教育中，教师负责向学生传递人类科学文化知识和训练学生技能，发展学生的体质，对学生进行思想道德教育，培养学生高尚的审美情趣，使学生成为社会需要的人才。语文教师作为学生知识的传承者、技能的训练者、人格的培育者，必须加强自身在专业知识、技能、情意方面的素养，承担好学生语文学习生活乃至整个人生中的重要角色。

一、语文教师角色的转换

角色指一个人在社会生活中的身份以及与之相适应的行为规范。教师在社会生活中承担的是教书育人的专业化活动的角色，与其他职业有着明显不同的特殊身份、职业行为规范和职业特点。语文学科由于兼具工具性与人文性的特点，这对语文教师的角色提出了更高的要求。义务教育课标在教学建议中提出，要“充分发挥师生双方在教学中的主动性和创造性；在教学中努力体现语文的实践性和综合性；重视情感、态度、价值观的正确导向；正确处理基本素养与创新能力的关系；遵循学生的身心发展规律和语文学习规律，选择教学策略”，因此，在语文教学和学生的学习生活中，教师应该注重自己的角色定位。

(一)语文教学的组织者

建构主义理论认为，教师在课堂中的作用可以概括为：教师是课堂教学的组织者、发现者和中介者。在语文课堂教学过程中，教师要营造和谐的教学氛围，维持良好的课堂教学秩序，顺利展开和完成课堂教学，需要有效地组织课堂，成为语文课堂教学的组织者。语文教师的这种组织者的职能主要体现在：教师要设计有利于学生汲取知识和身心发展的教学情境；制定课堂学习应遵守的规则、教学内容展开的先后顺序；对学生课堂行为的评价并进行相应的奖惩等。为了发挥语文教师的组织者职能，应做到：

首先，语文教师要有威信。要通过自己的才能和品行赢得学生的敬重。学生只有信任和尊重老师才能使师生之间进行平等民主的对话，保证课堂教学的顺利实施。

其次，掌握相关知识。作为课堂教学的组织者，教师要掌握一定的管理学知识和行为学知识，使课堂教学能够富有成效地按计划进行。

再次，具有教学机智。在课堂教学中，要及时观察学生的学习心理，了解学生的动向，对学生在学习过程中出现的问题能够及时疏导、处理，灵活地运用教学机智。

最后，培育学生意志力。在日常学习和生活中，要注意培养学生坚强的意志力，帮助学生养成自我控制的能力和自我约束的能力。

(二)语文学习的促进者

《基础教育课程改革纲要》指出，“教师在教学过程中应与学生积极互动、共同发展”“促进学生在教师指导下主动地、富有个性地学习”“建立促进学生全面发展的评价体系”“促进学生在原有水平上的发展。”其核心理念是为了每一个学生的发展。学生的发展，指的是学生独特个性的发展，也就是承认每一个学生发展的具体性和特殊性。语文教育，要以促进学生的发展为根本。而学生学习的过程，是一个求知、探究、合作的过程，是在教师的指导下参与到学习中去，自己动脑、动口、动手去探究、发现新知的过程。作为教育者，语文教师在教学中就应该扮演促进者的角色，促进学生情知的发展。在促进学生学习的过程中，语文教师理应做到：

首先，应创设良好的学习氛围。教师要理解、支持、鼓励学生，给予学生心理上的支持，使学生的思维更加活跃，探索热情更加高涨，课堂更加生机盎然。在学生实验失败或讨论出错时，教师要给予理解和鼓励，为学生营造有安全感的学习氛围，促进他们不断地思考和探索。

其次，要对学生进行适时的点拨。点拨是指当学生思路阻塞或陷入僵局甚至产生错误，无法解决困难时，教师及时加以指导、指点，引导学生自己思考探讨，想出办法，找出途径，从而达到解决问题的目的。

再次，要积极地旁观。在学生观察、思考、讨论的过程中，教师能够通过积极的观察，随时掌握课堂中的各种情况，设计指导学生学习的策略。

最后，重视情意培养。注重学生学习的过程和方法，注意对学生情感、态度、价值观的正确导引。

(三)语文学习的引导者

现代教育要求教师不仅要向学生传递知识以达成教育结果，还要促进学生个人发展。语文教师在促进学生的发展过程中，必须由知识的权威、课堂的主宰转变为学生学习过程的引导者，即做学生全面和谐发展、自主发展、个性发展的引导者。教师要从知、情、意、行方面指导学生，注重对学生情感、态度、价值观、学习过程及方法的影响，不能仅仅把注意力停留在学生的学习成绩和知识技能的提高上。教师要扮演好引导者的角色，必须做到：

首先，要充分调动学生的学习兴趣。要引导学生利用已有的知识和经验主动探求知识、获取知识。能够在学习的过程中勇于发现问题，大胆质疑，不断调查、探究，借助各种工具书、参考资料、网络资源自主解决学习中遇到的问题。引导学生善于运用教师教给的学习方法在自己的学习中灵活运用，形成知识经济社会所需要的自学能力、自主能力以及创新能力，为获得语文素养和终身学习的能力奠定基础。

其次，要关注学生的个体差异。应了解每个学生的知识结构、学习心理，做到因材施教，满足不同学生的需求，发掘每个学生的潜能，最大效率地发挥教育的育人功能。

最后，教给学生科学的方法。教师要针对语文学科信息量大的特点，利用现代信息技术，收集、筛选、整理信息，教给学生正确的获取信息的方法，以便节约时间，获得更多的精力投入到学习中。

(四)个性化教学的创新者

当前的语文课程改革，以培养学生的创新能力和实践能力为着眼点。学生语文能力的发展很大程度上取决于教师创造性的教，这就对语文教师的个性化教学提供了机遇和挑战。对于一个语文教师，如何挣脱旧观念的束缚，运用先进的、科学的思想来指导自己的教学实践，如何根据语文教学实际恰当地选择和运用教学模式、教学方法、教学手段，反映了一个教师的创造力。因此，语文教师应该做到：

首先，具有创新精神。要锐意进取，敢于冲破妨碍改革创新的清规戒律。

其次，具有教学创新意识。突破思维定式的困扰，养成求异思维的习惯。具有人无我有、人有我优的意识，才能积极开展创造性工作，更好地推进课改的进一步深入，提高教育教学质量。

(五)社会道德规范的示范者

语文教师不仅仅要教会学生知识，学习的方法，还要对学生进行潜移默化的熏陶——以自己的言行来帮助学生形成良好的品质。美国著名的心理学家阿尔伯特·班杜拉(Bandura)提出的观察学习理论认为，行为的习得或行为的形成可以通过反应的结果进行学习，也可以通过榜样的示范进行学习，人类的大部分行为是通过观察榜样的行为习得的。在人类的学习中，观察学习占有十分重要的地位。所谓的观察学习就是通过观察他人的行为(这种行为对于观察学习者来说是新的行为)获得示范性行为的象征表象，并引导学习者做出与之相对应的行为的过程。这一理论告诉我们，榜样在形成学生良好行为习惯方面具有重要作用。在社会，学生的行为往往模仿周围人的行为习惯；在家庭，父母的言行往往影响着儿童；在学校，学生模仿的是他们喜欢或尊敬的教师，教师的榜样作用潜移默化的影响和教育着学生。学生具有“向师性”，而且由于自身所处年龄的身心特点，决定了教师的思想品行、人格修养对他们具有重要的影响，甚至成为效仿的对象。因此，语文教师应该做到：

首先，身正示范。在培养学生道德品质和人格特性的过程中，教师不仅要指导学生掌握社会价值观念和行为规范，更要充当起示范者的角色，通过自己的一举一动，给学生提供活生生的榜样。

其次，调整身心。过于完美的示范者角色，会给教师带来巨大的精神压力，教师一方面要不断努力达到社会赋予的教师的角色期待，另一方面也要不断调整自己的身心，使自己能够以饱满精神状态愉快地投入到生活、工作当中去。

此外，语文教师还应该适应课程改革发展的需要，做语文教学良好的师生关系的协调者、语文教学的研究者、课程资源的开发者。

二、语文教师专业素养的提升

素养通常指人通过长期的学习和实践在某一方面所达到的高度。语文教师的素养，主要包括知识素养、技能素养和情意素养。它不仅是语文教师从教的前提和基础，也是语文教师专业发展的主要内容。

中共中央国务院《关于深化改革全面推进素质教育的决定》指出："建设高质量的教师队伍，是全面推进素质教育的保证。"《中国教育改革与发展纲要》指出："振兴民族的希望在教育，振兴教育的希望在教师。"而在义务教育课标的"教学建议"中也指出："教师是学习活动的组织者和引导者。教师应转变观念，更新知识，不断提高自身的综合素养。"由此可见，在新的课程改革背景下，要发挥教师在教学中的作用，语文教师就必须具有良好的素养。

（一）专业知识素养的养成

知识，是人们在改造世界的实践中所获得的认识和经验的综合。语文教材本身所包含的知识，可谓上至天文，下至地理，蕴含着丰富的自然科学和社会科学知识，体现着古今中外人类的智慧。这就要求作为教育者的语文教师，要有着符合职业需求的、丰富的知识素养。传统的"教师要给学生一杯水，自己必须有一桶水"的教育观念已经明显跟不上时代发展的要求。教师在学生学习过程中所扮演的促进者、引导者的角色，决定了要帮助学生建构自己的知识结构，教师已不再仅仅是传统意义上的"传道、授业、解惑"角色。语文教师的知识素养可以从普通文化知识素养、语文专业知识素养、教育学学科知识素养三个方面加以丰富和提高。为了加快语文教师的专业发展，还要注重教师专业知识的重构。

1. 普通文化知识素养

义务教育课标在"总目标"中规定："认识中华文化的丰厚博大，吸收民族文化智慧。关心当代文化生活，尊重多样文化，吸取人类优秀文化的营养。"为了达成语文教学目标，能够在教学中游刃有余，提高学生的语文素养，语文教师就必须在精通语文学科专业知识的前提下，掌握广博的丰厚的普通文化知识，以便在教学中驾驭教材，厚积而博发。语文教师要掌握的普通文化知识一般包括自然科学知识、社会科学知识、思维科学知识等。

（1）自然科学知识

语文学科虽然不能直接系统地向学生传授自然科学的知识，一方面，语文教材中编排了相关的自然科学的说明文，如《奇妙的克隆》《花儿为什么这样红》等，如果教师对于这些课文所涉及的知识生疏甚至于一窍不通，势必会出现一些常识性的错误，造成不好的影响。另一方面，由于现代及未来社会的发展，要求社会的建设者具有科学意识、科学精神、科学创造，这就促使语文教师应该从基础抓起，注重在日常语文教学中，结合教材向学生不断地渗透科学知识，把学生培养成为未来社会发展最有力的竞争者。自然科学中的天文、地理、生物、数学、物理、化学常识以及现代科学方法论等都是语文教师要掌握的知识对象。

(2)社会科学知识

语文即生活。语文课程是不同时代赋予社会生活的缩影。学生通过教材的学习，可以了解不同时代、不同社会的状况。语文文本是内容和形式的统一，教师要准确、科学地把握文本的内容，不仅需要极强的语言理解力，更需要丰富的社会科学知识。因此，语文教师要博览群书，了解人世百态，感悟世事人生。要了解马克思主义哲学、史学、经济学、伦理学、环境学、人才学、军事学，掌握政策法规，学习各地的风土人情、人际交往、沟通礼仪，等等。

(3)思维科学知识

在当代信息社会里，知识、智力、智慧的重要性日益增长，思维对于知识的产生，对智力和智慧的形成起着关键性作用。语文课程要培养学生听、说、读、写的能力，思维则是诸种能力的核心。语文与思维训练的关系非常密切。义务教育课标要求，在发展语言能力的同时，发展思维能力，激发想象力和创造力。想象和创造也无法脱离思维。语文教师除了自身需要较强的思维能力外，还必须科学地指导学生进行一定的思维训练。掌握一定的思维科学知识成为语文教师的一项必备的知识。具体来说，语文教师要掌握思维的概念、思维的主体、思维的对象、思维的结构、思维的类型、思维的培育等知识，并灵活地应用于语文教学实践中。

2. 语文专业知识素养

传授语文学科的基本知识是语文教师的主要任务之一，语文教师要顺利而出色地完成教学任务，首先要对语文学科的全部内容有全面而深刻的了解，并且要精通语文学科的知识。教师的语文专业知识素养主要体现在语言学、文字学、文章学、文艺学、美学等方面。

(1)语言学

语言学的基础理论。语文教师首先要通过语言学概论了解语言的本质、结构及其发展规律，了解语言与社会以及其他学科的关系，了解语言学的研究方法及其最新成果、发展趋势。

现代汉语知识。语文教师要通过现代汉语的学习，系统地掌握现代汉语知识。包括普通语音学，熟悉汉语的声、韵、调，掌握汉语拼音方案和普通话语音系统；了解语义学和词汇学的基本原理，通悉语义和语境的关系，掌握词的构成和组合规则，明确词的基本意义与引申意义、比喻意义之间的关系，熟知辨析词义的方法，把握词语的感情色彩，熟悉词汇的发展变化。

古代汉语知识。语文教师应该具有较为系统的古汉语基础知识。要掌握常用的文言实词和虚词，熟悉古今词义的变化，了解古汉语的句型结构，熟悉古代重要辞书的查检方法。

(2)文字学

汉字是方块字，有着悠久的历史，是中国古老文化的象征。语文教师要熟知文字的起源和发展规律，明确文字的性质、作用、基本原理。尤其要掌握汉字的音、形、义的构成，熟悉汉字的笔画，笔顺与各种间架结构，掌握规范汉字，掌握查检汉字的各种方法，掌握识字法、正字法和写字法。另外，要明确标点符号是书面语言中不可缺少的组成部分，能够正确使用标点符号。

(3)文章学

文章学是专门研究以写实为主的文章即普通文章(记叙文、议论文、说明文等)、专业文章(新闻文、史志文、应用文、学术文等)、变体文章(文学报告、文学传记、科学小品、杂文等)的读写听说规律的一门科学。① 语文教师要了解文章学的基本理论，掌握文章本身的构成规律，熟知文章的主旨、结构、表达方式等要素及它们的内部联系。要掌握各种实用文章的阅读方法，熟悉各种阅读方式、明确各种阅读方式的目的要求，研究阅读的反应过程和训练方式，懂得阅读与写作的关系。研究文章的阅读、分析和鉴赏的方法。

还要学习写作学，掌握写作的基本理论及常用文体知识，对构成文章的材料、主题、结构的要求能够熟练掌握，对文章的素材与题材、思想与思路、语言与文风等有深刻的理解，能有效地指导学生，提高学生的写作水平。

(4)文艺学

文艺学是研究文学的性质和特点及其发生、发展规律的科学。它是文学实践的理论总结，又受到文学实践的检验和修正，并给文学实践以指导。语文教师要了解文艺学的基本理论，掌握文学作品的结构规律。要了解中外文学史及中国古代文学、现代文学和当代文学的基本内容，熟悉各个时期主要的作家与作品。能够涉猎世界文学宝库，了解名家作品特色，熟悉常见的作品，提高对文学作品、艺术作品的分析与鉴赏能力。

(5)美学

语文教师还应懂得美学知识。要掌握美学基础知识，认识美的本质、形态

---

① 杨道麟、曾祥芹：《中国文章学研究会会员代表大会暨第22届学术年会纪要》，载《文章学通讯》，2006(1)。

和审美的基本规律，树立正确的审美观，能够结合语文教材的特点进行审美教育。

除此之外，语文教师还应对电影、电视、戏剧、曲艺、音乐、美术知识等有所涉猎。

3. 教育学学科知识素养

教师在向学生传授知识的同时，还必须明确“为什么教”“怎么教”来提高教学效率。这就涉及语文教师要掌握教育科学知识，特别是教育学、心理学和语文教育学的知识和理论。

(1)教育学

教育学是通过对各种教育现象和问题的研究揭示教育的一般规律的学科。语文教师要系统地学习教育学方面的知识。要掌握教育的基本理论，包括教育的实质、目的、内容、教学原则、教学的过程和方法。要与时俱进，了解新形势下的课程理论和学习理论，为教学课程资源的开发与利用、教学方法的选择做理论的支撑。能够对古今中外的有影响的教育思想进行研究、借鉴，来指导自己的语文教学实践，提高教学质量。

(2)心理学

教师要想使语文教学取得实效，就必须掌握心理学的知识，了解青少年学生身心发展的规律和特点、个性差异，了解学生良好的个性、健全的人格形成的途径，这样才能使教育教学工作有的放矢，真正提高教育质量和教学效果。另外，新形势下的课程改革在创建有生命力的语文课堂的同时，也对教师提出了前所未有的挑战，给教师工作带来了巨大压力。掌握心理学知识，对于教师维护自己的心理健康，养成良好的心理素质提供了理论指导。

(3)语文教育学

学好语文教育学是教师把语文知识有效地传授给学生的保证。语文教师要正确把握语文学科的性质，掌握语文教学的目的、原则、内容、过程、方法。要了解语文教育的历史，辨析语文教学发展过程中的论争及改革，掌握语文教学的理念及语文教学中实施德育、美育、情感教育的规律。

(二)专业技能素养

语文教师的专业技能是语文教师从事教育教学的基本能力。在语文教师应该具备的专业技能中，教学技能是最重要的能力。教学技能是指教师在教学过程中运用一定的知识和经验顺利完成某种教学任务活动的能力。它反映了教师为完成教学任务而进行的教学的熟练程度和水平，为教师达成语文教学目标，取得良好的教学效果提供可能性和心理支持。教师从教有着普遍的职业技能，也有依据学科特点而要求的特殊技能。语文课程具有工具性和人文性相结合的特点，教学目标多元化、教学内容丰富化、教学手段多样化，这就对语文老师的从教技能提出了相应的要求。

1. 课前准备技能

包括研究教材、了解学生、教学设计、编写教案、设计练习作业、设计板书、课程资源利用与开发等项技能。

2. 课堂施教技能

包括导入新课、讲读分析、问答研讨、收束课程；教学语言运用、教学结构处理、教学程序安排、教学组织与调控、教学方法选用等技能。

3. 学习指导技能

包括课内外读写指导、语文综合性学习活动指导、语文学习方法指导等技能。

4. 教学手段使用技能

包括传统教学手段使用技能、现代教学手段使用技能、网络教学手段使用技能。

5. 教学评价技能

包括听课评教技能、教学效果监测、课内外指导效果评价等技能。

6. 教学研究技能

包括工具书使用、资料积累检索、教学调查、实验研究、论文撰写、校本研究等技能。教师的教学研究能力不仅是提高教育质量的需要，也是教师自我发展的需要。通过教学研究，督促教师自觉地加强理论学习，广泛纳取资料，投身语文教学调查、实验，不断探究，总结教学经验，反思教学不足，大胆创新，推动语文教师专业的不断发展。针对语文教师的教学研究能力对专业发展的重要性，有关教学研究能力的具体内容将在本节第四大问题中专门论述。

（三）专业情意素养的培育

语文教师具备了能够胜任教学的专业知识和专业技能，还远不能使其成为一个合格的、优秀的教师。对所从事职业的态度、意愿、情感，才是使事业取得成功的内驱力。语文教师的专业情意素养主要体现在专业理想和专业道德两个方面。

1. 专业理想

理想是一个人走向成功的奋斗目标。教师的专业理想，是对成为一个优秀的教育工作者的真诚向往和热情追求，是促使教师不断走向成熟、发展、成功的巨大动力。在语文教学中，语文教师应该把传授学生知识、提高学生能力，培养学生爱国主义情感、社会主义道德品质，逐步形成积极的人生态度和正确的价值观，提高文化品位和审美情趣，全面提高学生的语文素养作为自己的专业理想。为此，语文教师要热爱语文教育事业，热爱中华民族博大而精深的文化，具有无私的奉献精神。

2. 专业道德

教师的专业道德，是教师在教育教学活动中处理人际关系所要遵循的基本原则和职业操守。它蕴涵着教师的专业责任、道德品性和专业精神。教师的专业责任是一种规约下的承诺，教师以承诺规范自己并逐渐形成专业责任感；教师的道德品性是教师个体对道德的理解与诠释，并通过实践活动中的道德行为体现出来；教师的专业精神以自律为核心，推动着教师的专业发展与成长。语文教师的专业道德体现在语文教师要有高尚的道德品质和人格。“学高为师”“身正为范”，教师要不断从政治思想、学识修养等方面提升自己，成为一个令同行尊重、令学生敬仰的人。语文教师的专业道德体现在和谐的师生关系中，体现在对学生的满腔热爱。教师要尊重学生，和学生进行平等的对话和交流；要赏识学生、鼓励学生、关怀学生，真正成为学生的良师益友；还体现在具有合作意识和合作精神，能够在教学中虚心求教，共同探究、共同提升，共同进步。

三、语文教师专业知识的重构与专业能力、情意的发展

语文教师除了要具备上述基本的专业知识素养，还必须进行专业知识的重构、专业能力和专业情意的发展。

(一)专业知识的重构

为了促进教师专业的发展，还必须进行专业知识的重构。专业知识是指一定范围内相对稳定的系统化的知识。语文教师专业知识的发展主要体现在知识体系的重构上。也就是在教师的知识结构中，要改变普通知识＋语文知识＋教育学知识的单一性，强调知识的复合性和前沿性。

1. 教育心理学知识

语文教师在具备普通心理学知识的基础上，应拓展学习教育心理学的知识。这两者是一般与特殊的关系，普通心理学阐述的是人的心理活动一般的共同的规律；教育心理学以普通心理学为基础，只研究教育领域中人的心理现象及规律。教育心理学研究的心理现象主要是指教师如何教和学生如何学的规律。语文教师在了解掌握相关教育心理学的知识后，可以遵循学习心理特点，按科学规律进行教育教学，促进学生智力和非智力因素的协调发展，丰富语文

教师的知识结构。

2. 专门性知识

语文教师应具备至少包括语文学科在内的两门以上的专业知识，比如历史、数学等，教师可以根据自己的兴趣和能力来选择这些知识门类。专门性知识有助于教师教学时游刃有余，进一步加强学科之间的横向联系，与其他学科教师取得教学上的协调，以共同激发学生的发现、探索、创造的欲望。对于语文学科的专业知识，要在掌握丰富的语文学科知识的基础上，主动了解语文学科的发展历史和趋势、影响语文学科发展的因素，明确语文学科的社会价值和对人类发展的作用，掌握语文学科所提供的认识世界的独特视角、工具与方法，熟悉优秀的语文教育家探索语文教育的过程和取得成功的原因，等等。

3. 教育哲学知识

语文教师教育学知识的掌握不能简单地停留在一般的教学理论和教学法层面，而是要加强包括对教学的反思、教育对象的认识和教育哲理的形成，这都是新课程对教师的新要求。比如，要用质疑的目光、发展的思路对教学现状进行反思，对教材中的有关内容进行必要的删改，反思所采用的教学方法是否有利于培养学生的创新能力等。

上述知识的重构有助于语文教师自身专业能力的发展。

（二）专业能力的发展

现代社会在转变语文教师角色的同时，也赋予了语文教师更多的责任，这就对语文教师的能力提出了更新、更高的要求。教师胜任教学工作的条件除了要具有六大方面基本技能外，还必须有着较强的管理能力和与人交往的能力。语文教师要不断提升自己的能力，才能适应不断改革、发展的教学需要。为此，应该加强以下两个方面的能力素养。

1. 管理能力

管理能力是管理者提高组织效率的能力，也是管理者提升组织效率的关键。语文教师是学生语文学习活动的组织者和管理者，需要具备较强的管理能力。语文教师的管理能力主要包括对学生的管理和自我管理两方面。在对学生的组织管理过程中，教师不能压抑学生的天性，而是应把对学生的管理作为一种教育的形式和力量，使学生在这一过程中学会自我约束和彼此合作。在自我管理过程中，语文教师要具有高超的按照教学目标规划自己的教学活动、设计教学的能力。

2. 与人交往的能力

现代社会教师扮演的多重角色决定了教师与人交往的机会越来越多。这种人际交往包括与学生的交往，与领导、同事的交往，与家长的交往，与社会人士的交往，与专家的交往等。交往的对象决定了教师的沟通是一种精神领域的交流，对人的发展将会产生积极的影响，所以语文教师更需要具有比以往出众的交际能力，以建立和谐的师生关系，树立教师良好的学校、社会、家庭形象。

（三）专业情意的发展

语文教师的专业发展也包括专业情意的发展，它主要源自于两个方面：一是语文教师的专业态度和专业动机，二是语文教师自我专业发展的需要和意识。它们共同构成了促进语文教师专业发展的内在动力系统。

1. 专业态度和专业动机

态度是人的情感体验所表现出来的倾向性，动机是行为的动力。语文教师的专业态度和动机直接关系到语文教师的职业理想，对语文教学及学生的热爱程度，语文教学工作的积极性是否能够保持长久等问题，是推动语文教师专业发展的动力。语文教师的专业态度和动机，应该体现在对博大精深的祖国文化的热爱，对语文教育事业的无私奉献与热情，对学生民族精神养成和健全人格培育的执著，对高尚美好情感的不懈追求，对所从事的语文教育事业的认同和满足等方面。与此同时，语文教师要克服职业倦怠感，适时调整心态，以保持良好的状态。

2. 自我专业发展的需要和意识

语文教师内在的自我专业发展的需要和意识，能够促使教师不断促进自己的专业成长，是教师专业发展的主观先决条件。语文教师的自我专业发展的需要和意识，主要由三个方面构成：一是对自己过去语文专业发展过程、水平的意识；二是对自己现在语文专业发展的状态、程度的意识；三是对自己未来专业发展水平的规划的意识。对一个语文老师来说，就是要反思过去，时刻能够意识到自身的不足和努力的方向，不断随社会和教育的发展需求调整自己的知识结构，提升自己的能力素养。规划未来，设计自己的专业发展方向和活动安排，真正达到理想的专业发展。

四、语文教师的教学研究

教学研究是语文教师的重要工作内容，它关系到教师能否有效地提高学生的语文素养、语文教学的效果与效率。语文教师的教学研究，不仅能够提高语文教师的教学能力，跟上时代发展的步伐，而且能够直观、具体地体现出语文教师的教学思想、教学经验和教学能力，督促语文教师以科研为阶梯，不断进取、不断钻研、不断攀升，成为语文教学改革所必需的学者型教师。

(一)语文教师教学研究的意义

语文教师的教学研究，是指语文教师借助教育学、心理学理论，以语文教育教学现象或问题为研究对象，运用科学的方法进行有目的、有计划地探索语文教育教学规律，解决教育教学中的现实问题的创造性认识实践活动。具有很强的目的性和实效性。对于教师而言，能够独立进行语文教学研究工作具有重要的意义，主要表现在：

(1)语文教学研究工作有利于教师转变教育思想。它能够使教师较快确立新的教育理念，开阔视野，丰富理论知识，反思自身的不足，提高教学能力、提升教学品位，使语文教学更加富有成效。

(2)语文教学研究工作能够解决实践中的矛盾和问题。无论是教师的个体探究，还是集体合作，通过运用理论去了解、分析、研究，找出教学问题的症结，对症下药，把自己的教学感性认识上升到理性认识，形成较为系统的研究成果，能够在充实自己的同时，丰富语文教育理论，推动教育改革的发展。

因此，语文教师要有明确的教学研究意识，掌握教学研究的方式方法。同时，学校的管理者和教育行政部门也应该为教师的教研提供时间和物质支持，以保证教研活动的正常开展。

教学研究与科学研究既有相同处，又有着明显的不同。其共同点是：都是有目的、有计划、主动的探究活动；都以语文教育及其相关事物为研究对象。但在以下方面有所不同：

(1)研究性质上，教研出于教师职业需要，一般为上级指派，有时间限制。科研往往是教师自主选择研究题目，研究的过程和时间自控，有自由性。

(2)研究的理论层次上，教研以经验的说明为主，往往停留在感性认识基础上。科研则是实验的科学，要求研究有实验的依据和数据，有理性分析。教研实践基础深厚，科研理论水平扎实。

(3)研究范围上，教研往往只限于课程的实施与教材的使用方面，如教学的性质、目标、内容与方式方法等研究，一般不涉及关于语文课程设置、教材的编写研究。科研则超越于教学研究之上，往往包括了语文课程论、教材论、方法论、教师论、教学论等一切研究领域，乃至家庭教育、社会语文教育等。

(4)研究时间上，教研有一定的周期性和职业要求，上级指定的教研课题一般规定研究的时限，离开了教师岗位，教研也无法进行。科研则没有时空限制，可以在任何时候和地点进行。

(5)研究方法上，二者都可以运用各种研究方法，但科研要求运用方法的条件更加严格，有时实验的环境与被试等必须在极其苛刻的筛选条件下进行。教研方法的选用要求则较为宽松。

语文教师应该在教学研究的基础上，向科研层次努力，以使自己的研究水平不断提升，有效带动与促进语文教学。我们在这里所指的教学研究即包括高低两种层次。

(二)语文教师教学研究的内容

语文教师的教学研究主要是围绕语文教育这一特定的领域，探究的是语文教育实践及问题，有着具体的、特定的研究对象。语文教学研究的进行需要最基本的因素，那就是语文教学内容、语文教师的教学行为、学生的学习行为。

1. 语文教学内容

语文课堂教学是围绕语文教学内容逐步展开、完成的，教学内容是语文教学实践的核心。对语文教学内容的研究应该包括以下内容。

(1)研究语文教科书　教科书是语文教学的凭借，是影响学生一生的重要读物之一。教师要做到因材施教，就要研究教科书编者的意图，编写体例，掌握教科书的知识体系、能力训练体系、思想体系，明确一套书、一册书、一个单元、一篇课文的训练重点。教师要熟悉教科书的内容，能够根据语文课程标准的要求，在驾驭教材的基础上灵活取舍，还要加强语文教材和其他学科之间的横向联系。能够发现教材的不足，并且能在教材运用过程中加以改进，推动教材编写工作的逐步完善。

(2)研究语文教辅材料　传统意义上的教辅材料，包括语文教科书、课内外的阅读材料、各种语文复习资料、练习册、教学挂图、图片、音像资料、教学软件、选修教材等。随着基础教育改革的开展，又相应的出现了结合所在学校特点的校本教材，这些都是语文教师教研活动对语文教材研究的重要内容。

2. 语文教师的教学行为

教学行为是指教师在教学过程中，依据教学经验和教学内部关系，对实施中的可操作因素的选择、组合、运用和控制的工作行为。它包括对各种教学要素的专业化理解与教学运行中的设计、程序、手段、方式和方法。对语文教师教学行为的研究主要包括：

(1)语文教师在教学过程中的设计。包括教学目标、内容、方法等。

(2)语文教师在教学过程中的教学行为表现。如教师的语言表述、板书、练习、作业、教学媒体的运用、学法指导等。

(3)语文教师的教学辅助行为。如教师如何激发学生的学习兴趣，如何解决课堂中出现的学生的不良行为等。

3. 学生的学习行为

学生的学习行为包括学生在学习过程中所表现出的语文学习的动机、兴趣、习惯、方法等。在语文学习过程中，教师的教学行为将直接影响到学生的学习行为。

语文教师教学研究的内容还可以在事实的列举和经验的概括基础上，向着更高一级的研究挺进，如研究口语交际教学的意义与类型、教学的原则与方法等。更可以超越学校教育的范围，研究人类社会口语交际的意义、功能与类型等。

（三）语文教师教学研究的基本过程

1. 选定课题

选题是语文教师教研活动的开始。语文教师可以依据教学研究的内容进行选题，诸如语文教学实践中发现的问题、教育理论的不断丰富与检验、语文教学的经验与不足等。教师在选题时要注意：

首先，选题要有研究价值和应用价值。如选择下述研究题目：信息技术条件下语文教师教学模式决策及其分析、学生个性化课外网络阅读研究、关于学生语文学习自我效能感的培养途径与方法研究等。

其次，选题要针对性强，范围要明确。要在语文教学理论指导下，解决语文教学中的实际问题。如中学古典诗歌教学的现状及其对策这个题目就有一定的针对性。

再次，选题要有可行性。包括有完成选题的资金保障，相关资料，完成选题的时间及精力等。

最后，选题也要考虑个人的兴趣、爱好与特长。有兴趣才能有研究下去的持久动力，特长是教学研究的加速剂。

2. 检索资料

对资料的检索、积累是语文教师教学研究的不可缺少的一环，也是教师确定选题后的需要着手进行的工作。通过资料检索，使教师收集到与选题相关的资料，作为教学研究的理论和事实依据，节约了精力和时间。通常情况下先依据题目搜索主题词，了解该项选题的当前研究情况，为自己的选题提供启示借鉴，然后搜集与该项选题相关的资料，做成读书笔记和资料卡片，最后教师要对收集到的资料进行筛选、分类整理、加工，为今后的研究提供依据，奠定基础。

3. 进行调查与研究

教师在确定选题，占有资料的基础上，应该结合教育理论和教学经验进行推敲、思考，提出新的假设，然后通过具体的调查研究，运用分析、综合的思维方式进行反复的论证，最后得出具有普遍意义的语文教学的规律及切实可行的可以普遍推广的方法。对于选定课题的调查研究，能够发现检验论题的结论是否正确，方法是否可行，同时，也能开启思路，触发语文教师的研究灵感。在教师的调查研究过程中要尽量避免主观性，尊重语文教学发展的客观规律，实事求是，注重深度和广度，而不能仅仅为了验证结论的可行性敷衍了事。教学调查与研究应该得到应有的重视。

4. 撰写科研论文

语文教师的科研论文是对教学研究的书面总结，也是科研成果的载体。一方面可以将自己的研究成果公布于众，展示其学术价值和应用价值；另一方面也展示了教师的教学研究素质，体现了教师所具备的创造能力。撰写教学论文是语文教师的一项基本的能力。在教学论文的撰写过程中，语文教师要遵循科学性、学术性、创造性统一的原则，按照学术论文写作的固有格式，对于论文的提纲和初稿反复的推敲和修改，加工提炼，以得出具有理论意义和实用价值的语文教学的新观点、新结论，推动语文教学的不断创新。

【实践演练】

语文教师要从事教学研究工作，首先必须选择有价值的、新颖的、可行性强的选题，以下研究角度可以给教师以启示。试选择你感兴趣的研究题目进行研究。

1. 语文教学理论的验证和演绎

对语文教学理论的验证和演绎可以从语文教育的基本理论着手，主要是对已有的教育理论的再认识，对尚未研究、尚须发展的教育理论的探讨。包括对语文学科性质与地位、语文学科教学目标设计、识字写字、阅读、写作、口语交际、语文综合性学习、学习方式、教材编写、教学评价、课程资源的利用等理论的探究。如“语文学科性质的再思考”“新课标形势下阅读教学新模式系统的构建”“语文教学中创造性人格的培育”“论语文教学的生命价值取向”“初中语文教材体系研究”，这些课题能够使语文教师将所学教育理论有针对性地运用于实践，通过实践结果验证和发展教育理论，提高自己的理论素养。当然，这些理论的构建对于普通教师的研究有一定的难度，因此，语文教师要结合自身的特长，选择自己较为熟悉的实践应用方面的课题进行研究。

2. 教学实践的反思和探究

教学实践的反思和探究是对于语文教育和教学实际问题的反思和研究，其目的是寻求解决实际问题的新途径和新方法。包括语文教学实践中急需回答、解决的问题；需要改进和完善的途径和方法；富有价值的经验；新出现的问题等。如："自主学习能力培养存在的问题及对策分析""中学口语教学现状与改革研究""走入意境：中学语文阅读教学新路径""建构主义介入中学古诗词教学的实践性探讨""传统的回归——中学文言文教育的现代意义、学习适应性特征研究"等。教学实践的反思和探究能够加深语文教师对教育现状的深刻认识，并使其上升为规律，丰富自己的教育理论知识，有效提升自己的教育素养。

3. 语文教育专家与著名语文教师研究

包括有史以来对语文教育产生过深刻影响的教育家的教育思想和教学经验的研究。梁启超、蔡元培、鲁迅、胡适、陶行知、叶圣陶、吕叔湘、陈望道、夏丏尊、黎锦熙、朱自清、张志公、朱绍禹、顾黄初等优秀的教育家都是语文教师的教育研究对象，如："××语文教育思想的探究""蔡元培语文教育思想——人文教育的探索""陶行知创新教育思想与语文教学实践"等；改革开放以来涌现出的优秀语文教育专家、特级教师如于漪、钱梦龙、魏书生、欧阳代娜的教学方法也可以成为研究借鉴的对象。如"魏书生六步教学法的启示"。对语文教育专家与著名语文教师的研究，能够让语文教师更深入地了解我国语文教育的发展历程，学习借鉴更多的教育教学经验。

4. 对热点问题的追踪和争鸣问题的商榷

包括对当前普遍关注的语文教育领域中的问题及处于讨论中未有定论的问题研究，如："语文教师专业发展的前瞻性思考""语文校本课程的开发研究""义务教育阶段与高中阶段语文教学的衔接问题研究""中学语文教材中鲁迅笔下女性形象类析""当代文化变迁与作文命题的变革"等。热点问题的追踪和争鸣问题的商榷，能够使教师紧随教育发展的趋势，了解当前教育普遍关注的问题，通过对有关问题的争鸣，达到教育意识、观念的逐步统一，使语文教育能够始终保持正确的发展方向。

5. 比较研究

包括对古今中外不同国家和地区语文教育相关课题的比较研究。如："英国母语学科与我国语文学科地位及目标的比较""中国与新加坡义务教育阶段语文课程实施之比较分析”“我国大陆与台湾语文课程文件的比较研究”“语文课程中古典诗歌教学与现代诗歌教学的比较研究”等，这些课题的研究，能够开拓教师的视野，使自己的教育理念与先进的教育理念接轨。

当然，上述选题只是给语文教师教学研究的提示，语文教师也可以通过国家或教育研究部门的招标题库中的课题选择自己感兴趣的题目进行研究。

提示：上述几大方面研究角度的提供，为语文教师的教学研究选题工作提供了有借鉴价值的参考。其中语文教学理论的验证和演绎、教学实践的反思和探究，是从理论与实践两个角度提出的，能够促进教师理论修养与教学水平提高的研究领域。语文教育专家与著名语文教师研究，能够使教师从高于自己的研究者身上学到最有益的东西。对热点问题的追踪和争鸣问题的商榷、比较研究的角度，则对教师的理论修养、研究视野提出了更高要求，是教师应该追求的研究层次。教师可以根据自己的资料占有情况和研究兴趣选择题目进行实际研究。

【超级链接】　　董菊初先生对研究课题的阐述

语文学习的外延与生活的外延相等。语文教育作为一个开放系统，其研究课题具有全方位性。就其内容来说，它涉及语文教育内部的诸种要素以及外部关系的方方面面。正如于漪老师所说，语文教育的“家庭成员众多”“社会关系复杂”。这里仅就语文教育作为对象性活动的基本要素——主体、客体、过程、方法、效果五个方面的研究课题做些具体阐述。

(一)教育主体的研究课题

关于谁是语文教育中的主体，谭惟翰先生说得很明确：“教师是教的主体，学生是学的主体。”对于学生主体的研究课题，主要有学生在学习中主动性的研究、学习心理研究、学习动机与兴趣培养的研究、男女生学习语文的差异研究、学习方法研究等。对于教师主体的研究课题，主要有教师主导作用的研究、教师心理的研究、教师的责任感研究、教师素质修养的研究(包括对教师的知识结构、教育技能、教育风格等方面的研究)。

(二)教育客体的研究课题

教育的客体是指精神客体，主要是指教育内容，具体是指对教材的研究。

1. 关于教材建设的研究课题

主要包括教材编辑的指导思想，教材的体例结构、模式、类型及选编原则等方面的研究。

2. 关于单篇教材的研究课题

单篇教材的分析研究，是单元教学的基础。单篇教材的研究又分综合研究与专项研究(又称特色研究)。综合研究，主要是指对单篇作全面性的研究；专项研究，主要是指就某个视角来分析研究教材。常见的单篇教材分析研究的视角有以下10种：①从思想角度选题，常常有谋篇，课文的立意、题旨、主题、寓意、中心思想等研究。②从写作角度选题，常见的是写作特色的研究，包括对话、线索、结构、构思(结尾、开头、过渡、照应)、布局谋篇、段落层次、表现手法(写景、抒情、议论、记叙、虚写、实写等)诸多方面的研究。③从文学角度选题，常见的有肖像描写、衬托艺术、形象塑造、艺术构思、艺术风格等方面的研究。④从美学角度选题，常见的有美学价值、审美意义以及绘画美、图画美、结构美、朦胧美、人性美、自然美等方面的研究。⑤从语言角度选题，常见的有对语言特色、修辞艺术(引用、夸张、比喻、通感等各种修辞格)的研究，对语言艺术(包括准确、鲜明、生动)、语病修改及语句商榷等方面的研究。⑥从逻辑角度选题，常见的有逻辑推理、逻辑结构、逻辑性等方面的研究。⑦从艺术风格角度选题，常见的有幽默、讽刺艺术、地方特色等方面的研究。⑧从历史角度选题，常见的有写作的社会背景、历史背景、时间考证、作品问世的前前后后等方面的研究。⑨从作者的角度选题，主要是作者与作品关系的研究。⑩从注释角度选题，主要是对注释的质疑、考证、商榷、辨正等方面的研究。

3. 语文知识研究的课题

包括语音、文字、词汇、语法、修辞、逻辑、文章、文学这“十六字体系”。八项内容每一项都是一门学问，在广大语文教师中不乏这些方面的研究专家，他们的研究已取得令人瞩目的成绩。下面就作为中学语文知识的主体部分的文章知识再说具体一点。

文章学是一门新兴的学问，很有深入研究的必要。曾祥芹教授对其要点做出以下归纳：①文章的本质(文章的起源、特性、系统)；②文章的规律（文章贯通律、言语衔接律、文章得体律）；③文章的信息（文章的事料、意旨、情感、境界）；④文章的体式（文章的结构、语言、文体、技法）；⑤文章的风貌（文章的气势、风格、作风、美质）；⑥文章的主体（文章的作者、编者、读者）；⑦文章的功能（文章的认知价值、实用价值和审美价值）；⑧文章的发展（古代、现代、当代、外国文章史）。其中不少还是空白点，很值得研究。（详见《语文学习》1993 年第 6 期）

（三）教育过程的研究课题

1. 语文教育总体过程研究

语文教育总体过程研究包括学生语文成才过程的研究，教学的阶段衔接研究，课内外关系的研究。

2. 语文课堂教学过程研究

语文课堂教学过程研究包括课堂教学的步骤、阶段与环节的研究，课堂教学结构与模式的研究等。

（四）教学方法研究的课题

包括教学方法的移植、应用与创新的研究，各种文体教学法的研究，听说、阅读、写作教学方法及训练程序的研究，教学过程中各因素、环节之间的关系研究，如教与学的关系、读与写的关系、讲与练的关系、听说与读写的关系、知识与能力的关系，各种体裁的单元教学研究，如某单篇或单元的导读设计、某种课型或某一教学环节等。

（五）教学效果的研究课题

教学效果的研究课题包括以下内容。

(1)语文教学的评价研究。包括听课、评课、定性定量分析、评比研究等。

(2)考试研究。包括命题的类型、技巧、方法的研究。

(3)听说读写能力的规格标准及其评定的研究。

(4)语文教育所要培养的学生思维品质的内容及成效的评定研究。

以上是从语文教学过程中五个不可缺少的要素研究方面提供的课题，它们是广大语文教师教育研究最常见、最适宜、最普遍的研究课题。这些课题既具有实践性，又具有理论性，这五类课题都包含三个功能性类别研究与三个不同层次的研究。教师个人应根据主客观条件选择适当的层次进行不同功能的研究。①

① 董菊初：《语文教育研究方法学》，113～115 页，北京，语文出版社，1998。

第三节　语文教师专业发展的途径

和发达国家相比，我国的教师专业化、专业发展的进程起步较晚，又因我国接受教育的人口众多，各地区教育发展水平不均衡，师资的水平参差不齐，要实现语文教师的专业发展，必须在借鉴国际先进教育的理念及行动措施的基础上，从我国教师队伍发展的实际出发，为教师的专业发展提供良好的外部环境，加强教师专业发展的内在需求，以有效促进教师的专业化发展。

一、提供促进语文教师专业发展的外部环境

语文教师专业发展的外部环境，指的是语文教师专业发展的社会公众的认同、政策导向、具体措施及评价机制等。巴甫洛夫认为：人的行为，人的发展，不仅受神经系统的生来的特性所制约，而更重要的是决定于个人存在时间内已经受到的和正在受到的那些影响，也就是环境、教育与自身因素努力的影响。但是，人接受影响不是消极的、被动的，而是积极的、主动的……由此可见，能否为语文教师的专业发展提供有利条件，良好的环境，对教师的专业发展的起着非常重要的作用。

(一)取得社会公众认同，创设良好发展氛围

教师是生活在社会的群体，其专业性质决定了教师和医生、工程师、律师一样，都是为社会服务的人员。教师在用自己丰富的知识、娴熟的技能、敬业的态度奉献社会的过程中，也需要取得社会的认同。然而，很多情况下，公众往往站在自己的角度，从功利目的出发来评价教育，评价教师。比如，当教师的行为有利于子女时，就会以恭敬的态度回报教师；当教师的行为不符合自己的利益和看法时，就会通过政府、学校的管理层、公众舆论、媒体、个人等各种形式向教师施加压力。注重教育结果而忽略教育过程的公众态度，让很多教师无暇关注自己的专业发展，而是把更多的时间和精力投入到如何提高学生的语文分数上，其直接的后果是以损害孩子的长远利益换取一时的“成果”。那些取得了教学成绩、有经验并得到家长认可的语文教师，长时间在教学一线的岗位上埋头工作，而那些教学经验不足、需要在专业素养方面提升的语文教师，也把过多的时间停滞在课本和应试技巧的研究上，这样个人的专业发展被搁置。因此，公众对教师专业发展的影响不可忽视。

解决问题的方法是，尽可能地让公众明确了解教育事业是国家和社会发展

的战略事业，了解教育发展的趋势，增加学校和社会公众的联系。一方面，学校、教师要了解公众对教育的需求，以专业的发展来提高语文教育质量获得公众的认可，让公众明白教师的成长需要一个过程，专业的不断发展能够促使教师更快、更好地满足社会的需求。另一方面，必须增加学校、教师与公众的联系，对教师的理解和尊重，会给教师的专业发展提供良好的心理支持，使教师能够始终坚持自己的专业自主权，并取得良性的发展。

(二)加强全方位研究，提供理论依据和实践指导

语文教师的职业既是普通职业，也是专门性职业。语文教师对知识的掌握，技能的提高、情意的养成等诸多专业发展的内容都有其特殊性。语文教师的专业发展需要理论的指导，需要实践的训练，需要制度的保障，所以，必须加强对语文教师工作全方位的研究，构建语文教师专业发展的理论体系，以推进教师专业化进程。

教师的专业发展毕竟在我国是一个新兴的研究课题。从现有的研究成果看，几乎涉及教师各个方面专业发展的变化过程。特别是对于教师专业发展的本义、价值、特征、内容、结构等静态理论研究比较深入，而对教师专业化的过程、模式、机制、策略等技术层面的探讨相对不足，导致理论对于实践操作的指导性不强。①

此外，为了有意识地促进和影响教师的专业发展，还需要进一步探讨语文教师任职前和任职后进行培养的内容、方法、手段、时机，探究如何督促教师的专业发展，采用何种奖赏的手段等。所以，只有加强语文教师专业发展的全方位研究，才能真正为语文教师的专业发展提供有效的理论依据和实践指导。

(三)制定相关政策制度，提供发展的有力保障

无论是从事义务教育阶段的教师，还是义务教育阶段后的教师，其专业发展都需要依靠国家最高的教育行政部门制定专业发展的政策、制度，从宏观上加以调控、推动，然后由地方教育行政部门结合地方教育的实际情况来落实教师的专业发展，语文教师的发展也不例外。

因此，需要国家出台政策，支持和推动教师教育的学制、教师资格证书制度、教师的选拔和聘用制度、教师的专业进修制度等。比如：在教师教育的学制方面，可以设计几种不同的学制模式，以满足教师教育的不同层次和各地教育发展水平的不同需要。在师范院校的招生过程中，相应地制定类似于体育、

① 吴玲、周元宽：《当代教师文化使命》，303页，合肥，安徽人民出版社，2006。

艺术院校招生的特殊政策，然后对于立志从事教师职业的考生进行甄选。国家应设立专门的专业机构，程序化和制度化地认定教师的从业资质，实施教师资格证和学历证并用的双证制度。政府要大力加强师资培训力度，采取有效的措施，改变以往视师资培训为“学历补充教育”的价值取向，使教师培训落实到教师的专业发展上来。

(四)完善师资培训渠道，提供发展的行动措施

教师培训是顺应社会发展趋势，满足教育发展及教师自身发展需求，有目的、有计划地组织在职教师开展各种层次、各种形式的学习活动，能够促进教师的专业、学术、人格等方面的不断发展和提高。

传统的教师教育还存在着诸多不足，尤其是在职前的教师教育所达到的水平与实际工作时要求所达到的水平还有一定的差距，所以，要改变这种局限于特定时空的、断续的、缺乏内在逻辑发展的教师教育形式，建立一套包括教师在职前教育、教师职初培训、教师在职培训相结合的具有连贯性的教师教育体系，使语文教师的专业发展具有强有力的制度保障。特别是对于在职语文教师，为了促进其专业的持续发展，教育行政部门要组织积极开展教师培训。具体来说，要针对教师成长的不同阶段，即适应阶段、探索阶段、胜任阶段、成熟阶段、平和阶段，通过积极开展各种形式与内容的培训，实现教师在专业知识、教育理论、文化知识、教育技术手段的更新与发展。

(五)建立科学教师评价机制，提供合理管理评价体系

建立科学的教师评价制度，不仅是对语文教师专业发展的一种激励，也是一种督促。对教师的评价有两种目的不同的制度：一种是奖惩性的教师评价制度，另一种是发展性评价制度。其中，发展性教师评价是在充分尊重教师的前提下进行的以促进教师专业发展为目的的评价。它是一种双向的教师评价过程，建立在评价双方相互信任的基础之上，重发展而非重功利，是即时性和过程性相统一的评价。这种评价制度既是促进教师专业发展的有力措施，又是教师摒弃不足，不断进步的有效途径。①

发展性教师评价的主要内容包括：专业基础知识与发展、教学能力与发展、人文素养与发展、主动参与能力和共事能力与发展、教育研究能力与发展等。发展性教师评价的主要方法包括教师的自我评价、教师的同事评价、多主体参与的综合评价。教师的自我评价是以教师本人为评价的主体，评价自己的

---

① 王斌华：《发展性教师评价制度》，2页，上海，华东师范大学出版社，1998。

职业发展情况。教师的同事评价是教师同事和教师群体对教师的评价，旨在推动教师的专业发展。多主体参与的综合评价是由多评价主体参与的运用多种策略评价教师的方法。因此，在语文教师的专业发展过程中，要建立旨在形成教师素质全面发展的评价内容和体系，以确保语文教师的专业发展。

教师的专业发展关乎国家的发展前景和民族素质，不仅仅是教师个人素养提升的问题。所以，社会和家庭、学校的管理体制和氛围，以及教育权威人士、教育理论工作者、学校校长、其他教师、管理人员等，都应该为语文教师的专业发展提供保障，给予支持和协助。当然，教师的专业成长需要外部环境的支持，但归根到底还是取决于教师自身的内在需要和努力，只有内外因素共同作用，才能从本质上促进教师的专业发展。

二、激发语文教师自我专业发展的内在需求

在语文教师专业发展的过程中，教师自身的努力至关重要。语文教师的自主发展才是其成长的真正内驱力。教师的自主发展，是教师具有自我发展的意识和动力，自觉承担专业发展的责任，通过不断的学习、实践、反思、探索，使自己的教育教学能力不断提高，并不断向更高层次的方向发展。

(一)树立专业发展的观念和意识

一般情况下，原有的文化环境、现实利害关系、心理习惯定势等都会导致语文教师在专业发展方面的停滞不前。语文教师要实现专业的自主发展，首先要树立专业发展的观念和意识。观念决定行动，语文教师要明确专业发展的重要性，充分认识语文教师的职业规范、周期及专业发展规律、价值。学习、了解教师专业发展理论，对自己的专业发展始终保持一种自觉的状态，能够及时调整自己的专业发展行为方式和活动安排。

语文教师需要清醒地保持专业发展的意识，即自主发展的需要意识、对自己过去专业发展过程的意识、对自己现在专业发展状态和水平的认识、对自己未来专业发展规划的认识。对于语文教师而言，社会的政治、经济、科技、文化等因素始终处于不断的变化过程中，而语文教师的教学凭借——语文教材却无法将这些变化反映出来。针对这一客观实际，语文教师要树立终身教育观念，通过不断的学习，接受新的思想观念，增加新的知识和技能，并引入到语文教学内容当中，与时俱进，实现教育内容的现代化。这不仅是语文教学本身的要求，也是推动语文教师专业发展的源泉。

(二)制订可操作的专业发展计划

语文教师的专业发展是一个持续发展的过程，不能一蹴而就。为此，教师

要认识自我，反思自我，能够对工作环境和学习环境、自身条件做出客观冷静的分析，制订操作性强的适合自身发展的计划。如进行专业学习的内容、方法、时间、效果等，都要能够落实到位。可操作的专业发展计划，不仅包括教师专业发展的长远规划，也包括阶段发展的具体指标。专业发展计划的制订，能够使教师明确专业发展的目标，避免其发展的盲目性，增加专业发展的信心和紧迫感。

制订专业发展计划可以按以下步骤进行。

(1)认识自我及时间与空间环境。

(2)审视发展机会，确定发展目标。

(3)制定行动策略，并按目标逐步执行。

(4)评价自己的专业发展计划。

当然，专业发展计划在具体的实施过程中，并非一成不变，而是需要因时、因地、因人灵活掌握。

(三)掌握终身学习的技能技巧

教师不仅自己要学会学习，也要教育学生学会学习。因为学会学习不仅是教师终身教育观念形成与实现的基本保证，还是“培养学生终身学习的愿望和能力”的前提条件。为此，语文教师要掌握基本的学习方法和识记策略，具备对信息的收集归类、分析综合、判断推理的能力，通晓获取新知识、新技能的途径。

教师可以借鉴下列学习方式，提升自我：

(1)在日常工作生活中主动学习教育理论，丰富自己的知识素养和技能素养。

(2)积极参加在职学习与培训，更新、补充知识，提升技巧和能力。近几年兴起的“校本培训模式”，旨在促进教师的个体成长和学校的整体发展，通过专家的指导和教师参与的方式，把对教师的培训、教育教学实践、教学研究紧密结合起来以解决学校实际问题，直接推动了教师的专业发展。

(3)与同行之间的相互合作、交流。语文教师要保持开放的学习态度，充分挖掘有助于自己专业发展的一切资源，与来自不同地区、不同学校的教师进行各种类型的专业合作、探讨，开阔自己的专业视野，拓展个人的专业内涵。

(四)进行常规而系统的自我反思

教师的自我反思，是指教师对各种教育观念、言论、教育方法、教育活动、教育事实和教育现象进行的自主判别和认真审视，特别是对自己的教学实践进行检视和反省。[①] 它是通过提高教师的自我察觉水平来促进能力发展的途径。反思的目的在于增加教师的理性自主，使教师对其专业实践的信念和决定实践结果的因素有清醒的自我意识，在专业成长的过程中始终保持着持续发展的状态。

教师的自我反思不是对教学经验的简单总结，而应是伴随着教学过程的监视、分析和解决问题的活动，成为常规性、系统性的行为。自我反思对于语文教师的专业发展有着独特的作用。通过自我反思，可以将自己已有的经验升华为理论，帮助教师检验教学实践的合理性，获得专业自主，形成爱岗敬业、虚心求教、敢于自我否定，大胆创新，追求完美的优秀职业品质。所以，语文教师应该积极、自主地进行反思，既要对自己的教育教学本身进行反思，也要对影响教育教学的社会环境进行反思。同时，对于那些对自己专业成长影响较大的重要事件要及时记录，作为反思专业发展的原始素材，为实现教师专业发展的自控和调节奠定坚实的基础。

总之，语文教师的专业发展是一种趋势，语文教师要有紧迫感、使命感，从自身做起，充分利用各种有利于专业发展的因素，以使自己真正成为一个适应社会发展需求的优秀教师。

复习思考题

1. 你认为当代语文教师的角色发生了哪些变化？
2. 结合现代社会对人才的需求观，你认为语文教师应该具备哪些素养？
3. 你认为语文教师在科研方面应该怎么做？
4. 什么是教师的专业发展？教师专业发展的内容包括什么？

① 肖川：《教育的理想与信念》，104页，长沙，岳麓书社，2002。

参考文献

[1]Edward B Fry. Teaching faster reading：a manual. Cambridge：Cambridge University Press.

[2]蔡琴华. 学当小记者——口语交际课教学设计. 小学教学设计，2004(3).

[3]蔡伟. 语文课程与教学研究. 杭州：浙江大学出版社，2008.

[4]曹明海，钱家清. 语文课程与教学论. 济南：山东人民出版社，2005.

[5]巢宗祺，雷实，陆志平.《全日制义务教育语文课程标准(实验稿)》解读. 武汉：湖北教育出版社，2002.

[6]陈菊先. 语文教育学. 武汉：华中师范大学出版社，1994.

[7]邓小平文选. 北京：人民出版社，1993.

[8]董菊初. 语文教育研究方法学. 北京：语文出版社，1998.

[9]董一非，姜迎旭.《小狗包弟》教学简案. 语文教学通讯，2009(10A).

[10]付宜红. 普通高中课程建设与管理. 北京：北京师范大学出版社，2010.

[11]何更生，吴红耘. 语文学习与教学设计. 上海：上海教育出版社，2004.

[12]葛江海. 让一棵茂盛的树挺立在你的心田——《背影》教学设计. 中学语文教学，2005(9).

[13]龚炼. 80年代以来汉语速读教学述评. 中国语文课程网，2007-12-18. http://chinese.cersp.com/sJsys/zZyfz/200712/6048.html.

[14]郭根福. 试论语文综合性学习的有效教学策略. 课程教材教法，2003(3).

[15]郭晓明. 课程知识与个体精神自由——课程知识问题的哲学审思. 北京：教育科学出版社，2005.

[16]郭元祥. 综合实践活动课程设计与实施. 北京：首都师范大学出版社，2001.

[17]韩雪屏，王松泉，王相文. 语文教学技能训练. 北京：高等教育出版社，1999.

[18]黄麟生，林润之. 语文教学技能培育教程. 桂林：广西人民出版社，1996.

[19]加涅. 学习的条件和教学论. 上海：华东师范大学出版社，2005.

[20]姜平. 综合实践活动教学设计与特色案例评析. 北京：首都师范大学

出版社，2010.

[21]江苏母语课程教材研究所．当代外国语文课程教材评介．南京：江苏教育出版社，2004.

[22]蒋旭霞．中美作文教学比较摭谈．中学语文教学参考，2007(8).

[23]金晓涛，陈益林，蔡伟．《拿来主义》两人教，语文教学通讯．2009(4A).

[24]靳玉乐．新课程改革的理念与创新．北京：人民教育出版社，2003.

[25]课程教材研究所．综合课程论．北京：人民教育出版社，2003.

[26]克莱尔·艾伦·温斯坦，劳拉·M·休莫．终身受用的学习策略：帮助学生找到有效的学习方法．伍新春，泰宪刚，译．北京：中国轻工业出版社，2003.

[27]李臣之．综合实践活动课程开发．北京：人民教育出版社，2003.

[28]李景阳．语文教学论．西安：陕西师范大学出版社，2007.

[29]李秋菊，关文信．新课程理念与初中语文课堂教学实施．北京：首都师范大学出版社，2003.

[30]李杏保，顾黄初．中国现代语文教育史．成都：四川教育出版社，2000.

[31]梁吴芬．爱，在回望中渐渐美丽——《背影》教学创意．中学语文教学，2005(9).

[32]刘河燕．教师专业化的内涵、实质及标准．西南民族大学学报(人文社科版)，2005(5).

[33]刘宏武．学生学习新策略．北京：中央民族大学出版社，2004.

[34]刘徽，李冲锋．警惕语文教学中的“假对话”．教学月刊(中学版)，2004(6).

[35]刘淼．当代语文教育学．北京：高等教育出版社，2005.

[36]刘明远．21世纪，谁来教综合课——谈新课程结构的重建．北京：北京大学出版社，2002.

[37]刘彦昆．教师如何提高说课艺术．长春：吉林大学出版社，2010.

[38]刘永康．语文教育学．北京：高等教育出版社，2005.

[39]柳士镇，洪宗礼．中外母语教材比较研究．南京：江苏教育出版社，2001.

[40]柳士镇，洪宗礼．中外母语课程标准译编．南京：江苏教育出版社，2000.

[41]卢军良，张玉新．《雷雨(节选)》教学简案及评点．语文教学通讯，2010(7A).

[42]卢敏玲，庞永欣，植佩敏．课堂学习研究——如何照顾学生个别差异．李树英，郭永贤，译．北京：教育科学出版社，2006.

[43]陆志平．新课程理念与语文课程改革．长春：东北师范大学出版社，2002.

[44]吕文升，方天培．现代教育学．上海：复旦大学出版社，1993.

[45]倪文锦，欧阳汝颖．语文教育展望．上海：华东师范大学出版社，2002.

[46]倪文锦．初中语文新课程教学法．北京：高等教育出版社，2003.

[47]倪文锦．小学语文新课程教学法．北京：高等教育出版社，2003.

[48]聂进．欧阳代娜：呼唤“整体改革”．武汉：湖北教育出版社，2001.

[49]欧阳芬．多元智能与建构主义理论在课堂教学中的应用．北京：中国轻工业出版社，2004.

[50]潘新和．新课程语文教学论．北京：人民教育出版社，2005.

[51]齐默尔曼，邦纳，科瓦齐．自我调节学习：实现自我效能的超越．姚梅林，徐守森，译．北京：中国轻工业出版社，2001.

[52]钱丽霞．普通学校促进不同学习需要学生有效参与的策略．北京：教育科学出版社，2008.

[53]秦训刚，晏渝生．语文课程标准教师读本．武汉：华中师范大学出版社，2003.

[54]让-伊夫·塔迪埃．20世纪的文学批评．史忠义，译．天津：百花文艺出版社，1998.

[55]《人民教育》编辑部．新课程优秀教学设计与案例(初中语文卷)．海口：海南出版社，2003.

[56]邵瑞珍．教育心理学．修订本．上海：上海教育出版社，1997.

[57]沈书生，刘强．优化学生学习的策略——教学样式．上海：华东师范大学出版社，2008.

[58]盛群力．现代教学设计论．杭州：浙江教育出版社，1998.

[59]时金芳．语文教学设计．北京：社会科学文献出版社，2001.

[60]宋为民，陆月莲．人体生物钟趣谈．上海：上海中医学院出版社，1989.

[61]苏立康．中学语文教学研究．北京：中央广播电视大学出版社，2004.

[62]田慧生，李如密．教学论．石家庄：河北教育出版社，1996.

[63]王斌华．发展性教师评价制度．上海：华东师范大学出版社，1998.

[64]王光龙．语文学习概论．北京：当代中国出版社，2003.

[65]王荣生．听王荣生教授评课．上海：华东师范大学出版社，2007.

[66]王尚文．语感论．第三版．上海：上海教育出版社，2006.

[67]王世堪．中学语文教学法．北京：高等教育出版社，1995.

[68]王世堪．中学语文教学法(第二版)．北京：高等教育出版社，2005.

[69]王松泉，韩雪屏，王相文．语文课程教学概论．北京：高等教育出版社，2007.

[70]王松泉．语文教学概论．北京：高等教育出版社，1996.

[71]王文彦，蔡明．语文课程与教学论．北京：高等教育出版社，2002.

[72]王相文，王松泉，韩雪屏．语文课程教学技能．北京：高等教育出版社，2007.

[73]王雅萍．现代语文教学技艺导论．北京：作家出版社，2001.

[74]王雅萍．语文教学基本素质养成指要．北京：中国三峡出版社，1997.

[75]王玉辉．语文教育发展论．沈阳：辽宁人民出版社，2006.

[76]魏本亚，时金芳．走进高中新课改．南京：南京师范大学出版社，2005.

[77]韦志成．语文学科教育学．武汉：华中师范大学，2002.

[78]韦志成．作文教学论．南宁：广西教育出版社，1998.

[79]乌美娜．教学设计．北京：高等教育出版社，1994.

[80]吴刚平．校本课程开发的机遇与挑战．教育评论，1999(1).

[81]吴玲，周元宽．当代教师文化使命．合肥：安徽人民出版社，2006.

[82]吴张泽．语文作业"五型五化"设计例说．语文教育通讯，2010(5A).

[83]吴忠豪．外国小学语文教学研究．上海：上海教育出版社，2009.

[84]夏惠贤．多元智力理论与个性化教学．上海：上海科技教育出版社，2003.

[85]肖川．教育的理想与信念．长沙：岳麓书社，2002.

[86]谢安平，林高明，邓园生．说课实战训练教程．福州：福建教育出版社，2010.

[87]熊梅．综合性学习的理论和实践．北京：教育科学出版社．2001.

[88]徐世贵．新课程怎样听评课．天津：天津教育出版社，2007.

[89]严桂根．构建高中语文“口语交际”训练新体系．语文教学通讯，2004(1A).

[90]阎立钦．语文教育学引论．北京：高等教育出版社，1996.

[91]杨道麟，曾祥芹．中国文章学研究会会员代表大会暨第22届学术年

会纪要．文章学通讯，2006.

[92]叶澜，白益民．教师角色与教师发展新探．北京：教育科学出版社，2001.

[93]叶圣陶．叶圣陶语文教育论集．北京：教育科学出版社，1980.

[94]尤立增．如何提高阅读教学的效率．语文教学通讯，2010(4A).

[95]有宝华．综合课程论．上海：上海教育出版社，2002.

[96]余映潮．用“一课多案”来提升阅读教学设计水平．语文教学通讯，2010(1A).

[97]虞晔如．《孔雀东南飞》(并序)备教策略．语文教学通讯，2007(7A).

[98]约翰·D·布兰思福特，安·L·布朗，罗德尼·R·科金，等．人是如何学习的．程可拉，孙亚玲，王旭卿，等译．上海：华东师范大学出版社，2002.

[99]张春明，王欣，奚素艳．小学教学评价——语文．北京：光明日报出版社，2006.

[100]张凤祥．反复铺叙作对比，精雕细刻写人物——赏析《祝福》中的“三”笔描写．语文教学通讯，2008(9A).

[101]张贵新．对教师专业化的理念、现实与未来的探讨．外国教育研究．2002(2).

[102]张建伟、孙燕青．构建性学习——学习科学的整合性探索．上海：上海教育出版社，2005.

[103]张理智．构建思想交流和心灵沟通的课堂——从独白到对话：课堂教学形态的变迁．中小学教育，2005(2).

[104]张晓梅，张英宏．初中语文新课程教学法．北京：首都师范大学出版社，2004.

[105]张悦群．课堂教学目标应该怎样陈述？——质疑12篇课文教学设计中的目标陈述．语文学习，2002(10).

[106]张增田，靳玉乐．马丁·布伯的对话哲学及其对现代教育的启示．高等教育研究，2004(2).

[107]赵厚玉．语文教育学的现代阐释．北京：中央编译出版社，2003.

[108]郑桂华．语文有效教学观念·策略·设计．上海：华东师范大学出版社，2009.

[109]郑国彪．《风筝》教学设计．人民教育出版社网站，2008-11-26. http://www.pep.com.cn/czyw/jszx/tbjxzy/jxsj/qs/dwdy/201008/t20100823_700459.htm

[110]郑国民．新世纪语文课程改革研究．北京：北京师范大学出版社，2003．

[111]郑晓龙．“问”的问题．中学语文教学，2005(8)．

[112]中华人民共和国教育部．全日制义务教育语文课程标准(实验稿)．北京：北京师范大学出版社，2001．

[113]中华人民共和国教育部．普通高中语文课程标准(实验)．北京：人民教育出版社，2003．

[114]中国社会科学院语言研究所词典编辑室．现代汉语词典．北京：商务印书馆．2002．

[115]钟启泉，崔允漷，张华．《基础教育课程改革纲要(试行)》解读．上海：华东师范大学出版社，2001．

[116]钟启泉，张华．世界课程改革趋势研究(上)．北京：北京师范大学出版社，2001．

[117]周庆元，王松泉．语文教师职业技能训练教程．北京：高等教育出版社，1996．

[118]周庆元．语文教学设计论．南宁：广西教育出版社，1993．

[119]周友富．学会学习．武汉：华中理工大学出版社，1999．

[120]朱德全，王梅．对话教学的模式与策略探析．高等教育研究，2003(3)．

[121]朱绍禹，傅永安，刘淼．语文课程与教学论．北京：中国社会科学出版社，2007．

[122]朱绍禹．语文课程与教学论．长春：东北师范大学出版社，2005．

[123]朱绍禹．中学语文教学法．北京：高等教育出版社，1988．

[124]朱绍禹．中学语文课程与教学论．北京：高等教育出版社，2005．

[125]邹进．现代德国文化教育学．太原：陕西教育出版社，1992．

后 记

本书的编写，是中国教育改革进入本世纪后，辽宁省内语文课程与教学论同仁首次共同努力所结的硕果。我们本着简明、实用、求新的目标，力求使这部教材内容尽可能简单明了，功用上实实在在。求新则是以义务教育和普通高中课标为依据，力求理念新和案例新。

为此，全体作者在认真理解和贯彻两个语文课程标准有关精神的基础上，密切联系中小学语文教学实际，针对中小学一线教师和即将上岗的语文教师这两大读者对象，开始了十分紧张的撰写工作，可谓任务重、效率高。尽管我们一直在不懈追求着质量品质这个核心目标，但预期是否达到，以及目标的达成度如何，仍需读者的审视与批评，更需各位执笔者的自我反思与改进。作为第一次协作的产物，教材的完善还有待于将来。

为突出语文学科的个性，本书为使资料翔实、文字精练好懂，不但介绍了目前国内外相关理论的最新动态，而且还紧密联系我国语文学科实际，运用大量案例、图表等材料，例如艾天喜速读测验B型、前苏联各年级阅读速度标准、语文综合性学习活动评价量表、学生演讲水平口试评分标准等，深入浅出地阐述了语文教学与学习指导等工作的具体操作流程及其注意事项。相信这些材料既能够开拓读者的视野，也有助于语文教师实际指导学生的语文学习。故此，较强的实用性和操作性是本书的一大特色。

本书可作为教师继续教育教材，本科生与研究生的必修课教材以及在职语文教师、高校教学法教师、语文教学研究者的参考书籍。

本书的框架由王玉辉、王雅萍、赵宏梅共同拟定，编写提纲及编写者由两位主编确定。全书的反复审阅与修改工作由王玉辉、王雅萍在分别负责后再共同完成。

本书执笔者的分工如下：

第一章、第七章、第十章：王玉辉(沈阳师范大学)；

第二章：张冬秀(沈阳大学)；

第三章：赵宏梅(渤海大学)；

第四章、第八章、第九章：王雅萍(大连大学)；

第五章：王玉辉、王雅萍、沈红(鞍山师范学院)；

第六章：王立志(辽宁石化职业技术学院)、王雅萍；

第九章第三节：郑艳(辽宁师范大学)；

第十一章：盖丽娜(大连大学)。

为确保书稿质量，编写组采用了电子互审方式。审阅具体分工如下：

第一章：郑艳；第二章、第十章：王雅萍；第三章、第八章：盖丽娜；第四章：王玉辉；第五章：王立志；第六章：沈红；第七章、第十一章：赵宏梅；第九章：张冬秀。

值此教材即将付梓之际，向所有理解、支持与关照我们编写人员，使其能够心无旁骛撰稿的亲友表达深深的感激与由衷的谢忱！

感谢北京师范大学出版社给予的大力支持，感谢相关领导与编辑们的多方帮助！

本书见证了自己出生的天时、地利与人和，也必将见证用己者的快慰、悦己者的笑容、乐己者的鼓励与鞭策。

王雅萍

2011年3月28日